Malcolm H. B. McDonald

Der Marketingplan

Die Grundlage für Ihren Erfolg

UEBERREUTER

Die Deutsche Bibliothek – CIP-Einheitsaufnahme

MacDonald, Malcolm H. B.:
Der Marketingplan : die Grundlage für Ihren Erfolg / Malcolm
H. B. McDonald. – Wien : Ueberreuter, 1991
(Ueberreuter-Wirtschaft)
Einheitssacht.: Marketing plans <dt.>
ISBN 3-8000-9139-9

M 86/1

Aus dem Englischen von Annemarie Pumpernig, Business Language Center, Wien
Originaltitel »Marketing plans: how to prepare them, how to use them«, erschienen im Verlag Butterworth-Heinemann Ltd, Oxford

Umschlag von Beate Dorfinger

Druck und Bindung: Carl Ueberreuter Druckerei Ges. m. b. H., Korneuburg
Printed in Austria

INHALT

Vorwort 7

1 Den Marketingprozeß verstehen 11

2 Der Marketingplanungsprozeß:
Die wichtigsten Schritte 22

3 Der Marketingplanungsprozeß:
Das Ende der Mythen 48

4 Die Erstellung des Marketing-Audit:
Der Kunde und der Markt-Audit 71

5 Die Erstellung des Marketing-Audit:
Der Produkt-Audit 86

6 Die Festlegung von Marketingzielen und -strategien 118

7 Der Kommunikationsplan:
Werbe- und Verkaufsförderungspläne 144

8 Der Kommunikationsplan:
Der Verkaufsplan 162

9 Der Preisbildungsplan 177

10 Der Distributionsplan 194

11 Marketinginformationen
Prognostizierung und Organisation für die Marketingplanung 210

12 Implementationsfragen der Marketingplanung 239
13 Ein Marketingplanungssystem – Schritt für Schritt 265
Glossar der Marketingplanungsterminologie 326
Index 332

VORWORT

Dies ist die zweite Auflage eines Buches, das seit seiner Ersterscheinung im Jahr 1984 Tausenden von Führungskräften bei der schwierigen Aufgabe der Marketingplanung geholfen hat. Viele von ihnen waren so freundlich, mir zu schreiben und mir für den praxisorientierten, klaren Stil und direkten Themenansatz zu danken. Dadurch wurde ich ermutigt, das Buch um die Erkenntnisse meiner neuesten Forschungsarbeiten und um meine aktuellsten Erfahrungen in der komplizierten Marketingdomäne zu erweitern. Außerdem hat mich diese Unterstützung dazu veranlaßt, das Buch um ein Kapitel, eine »Schritt-für-Schritt«-Anweisung zur Erstellung von Marketingplänen, zu erweitern. Das Ergebnis ist ein Buch, das dem Leser ein genauer Führer durch den Prozeß der Marketingplanung sein will, während es gleichzeitig ein Präzisionsinstrument für die Verwirklichung aller darin erläuterten Konzepte und Methoden ist. Ich habe dieses Buch geschrieben, weil unter den in ihren Bereichen weltweit führenden Unternehmen, aber auch in kleinen Firmen immer noch große Verwirrung über die Begriffe »Prozeß« und »Methoden« der Marketingplanung und den tatsächlichen *Output* dieses Prozesses, d. h. den Marketingplan, herrscht. Ich hoffe, daß dieser Zusatz zum Buch von Nutzen für Sie sein wird.

Ich habe das Buch auch um einige der neuesten Erkenntnisse auf dem Gebiet des Marketing erweitert, ohne jedoch zu versuchen, es zu einem detaillierten, spezialisierten Werk über irgendeinen einzelnen Marketingaspekt zu machen. Es enthält zwar Kapitel über Wettbewerbsstrategien und Marktforschung, dennoch ist der Leser besser beraten, auf Bücher zurückzugreifen, die auf diese Themen spezialisiert sind, wenn er auf der Suche nach einer detaillierten Methodik ist.

Der Zweck dieses Buches liegt ganz einfach darin, zu erklären und zu zeigen, wie man einen Marketingplan erstellt und einsetzt. Es wendet sich in gleicher Weise an Konsumgüter-, Dienstleistungs- und Industrieunternehmen, denn der Marketingprozeß ist allgemeingültig.

Das Buch basiert auf meinen Forschungsarbeiten über die Marketingplanungspraktiken von Industrieunternehmen, in denen die Marketingplanung als großer Schwachpunkt entlarvt wurde. Die diesbezüglichen Aktivitäten von Unternehmen, die davon überzeugt waren, daß sie planten, beschränkten sich beinahe ausnahmslos auf Prognosen und Budgetierung, und das Ergebnis waren gravierende operationale Schwierigkeiten. Das Problem, dem sich die Unternehmen in den 90er Jahren mit all ihren Chancen und Herausforderungen gegenübersehen, besteht nicht darin, daß die *Philosophie* des Marketing keinen Glauben findet, sondern daß die meisten Unternehmen, insbesondere Industriegüterunternehmen, Schwierigkeiten mit ihrer praktischen Umsetzung haben.

Der Grund dafür liegt vor allem im Unwissen über den Planungsprozeß von Marketingaktivitäten; zu diesem Thema findet man in der vorhandenen Literatur nur wenig Unterstützung. Es stellt sich oft heraus, daß Bücher oder Artikel verschiedene Elemente des Marketing-Mix zum Thema haben, anstatt sich damit zu befassen, wie diese Elemente in einen zusammenhängenden Plan integriert werden können. Andere Bücher wieder behandeln die Marketingplanung auf so allgemeine Weise, daß es schwierig ist, aus ihnen Richtlinien von praktischem Wert herauszufiltern. Schließlich gibt es viele ausgezeichnete Arbeiten, die jedoch nur einzelne Aspekte des Marketingplanungsprozesses behandeln.

In Wirklichkeit ist der eigentliche *Prozeß* der Marketingplanung sehr einfach. Jedem beliebigen Buch können wir entnehmen, woraus er sich zusammensetzt: Situationsanalyse, Annahmen, Zielsetzungen, Strategien, Programme, Überprüfung der Ergebnisse und erneute Analysen. Was aus anderen Büchern aber *nicht* hervorgeht, ist, daß es eine Reihe wichtiger, kontextbezogener Fragen gibt, die die Marketingplanung zu einem der verwirrendsten aller Managementthemen machen.

Einige dieser Fragen sind:

Wann, wie oft, von wem und *wie* sollte Marketingplanung durchgeführt werden?

Ist die Vorgangsweise für *große* und *kleine* Unternehmen unterschiedlich?

Ist sie für *diversifizierte* und *nicht diversifizierte* Unternehmen unterschiedlich?

Ist sie für *internationale* und *lokal operierende* Unternehmen unterschiedlich?

Welche Rolle spielt der *Unternehmensleiter*?

Welche Rolle spielt die *Planungsabteilung*?

Sollte die Marketingplanung *»top-down«* oder *»bottom-up«* erfolgen?

Welches Verhältnis besteht zwischen operationaler (einjähriger) und strategischer (längerfristiger) Planung?

Da eine effiziente Marketingplanung das Kernstück der ertragbringenden Aktivitäten eines Unternehmens ist, überrascht es nicht, daß eine große Nachfrage nach Richtlinien besteht, die mit der Verwirrung und den Mythen rund um das Thema Schluß machen und dem Leser helfen, mit diesen Fragen auf solide und praktische Weise fertigzuwerden.

In diesem Buch wird erklärt, was Marketing ist, wie der Prozeß der Marketingplanung funktioniert, wie man einen Marketing-Audit (Revision) durchführt, wie man Marketingziele und -strategien definiert, wie man die Mittel für die Erreichung dieser Ziele plant und kalkuliert und wie ein einfaches Marketingplanungssystem in die Praxis umgesetzt wird.

Ich bin der Meinung, daß mein Ansatz sowohl logisch als auch praktisch orientiert ist. Diese Überzeugung hat sich durch die oben erwähnten zahlreichen Zuschriften, aber auch durch die Tatsache verstärkt, daß dieses Buch inzwischen zu einem Standardwerk vieler Marketingkurse an Universitäten und firmeninterner Trainingsprogramme auf der ganzen Welt geworden ist. Der Text ist ein integraler Bestandteil des Werkes »*Marketing Plans: how to prepare them, how to use them*« und ist für die gemeinsame Verwendung mit Materialien aus anderen Teilen daraus gedacht. Das sind unter anderem Arbeitsbücher, die es den Managern ermöglichen sollen, die im Text erklärten Fähigkeiten und Techniken zu üben, ein umfassendes Trainingsheft, Tonband- und Filmmaterial und eine Sammlung von Fallstudien und Übungen.

Das vorliegende Buch* ist jedoch so konzipiert, daß es auch allein zur Erklärung und Demonstration der entscheidenden Bereiche der Marketingplanung ausreicht. Der Leser würde von dem gesamten Lehrmaterial zusätzlich profitieren, findet aber in diesem Text keine unerklärten Lücken oder Querverweise vor.

Malcolm H. B. McDonald
Cranfield School of Management
im Juli 1989

* Weitere Informationen über diese zusätzlichen Unterlagen und über die Dissertationsstudien, auf denen dieses Buch beruht, erhalten Sie bei Professor Malcolm H. B. McDonald, Director of the International Marketing Planning Centre, Cranfield School of Management, Cranfield, Bedford, England, MK43 0AL.

1 DEN MARKETINGPROZESS VERSTEHEN

Zusammenfassung

In Kapitel 1 besprechen wir den Begriff des Marketing, die Möglichkeiten des Unternehmens, das Marketingumfeld, die Kundenwünsche, den Marketing-Mix, die Verwirrung darüber, was Marketing ist, was der Konsument wirklich will, ob es einen Unterschied zwischen Kundendienst und industriellem Marketing gibt, und schließlich, ob Sie eine Marketingabteilung brauchen.

Der Begriff des Marketing

Als Adam Smith im Jahr 1776 meinte, daß der Konsum einziger Sinn und Zweck der Produktion sei, beschrieb er genau das, was in letzter Zeit als *Marketingkonzept* bekannt geworden ist. Im Grunde lautet die zentrale Idee des Marketing, die Fähigkeiten und Möglichkeiten eines Unternehmens und die Kundenwünsche so aufeinander abzustimmen, daß den Zielsetzungen beider Parteien gedient ist.

An dieser Stelle sollte der Unterschied zwischen dem Marketingkonzept (oft »Marktorientierung« genannt) und dem *Marketing-Mix* hervorgehoben werden. Letzterer Begriff beschreibt die unterschiedlichen Werkzeuge und Techniken, die von Managern zur Implementierung ihrer Marketingkonzepte verwendet werden.

Der Einfachheit halber werden diese Werkzeuge und Techniken oft unter der englischen Bezeichnung »4 Ps – Scheme« – Produkt (product), Ort (place), Verkaufsförderung (promotion) und Preis (price) – zusammengefaßt.

Bevor jedoch eine sinnvolle Diskussion darüber stattfinden kann, wie die Marketingfunktion zur Wirkung gebracht wird, sollte man sich einen vollständigen Überblick über das eigentliche Wesen des Marketing (die Marketingidee) verschaffen; um diese Frage geht es vorrangig in diesem Kapitel.

Die Fähigkeiten des Unternehmens

Wir haben gesagt, daß Marketing ein Abstimmungsprozeß zwischen den Fähigkeiten und Möglichkeiten eines Unternehmens und den Konsumentenwünschen ist. In Kapitel 4 werden wir erklären, was gemeint ist, wenn wir von Konsumentenwünschen sprechen. Aber an dieser Stelle sollten wir klarstellen, was wir mit den Fähigkeiten und Möglichkeiten eines Unternehmens meinen. Stellen Sie sich zwecks näherer Erklärung vor, daß Sie entlassen wurden und sich entschlossen haben, eine eigene Firma zu gründen.

Als erstes müßten Sie wahrscheinlich eine Entscheidung darüber treffen, was Sie eigentlich *können*. Bei der Beantwortung dieser Frage würden Sie bald merken, daß Ihnen Ihr tatsächliches Wissen und Ihre tatsächlichen Kenntnisse in vielen Bereichen erhebliche Beschränkungen auferlegen. Für einen ehemaligen Verkaufsleiter wäre es wahrscheinlich schwierig, sich als Grundstücksmakler zu etablieren, und für einen Grundstücksmakler wäre es problematisch, als Marketingberater zu arbeiten, es sei denn, beide hätten die erforderlichen Fähigkeiten und das nötige Wissen. Wenn man ein bißchen nachdenkt, wird man zu der Erkenntnis gelangen, daß es bei einem Unternehmen genau dasselbe ist. Viele Firmen, die sich an Aktivitäten versuchen, für die sie im Grunde nicht geeignet sind, nehmen eine katastrophale Entwicklung.

Ein solcher Fall betraf eine Firma, die Schalteinheiten für den militärischen und den Flugzeugmarkt herstellte. Als diese traditionellen Märkte rückläufig zu werden begannen, diversifizierte das Unternehmen in Schalteinheiten für verschiedene industrielle Märkte wie langlebige Gebrauchs- und Konsumgüter, Autos und so weiter. Leider unterschieden sich diese Märkte so grundlegend von denen, die das Unternehmen bis dahin beliefert hatte, daß es rasch in die Verlustzone geriet. Während die Schalteinheiten, die die Firma bisher produziert hatte, ein hochtechnisiertes Produkt waren, das nach den Spezifikationen einiger High-Tech-Kunden hergestellt wurde, mußte die Firma nun einfache Massenschalteinheiten für breitere Märkte herstellen. Das bedeutete, große Lagerbestände zu produzieren und Feldforschung zu betreiben. Außerdem bedeutete es, die Preise niedrig und wettbewerbsfähig halten zu müssen. Die Verkäufer wußten nicht, wie sie den Anforderungen dieser neuen Märkte gerecht werden sollten. Sie waren daran gewöhnt, ein oder zwei Telefongespräche pro Tag zu führen und detaillierte technische Fragen mit den Käufern zu erörtern, während sie nun täglich acht oder neun Telefongespräche führen und im Wettbewerb gegen viele Konkurrenzprodukte verkaufen mußten. Außerdem hatte das Unternehmen nicht das richtige Image, das für einen Erfolg auf dem neuen Markt erforderlich war. Das alles hatte schwerwiegende Folgen.

Daraus kann man lernen, daß jede Firma eine einzigartige Konstellation an Ressourcen und Managementqualitäten besitzt, mit denen sie nicht unbedingt *alle* Marktchancen ebenso effizient wie andere Firmen wahrnehmen und folglich auch nicht in allen Bereichen gleich wettbewerbsfähig sein kann. Zusammenfassend ist zu sagen, daß der Abstimmungsprozeß zwischen den Fähigkeiten und Möglichkeiten eines Unternehmens und den Wünschen der Kunden ausschlaggebend für den geschäftlichen Erfolg ist. Daß das so ist, wird klar, wenn wir Wesen und Aufgabe des Marketing noch näher beleuchten.

Das Marketingumfeld

Dieser Abstimmungsprozeß findet im sogenannten *Marketingumfeld* statt, dem Milieu, in dem ein Unternehmen operiert. Der vielleicht wesentlichste Bestandteil des Marketingumfelds sind unsere Konkurrenten, deren Aktivitäten unser eigenes Verhalten als Unternehmen entscheidend beeinflussen.

Da die Aktivitäten unserer Konkurrenten so großen Einfluß auf unsere eigenen Entscheidungen haben, geht es eigentlich darum, einen Weg zu finden, um diesen Einfluß und andere Elemente unserer Umgebung zu beobachten und in unseren Entscheidungsfindungsprozeß zu integrieren. Diese Frage werden wir in Kapitel 11 näher erläutern.

Die *politischen, steuerlichen, wirtschaftlichen und gesetzlichen* Maßnahmen der Regierungen von Ländern, in denen wir unsere Waren verkaufen, wirken sich ebenfalls auf unsere Möglichkeiten aus. Durch die Inflation wird beispielsweise der frei verfügbare Einkommensanteil der Bevölkerung reduziert, und das kann zu einer Marktschrumpfung führen. Die Gesetze, die Dinge wie Etikettierung, Verpackung, Werbung, Umweltschutz und so weiter regeln, haben alle Einfluß auf die Art unserer Unternehmensführung und müssen bei der Erstellung unserer Pläne berücksichtigt werden.

Die Technologien werden ständig weiterentwickelt, und wir können nicht länger annehmen, daß unsere Kunden unsere derzeitige Produktpalette auch in Zukunft nachfragen werden. Zum Beispiel hatte die Einführung tropffreier Farbe gravierende Auswirkungen auf einen einstmals stabilen Markt. Die Konsumenten entdeckten, daß sie nun selbst streichen konnten, ohne im Chaos zu versinken, und schließlich wurde das Produkt auch an neuen Verkaufsstellen, wie beispielsweise Supermärkten, verkauft. Man kann sich vorstellen, wie es einigen jener Firmen erging, die weiterhin ihre traditionellen Produkte herstellten und über die alten Vertriebswege verkauften.

Eine solche Veränderung würde auch eine Änderung der Preis-, Werbe- und Vertriebspolitik erfordern; dies nicht zu erkennen und entsprechend zu handeln, müßte zu einer unternehmerischen Katastrophe führen.

Es geht darum, daß das Umfeld, in dem wir arbeiten, nicht von uns kontrolliert werden kann und daß es dynamisch ist. Es muß also fortlaufend beobachtet werden.

Bis jetzt haben wir über drei Komponenten des sogenannten Abstimmungsprozesses gesprochen:

- Die Fähigkeiten und Möglichkeiten eines Unternehmens
- Die Wünsche des Konsumenten
- Das Marketingumfeld.

In einem Diagramm dargestellt, sieht das so aus:

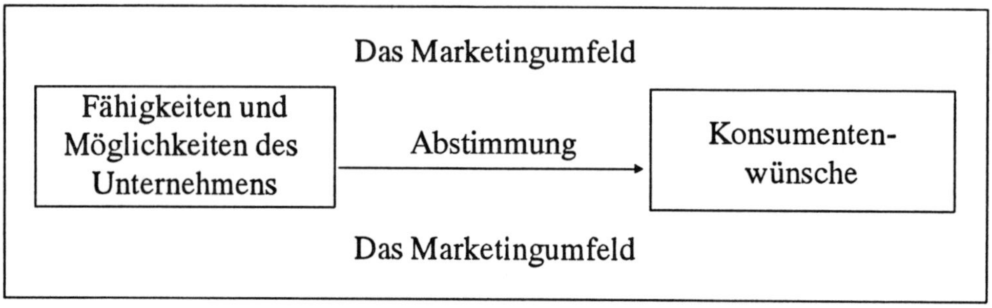

Abbildung 1.1

Kundenwünsche

Obwohl wir uns mit diesem Thema in Kapitel 4 noch näher befassen werden, richten wir unsere Aufmerksamkeit kurz auf die Kundenwünsche, um zu einem vollen Verständnis dessen zu gelangen, was Marketing ist.

Einer der Marketingbereiche, die am häufigsten zu Mißverständnissen Anlaß geben, ist die Frage der Kundenwünsche. Die Unternehmen werden beschuldigt, den unwissenden Konsumenten so zu manipulieren, daß er Dinge will, die er eigentlich nicht braucht.

Wenn das so wäre, würde nicht ein so großer Anteil der eben erst auf den Markt gekommenen Produkte bei den Kunden durchfallen! Die Wahrheit ist, daß die Menschen immer Bedürfnisse haben, beispielsweise auf dem Sektor der Heimunterhaltung. Was sich im Laufe der Zeit verändert, ist die Art und Weise, wie sie sich diese Bedürfnisse erfüllen. Beispielsweise war das Fernsehen nur deshalb kommerziell überlebensfähig, weil die Menschen das Bedürfnis nach Heimunterhaltung hatten und das Fernsehen ein Mittel für die Erfüllung dieses Bedürfnisses darstellte.

Aber lassen wir uns nicht täuschen: zu guter Letzt hat der Kunde das Sagen. Für alle Kundenwünsche gibt es verschiedene Erfüllungsmöglichkeiten, und wo immer Menschen die *Wahl* haben, werden sie sich für das Produkt entscheiden, von dem sie glauben, daß es ihnen für den Preis, den sie zu zahlen bereit sind, die meisten Vorteile bietet.

Da aber für alle Unternehmen Kosten anfallen, wenn sie Güter oder Dienstleistungen auf den Markt bringen, bedeutet dies im Grunde, daß der einzige Maßstab für die Effizienz oder den Wert dessen, was die Firma tut, der *Gewinn* ist. Kostengünstigkeit oder Effizienz bzw. andere, ähnliche Meßinstrumente sind keine Kriterien für die Effektivität, da es wenig Sinn hat, zum Beispiel kleine, billige, hochwertige Schwarzweißfernsehgeräte zu produzieren, wenn die Leute kleine, billige, hochwertige Farbfernsehgeräte wollen.

Lassen Sie mich erklären, warum das bei allen geschäftlichen Transaktionen so ist.

Da bei der Produktion von Gütern Kosten anfallen, müssen Kunden gefunden werden, die diese Güter zu einem ausreichend hohen Preis und in ausreichender Menge kaufen (Gewinnspanne x Umsatz), um dem Unternehmen eine Deckung seiner Kosten zu ermöglichen und einen Überschuß (oder Gewinn) zu erwirtschaften. Das ist eine wirtschaftliche Notwendigkeit, die es dem Unternehmen ermöglicht, im Geschäft zu bleiben, und bedeutet, daß die Kunden Ihr Produkt nur dann kaufen werden, wenn sie glauben, daß es ihre Wünsche erfüllt.

Wenn Sie also kleine, billige, hochwertige Schwarzweißfernsehgeräte herstellen und für solche Produkte ein langfristiger Nachfragerückgang besteht, werden Sie letzten Endes bankrott gehen, es sei denn, sie sind bereit zu Veränderungen, um Ihre Produktpalette besser auf die Marktbedürfnisse abzustimmen. Eine Regierung oder eine Muttergesellschaft wäre besonders schlecht beraten, solche Geschäftsaktivitäten zu subventionieren, da wir wissen, daß es wirtschaftlich ineffizient ist, Dinge zu produzieren, die der Konsument nicht will, besonders dann, wenn er aus dem Ausland erhält, was er im Inland nicht bekommen kann.

Dieselbe Argumentationslinie muß auch für diejenigen unter uns gelten, die nicht müde werden, eine Produktivitätssteigerung als *die* Antwort auf unsere wirtschaftlichen Probleme hinzustellen. Leider würde jede zusätzliche Produktion höchstwahrscheinlich nur zu erhöhten Lagerbeständen führen, wenn die Menschen die produzierten Güter nicht wirklich wollen.

Natürlich lägen die Dinge anders, wenn es sich nur um kleine, temporäre Nachfragestörungen handelte, aber das ist leider nur selten der Fall, da die Märkte dynamisch sind und wir als Unternehmen nicht nur lernen müssen, uns der Veränderung unserer Märkte anzupassen, sondern auch, uns selbst zu verändern.

Wesentlich für die Frage der Kundenwünsche ist das Verständnis der Tatsache, daß es kaum so etwas wie einen »Markt« gibt. Erstens gilt es einmal klarzustellen, daß die Produkte von Kunden und nicht von Märkten gekauft werden. Ein Markt ist im wesentlichen eine Ansammlung von Kunden, die ähnliche Wünsche und Bedürfnisse haben. In der Realität bestehen die meisten Märkte aus einer Reihe von Sub-Märkten, die alle unterschiedlicher Natur sind. Beispielsweise setzt sich der Fluglinienmarkt aus dem Fracht- und Passagiertransport zusammen. Der Passagiersektor läßt sich weiter in VFR (Visiting Friends and Relatives – Besuch von Freunden und Verwandten), hochklassige Reisen (Geschäftsreisen), Charterreisen und so weiter einteilen. Die Bedürfnisse dieser sehr unterschiedlichen Kundengruppen nicht zur Kenntnis zu nehmen, müßte dazu führen, daß die gewünschten Dienstleistungen nicht zu einem akzeptablen Preis angeboten würden.

Natürlich liegen die Dinge nicht ganz so einfach. Deshalb widmen wir das ganze 4. Kapitel dem wichtigen Aspekt der sogenannten »Marktsegmentierung«. Aber einstweilen genügt es uns zu verstehen, daß unsere Fähigkeit, Gruppen verschiedener Kundenwünsche zu identifizieren, die unser Unternehmen mit seinen spezifischen Fähigkeiten und Möglichkeiten befriedigen kann, das Kernstück eines effizienten Marketingmanagements ist.

Der Marketing-Mix

Wie wir bereits festgestellt haben, werden mit dem Begriff »Marketing-Mix« die Werkzeuge und Techniken des Marketing beschrieben. Damit dieser Abstimmungsprozeß stattfinden kann, brauchen wir also *Informationen*. Externe und interne Marketinginformationsflüsse (Marktforschung) werden in Kapitel 11 näher besprochen.
Wenn wir nun herausgefunden haben, was die Konsumenten wollen, müssen wir Produkte entwickeln, die den Bedürfnissen entsprechen. Dieser Vorgang ist als »Produktmanagement« bekannt und wird in Kapitel 5 näher erläutert. Natürlich müssen wir auch einen Preis für unsere Produkte verlangen. Darüber sprechen wir in Kapitel 9.
Wir müssen uns vor Augen halten, daß die Produkte in die Hände unserer Kunden gelangen, und unser Produkt deshalb mit einer zeitlichen und örtlichen Nützlichkeitskomponente versehen. Die Distribution wird in Kapitel 10 behandelt.
Nun bleibt uns nur noch, unsere Kunden über unsere Produkte zu informieren, denn wir können sicher sein, daß ein Kunde keine großen Umwege machen wird, um gerade das von uns hergestellte Produkt zu kaufen. Hier müssen wir alle Kommunikationsformen in Betracht ziehen, insbesondere Werbung, persönlichen Verkauf und Verkaufsförderung. Diese Fragen werden wir in den Kapiteln 7 und 8 ausführlicher behandeln.
Zum Schluß müssen wir darüber nachdenken, wie wir all diese Komponenten in die geschlossene Form eines Marketingplans bringen können. Dieser letzte Punkt ist so wichtig, daß die folgenden zwei Kapitel ausschließlich der Erläuterung des Prozesses der Marketingplanung gewidmet sind.

Die Verwirrung darüber, was Marketing eigentlich ist

Es wirft ein schlechtes Bild auf den Zustand des Marketing, daß es, obwohl es seit beinahe fünfzig Jahren gelehrt wird, immer noch Unklarheit darüber gibt, was Marketing eigentlich ist. In folgenden Bereichen gibt es die meisten Fehleinschätzungen:

1 Die Verwechslung mit dem Umsatz
Ein Geschäftsführer einer Firma verkündete bei Beginn eines Seminars in Sydney, Australien, öffentlich in aggressiver Weise: »In meiner Firma ist erst dann Platz für Marketing, wenn die Umsätze gestiegen sind!« Die Verwechslung mit dem Umsatz ist immer noch eines der größten zu überwindenden Hindernisse.

2 Verwechslung mit Produktmanagement
Der Glaube, daß ein Unternehmen nur ein gutes Produkt herzustellen brauche, um Erfolg zu haben, ist immer noch weit verbreitet – und weder die Concorde, der EMI Scanner noch Tausende anderer ausgezeichneter Produkte, deren Eigentümer oder Erfinder in Konkurs gingen, waren bisher in der Lage, diese Personen vom Gegenteil zu überzeugen.

3 Verwechslung mit Werbung
Dies ist ein weiteres verbreitetes Mißverständnis, und die Wirtschaft kennt zahlreiche

Beispiele wie Dunlop, Woolworth und British Airways, die mit ihren brillanten Werbekampagnen Preise gewannen, aber ihre Ware erst an den Mann brachten, als sie professionelle Manager einsetzten. Einem Problem mit einem riesigen Werbeaufwand zu Leibe zu rücken, ist immer noch ein weit verbreiteter Weg, tief verwurzelte Marketingprobleme in Angriff zu nehmen.

4 Verwechslung mit Kundendienst

Das »Schönen-Tag-noch«-Syndrom erlebt derzeit in vielen Ländern der Welt seinen Höhepunkt, nachdem es durch Peters und Waterman in *»In Search of Excellence«* populär gemacht wurde. Die Banken investierten beispielsweise Millionen, um ihre Mitarbeiter zu einem freundlichen Umgang mit den Kunden zu bewegen, während sie aber mit ihrem Grundangebot immer noch an den Kundenwünschen vorbeisteuerten. Die meisten Banken haben zum Beispiel gerade dann geschlossen, wenn die Kunden am dringendsten offene Banken brauchen! So ähnlich verhält es sich mit vielen Eisenbahngesellschaften rund um die Welt: es ist zwar nett, gut behandelt zu werden, aber noch viel wichtiger ist es, pünktlich anzukommen.

Inzwischen sollte deutlich geworden sein, daß die Leute, die immer davon sprechen, daß der »Frontkampf« (mit dem sie im allgemeinen den persönlichen Verkauf meinen) der einzig wichtige Faktor im Marketing sei, wahrscheinlich unrecht haben.

Der Verkauf ist nur ein Aspekt der Kommunikation mit den Kunden, und zu sagen, daß er der einzig wichtige sei, hieße die Bedeutung von Produktmanagement, Preisbildung, Distribution und anderen Kommunikationsarten für die Erzielung profitabler Umsätze zu ignorieren. Der Verkauf ist nur ein Teil dieses Prozesses, durch den die Transaktion normalerweise zu einem positiven Ende gelangt. Er stellt den Gipfelpunkt des Marketingprozesses dar, und ein Erfolg wird nur möglich, wenn zuvor alle anderen Elemente des Marketing-Mix richtig eingesetzt wurden. Stellen Sie sich ein Pferd ohne seine vier Beine vor! Je mehr Wert wir darauf legen, die Kundenwünsche kennenzulernen, Produkte zu entwickeln, die diesen Wünschen gerecht werden, die Preise so zu gestalten, daß sie den gebotenen Werten entsprechen, ein Distributionsnetz aufzubauen und eine effiziente Kommunikation mit den Zielmärkten zu unterhalten, desto eher werden wir in der Lage sein, über den persönlichen Verkaufsprozeß Erfolge zu erzielen.

Ähnlich naiv ist die Annahme, daß es beim Marketing ausschließlich um Werbung gehe, da inzwischen klargeworden sein sollte, daß Werbung nur ein Aspekt der Kommunikation ist. Viele Firmen verschwenden ihren Werbeetat, weil sie ihre Zielmärkte nicht deutlich identifiziert haben. Beispielsweise wendete eine öffentliche Transportgesellschaft eine Viertelmillion Pfund an Werbemitteln auf, um damit zu werben, wie zuverlässig ihr Busservice sei, während die Benutzung von Bussen durch die Öffentlichkeit tatsächlich zurückging, da die Busse irgendwie zu einem »Arbeiterklasse«-Image gekommen waren! Dies ist ein klassischer Fall für die Annahme, daß Werbung als solche, völlig ungeachtet ihrer Aussage, die Umsätze steigere. Hätte dieses Unternehmen die richtigen Untersuchungen angestellt, hätte es darüber entscheiden können, inwieweit und auf welche Art mit diesem Vorurteil Schluß gemacht werden könnte. Doch so gab man ein kleines Ver-

mögen dafür aus, den Menschen etwas mitzuteilen, das für sie mehr oder weniger irrelevant war.
In der Realität geben viele Unternehmen in guten Zeiten mehr, in schlechten weniger für Werbung aus. Eine Kürzung des Werbebudgets wird oft als einfacher Weg betrachtet, die Gewinn- und Verlustrechnung auszugleichen, sobald sich eine Firma unterhalb ihrer vorgesehenen Gewinnzone befindet; diese Tendenz wird noch durch die Tatsache verstärkt, daß dieses Ergebnis ohne irgendwelche unmittelbar sichtbaren schädlichen Auswirkungen auf den Umsatz erreicht werden kann. Leider ist dies wieder eines der klassischen Mißverständnisse darüber, was Marketing ist, und insbesondere über die Rolle, die die Werbung darin spielt. Hier herrscht der weitverbreitete Glaube, daß Werbung durch Umsatz *verursacht* wird! Außerdem ist es ausgesprochen naiv anzunehmen, daß sich die Wirksamkeit der Werbung am Umsatz messen läßt – während sie in Wirklichkeit nur ein Teil des gesamten Marketingprozesses ist.

Was will der Kunde?

Schließlich müssen wir uns darüber klar werden, was mit den Worten »erforschen, was der Kunde will« (auf die wir in den meisten Definitionen des Begriffes »Marketing« stoßen) eigentlich gemeint ist. In der Realität werden die meisten Verbesserungen der Konsumentenzufriedenheit durch Technologieschübe bewirkt. Beispielsweise ergaben sich durch die phantastischen technologischen Durchbrüche, die infolge des Weltraumprogrammes in Houston erzielt wurden, als zwei Amerikaner erstmals den Mond betraten, tausende Möglichkeiten für die kommerzielle Nutzung. Die Rolle des Marketing bestand darin, die kommerziellen Anwendungen für die neuen Technologien zu finden.
Die Wahrheit ist jedoch, daß es zwei Arten von Forschung und Entwicklung gibt:

- technologieorientierte
- marktorientierte.

Die Möglichkeiten für die kommerzielle Nutzung ergeben sich aus den Technologieprogrammen, die weltweit in Labors und Forschungsparks durchgeführt werden. Durch die marktbezogenen Programme, die von den meisten Firmen durchgeführt werden, entstehen kleine, nicht immer kontinuierliche Verbesserungen der Produktleistung. Beide Arten der Aktivität sind legitim. Erstere wurde von Firmen wie 3M, die für sich in Anspruch nimmt, ungezielte wissenschaftliche Forschung zu ermutigen und zu institutionalisieren, verbreitet und glorifiziert. Das hat zur Gründung einer Reihe neuer Unternehmen und zu einer Reihe neuer Produkte geführt, von denen Post-it das bekannteste ist.
Man sollte jedoch niemals außer acht lassen, daß die Kunden eigentlich nicht wissen, was sie wollen! Das einzige, was wirklich interessant für sie ist, sind bessere Wege der Problemlösung, so daß eine der wichtigsten Aufgaben des Marketing darin besteht, ein fundiertes Verständnis für die Kunden und ihre Probleme zu entwickeln. Wenn uns das

gelingt, können wir kontinuierlich daran arbeiten, ihnen das Leben zu erleichtern. Ob dies infolge zufälliger Aktivitäten oder zielgerichteter Forschung geschieht, ist nicht so wichtig wie das endgültige Ergebnis.

Gibt es Unterschiede im Industrie-, Kunden- und Dienstleistungsmarketing?

Die Kerngedanken des Marketing sind universeller Natur, und es macht keinen Unterschied, ob wir Öfen, Versicherungspolizzen oder Margarine vermarkten. Es entstehen jedoch manchmal Probleme, wenn wir versuchen, dieselben Marketingvorstellungen in Dienstleistungs- und Industriebetrieben zu verwirklichen. Eine Dienstleistung läßt sich nicht in derselben Weise spezifizieren wie ein Produkt, da sie nicht die gleichen reproduzierbaren physischen Dimensionen hat, die sich messen lassen. Im Erwerb jeder Dienstleistung ist auch eine große Vertrauenskomponente seitens des Käufers enthalten, der erst nach Beendigung der Dienstleistung Sicherheit bezüglich der Qualität der Leistung hat. Hauptsächlich aus diesem Grund werden Verkäufer oder Verkäuferinnen, die eine Dienstleistung verkaufen, Teil derselben, denn die Qualität der Dienstleistung bemißt sich in besonderer Weise daran. Außerdem läßt sich ein Dienstleistungsprodukt nicht im vorhinein herstellen und für den Verkauf »ab Lager« zu einem späteren Zeitpunkt aufbewahren. Trotzdem gelten die Prinzipien des Marketing mit zum Teil anderen Gewichtungen für Dienstleistungen genau in derselben Weise.

Industriegüter sind Güter, die an Industriebetriebe, institutionelle oder staatliche Käufer zwecks Integrierung in ihre eigenen Produkte oder zur Verwendung in ihren eigenen Unternehmen weiterverkauft werden. Die wichtigsten Arten von Industriegütern sind Rohstoffe, Bauteile, Investitionsgüter, Reparatur- und Betriebsgüter sowie Ausrüstung.

Die Tatsache, daß der Anteil einiger Industriestaaten am Welthandel in den letzten dreißig Jahren so drastisch zurückgegangen ist, bedeutet nicht unbedingt, daß deren Produkte nicht so gut wie die anderer Länder waren, sondern, daß diese Länder es verabsäumt haben, ihre Produkte so erfolgreich wie ihre Konkurrenten zu *vermarkten*; diese Ansicht wird durch Untersuchungen von Universitäten, Regierungen und Handelskörperschaften unterstützt.

Ein Grund dafür könnte im naiven Glauben vieler Industrieunternehmen liegen, daß es nur darum gehe, hochwertige Produkte herzustellen. Diese Unternehmen befassen sich ausschließlich damit, solche Produkte herzustellen, obwohl es viele Anhaltspunkte dafür gibt, daß die endgültige Wahl schließlich nach anderen Kriterien getroffen wird. Das mangelnde Verständnis für die Bedeutung von Marktsegmentierung (wird in Kapitel 4 behandelt), Marktanteilen, Service und gutem Ruf ist eine der wichtigsten Ursachen dafür, daß solche Unternehmen auf so vielen Weltmärkten nicht konkurrenzfähig sind. Nach eigener Meinung gute Produkte herzustellen und sie dann dem Verkaufspersonal zu übergeben, um sie loszuwerden, reicht einfach nicht aus.

Aber abgesehen davon, daß es auf dem Techniksektor eine Art von Statusbewußtsein gibt, das wie eine Barriere gegen das Nachdenken über Marketingfragen zu wirken

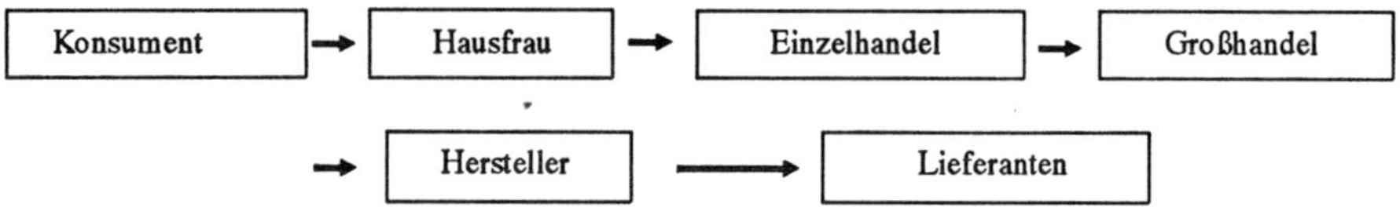

Abbildung 1.2

scheint, muß man auch feststellen, daß Marketing auf vielen Industriemärkten eine schwierige Sache ist. Das bewirkt unweigerlich, daß sich die Manager in jene Bereiche zurückziehen, mit denen sie vertraut sind. Die Nachfrage nach allen Industriegütern leitet sich von der Nachfrage nach Konsumgütern her, wodurch sich der Unsicherheitsfaktor bei der Entscheidungsfindung vergrößert und Prognosen extrem schwierig werden.
Aus Abb. 1.2 läßt sich leicht erkennen, daß ein Unternehmen in dem Ausmaß, in dem sich sein Abstand zum Endverbraucher vergrößert, die Kontrolle über die Nachfrage verliert. Nehmen wir das Beispiel einer Brauerei.
Eine Brauerei kann direkt mit ihren Abnehmern in Verbindung treten, während die Firma, die ihre Anlagen herstellt, sowie deren Lieferanten letzten Endes vom Endverbraucher abhängig sind, aber dessen Handlungen nicht so direkt beeinflussen können.
Außerdem sind Informationen über Industriemärkte nicht so leicht verfügbar wie über Konsumgütermärkte, wodurch eine Messung der Marktanteile erschwert wird. Darüber hinaus gibt es noch andere Schwierigkeiten, die das Marketing im Industriebereich problematisch machen.
Leider haben viele Unternehmen als Reaktion auf dieses Problem einen »Marketingfachmann« eingestellt und diesen mit dem Marketingjob alleingelassen. Aber wir werden gleich sehen, daß das nie eine Lösung sein kann, weil das Marketingkonzept, wenn es überhaupt funktionieren soll, von allen leitenden Mitarbeitern eines Unternehmens verstanden und getragen werden muß und nicht nur vom Leiter der Marketingabteilung. Anderenfalls verhalten sich alle anderen weiterhin so wie früher, und die Arbeit des Marketingbeauftragten wird bald ineffektiv.
Wieder muß die Schlußfolgerung lauten, daß die Prinzipien des Marketing, mit einigen unterschiedlichen Gewichtungen, hier genau auf dieselbe Weise gelten.

Brauchen Sie eine Marketingabteilung?

Das führt uns schließlich zu der Frage, ob ein Unternehmen eine Marketingabteilung braucht.
Es ist nicht unbedingt nötig, für die Analyse, Planung und Kontrolle des Abstimmungsprozesses über eine institutionalisierte Marketingabteilung zu verfügen. Dies gilt vor allem für kleine, nicht diversifizierte Unternehmen, deren Führungskräfte ein tiefgehendes Verständnis für die Wünsche der Kunden haben. Auch in großen Unternehmen ist eine Marketingabteilung nicht unbedingt erforderlich, da man das Produktmanage-

ment den Ingenieuren, die Preisbildung dem Rechnungswesen, die Distribution den Distributionsspezialisten und Werbung und Verkauf dem Verkaufsleiter überlassen kann.
Die Gefahren, die ein solcher Ansatz in sich birgt, sind offensichtlich. Techniker legen oft zu großen Wert auf die physischen Aspekte eines Produktes, die Finanzabteilung konzentriert sich viel stärker auf die Kosten als auf den Marktwert, der Logistik gelingt es oft, die eigenen Ziele im Lagerbereich zu optimieren, während sie gleichzeitig wichtigere Unternehmensaspekte wie den Kundendienst vernachlässigt, und Verkauf und Verkaufsförderung liegen oft nicht im vordringlichsten Interesse der allgemeinen Unternehmensziele.
Wenn Produktpalette und Abnehmerkreis eines Unternehmens wachsen und Wettbewerbsdruck und Umweltprobleme größer werden, wird es normalerweise nötig, das Marketingmanagement in einer zentralen Kontrollfunktion zusammenzufassen, ansonsten besteht die Gefahr, zwar mit einem technisch ausgezeichneten Produkt, aber mit katastrophalen Wirtschaftsdaten dazustehen.
Was aber viel wichtiger ist als die Person, die innerhalb einer Organisation für das Marketing zuständig ist, ist die Frage der Marketingorientierung, d. h., in welchem Ausmaß das Unternehmen als ganzes verstanden hat, wie wichtig es ist, sich über die Wünsche der Kunden Klarheit zu verschaffen und alle Ressourcen der Firma auf die Befriedigung dieser Wünsche bei gleichzeitiger Erwirtschaftung eines Gewinns zu konzentrieren.

Anwendungsfragen

1 Beschreiben Sie möglichst genau, was Marketing Ihrer Meinung nach in Ihrem Unternehmen bedeutet.
2 Beschreiben Sie die Rolle Ihrer Marketingabteilung, wenn Sie eine haben.
3 Wenn Sie keine Marketingabteilung haben, beschreiben Sie, wie Entscheidungen getroffen werden in bezug auf:
- das Produkt selbst
- den Preis
- verschiedene Ebenen der Kundenbetreuung
- Werbung
- Verkaufsförderung
- Verkaufspersonal
- Marktinformationen.

4 Wie wird in Ihrer Organisation zwischen Marketing und Verkauf unterschieden?
5 Würden Sie sagen, daß Ihre Produkte den Kundenwünschen oder eher dem entsprechen, was Sie vorzugsweise herstellen?
6 Beginnen Sie Ihren Planungsprozeß mit einer Verkaufsprognose und erarbeiten Sie dann ein Budget, oder beginnen Sie mit der Festsetzung von Marketingzielen, die auf einer gründlichen Überprüfung der Vorjahrsleistung basieren? Wenn ersteres der Fall ist, erklären Sie, warum Sie diesen Ansatz für besser halten.

2 DER MARKETINGPLANUNGSPROZESS: DIE WICHTIGSTEN SCHRITTE

Zusammenfassung

In Kapitel 2 befassen wir uns damit, was Marketingplanung ist und warum sie wichtig ist, mit den Unterschieden zwischen taktischen und strategischen Marketingplänen, mit dem Marketingplanungsprozeß, damit, was ein Marketing-Audit (Revision) ist, warum er nötig ist, mit seiner Form, seinem Platz im Management-Audit, weiters damit, von wem und wo eine solche Analyse durchgeführt werden sollte, was mit ihren Ergebnissen geschieht, wie sich Marketingplanung zu Unternehmensplanung verhält, welche Annahmen, Marketingziele, -strategien und Programme es gibt, wie Pläne angewendet werden sollten, was ein Budget ist, was in einem strategischen Plan enthalten sein sollte und schließlich, was ein Mission statement (Aufgabendefinition) ist.

Was ist Marketingplanung?

Jeder Manager wird bereitwillig zustimmen, daß eine vernünftige Art des Umgangs mit der Verkaufs- und Marketingfunktion darin besteht, in systematischer Weise eine Reihe von Optionen ausfindig zu machen, eine oder mehrere davon auszuwählen und dann zu planen und zu kalkulieren, was geschehen soll, um die Zielsetzungen zu erreichen. Dieser Prozeß kann als *Marketingplanung* definiert werden, das heißt, als der geplante Einsatz der Marketingressourcen, um Marketingziele zu erreichen.

Die Marketingplanung ist also einfach eine logische Abfolge von Aktivitäten, die zur Festsetzung von Marketingzielen und zur Formulierung von Plänen zu deren Erreichung führen. Unternehmen durchlaufen im allgemeinen bei der Entwicklung von Marketingplänen eine Art Managementprozeß. In kleinen, nicht diversifizierten Unternehmen verläuft dieser Prozeß meist informell. In größeren, stärker diversifizierten, ist er oft systematisiert. Dieser Prozeß ist seinem Konzept nach sehr einfach; er beinhaltet eine Situationsanalyse, die Formulierung einiger Grundannahmen, die Festsetzung von Zielen betreffend was an wen verkauft werden soll, eine Entscheidung darüber, wie diese Ziele zu erreichen sind, sowie die Planung und Kalkulation der Maßnahmen, die für die Umsetzung in die Praxis erforderlich sind.

Dieser Prozeß gehört, obwohl er intellektuell leicht nachvollziehbar ist, in der Praxis zu den schwierigsten aller Marketingaufgaben. Der Grund dafür ist, daß es dabei darum geht, alle Marketingelemente in einen zusammenhängenden Plan einzuordnen; dazu ist zumindest ein gewisses Maß an institutionalisierten Vorgangsweisen erforderlich. Das ist es, was für viele Unternehmen so schwierig zu sein scheint.

Ein weitere Schwierigkeit liegt in den kulturellen, organisatorischen und politischen Problemen, in die der Prozeß selbst eingebettet ist. Darauf werden wir in Kapitel 3 näher eingehen.

In diesem Kapitel soll auf möglichst einfache Weise erklärt werden, was Marketingplanung ist und wie sie funktioniert, bevor wir in späteren Kapiteln auf ihre wichtigeren Komponenten eingehen.

Ein Grund für diese Schwierigkeit ist, daß es für ein Firmenmanagement nur wenige Anhaltspunkte und Richtlinien dafür gibt, wie der Prozeß selbst abgewickelt wird – dieses Hin und Her zwischen Analysen, Strategien, Programmen, Budgets, so lange, bis unter Berücksichtigung der Beschränkungen, denen jedes Unternehmen unterliegt, ein einigermaßen akzeptabler Kompromiß zwischen dem Wünschenswerten und dem Praktikablen erreicht ist.

Ein weiterer Grund ist, daß ein Planungssystem selbst nicht viel mehr ist als ein strukturierter Ansatz für den eben beschriebenen Prozeß. Aber aufgrund der unterschiedlichen Größe, Komplexität, Art und Zusammensetzung der verschiedenen Geschäftsoperationen kann es so etwas wie ein System »von der Stange«, das sich ohne grundlegende, auf die situationsspezifischen Erfordernisse jedes Unternehmens zugeschnittene Zusätze durchführen läßt, nicht geben.

Auch die Frage, inwieweit ein Unternehmen imstande ist, einen integrierten, koordinierten und konsistenten Plan zu entwickeln, hängt davon ab, wie sehr der Marketingplanungsprozeß selbst auf allen Managementebenen einer Organisation als Mittel einer verstärkten Fokussierung verstanden wird.

Warum ist die Marketingplanung so wichtig?

Es können kaum Zweifel an der Bedeutung der Marketingplanung aufkommen, wenn wir an das zunehmend feindliche und komplexe Umfeld denken, in dem Unternehmen operieren. Hunderte von externen und internen Faktoren wirken auf überaus verwirrende und komplizierte Weise zusammenen und haben ihre Auswirkungen auf unsere Fähigkeit, gewinnträchtige Umsätze zu erzielen. Denken wir nun einen Augenblick lang an die vier Ziele, die sich ein Unternehmen normalerweise steckt: Maximierung der Erträge, Maximierung der Gewinne, Maximierung des ROI (return on investment – Kapitalrendite) und Minimierung der Kosten. Jedes dieser Ziele hat seine eigene Anziehungskraft für die verschiedenen Manager innerhalb des Unternehmens, je nach ihrer Funktion. In der Realität kann man bestenfalls eine Art »optimalen Kompromiß« erzielen, da die unterschiedlichen Ziele miteinander in Konflikt stehen.

Die Manager eines Unternehmens müssen bis zu einem gewissen Grad verstehen, wie diese Variablen interagieren, oder sie müssen zumindest eine Meinung dazu haben, und sie sollten versuchen, ihre Entscheidungen nach rationalen Gesichtspunkten zu treffen, gleichgültig, wie wichtig Intuition, Gefühl und Erfahrung als Zusatzfaktoren in diesem Prozeß der Rationalität auch sein mögen.

Die meisten Manager akzeptieren, daß ein formalisiertes Marketingplanungsverfahren zur Förderung dieser Rationalität beiträgt; dadurch verringert sich die Komplexität geschäftlicher Aktivitäten, und die Zukunftshoffnungen des Unternehmens werden um die Dimension des Realismus bereichert. Da eine solche Formalisierung schwierig ist, verlassen sich die meisten Unternehmen jedoch auf Verkaufsprognosen und Budgetierungssysteme. Es ist eine altbekannte Tatsache, daß jeder Dummkopf Ziffern niederschreiben kann! Diese Ziffern stehen jedoch nur allzuoft in keinem nennenswerten Verhältnis zu den tatsächlichen Möglichkeiten und Problemen eines Unternehmens. Viel schwieriger ist es, Zielsetzungen und Strategien für den Marketingbereich festzulegen.

Abgesehen von der Notwendigkeit, sich auf die steigenden Turbulenzen, auf eine größere Komplexität des Umfeldes, einen verstärkten Konkurrenzdruck und die rasende Geschwindigkeit der technologischen Veränderungen einzustellen, hat ein Marketingplan auch noch andere Vorteile:

- Für Sie:
  - Er hilft Ihnen, Quellen eines Wettbewerbsvorteils aufzuspüren
  - einen organisierten Ansatz zu erzwingen
  - Spezifizität zu entwickeln
  - dauerhafte Beziehungen zu gewährleisten.
- Für Vorgesetzte:
  - zu informieren.
- Für Nicht-Marketing-Fachleute:
  - an Ressourcen zu gelangen.
- Für Untergebene:
  - Unterstützung zu erhalten
  - Engagement zu bewirken
  - Ziele und Strategien festzulegen.

Sprechen wir von einem taktischen oder einem strategischen Marketingplan?

Die Forschungsarbeiten des Autors haben gezeigt, daß große Verwirrung herrscht, wenn man in die trüben Tiefen des Marketingplanungsverhaltens von Unternehmen blickt, und das ist nirgendwo so sehr der Fall wie im Bereich der Marketingterminologie.

Nur wenige in der Praxis tätige Marketingfachleute verstehen die wirkliche Bedeutung eines *strategischen* Marketingplans im Gegensatz zu einem *taktischen* oder operationalen Marketingplan. Warum ist das so?

Um eine Antwort auf diese Frage zu finden, müssen wir einen Blick auf einige Veränderungen werfen, die in den letzten beiden Jahrzehnten stattgefunden haben. Beispielsweise wurde das einfache, überschaubare Umfeld der 60er und frühen 70er Jahre, das von Wachstum und leichter Vermarktbarkeit von Gütern und Dienstleistungen gekennzeichnet war, durch ein zunehmend komplexes und verschleißendes Umfeld ersetzt, das oft noch von stagnierenden oder rückläufigen Märkten beeinträchtigt wird. Für die meisten sind die Zeiten vorüber, in denen man nur auf der allgemeinen Wachstumswelle mitzuschwimmen brauchte. Damals bestand nicht dieselbe Notwendigkeit wie heute, diszipliniert und systematisch an den Markt heranzugehen. Ein taktisches, kurzfristiges Herangehen an die Marketingplanung schien unter diesen Voraussetzungen optimal geeignet. Aber Unternehmen, die es versäumten, die schwierige strategische Aufgabe mit Plänen, die ihre distinktive Kompetenz festlegten und entwickelten, in Angriff zu nehmen, gingen zugrunde, oder dieses Schicksal steht ihnen in den 90er Jahren bevor.
Das Problem ist eigentlich ziemlich einfach gelagert. Die meisten Manager ziehen es vor, jene Produkte zu verkaufen, die sie denjenigen Kunden, die am wenigsten Widerstand an den Tag legen, am leichtesten verkaufen können. Indem sie kurzfristige, taktische Marketingpläne entwickeln und diese dann einfach extrapolieren, rechnen diese Manager nichts anderes hoch als ihre eigene Unzulänglichkeit. Es ist ein bißchen wie das Fahren im Kielwasser – angenehm in ruhigen, klaren Wassern, aber in stürmischen Gewässern weniger empfehlenswert. Ihr Augenmerk auf die Erstellung eines detaillierten Ein-Jahres-Planes zu legen, ist für all die Unternehmen typisch, die Umsatzprognosen und Budgetierung mit strategischer Marketingplanung verwechseln – nach unserer Erfahrung einer der häufigsten Fehler überhaupt.
Das bringt uns zum Ausgangspunkt der Marketingplanung zurück – zu einem Verständnis des Unterschieds zwischen Strategie und Taktik und zur Assoziierung mit den zugehörigen Adjektiven »effektiv« und »effizient«. Abbildung 2.1 zeigt eine Matrix, in der die waagrechte Achse die Strategie als Kontinuum zwischen ineffektiv und effektiv darstellt. Die senkrechte Achse stellt die Taktik als Kontinuum zwischen ineffizient und effizient dar. Den Firmen, die über eine effektive Strategie und eine effiziente Taktik verfügen, geht es weiterhin gut, während die Firmen mit effektiver Strategie, aber ineffizienter Taktik gerade noch überleben. Viele solcher Firmen haben viel Zeit und Energie darauf verwendet, unnötige und ineffiziente Randaktivitäten abzubauen und bewegen sich nun wieder zum rechten oberen Feld hin. Viele sind aber natürlich auch in Konkurs gegangen.
Die Firmen auf der linken Seite der Matrix sind dem Untergang geweiht. Das sind die Gegebenheiten, unter denen das Management alten Stils versagt.
Aber Unternehmen, die von einigermaßen zukunftsorientierten Führungskräften geleitet werden, deren Planungshorizont über das Ende des aktuellen Geschäftjahrs hinausgeht, zeigen bereits deutlich bessere Ergebnisse als die alten, lediglich reagierenden Unternehmen mit nur kurzfristiger Planung.
Abb. 2.2 zeigt eine Unternehmensstruktur alten Stils, in der alle Managementebenen nur

Marketingtaktik		Marketingstrategie: Ineffektiv	Marketingstrategie: Effektiv
	Effizient	Gehen unter (langsam)	Florieren
	Ineffizient	Gehen unter (rasch)	Überleben

Abbildung 2.1

wenig Wert auf Strategie legen. Es wird sich zeigen, daß die niedrigeren Managementebenen gar nicht einbezogen werden, während sich die Direktoren hauptsächlich mit operationalen und taktischen Fragen beschäftigen.

Abb. 2.3 zeigt Unternehmen, die die Bedeutung von Strategien anerkennen und denen es gelingt, alle Managementebenen in die Formulierung dieser Strategien miteinzubeziehen.

Man kann also folgende einfache Regel aufstellen:

- Entwickeln Sie zuerst den *strategischen* Marketingplan. Dabei geht es vor allem um die Überprüfung des äußeren Umfelds. Unter Einbeziehung aller Managementebenen ist eine frühzeitige Identifikation der von diesem Umfeld ausgehenden Kräfte und die Entwicklung angemessener strategischer Reaktionen anzustreben.
- Ein strategischer Plan sollte sich über einen Zeitraum zwischen drei und fünf Jahren erstrecken, und erst nach seiner Entwicklung und Genehmigung sollte der operatio-

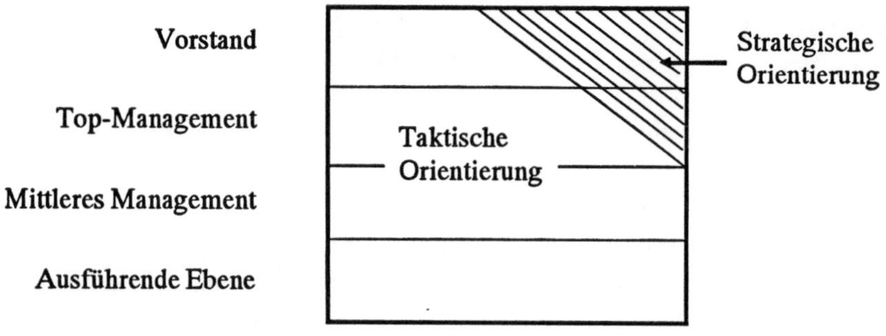

Abbildung 2.2

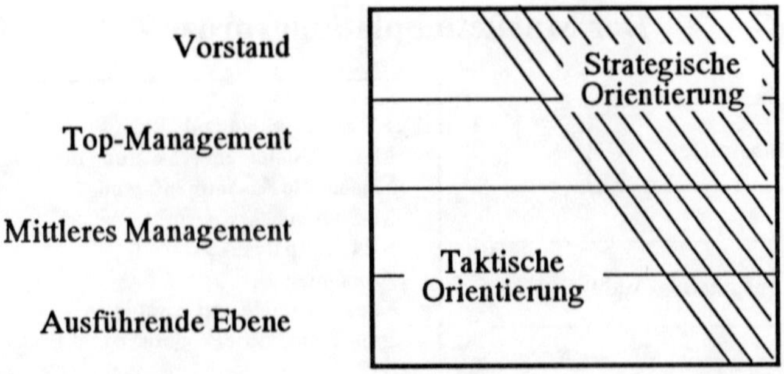

Abbildung 2.3

nale Einjahres-Marketingplan entwickelt werden. Vermeiden Sie es, zuerst den Einjahres-Marketingplan zu erstellen und diesen dann hochzurechnen.

Der Schwerpunkt liegt durch das gesamte Buch hindurch auf der Erstellung eines *strategischen* Marketingplans. Das Format für den operationalen oder taktischen Plan ist genau gleich, mit Ausnahme einiger Einzelheiten. Damit werden wir uns in Kapitel 13 befassen.

Der Marketingplanungsprozeß

Abb. 2.4 zeigt, welche Stadien durchlaufen werden müssen, bevor man an die Erstellung eines Marketingplans schreiten kann.

Eine neuere, vom Autor durchgeführte Großstudie über führende Unternehmen hat ergeben, daß ein Marketingplan folgendes enthalten sollte:

- Eine Zusammenfassung der wichtigsten externen Faktoren, die die Marketingleistungen des Unternehmens im Vorjahr beeinträchtigt haben, sowie eine Zusammenfassung der Stärken und Schwächen des Unternehmens gegenüber der
- Konkurrenz. Das bezeichnen wir als SWOT-Analyse (strengths, weaknesses, opportunities, threats – Stärken, Schwächen, Chancen und Bedrohungen).
- Einige Annahmen hinsichtlich der Schlüsseldeterminanten von Marketingerfolg und -versagen
- Umfassende Marketingziele und -strategien
- Programme, die Einzelheiten über Timing, Zuständigkeiten und Kosten enthalten, mit Verkaufsprognosen und Budgets.

Jedes der hier beschriebenen Stadien wird weiter hinten in diesem Kapitel genauer besprochen.

Die gestrichelten Linien, die die Schritte 5, 6 und 7 verbinden, sollen die Realität des Planungsprozesses andeuten, und zwar insofern, als die Wahrscheinlichkeit besteht, daß jeder dieser Schritte mehr als einmal durchgeführt werden muß, bevor die endgültigen Programme erstellt werden können.

Der Marketingplanungsprozeß

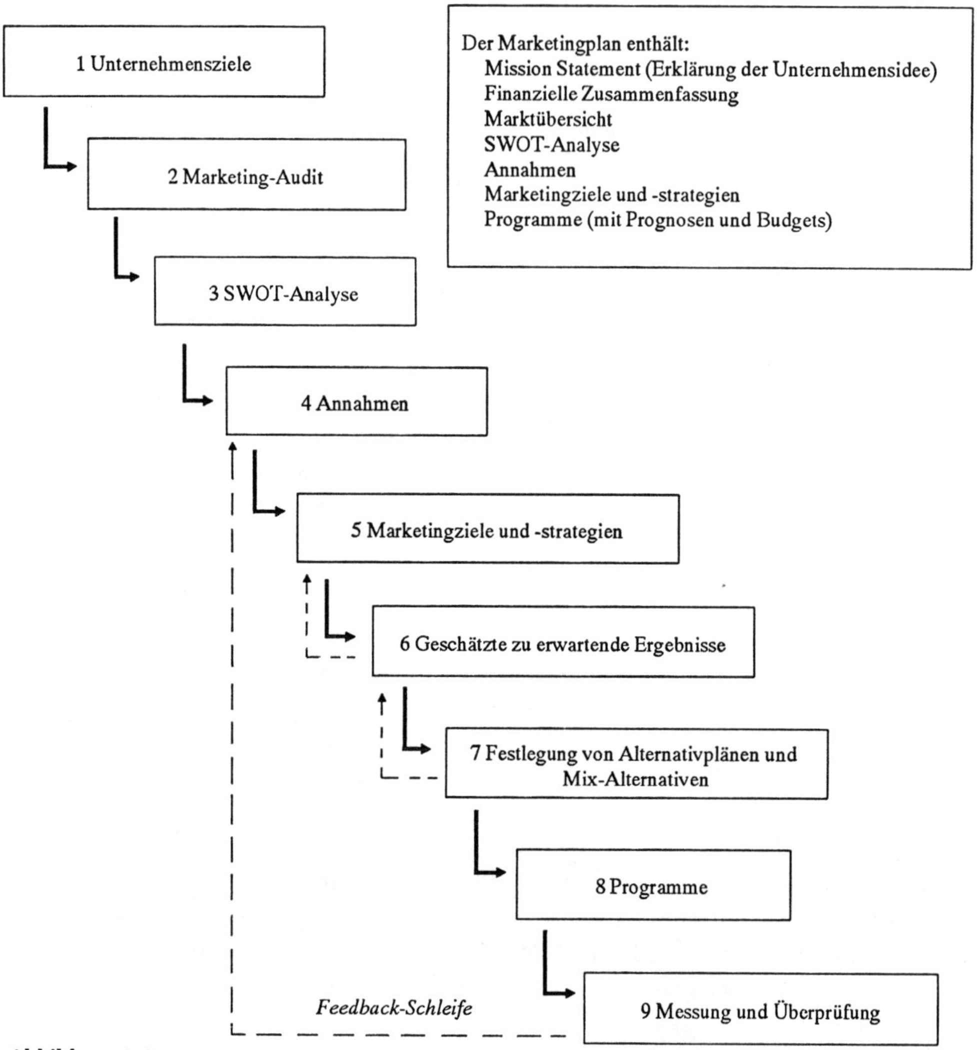

Abbildung 2.4

Obwohl die Forschungsarbeiten ergeben haben, daß diese Marketingplanungsschritte universell anwendbar sind, hängt das Ausmaß, in dem die einzelnen Schritte des Diagramms formalisiert werden müssen, ziemlich stark von Größe und Art des Unternehmens ab. Beispielsweise arbeitet ein *nicht diversifiziertes* Unternehmen im allgemeinen mit weniger stark formalisierten Vorgangsweisen, da das Topmanagement über mehr funktionales Wissen und Fachwissen verfügt als die Mitarbeiter und die mangelnde Vielfalt der Geschäftsaktivitäten eine direkte Kontrolle über die meisten Schlüsseldetermi-

nanten des Erfolgs ermöglicht. Aus diesem Grund werden Situationsanalysen, Marketingziele und so weiter nicht immer ausdrücklich schriftlich festgehalten, obwohl diese Schritte durchlaufen werden müssen.
Im Gegensatz dazu verfügt das Topmanagement in einem *diversifizierten* Unternehmen nicht immer über so viel funktionales oder Fachwissen wie die niedrigeren Managementebenen; deshalb verläuft der gesamte Planungsprozeß meist auf formalisiertere Weise, um den Entscheidungsträgern in der gesamten Organisation Kontinuität zu bieten.
In beiden Fällen gibt es jedoch inzwischen ausreichende Beweise dafür, daß formalisierte Marketingplanungsverfahren im allgemeinen langfristig zu einer höheren Rentabilität und Stabilität führen und auch dazu beitragen, Friktionen und innerbetriebliche Schwierigkeiten hintanzuhalten.
Wo die Marketingplanung versagt, ist der Grund dafür meist darin zu suchen, daß sich die Unternehmen zu stark auf die Verfahren selbst und auf den daraus entstehenden Papierkram konzentrieren anstatt auf die Bereitstellung brauchbarer Informationen für das Management. Ein Fehlschlag ist unweigerlich auch dort zu erwarten, wo Firmen die Marketingplanung an einen »Planer« delegieren, und zwar aus dem einfachen Grund, daß die Planung für das Linienmanagement nicht einer dritten Person übertragen werden kann. Eine angemessene Rolle des »Planers« könnte darin bestehen, die für die Durchführung zuständigen Personen bei der Planung zu unterstützen. Ein Ignorieren dieser simplen Tatsache kann katastrophale Auswirkungen haben. Oft ergeben sich Planungsfehler auch, wenn sich ein Unternehmen zu viel in zu kurzer Zeit vorgenommen hat, ohne seine Mitarbeiter in der Anwendung der Verfahren zu schulen.
Ein schwedisches Unternehmen, das sich auf internationaler Ebene mit dem Verkauf von Batterien befaßte, versuchte dreimal erfolglos, ein Marketingplanungssystem einzuführen. Der Versuch schlug jedesmal fehl, weil die Manager nicht genau wußten, was von ihnen erwartet wurde. Darüber hinaus hatten sie nicht nur kein Verständnis für die Notwendigkeit neuer Systeme, sondern man gab ihnen auch nicht die nötigen Ressourcen an die Hand, damit das System effektiv funktionieren hätte können. Eine Mitarbeiterschulung und sorgfältiges Nachdenken über die erforderlichen Ressourcen hätte den Großteil der Planungsschwierigkeiten dieses Unternehmens beseitigt.
Im Gegensatz dazu führte eine große multinationale Ölgesellschaft, die aufgrund des Fehlens eines effektiven Marketingsystems mit großen operationalen Schwierigkeiten und Rentabilitätsproblemen zu kämpfen hatte, ein drei Jahre umfassendes Planungssystem ein. In diesem waren ein Schulungsprogramm für die neuen Verfahren und die Bereitstellung ausreichender Ressourcen vorgesehen, um ein gutes Funktionieren zu gewährleisten. Dieses Unternehmen hat seine unterschiedlichen Aktivitäten nun fest im Griff, und es gelang ihm auch, Selbstvertrauen und Rentabilität wiederzuerlangen.
Wir können uns den Marketingplanungsprozeß nun näher ansehen und dabei vom Marketing-Audit ausgehen. Bis jetzt haben wir die Notwendigkeit der Marketingplanung untersucht und eine Reihe von Schritten skizziert, die absolviert werden müssen, damit ein Marketingplan erstellt werden kann. Allerdings ist jeder Plan nur so gut wie die Infor-

mationen, auf denen er basiert, und der Marketing-Audit ist das Instrument, mit dem die für die Planung erforderlichen Informationen organisiert werden.

Was ist ein Marketing-Audit?

»Auditing« als Prozeß wird normalerweise mit der finanziellen Seite eines Unternehmens assoziiert und gemäß einem genau definierten System von Buchführungs- und Kostenrechnungsnormen durchgeführt, die gut dokumentiert und leicht zu verstehen sind und sich deshalb für den Auditing-Prozeß anbieten. Der gesamte Geschäftsprozeß ist, obwohl er komplizierter und innovativer ist und stärker von der Urteilskraft als von Vorschriften abhängt, immer noch überprüfbar.

Im Grunde ist ein solcher Audit ein Instrument, mit dem ein Unternehmen sich ein Bild davon verschaffen kann, wie es mit dem Umfeld, in dem es sich bewegt, interagiert. Er ist also ein Instrument, durch das ein Unternehmen seine eigenen Stärken und Schwächen sowie deren Verhältnis zu externen Chancen und Bedrohungen erkennen und erfahren kann. Er ist also ein Mittel, das es dem Management ermöglicht, aufgrund bekannter Faktoren festzustellen, welche Position das Unternehmen in diesem Umfeld einnimmt.

In der einfachsten Form dargestellt: Wenn der Zweck eines Unternehmensplans in der Beantwortung der folgenden drei zentralen Fragen liegt –

- Wo steht das Unternehmen jetzt?
- Wohin will das Unternehmen?
- Wie sollte das Unternehmen seine Ressourcen organisieren, um dorthin zu gelangen?

– dann ist der Audit das Instrument, das zur Beantwortung dieser drei Fragen dient. Ein Audit ist eine systematische, kritische und vorurteilslose Einschätzung des Umfelds und der Geschäftstätigkeit des Unternehmens. Ein Marketing-Audit ist Teil des umfangreicheren Management-Audit und befaßt sich mit dem Marketingumfeld und den Marketingaktivitäten.

Wozu braucht man einen Audit?

Oft wird die Notwendigkeit eines Audit erst dann erkennbar, wenn es Schwierigkeiten in einem Unternehmen gibt – wie rückläufige Umsätze, sinkende Gewinnspannen, verlorene Marktanteile, ungenutzte Produktionskapazität und so weiter.

In solchen Zeiten versucht das Management oft, die falschen Symptome zu behandeln. Solche Maßnahmen wären zum Beispiel die Einführung neuer oder die Eliminierung alter Produkte, eine Reorganisation des Verkaufspersonals, Preissenkungen oder Kosteneinsparungen. Aber solche Maßnahmen werden wahrscheinlich nicht wirksam sein, wenn es grundlegende Probleme gibt, die nicht erkannt wurden. Natürlich könnte das Unternehmen, würde es lange genug überleben, seine Probleme durch einen fortwährenden Eliminierungsprozeß lösen! Hier ist das wesentliche Argument, daß Probleme richtig definiert werden müssen, und der Audit ist ein geeignetes Mittel dazu.

Zusammenfassend ist zu sagen, daß der Audit ein strukturierter Ansatz für das Sammeln und Analysieren von Daten und Informationen im komplexen geschäftlichen Umfeld sowie eine wichtige Voraussetzung für jede Problemlösung ist.

Die Form des Audit

Jedes Unternehmen, das einen Audit durchführt, wird mit zwei Arten von Variablen konfrontiert. Erstens sind das diejenigen, über die das Unternehmen keine direkte Kontrolle hat. Sie haben für gewöhnlich die Form von Umwelt-, Markt- und Wettbewerbsvariablen. Zweitens gibt es Variable, die das Unternehmen zur Gänze kontrollieren kann. Diese Variablen nennen wir operationale Variable.
Dadurch erhalten wir einen Hinweis auf eine mögliche Strukturierung unseres Audit, d. h. eine Unterteilung in zwei Teile:

- Externer Audit
- Interner Audit

Der *externe Audit* befaßt sich mit unkontrollierbaren Variablen, während sich der *interne Audit* auf die kontrollierbaren Variablen konzentriert.
Der externe Audit beginnt mit einer Überprüfung der allgemeinen Wirtschaftsinformationen und geht dann zu einer Prognose über Gesundheit und Wachstum der Märkte über, in denen das Unternehmen operiert.
Der Zweck des internen Audit liegt darin, die Ressourcen eines Unternehmens zu bewerten und festzustellen, wie sie sich zu der Umwelt und zu den Ressourcen der Konkurrenz verhalten.

Die Stellung des Marketing-Audit im Management-Audit

Der Begriff *Management-Audit* (Abb. 2.5) bedeutet einfach einen unternehmensweiten Audit, der eine Bewertung der gesamten internen Ressourcen im Vergleich zum externen Umfeld umfaßt.

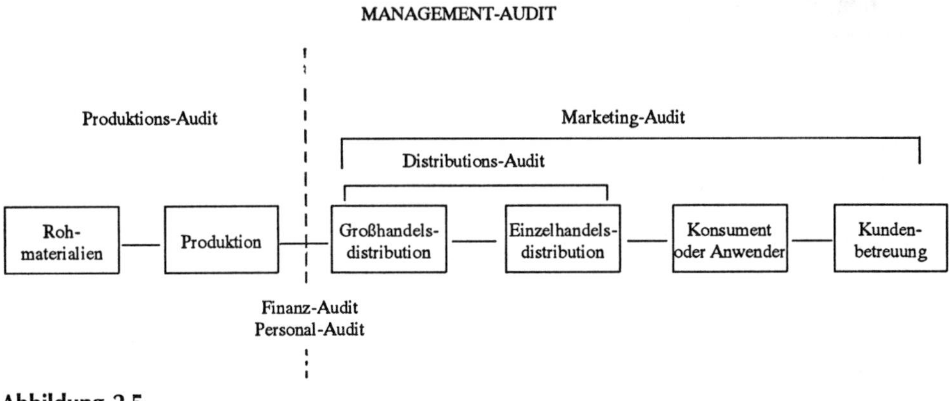

Abbildung 2.5

In der Praxis besteht der beste Weg zur Durchführung eines Management-Audit darin, für jede einzelne Managementfunktion einen separaten Audit durchzuführen. Auf diese Weise wird der Marketing-Audit nur zu einem Teil des übergeordneten Management-Audit, wie dies auch beim Produktions-Audit der Fall ist.

Externer Audit

Geschäftliches und wirtschaftliches Umfeld
Wirtschaftlich
Politisch, steuerlich, rechtlich
Sozial, kulturell
Technologisch
Unternehmensintern

Der Markt
Gesamter Markt, Größe, Wachstum und Trends (Wert/Volumen)
Marktmerkmale, Entwicklungen und Trends
- Produkte
- Preise
- Logistik
- Kanäle
- Kunden/Konsumenten
- Kommunikation
- Industriepraktiken

Wettbewerb
Wichtige Konkurrenten
Größe
Marktanteile/Abdeckung
Marktposition/Reputation
Produktionsmöglichkeiten
Distributionspolitik
Marketingmethoden
Ausmaß der Diversifikation
Personalfragen
Internationale Verbindungen
Rentabilität
Schlüsselstärken und -schwächen

Interner Audit

Operationale Marketingvariable
Eigenes Unternehmen

Umsätze (gesamt, nach geographischen Standorten, nach Industriebranche, nach Kunden, nach Produkt)
Marktanteile
Gewinnmargen/Kosten
Marketingverfahren
Marketingorganisation
Marketinginformation, -forschung
Variable des Marketing-Mix wie folgt:
- Produktmanagement
- Preis
- Distribution
- Verkaufsförderung

EXTERN (Chancen und Bedrohungen)

Geschäftliches und wirtschaftliches Umfeld

Wirtschaftlich	Inflation, Arbeitslosigkeit, Energie, Preis, Unbeständigkeiten, Materialverfügbarkeit etc.	sofern sie Ihr Unternehmen betreffen
Politisch, steuerlich, rechtlich	Verstaatlichung, Gewerkschaftsgesetzgebung, Besteuerung, Zollerhöhungen, gesetzliche Beschränkungen (z. B. Etikettierung, Produktqualität, Verpackung, Handelspraktiken, Werbung, Preisbildung usw.)	sofern sie Ihr Unternehmen betreffen
Technologisch	Aspekte der Produkt- bzw. Produktionstechnologie, die großen Einfluß auf die Wirtschaftsdaten der Branche haben können (z. B. neue Technologien, Kosteneinsparungen, Materialien, Komponenten, Ausrüstung, Maschinen, Methoden und Systeme, Verfügbarkeit von Ersatz usw.)	sofern sie Ihr Unternehmen betreffen
Unternehmensintern	Investitionen, Betriebsschließungen, Streiks usw.	sofern sie Ihr Unternehmen betreffen

Der Markt

Gesamter Markt	Größe, Wachstum und Trends (Wert, Volumen)
Marktmerkmale	Entwicklungen und Trends. *Produkte:* die meistgekauften Produkte; Endverbraucher der Produkte; Produktmerkmale (Gewicht, Maße, Größe, physische Merkmale, Verpackung, Zubehör, verwandte Produkte etc.) *Preise:* Preisniveau und -skala; Verkaufsbedingungen, normale Handelspraktiken, staatliche Regulierungen usw. *Logistik*: wichtigste Methode der Logistik *Kanäle:* wichtigste Kanäle; Kaufmuster (z. B. Typ der gekauften Produkte, bezahlte Preise usw.); Kaufkraft; geographische Stand-

	orte; Lagerbestände; Umsatz; Gewinn; Bedürfnisse; Geschmacksrichtungen; Einstellungen; Entscheidungsträger, Grundlagen von Kaufentscheidungen usw. *Kommunikation:* wichtigste Kommunikationsmethoden, z. B. Verkaufsstab, Werbung, Direct Mailing, Ausstellungen, Public Relations etc. *Branchenübliche Praktiken:* z. B. Gewerbeverbände, Regierungskörperschaften, historische Haltungen, Vergleiche zwischen den einzelnen Firmen usw.
Wettbewerb	*Branchenstruktur*: Zusammensetzung der Firmen der jeweiligen Branche, wichtige Marktpositionen/Reputation; Ausmaß der Überkapazitäten; Produktionsmöglichkeiten; Distributionsmöglichkeiten; Marketingmethoden; Wettbewerbsvereinbarungen; Ausmaß der Diversifikation in andere Bereiche durch wichtige Firmen der Branche; Neueinsteiger; Fusionen; Akquisitionen; Konkurse; wichtige Aspekte; internationale Verbindungen; Schlüsselstärken und -schwächen *Branchenrentabilität:* Einstiegsbarrieren finanzieller und nicht finanzieller Natur; Branchenrentabilität und die relativen Leistungen einzelner Unternehmen; Betriebskostenstruktur; Investitionen; Auswirkungen von Preisänderungen auf den ROI; Volumina; Investitionskosten; Quelle der Branchengewinne usw.

INTERN (Stärken und Schwächen)

Eigenes Unternehmen

Umsätze (gesamt, nach geographischen Standorten, nach Branche, nach Kunden, nach Produkten)
Marktanteile
Gewinnmargen
Marketingmethoden
Marketingorganisation
Umsatz/Marketingkontrolldaten
Variable des Marketing-Mix wie folgt:

Marktforschung	Muster
Produktentwicklung	Ausstellungen
Produktpalette	Verkauf
Produktqualität	Verkaufshilfen
Verkaufseinheit	Verkaufsstandorte
Lagerbestände	Werbung
Distribution	Verkaufsförderung
Verkäuferunterstützung	Public Relations
Preise, Preisnachlässe, Kredite	Kundenbetreuung
Verpackung	Schulungen

Operationen und Ressourcen

Marketingziele

Sind die Marketingziele klar definiert und stimmen sie mit den Marketing- und Unternehmenszielen überein?

Marketingstrategie
Wie sieht die Strategie zur Erreichung der angegebenen Ziele aus? Stehen genügend Ressourcen für die Erreichung dieser Ziele zur Verfügung? Sind die verfügbaren Ressourcen ausreichend und optimal auf die einzelnen Bestandteile des Marketing-Mix verteilt?
Struktur
Sind Zuständigkeit und Autorität klar nach Funktion, Produkt, Endverbraucher und Gebiet strukturiert?
Informationssystem
Liefert das Organisationssystem für die Marketinginformationen (marketing intelligence system – MIS) genaue, ausreichende und zeitgerechte Informationen über die Entwicklungen des Marktes?
Werden die gesammelten Informationen bei der Entscheidungsfindung im Marketingbereich effektiv eingesetzt?
Planungssystem
Ist das Marketingplanungssystem gut konzipiert und effektiv?
Kontrollsystem
Existieren innerhalb der Gruppe Mechanismen und Verfahren, die sicherstellen, daß geplante Ziele auch erreicht werden, z. B. die Einhaltung allgemeiner Zielsetzungen usw.?
Funktionale Effizienz
Ist die interne Kommunikation innerhalb der Gruppe effektiv?
Interfunktionale Effizienz
Gibt es irgendwelche Probleme zwischen der Marketing- und anderen Unternehmensfunktionen? Besteht im Unternehmen eine Polarisierung zwischen Befürwortern einer zentralisierten und einer dezentralisierten Marketingfunktion?
Rentabilitätsanalyse
Wird die Rentabilität nach Produkten, belieferten Märkten usw. überwacht, um festzustellen, wo die größten Gewinne und wo die höchsten Kosten des Unternehmens anfallen?
Kosten-Wirksamkeitsanalyse
Sind bestimmte aktuelle Marketingaktivitäten übermäßig kostenintensiv?
Haben sie ihre Berechtigung oder sollten sie reduziert werden?

Tabelle 2.1 Checkliste für den Marketing-Audit (genauere Einzelheiten)

Jeder einzelne dieser Punkte sollte im Hinblick auf eine Herausarbeitung derjenigen Faktoren betrachtet werden, die für die Leistungen eines Unternehmens von besonderer Bedeutung sind. Die erste Aufgabe eines Auditors besteht darin, die enormen Mengen an Informationen und Daten im Hinblick auf deren Relevanz und Gültigkeit zu überprüfen. Ein Teil der Daten und Informationen wird in eine einfachere Form zu bringen sein, und der Auditor wird entscheiden müssen, welche zusätzlichen Daten und Informationen für eine angemessene Definition des Problems erforderlich sind.
Nach der Zusammenfassung werden alle Fragen, die im Zuge eines Audit gestellt werden sollten, näher besprochen.
Der Auditing-Prozeß setzt sich also grundsätzlich aus zwei Phasen zusammen:

1 Feststellung, Messung, Sammlung und Analyse aller relevanten Fakten und Meinungen, die zum Erkennen der Probleme eines Unternehmens notwendig sind.
2 Beurteilung der nach dieser Analyse noch verbleibenden Unsicherheitsbereiche.

Wann sollte der Marketing-Audit durchgeführt werden?

Viele Leute meinen irrtümlich, daß der Marketing-Audit eine letzte Zuflucht, ein allerletzter Versuch sein sollte, um die Marketingprobleme eines Unternehmens zu definieren, oder daß er bestenfalls von Zeit zu Zeit von einer unabhängigen Körperschaft erstellt werden sollte, um sicherzustellen, daß sich ein Unternehmen auf dem rechten Weg befindet. Da es sich beim Marketing aber um eine so komplexe Funktion handelt, scheint es unlogisch, nicht zumindest einmal jährlich zu Beginn des Planungszyklus eine gründliche Situationsanalyse durchzuführen.
Es gibt genügend Beispiele dafür, daß viele überaus erfolgreiche Unternehmen ihren jährlichen Planungszyklus nicht nur aufgrund der üblichen Informationen und Kontrollverfahren, sondern auch mit Hilfe eines audit-artigen Prozesses mit einer formellen Analyse all jener Faktoren beginnen, die einen wichtigen Einfluß auf die Marketingaktivitäten haben. Der jährliche Selbst-Audit ist in vielen führenden Konsumgüterunternehmen eine bewährte und getestete Disziplin, die in den Managementprozeß integriert ist.

Wer sollte den Audit durchführen?

Manchmal mag es gerechtfertigt sein, für einen Marketing-Audit, mit dessen Hilfe überprüft werden soll, ob das Unternehmen ein Maximum aus seinen Ressourcen herausholt, außenstehende Berater heranzuziehen. Dies jedes Jahr zu tun, bedeutet aber sicher eine unnötige Ausgabe. Es geht also darum, daß die Linienmanager des Unternehmens jährlich selbst einen Audit ihres eigenen Verantwortungsbereichs durchführen.
Die Einwände gegen ein solches Vorgehen drehen sich normalerweise um die Probleme Zeit und Objektivität. In der Praxis werden diese Probleme durch eine möglichst weitgehende Institutionalisierung der Verfahren überwunden, so daß sich alle Manager an eine genau abgestimmte Vorgangsweise halten müssen; außerdem erfolgen gründliche Schulungen über die Anwendung der Verfahren selbst. Jedoch wird der Zweck eines Audit nur dann erreicht werden, wenn von der höchsten bis zur niedrigsten mit dem Audit befaßten Managementebene größte Disziplin verlangt wird. Diese Disziplin hilft den Managern im allgemeinen dabei, eine Tunnelsicht zu vermeiden, die sich oft aus einer mangelnden kritischen Einschätzung ergibt.

Was geschieht mit den Ergebnissen des Audit?

Die einzige ungeklärte Frage lautet: Was geschieht mit den Ergebnissen des Audit? Manche Unternehmen setzen wertvolle Ressourcen für die Durchführung von Audits ein, die nur sehr wenig an verwertbaren Ergebnissen bringen.

Tatsächlich besteht immer die Gefahr, daß während des Audit-Stadiums nicht genügend Wert darauf gelegt wird, sich auf die Analyse zu konzentrieren, die festlegt, welche Trends und Entwicklungen das Unternehmen nun wirklich beeinflussen werden. Während die Checkliste ein Höchstmaß an Logik und Analysen aufweist, sollten die Personen, die den Audit durchführen, diszipliniert genug sein, alle Informationen aus ihren Plänen auszuschließen, die für die Marketingprobleme des Unternehmens nicht von zentraler Bedeutung sind. Wenn man zum Beispiel Forschungsberichte oder übergenaue Daten der Verkaufsabwicklung einzelner Produkte, die zu keinerlei wie immer gearteten logischen Handlungen führen, in den Audit aufnimmt, so wird dieser dadurch seines Brennpunkts beraubt, und seine Relevanz verringert sich.

Da das Ziel eines Audit darin besteht anzugeben, welches die Marketingzielsetzungen und -strategien eines Unternehmens sein sollten, folgt daraus, daß es wünschenswert wäre, sich für die Abfassung der wichtigsten Erkenntnisse in einem bestimmten Format festzulegen. Eine gute Möglichkeit, das zu tun, ist eine SWOT-Analyse. Das ist eine Zusammenfassung des Audit unter dem Gesichtspunkt der internen Stärken und Schwächen eines Unternehmens in ihrem Verhältnis zu den externen Chancen und Bedrohungen.

Diese SWOT-Analyse sollte, wenn möglich, höchstens vier oder fünf Seiten umfassen und sich ausschließlich auf die *Schlüssel*faktoren konzentrieren. Sie sollte interne *differenzierende* Stärken und Schwächen *gegenüber* Konkurrenten sowie externe *Schlüssel*chancen und Bedrohungen angeben. Außerdem sollte sie eine Zusammenfassung der Gründe für gute und schlechte Leistungen enthalten. Sie sollte interessant zu lesen sein, präzise Aussagen sowie ausschließlich wichtige und relevante Daten enthalten und der kreativen Analyse einen höheren Stellenwert einräumen.

Zusammenfassend ist zu sagen, daß ein Unternehmen durch die strukturierte Durchführung eines regelmäßigen und gründlichen Marketing-Audit sehr viel Wissen über seine Geschäftstätigkeit und die Markttrends erwerben und erkennen kann, wo die Stärken der Konkurrenz liegen; damit wird die Grundlage für die Festsetzung von Zielen und Strategien geschaffen.

Wie sich die Marketingplanung zur Unternehmensplanung verhält

Bevor wir unsere Aufmerksamkeit anderen wichtigen Schritten des Marketingsplanungsprozesses zuwenden, sollten wir untersuchen, in welcher Beziehung die Marketingplanung zur Unternehmensplanung steht.

Im Unternehmensplanungsprozeß gibt es fünf verschiedene Schritte. Wie aus Tabelle 2.2 ersichtlich, besteht der Ausgangspunkt zumeist in einer Feststellung der finanziellen Zielsetzungen des Unternehmens für die langfristige Planungsperiode, die oft nach Umsatz, Gewinn vor Steuern und ROI ausgedrückt werden.

In den meisten Fällen beträgt dieser langfristige Planungszeitraum fünf Jahre, aber die genaue Zeitdauer sollte von der Art der Märkte bestimmt werden, in denen das Unter-

Schritt 1	2 Management-Audit	3 Festsetzen von Zielen und Strategien	4 Pläne	5 Unternehmenspläne
	Marketing-Audit Marketing	Marketingziele und -strategien	Marketingplan	
	Distributions-Audit Lagerbestände und Kontrolle; Transport; Lagerhaltung	Distributionsziele, Strategien	Distributionsplan	Erstellung des Unternehmensplans, der die Unternehmensziele und -strategien enthält; Produktionsziele und -strategien usw.; langfristige Gewinn- und Verlustrechnungen; Bilanzen
Finanzielle Unternehmensziele	*Produktions-Audit* Wertanalyse; technische Entwicklung; Arbeitsstudien; Qualitätskontrolle; Arbeitskraft; Nutzung von Materialien, Anlagen und Raum; Produktplanung; Fabriken	Produktionsziele und -strategien	Produktionsplan	
	Finanz-Audit Kredite, Schuldendienst, Cash-flow und Budgetkontrolle; Ressourcenallokation; Kapitalaufwand; langfristige Finanzen	Finanzielle Ziele und Strategien	Finanzierungsplan	
	Personal-Audit Management, technische und administrative Fähigkeiten, etc.	Personalziele und -strategien		

Tabelle 2.2 Marketingplanung und ihr Platz im Unternehmenskreislauf

nehmen operiert. Für einen Glasproduzenten wären fünf Jahre zum Beispiel nicht genug, weil es schon so lang dauert, einen neuen Ofen in Auftrag zu geben, während für manche Bereiche der Bekleidungsindustrie fünf Jahre zu lang wären. Ein nützlicher Anhaltspunkt für die Festsetzung dieses Planungszeitraums ist, daß für die Produkte des Unternehmens so lange ein Markt bestehen muß, daß sich zumindest alle Investitionsausgaben für diese Produkte amortisieren.

Will man einen ausreichend detaillierten strategischen Plan erstellen, ist es dennoch ratsam, diesen Zeitraum auf drei Jahre zu beschränken, da bei längeren Zeiträumen die Details höchstwahrscheinlich an Bedeutung verlieren. Natürlich kann man Szenarien für fünf bis zehn Jahre entwerfen, aber keinen Plan im Sinne dieses Buches.

Der nächste Schritt besteht in einem *Management-Audit*, den wir bereits besprochen haben. Dies ist ein naheliegender Schritt, da eine gründliche Situationsanalyse besonders im Marketingbereich dem Unternehmen bei der Einschätzung hilft, ob es mit seiner derzeitigen Produktpalette auf seinen derzeitigen Märkten seine langfristigen finanziellen Ziele erreichen kann. Alle zu erwartenden Lücken können durch die verschiedenen Methoden der Produktentwicklung oder durch eine Markterweiterung aufgefüllt werden.

Das zweifellos wichtigste und schwierigste aller Stadien des Unternehmensplanungsprozesses ist der dritte Schritt, das *Festsetzen der Ziele und Strategien*. Wenn hier nicht gute Arbeit geleistet wird, sind alle nachfolgenden Schritte von geringem Wert.

Wir werden die Marketingziele und -strategien zu einem späteren Zeitpunkt noch genauer besprechen. An dieser Stelle ist es wichtig zu erkennen, daß an diesem Punkt des Planungszyklus ein Kompromiß zwischen den Wünschen der verschiedenen Abteilungen und dem Praktikablen geschlossen werden muß, und zwar unter Berücksichtigung aller Beschränkungen, denen ein Unternehmen unterliegt. Beispielsweise sollte man sich nicht das Ziel setzen, in einen neuen Markt zu gehen, wenn das Unternehmen nicht über genügend Produktionskapazität verfügt, um die neuen Geschäfte zu bewältigen, und wenn es nicht genügend Kapital für die Investitionen in allfällige Zusatzkapazitäten gibt. In diesem Stadium werden Zielsetzungen und Strategien für fünf Jahre im voraus oder für den jeweiligen Planungshorizont festgelegt.

Bei Schritt vier geht es um detaillierte *Pläne* für ein Jahr, in denen Zuständigkeiten, Timing und Kosten für die Verwirklichung der Ziele des ersten Jahres sowie grobe Pläne für die folgenden Jahre enthalten sind.

Diese Pläne können dann in den *Unternehmensplan* integriert werden, der die langfristigen Unternehmensziele, Strategien, Pläne, Gewinn- und Verlustrechnungen sowie Bilanzen enthält.

An dieser Stelle ist anzumerken, daß einer der wichtigsten Zwecke eines Unternehmensplans in einer langfristigen Darstellung dessen liegt, was das Unternehmen ist oder zu werden versucht; dabei sind die Erwartungen der Aktionäre, die Umwelttrends, Ressourcenmarkttrends, Konsumentenmarkttrends und die distinktive Kompetenz des Unternehmens, wie sie aus dem Management-Audit hervorgeht, zu berücksichtigen. Das bedeutet in der Praxis, daß der Unternehmensplan folgendes enthält:

- Erwünschtes Rentabilitätsniveau
- Abgrenzung des Geschäftsbereichs
  - welche Produkte auf welchen Märkten verkauft werden (Marketing)
  - welche Arten von Einrichtungen entwickelt werden (Produktion und Distribution)
  - Größe und Zusammensetzung der Mitarbeiterschaft (Personal)
  - Finanzierung (Finanzen)
- Andere Unternehmensziele wie soziale Verantwortung, Firmenimage, Image auf den Aktienmärkten, Arbeitgeberimage usw.

Ein solcher Unternehmensplan, der das Ergebnis des oben beschriebenen Prozesses ist und Prognosen für Gewinn- und Verlustrechnungen sowie Bilanzen enthält, wird eher zur langfristigen Stabilität eines Unternehmens beitragen können als ein Plan, der stärker auf Intuition beruht und Prognosen enthält, die nicht viel mehr sind als Hochrechnungen vergangener Trends. Dieser Prozeß wird in Abb. 2.6 näher zusammengefaßt.

Die Zentrale eines großen multinationalen Unternehmens mit einem ausgereiften Budgetierungssystem pflegte »Pläne« aus der ganzen Welt entgegenzunehmen und diese nach quantitativen und funktionsübergreifenden Gesichtspunkten wie Anzahl der Mitarbeiter, Verkaufseinheiten, Anlagenelemente, Fläche des Produktionsbereichs usw., mit den zugehörigen finanziellen Gesichtspunkten, miteinander in Beziehung zu setzen. Das Problem daran war, daß das ganze fragile Gebäude auf den ursprünglichen Umsatzprognosen aufgebaut war, die selbst nicht viel mehr waren als ein zeitintensives Zahlenspiel. Die wirklich wichtigen strategischen Schlüsselfragen in bezug auf Produkte und Märkte gingen in den finanziellen Aktivitäten unter, was schließlich zu schwerwiegenden operationalen und Rentabilitätsproblemen führte.

Annahmen

Kehren wir nun zur Erstellung des Marketingplans zurück. Wenn wir wieder auf den Marketingplanungsprozeß zurückkommen und unseren Marketing-Audit und die SWOT-Analyse beendet haben, müssen wir daran gehen, Annahmen aufzustellen.

In allen Unternehmen gibt es Schlüsseldeterminanten für den Erfolg, über die Annahmen erstellt werden müssen, bevor der Planungsprozeß fortgesetzt werden kann. Eigentlich ist dies eine Frage der Standardisierung des Planungsumfelds. Es wäre beispielsweise nachteilig, würde man Pläne von zwei Produktmanagern erhalten, von denen einer der Meinung ist, daß eine Marktzunahme von 10% bevorsteht, und der andere, daß der Markt um 10% schrumpfen wird.

Beispiele für solche Annahmen:

»In bezug auf das Branchenklima des Unternehmens wird folgendes angenommen:

1 Die Überkapazitäten der Branche werden sich von 105 Prozent auf 115 Prozent erhöhen, wenn neue Verfahren zur Anwendung kommen.

2 Die Preiskonkurrenz wird die Preise im allgemeinen um 10 Prozent nach unten drücken.

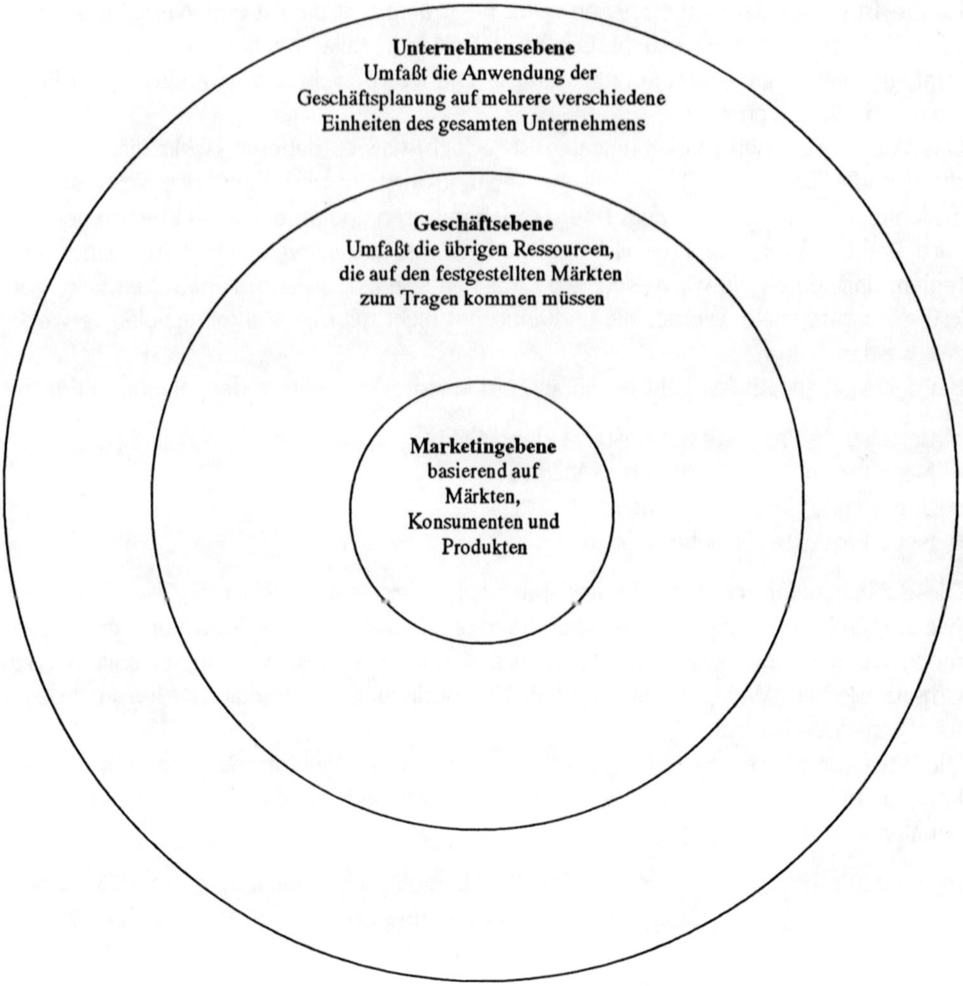

Abbildung 2.6

3 Unser Hauptkonkurrent wird vor Ende des zweiten Quartals ein neues Produkt auf dem Gebiet x einführen.«

Die Annahmen sollten der Zahl nach gering sein, und wenn die Erstellung eines Plans unabhängig von den gemachten Annahmen möglich ist, dann sind die Annahmen unnötig.

Marketingziele und -strategien

Der nächste Schritt in der Marketingplanung besteht in der schriftlichen Festlegung der Marketingziele und -strategien, dem wichtigsten Schritt im gesamten Prozeß.

Ein *Ziel* ist etwas, das man erreichen will. Eine *Strategie* ist die Art und Weise, in der man seine Ziele zu erreichen versucht. Das heißt, daß es auf allen Marketingebenen Ziele und Strategien geben kann. Das können zum Beispiel Werbeziele und -strategien oder Preisziele und -strategien sein.

Das Wichtige an den Marketingzielen ist jedoch, daß es dabei ausschließlich um *Produkte* und *Märkte* geht. Der praktische Verstand wird uns bestätigen, daß sich die finanziellen Ziele eines Unternehmens nur erreichen lassen, indem etwas an Kunden verkauft wird, und daß Werbung, Preisbildung, Kundendienst und so weiter die Mittel (oder Strategien) sind, durch die wir diese Ziele erreichen können. Das heißt, daß Preisziele, Verkaufsförderungsziele, Werbeziele und ähnliches nicht mit den Marketingzielen verwechselt werden sollten.

Bei den Marketingzielen geht es einfach um einen oder mehrere der folgenden Punkte:

- Bestehende Produkte auf bestehenden Märkten
- Neue Produkte für bestehende Märkte
- Bestehende Produkte für neue Märkte
- Neue Produkte für neue Märkte

Diese Ziele sollten meßbar sein, anderenfalls handelt es sich nicht um Ziele. Ausdrücke wie »maximieren«, »minimieren«, »durchdringen«, »steigern« usw. sind nur dann akzeptabel, wenn sie quantitativ gemessen werden können. Die Messungen sollten nach Umsatzvolumen, Währung, Marktanteil, Durchdringung der Verkaufsstellen in Prozent usw. angegeben werden.

Die Marketingstrategien sind das Mittel, durch das Marketingziele erreicht werden können; bei diesen Strategien geht es im allgemeinen um die (im Englischen) sogenannten »vier Ps«, nämlich:

Produkt (Product)	Die allgemeine Politik bezüglich Eliminierung, Modifikationen, Design, Verpackung von und Zusätzen zu Produkten usw.
Preis (Price)	Die allgemeine Preispolitik, die für Produktgruppen in Marktsegmenten verfolgt wird.
Ort (Place)	Die allgemeine Politik für Vertriebskanäle und Kundendienstniveau.
Verkaufsförderung (Promotion)	Die allgemeine Politik für die Kommunikation mit den Kunden unter den jeweiligen Titeln wie Werbung, Verkaufspersonal, Verkaufsförderung, Public Relations, Messen und Ausstellungen, Direct Mail und so weiter.

Nach der Beendigung dieser wichtigen Planungsaufgabe ist es in diesem Stadium angebracht, Urteilskraft, analoge Erfahrungen, Feldtests und so weiter heranzuziehen, um die Erreichbarkeit der Ziele und Strategien nach Marktanteil, Umsatz, Kosten, Gewinnen usw. zu testen. In diesem Stadium werden normalerweise auch die alternativen Pläne und Mixes, falls erforderlich, skizziert.

Programme

In einem strategischen Marketingplan würden diese Strategien normalerweise annähernd kalkuliert; falls das nicht möglich sein sollte, würden alternative Strategien vorgeschlagen und kalkuliert, bis eine zufriedenstellende Lösung gefunden wäre. Diese würde dann zum Budget werden. In einem taktischen Einjahresplan würden die allgemeinen Marketingstrategien zu spezifischen Sub-Zielen entwickelt werden, jedes davon unterstützt von einer detaillierteren Strategie und von Aktionsvorschlägen.
Ein nach Funktionen organisiertes Unternehmen könnte über einen Werbeplan, einen Verkaufsförderungsplan, einen Preisbildungsplan usw. verfügen.
Ein auf Produktbasis geführtes Unternehmen könnte je nach Erfordernis einen Produktplan mit Zielsetzungen, Strategien und Taktiken für Preis, Ort (place) und Verkaufsförderung (promotion) haben.
Ein marktorientiertes oder geographisch ausgerichtetes Unternehmen könnte einen Marktplan mit Zielsetzungen, Strategien und Taktiken für die »vier Ps«, je nach Gegebenheit, haben.
Ebenso könnte ein Unternehmen mit wenigen wichtigen Kunden einen Kundenplan haben.
Je nach Umständen sind alle Kombinationen dieser Unternehmensformen möglich.

Verwendung der Marketingpläne

Ein schriftlicher Marketingplan ist die Basis, auf der kontinuierlich operationale Entscheidungen getroffen werden. Aus diesem Grund sollte man nicht versuchen, zu sehr ins Detail zu gehen. Die wichtigste Funktion eines solchen Plans ist die Bestimmung der derzeitigen Position des Unternehmens, seiner Ziele, und wie es diese erreichen kann. Er ist das Kernstück aller ertragbringenden Aktivitäten des Unternehmens, und von ihm gehen alle anderen Unternehmensaktivitäten wie das Timing des Cash-flow, Größe und Zusammensetzung der Belegschaft usw. aus.
Der Marketingplan sollte ausschließlich nach dem Kriterium »muß informiert werden« verteilt werden – schließlich sollte er als Hilfsmittel für ein effektives Management dienen. Er kann es jedoch nicht ersetzen.

Das Marketingbudget

Es liegt auf der Hand, daß die Erstellung von Budgets auf diese Weise nicht nur viel leichter wird, sondern daß die so entstandenen Budgets viel realistischer sind und statt der Ziele einzelner funktionaler Abteilungen Ziele des *gesamten* Unternehmens widerspiegeln.
Das Problem, für die Budgeterstellung anstelle der weitverbreiteten »Steintafelmethode« ein dynamisches System zu entwickeln, stellt eine große Herausforderung für die Leiter der Marketing- und Finanzabteilungen aller Unternehmen dar.

Die befriedigendste Methode für einen Marketingleiter wäre es, seine gesamten Marketingausgaben jedes Jahr von neuem mit den Zielen zu rechtfertigen, die er erreichen will. Wenn Sie ein bißchen nachdenken, wird Ihnen bewußt werden, daß genau diese Methode in diesem Kapitel empfohlen wurde. Wenn man sich an diese Vorgangsweisen hält, wird eine Hierarchie von Zielen aufgebaut, so daß sich jeder einzelne budgetierte Ausgabenposten direkt dem ursprünglichen finanziellen Unternehmensziel zuordnen läßt. Wenn zum Beispiel die Verkaufsförderung ein wichtiges Mittel zur Erreichung eines Ziels auf einem bestimmten Markt ist, dann hat, wenn im Programm Posten des Bereichs Verkaufsförderung auftauchen, jeder einzelne seinen ganz bestimmten Zweck, der sich auf ein wichtiges Ziel zurückführen läßt.

Durch eine solche Vorgangsweise kann man nicht nur sicherstellen, daß jeder Ausgabenposten im Rahmen eines rationalen, objektiven und aufgabenorientierten Ansatzes abgerechnet wird, sondern auch, daß, falls in dem Zeitraum, auf den sich der Plan bezieht, Änderungen durchgeführt werden müssen, diese Änderungen so erfolgen, daß sie den langfristigen Zielen eines Unternehmens so wenig wie möglich schaden.

Als Marketinggrenzkosten können alle Kosten gelten, die anfallen, nachdem das Produkt die Fabrik verlassen hat, *ausgenommen* jene Kosten, die bei der Logistik entstehen; solche Kosten bilden normalerweise eine gesonderte Untergruppe.

Es gibt natürlich keine Schulbuchantwort auf Fragen, ob beispielsweise die Verpackung als Marketing- oder Produktionsausgabe gelten soll, oder ob ein Teil der Distributionskosten als Marketingkosten betrachtet werden kann. Wenn man zum Beispiel auf einem hochwertigen Kundendienst besteht, so führt dies zu hohen Lagerbestandskosten. Praktikable Lösungen für solche Fragen kann hier nur der praktische Verstand finden.

Unter dem Titel *Preis* sollten alle Arten von Preisnachlässen, die den zu erwartenden Bruttoertrag verringern, wie Verkaufsförderungs- und Mengenrabatte, Bestkundenrabatte usw. sowie Verkaufsprovisionen und unbezahlte Rechnungen sorgfältig als außerordentliche Marketingkosten registriert werden.

Die meisten offensichtlich außerordentlichen Marketingkosten werden aber wahrscheinlich unter dem Titel *Verkaufsförderung* in Form von Werbung, Gehältern und Ausgaben für den Verkauf, Verkaufsförderungskosten, Direct Mail-Kosten usw. zu finden sein.

Der wichtigste meßbare Effekt der Marketingaktivitäten ist, daß die prognostizierten Werte das Ergebnis besonders sorgfältiger Analysen der Faktoren sein sollten. Denn diese Werte sind erforderlich, um das Unternehmen seinen Zielen näherzubringen; es sollte besonderer Wert darauf gelegt werden, alle Ausgabenposten unter den richtigen Titeln zusammenzufassen. Der beste Weg zur Behandlung dieser Fragen ist eine Budgetierung auf Nullbasis.

Was sollte in einem strategischen Marketingplan enthalten sein?

Ein schriftlich erstellter strategischer Marketingplan ist der Hintergrund, vor dem operationale Entscheidungen stattfinden. Folglich sollte eine übergroße Detaillierung vermieden werden. Die wichtigste Funktion eines solchen Plans besteht darin, zu bestimmen, wo das Unternehmen steht, wohin es will und wie es dorthin gelangen kann. Er ist das Kernstück der ertragbringenden Aktivitäten eines Unternehmens, wie Timing des Cash-flow oder Größe und Zusammensetzung der Belegschaft. Was in einem schriftlich festgelegten, strategischen Marketingplan tatsächlich enthalten sein sollte, ist aus Tabelle 2.3 ersichtlich. Weitere Einzelheiten und Erklärungen der einzelnen Bestandteile folgen in späteren Kapiteln.

Diese Rahmenbedingungen sollten während der Lektüre des gesamten restlichen Buches im Auge behalten werden.

Was ist ein »Mission-« oder »Purpose Statement«?

Tabelle 2.3 zeigt, daß ein strategischer Marketingplan mit einem Mission- oder Purpose Statement (Erklärung der Unternehmensidee bzw. des Zwecks) beginnen sollte. Dieser Aspekt der Marketingplanung ist für die Manager vielleicht am schwierigsten zu meistern, und zwar größtenteils deshalb, weil er einen philosophischen und einen qualitativen Aspekt hat. In den meisten Organisationen streben die einzelnen Abteilungen, und manchmal sogar verschiedene Gruppen innerhalb derselben Abteilung, in verschiedene Richtungen. Das führt oft zu katastrophalen Ergebnissen, aus dem einfachen Grund, weil die Organisation ihre geschäftlichen Grenzen und die Art und Weise, wie sie ihre Geschäfte abzuwickeln wünscht, nicht definiert hat.

Betrachten wir das Beispiel einer High-Tech-Firma. Eine Gruppe von Direktoren war der Ansicht, daß sich die Firma stärker auf den Technologiebereich konzentrieren sollte, die andere, daß die Technologie nicht so wichtig sei wie das Marketing. Bei dieser hochgradigen Verwirrung an der Unternehmensspitze kann man sich das Chaos ein paar Ebenen tiefer leicht vorstellen.

Ein anderes Beispiel: Eine Strumpfwareneinkäuferin einer Kaufhausgruppe war der Meinung, daß ihre Aufgabe in der Gewinnmaximierung läge, während Nachforschungen ergaben, daß Frauen in Kaufhäusern andere Dinge als Strumpfwaren einkauften. Sie erwarteten jedoch Preisnachlässe bei Strumpfwaren, obwohl das kaum der Zweck ihrer Einkaufsbesuche war. Unsere Einkäuferin verringerte also in ihrem Bestreben, die Gewinne zu maximieren, die Anzahl der angebotenen Marken, Farben und Größen, mit dem Ergebnis, daß viele Kundinnen des Kaufhauses enttäuscht waren und nicht wiederkamen. Sie sehen also, daß sie durch die Maximierung ihrer eigenen Gewinne den Gesamtgewinn der ganzen Gruppe verringerte. In diesem Fall kam ihrer Abteilung eher *eine Service*rolle zu, als daß sie zur Gewinnmaximierung hätte beitragen sollen.

Hier können wir zwei Zielsetzungsebenen erkennen. Die eine ist ein Mission Statement des *Unternehmens,* während das andere, ein *Purpose* Statement (Zweck-Statement), einer niedrigeren Ebene angehört. Aber es gibt noch eine dritte Ebene, wie aus der folgenden Zusammenfassung hervorgeht:

1 Beginnen Sie mit einem Mission- oder Purpose Statement.
2 Als nächstes fügen Sie eine finanzielle Zusammenfassung hinzu, in der Erträge und Gewinne für die volle Planungsperiode graphisch illustriert sind.
3 Nun erstellen Sie eine Marktübersicht:
- Worin *besteht* der Markt?
- Ist der Markt geschrumpft oder gewachsen?
- In welche Segmente gliedert er sich?
- Welche Trends gibt es in jedem dieser Segmente?

Halten Sie die Marktübersicht einfach. Wenn Sie keine Fakten haben, arbeiten Sie mit Schätzungen; verwenden Sie Lebenszyklen, Balkendiagramme und Kreisdiagramme, um alle Informationen übersichtlich aufzubereiten.
4 Nun suchen Sie die Schlüsselsegmente und erstellen für jedes dieser Segmente eine SWOT-Analyse:
- Skizzieren Sie die wichtigsten externen Einflüsse und ihre Auswirkungen auf die einzelnen Segmente.
- Listen Sie die Schlüsselfaktoren für den Erfolg auf. Es sollten weniger als fünf sein.
- Bewerten Sie die spezifischen Stärken und Schwächen des Unternehmens im Vergleich mit seinen Konkurrenten. Geben Sie sich selbst und Ihrer Konkurrenz Punkte zwischen eins und zehn und multiplizieren Sie dann jede Punktezahl mit einem Gewichtsfaktor für jeden wichtigen Erfolgsfaktor (z. B. CSF1 [Critical Success Factor] = 60, CSF2 = 25, CSF3 = 10, CSF4 = 5). (Detailliertere Instruktionen finden Sie in den Kapiteln 5 und 13).

5 Geben Sie ein kurzes Statement über die Schlüsselfragen ab, die in der Planungsperiode behandelt werden müssen.
6 Fassen Sie die SWOTs mit Hilfe einer Portfolio-Matrix zusammen, um die wichtigen Beziehungen zwischen den Schlüsselpunkten Ihres Unternehmens zu illustrieren.
7 Listen Sie Ihre Annahmen auf.
8 Legen Sie Ziele und Strategien fest.
9 Fassen Sie Ihre Ressourcenerfordernisse für den Planungszeitraum in Form eines Budgets zusammen.

Tabelle 2.3 Was sollte in einem strategischen Marketingplan enthalten sein?

Typ 1 »Streicheleinheit« – normalerweise in Jahresberichten zu finden, um Aktionäre zu »streicheln«. Kein weiterer praktischer Nutzen.

Typ 2 Das Nonplusultra. Ein sinnvolles Statement, das, genau auf die betreffende Organisation zugeschnitten, das Verhalten der Führungskräfte aller Ebenen beeinflußt.

Typ 3 Dies ist ein »Zweck-Statement« (oder ein Mission Statement einer niedrigeren Ebene). Geeignet für die SGE- (strategische Geschäftseinheit), die Abteilungs- oder Produktgruppenebene der Organisation.

Ein Mission- oder Purpose Statement, das nicht länger als eine Seite sein sollte, sollte folgendes enthalten:

1 *Rolle oder Beitrag*
- Gewinn (spezifizieren)

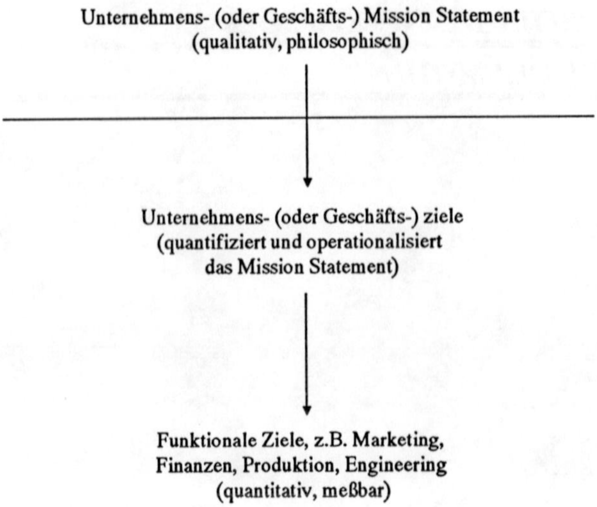

Abbildung 2.7

- Service
- Chancenfindung

2 *Unternehmensdefinition*
Definieren Sie das Unternehmen, vorzugsweise nach dem Gesichtspunkt der *Vorteile*, die Sie den Kunden bieten, oder der *Bedürfnisse*, die Sie befriedigen, und nicht nach dem Gesichtspunkt dessen, was Sie herstellen.

3 *Distinktive Kompetenzen* – das sind die wesentlichen Fähigkeiten, Möglichkeiten und Ressourcen, die zu allen bisher erreichten Erfolgen beitragen. Sie können in nur einem bestimmten Punkt bestehen oder in einer Reihe von Fähigkeiten, die Sie von der Konkurrenz unterscheiden. Wenn Sie jedoch bei diesen spezifischen Fähigkeiten ebensogut den Namen der Konkurrenz einsetzen könnten, handelt es sich *nicht* um eine distinktive Kompetenz.

4 *Hinweise auf die Zukunft*
- Was die Firma *tun wird*
- Was die Firma *tun könnte*
- Was die Firma *niemals tun wird*

Eine Zusammenfassung dieses Prozesses und seines Verhältnisses zu den anderen in diesem Kapitel besprochenen Fragen findet sich in Abb. 2.7.

Anwendungsfragen

1 Geben Sie eine detaillierte Beschreibung des Marketingplanungssystems Ihres Unternehmens.
2 Listen Sie die *vorteilhaften* und die *nachteiligen* Aspekte dieses Systems auf.
3 Beschreiben Sie, wie Sie sich eine Verbesserung vorstellen könnten.

3 DER MARKETINGPLANUNGSPROZESS: DAS ENDE DER MYTHEN

Zusammenfassung

Nachdem wir den *Prozeß* der Marketingplanung beschrieben haben, wenden wir uns in diesem Kapitel nun der näheren Betrachtung einiger Probleme zu, auf die Sie wahrscheinlich stoßen werden. Es ist ein wichtiges Kapitel, da es Sie auf einige Hindernisse hinweisen wird, die überwunden werden müssen. Wenn Sie jedoch sicher sind, daß Sie problemlos weitermachen können, ohne von kontextbezogenen Problemen behindert zu werden, gehen Sie gleich zu Kapitel 4 über.
Kapitel 3 beschreibt, wieviel Unwissenheit es im Bereich der Marketingplanung und der zugehörigen operationalen Probleme gibt. Es wird nochmals erklärt, worum es bei der Marketingplanung eigentlich geht. Wir besprechen die Naivität, die dieses Thema umgibt, und erstellen eine Liste der Probleme, die bei der Marketingplanung auftreten, wie z. B.: unzureichende Unterstützung durch Unternehmensleitung und Topmanagement; Verwirrung über die Planungsbedingungen; Ziffern anstelle schriftlich festgelegter Ziele und Strategien; zu viele Details, zu weit voraus; das Einmal-jährlich-Ritual; die Trennung von operationaler und strategischer Planung; die Nichtintegration der Marketingplanung in die Unternehmensplanung und die Delegierung der Planung an einen Planer.

Einführung

Trotz der scheinbaren Einfachheit und Logik des im vorangehenden Kapitel beschriebenen Prozesses bleibt die Marketingplanung sowohl für Wissenschaftler als auch für Praktiker weiterhin eines der verwirrendsten Themen. Der Zweck dieses Kapitels liegt darin, mit einigen Mythen aufzuräumen, die sich um dieses äußerst komplexe Thema des Marketingmanagements ranken, und zu erklären, warum vieles von dem, was in der

Industrie als Marketingplanung gilt, größtenteils ineffektiv ist. Diese Schlußfolgerungen basieren auf einer vierjährigen Studie des Autors über die Marketingplanung von zweihundert britischen Industriegüterbetrieben. Vierhundert Direktoren wurden interviewt, wobei die Unternehmen im großen und ganzen repräsentativ für das gesamte Typen- und Größenspektrum von Industrieunternehmen waren. Diese Ergebnisse wurden von neueren Studien amerikanischer, europäischer und australischer Universitäten bestätigt.
Der Beitrag des Marketing zum geschäftlichen Erfolg von Produktions-, Vertriebs- oder Handelsaktivitäten liegt im Bekenntnis zu detaillierten Analysen künftiger Möglichkeiten zur Befriedigung von Kundenwünschen und darin, daß es einen vollkommen professionellen Verkaufsansatz für jene Produkte oder Dienstleistungen, die die gesuchten Vorteile aufweisen, für gut definierte Marktsegmente bietet. Preise und Preisnachlässe sind ebenso wie Werbung und Verkaufsförderung sehr wichtig, aber die Verbindung mit dem Engineering über das Produkt ist von überragender Bedeutung.
Diese Verpflichtung und die sich daraus ergebenden Aktivitäten dürfen jedoch nicht mit Budgets und Prognosen verwechselt werden. Diese brauchen wir und haben sie natürlich auch. Unsere Kollegen vom Rechnungswesen haben schon längst dafür gesorgt. Um es ganz prägnant zu sagen, befaßt sich der Prozeß der Marketingplanung mit der Feststellung, was und an wen langfristig verkauft werden soll, damit überhaupt die Chance besteht, die Ertragsziele und Umsatzprognosen zu erreichen. Außerdem sind die Chancen, unsere Ziele zu erreichen, eine Funktion dessen, wie gut unsere Informationsorganisationssysteme arbeiten, wie gut unsere Strategien für unsere Zwecke geeignet sind und wie gut wir geführt werden.

Unkenntnis der Marketingplanung und assoziierte operationelle Probleme

Der Grad, in dem sich ein Unternehmen seinem operativen Umfeld anpassen kann, ist in hohem Maße davon abhängig, wie es den Marketingplanungsprozeß als Mittel zur Stärkung von Rationalität und Zielgerichtetheit für alle Managementebenen in der gesamten Organisation begreift.
Dies erfordert weitere Erklärungen. Das, was die meisten Unternehmen für Planungssysteme halten, sind in Wirklichkeit bestenfalls Prognosen- und Budgetierungssysteme. Diese geben den Versuchen, die aktuellen operationellen Unternehmensprobleme zu lösen, zwar Schwung und Richtung, dienen aber in ihrer Mehrheit lediglich dazu, die aktuellen Geschäftsaktivitäten unverändert in die Zukunft zu projizieren – ein Phänomen, das in der Managementliteratur oft als »Tunnelsicht« bezeichnet wird.
Das Problem an dieser Auffassung ist, daß Unternehmen, da sie in dynamischer Entwicklung begriffene Systeme innerhalb einer sich dynamisch entwickelnden Geschäftsumwelt sind, irgendein Instrument für die Bewertung der Interaktion zwischen beiden benötigen, um Systeme und Umwelt besser aufeinander abstimmen zu können. Andernfalls wird ein Unternehmen aufgrund seiner mangelnden allgemeinen Vorbereitung kurzfristig stei-

gendem Druck ausgesetzt sein, wenn es zu reagieren und sich an die Umweltfaktoren anzupassen versucht.

Vielen Unternehmen, die unterschiedliche Rationalisierungs- oder effizienzsteigernde Maßnahmen hinter sich haben, wird bewußt, welche Gewinnchancen ihnen aufgrund ihrer mangelnden Vorbereitung entgangen sind, aber sie sind unschlüssig, wie sie ihre begrenzten Ressourcen besser nutzen können. Die Bedeutung dieses Problems nimmt proportional zur Größe und Diversifizierung eines Unternehmens zu.

Mit anderen Worten: Viele Unternehmen sind sich bewußt, welche Marktchancen ihnen aufgrund ihrer mangelnden Vorbereitung und ihrer Verwirrung über mögliche Abhilfemaßnahmen entgangen sind. Es liegt also nahe, daß zwischen diesen beiden Problemen und den derzeit weitverbreiteten Systemen, nämlich *Absatzprognosen und Budgetierungssystemen*, eine enge Verbindung besteht.

In Tabelle 3.1 werden die am häufigsten auftretenden operativen Probleme aufgelistet, die dadurch entstehen, daß man sich auf die traditionellen Absatzprognosen und Budgetierungsmethoden verläßt, ohne ein Marketingplanungssystem zu verwenden.

1	Entgangene Gewinnchancen
2	Sinnlose Ziffern in langfristigen Plänen
3	Unrealistische Ziele
4	Fehlen von brauchbaren Marktinformationen
5	Streitigkeiten zwischen den einzelnen Abteilungen
6	Frustration des Managements
7	Ausuferung von Produkten und Märkten
8	Verschwendung von Verkaufsförderungsausgaben
9	Verwirrung in der Preisbildung
10	Wachsende Verwundbarkeit durch Umweltveränderungen
11	Verlust der Kontrolle über die Geschäfte

Tabelle 3.1 Die am häufigsten genannten Probleme

Der Zusammenhang zwischen all diesen Problemen ist leicht ersichtlich. Was aber die Liste auf den ersten Blick vielleicht nicht erkennen läßt, ist die Tatsache, daß jede einzelne dieser operationellen Schwierigkeiten nur ein Symptom eines in Wirklichkeit viel größeren Problems ist, das sich aus der Art und Weise ergibt, wie sich ein Unternehmen seine Ziele steckt.

Die Sinnhaftigkeit aller Ziele, das heißt, ihre letztendliche Erreichbarkeit, hängt in hohem Maße von der Qualität der einzelnen Informationen über die geschäftliche Umwelt ab. Allerdings müssen Ziele auch realistisch sein, und dazu müssen sie in engem Zusammenhang stehen mit den spezifischen Fähigkeiten der Firma, die sich im Laufe einiger Jahre herausgebildet haben, namentlich ihrem Vermögen, ihren Kompetenzen und ihrer Reputation.

Der Zielsetzungsprozeß eines Unternehmens ist also für die Effektivität von zentraler Bedeutung. Die Forschungsstudie konnte schlüssig nachweisen, daß sich viele Probleme britischer Unternehmen durch Unzulänglichkeiten im Prozeß der Zieldefinition ergeben. Da die Unternehmen von der Existenz der Märkte abhängig sind und das einzige Instrument eines Unternehmens für die Erzielung von Gewinnen darin besteht, rentable Märkte zu suchen und zu finden, folgt daraus, daß das Festsetzen von Zielen in bezug auf diese Märkte eine Schlüsselfunktion der Geschäftstätigkeit ist. Wenn der Prozeß, durch den diese Schlüsselfunktion wahrgenommen wird, den unterschiedlichen organisatorischen Milieus, in denen er stattfindet, nicht angemessen ist, wird in der Folge auch die operationelle Effizienz negativ beeinflußt.

Es muß also irgendein geeignetes System gefunden werden, das die Definition sinnvoller und realistischer Marketingziele ermöglicht. Oft wird über zu kurzfristiges Denken und über die völlige Abwesenheit dessen geklagt, was wir als »strategisches Denken« bezeichnet haben. Darüber haben wir in Kapitel 2 kurz gesprochen. Eine weitere Klage lautet, daß Pläne hauptsächlich aus Ziffern bestehen, die sich kaum sinnvoll evaluieren lassen, da sie weder Chancen erkennbar machen und quantifizieren noch Schlüsselfragen hervorheben, die Position des Unternehmens auf seinen Märkten klar zeigen oder die Art und Weise skizzieren, wie sich Absatzprognosen erstellen lassen. Und wirklich haben die letztendlich niedergeschriebenen Ziffern oft kaum etwas mit diesen Fragen zu tun. Absatzziele für das Verkaufspersonal sind oft aufgebläht, um die Verkäufer zu besseren Leistungen zu motivieren, während die eigentlichen Budgets selbst oft zu knapp bemessen sind, um so ein Sicherheitsnetz gegen Ausfälle zu schaffen. Beides wirkt demotivierend und führt zur häufigen Verwendung von Ausdrücken wie »rituell«, »das Zahlenspiel«, »sinnloser Kuhhandel« und so weiter. Es ist leicht ersichtlich, wie sich die in Tabelle 3.1 angeführten Probleme in einer derartigen Umgebung manifestieren. In diesem Zusammenhang wird oft behauptet, daß der Gewinn das einzige für eine erfolgreiche Geschäftstätigkeit erforderliche Ziel sei.

Mit diesem Thema wird man ziemlich häufig konfrontiert. In den Hinterköpfen vieler Geschäftsleute geistert die Annahme herum, daß der »Boß«, um ein erfolgreicher Geschäftsmann zu sein, nur die Gewinnziele zu definieren, das Unternehmen in Gruppen ähnlicher Aktivitäten zu dezentralisieren und dann Manager einzusetzen braucht, die er für die Erreichung dieser Gewinne verantwortlich machen kann.

Obwohl viele britische Unternehmen die Erzielung eines »Gewinns« zu ihrem einzigen Ziel gemacht haben, geht es vielen unserer Betriebe schlecht, und ironischerweise ist auch ein Rückgang der realen Rentabilität festzustellen. Es gibt zahllose Beispiele für Unternehmen, die dezentralisierte Gewinnziele verfolgt haben und kläglich gescheitert sind.

Warum kann das so sein? Hauptsächlich deshalb, weil einige Topmanager glauben, daß sie nur die Gewinnziele festlegen müssen und das mittlere Management das Ding dann schon irgendwie schaukeln wird. Und viele Unternehmen scheinen auch wirklich zu glauben, daß es bei der Planung nur darum gehe, die Gewinnziele zu definieren. Das ist

nun für ein Unternehmen ziemlich einfach, aber es ist schon etwas ganz anderes, genau zu sagen, *wie* diese Ergebnisse erreicht werden sollen.
Hier sollte man sich auf etwas konzentrieren, wozu so viele Betriebe offensichtlich unfähig sind, und zwar, Strategien für die Abstimmung der Unternehmensstärken auf gründlich erforschte, marktzentrierte Chancen festzulegen, um dann die Mittel zu planen und zu kalkulieren, die zur Erreichung dieser Ziele erforderlich sind. Es scheint so zu sein, daß den Firmen ein tiefgehendes Verständnis dafür fehlt, was sie besser können als die Konkurrenz oder wie sie ihre distinktive Kompetenz auf die Bedürfnisse bestimmter Konsumentengruppen abstimmen können. Statt dessen erhöhen sie das allgemeine Volumen, und oft werden für alle Produkte und Märkte minimale ROIs in Kauf genommen, unabhängig von der Marktgröße, der Marktwachstumsrate oder der Länge des Produktlebenszyklus. Vieles weist aber darauf hin, daß viele Unternehmen heute gerade deshalb in Schwierigkeiten stecken, weil ihre dezentralisierten Einheiten ihre Geschäfte nur nach dem Gesichtspunkt der aktuellen Gewinn- und Verlustrechnung führen, oft um den Preis, daß sie wertvolle und einstmals hartumkämpfte Marktanteile aufgeben und die aktuellen Geschäfte ruinieren.
Finanzielle Ziele stellen zwar ein wichtiges Mittel zur Erreichung der gewünschten Leistungen eines Unternehmens dar, sie sind aber von geringem praktischem Wert, da sie nichts darüber aussagen, *wie* diese Ziele erreicht werden sollen. Dasselbe gilt für Absatzprognosen und Budgets, die *keine* Marketingziele und -strategien darstellen. Wenn die Manager die wirkliche Bedeutung von Marketingzielen verstanden haben, erkennen sie, welche Informationen sie benötigen, um durchdenken zu können, welche Implikationen die Auswahl einer oder mehrerer Marktpositionen für sie hat. Es ist um vieles schwieriger, die richtigen Worte für die Beschreibung der Logik der Marketingziele und -strategien zu finden, als Ziffern auf ein Blatt Papier zu schreiben und die Strategien dahingestellt zu lassen. Dies ist der Kern des Problems – denn natürlich wird ein zahlenorientiertes System den Manager nicht dazu motivieren, in strukturierter Weise über die strategisch relevanten Marktsegmente nachzudenken, und auch nicht dazu, verwertbare Marktdaten zu sammeln, zu analysieren und zusammenzufügen. Und wenn solche Aktivitäten in den einzelnen operativen Einheiten fehlen, bleibt der Zentrale wahrscheinlich nichts anderes übrig, als sich beim Management knapper Ressourcen auf Intuition und »Gefühl« als Entscheidungsgrundlage zu verlassen.
Das wirft die schwierige Frage auf, wie sich diese äußerst komplexen Probleme lösen lassen; denn diese Probleme verwirren all jene, die vom Druck des Marktes dazu gezwungen wurden, nach verschiedenen Wegen der Anpassung an ihr Umfeld zu suchen.
Es bleibt das Problem, wie man Manager aller Ebenen eines Unternehmens dazu bringt, über den Horizont des jeweiligen Jahres hinauszublicken. Dies gilt für alle Unternehmenstypen und -größen. Sogar Führungskräfte kleiner Unternehmen finden es schwierig, sich aus den Fesseln der althergebrachten Gewinn- und Verlustrechnung zu lösen.
Die Erfolge der Vergangenheit waren oft auf die einfache Vermarktbarkeit eines Pro-

duktes zurückzuführen, und in Zeiten großer wirtschaftlicher Prosperität gab es nur wenig Druck auf die Unternehmen, irgend etwas anderes zu tun, als operationelle Probleme bei ihrem Auftreten zu lösen. Eine sorgfältige Zukunftsplanung schien überflüssig. Heute bewegen sich jedoch die meisten Unternehmen in zunehmend wettbewerbsorientierten Märkten, und langsam verbreitet sich die Erkenntnis, daß sich zukünftige Erfolge nur auf der Grundlage geduldiger und genauester Planung und Vorbereitung des Marktes erreichen lassen. Das bedeutet, in die Zukunft zu investieren.

Das Problem ist, daß es für die Manager großer Unternehmen, die an ihren aktuellen Erfolgen gemessen und auf dieser Grundlage bezahlt werden, oft schwierig ist, sich mit der Unternehmenszukunft zu befassen. Das wird noch durch typische Verhaltensweisen verschlimmert, denn es ist für einen Manager sicherer und persönlich attraktiver, das zu tun, was er am besten kann; dies bedeutet in den meisten Fällen, daß er sich um seine *aktuelle* Produktpalette und die *aktuellen* Abnehmer kümmert, um das Budget des *laufenden* Jahres einzuhalten.

Leider sind langfristige Absatzprognosesysteme keine Lösung. Dieser extrapolierende Ansatz kann das Problem – die heute erforderlichen Maßnahmen genau zu definieren, damit der Erfolg in der Zukunft gesichert ist – nicht lösen. Genau dasselbe Problem existiert sowohl in großen, diversifizierten als auch in kleinen, nicht diversifizierten Unternehmen, mit der Einschränkung, daß sich das Problem in ersteren durch komplexe Faktoren wie Entfernung, hierarchische Managementsysteme und Verschiedenartigkeit der Geschäftsaktivitäten vergrößert und vervielfacht. Trotzdem bleibt das Problem im Prinzip dasselbe.

Ereignisse, die die wirtschaftlichen Leistungen eines Unternehmens beeinflussen, können aus so unterschiedlichen Richtungen kommen, daß es für einen Manager nicht möglich ist, genau zu sagen, was diese Ereignisse in der Form von zu lösenden Problemen und zu nutzenden Möglichkeiten auslösen werden. Das Beste, was ein Manager tun kann, ist, sich eine fundierte Meinung darüber zu bilden, welchen Einfluß solche Ereignisse in der Vergangenheit hatten, wie sie sich in Zukunft entwickeln werden und welche Maßnahmen innerhalb eines bestimmten Zeitraums ergriffen werden müssen, um dem Unternehmen eine Vorbereitung auf die zu erwartenden Veränderungen zu ermöglichen. Die Frage ist, *wie* Manager dazu gebracht werden können, ihre Gedanken über diese Themen zu formulieren, denn es ist unwahrscheinlich, daß irgendwelche Ziele von großer Relevanz oder Bedeutung sind, solange das nicht geschehen ist.

Einstein schrieb: »Die Formulierung eines Problems ist viel wichtiger als seine Lösung, die unter Umständen nur eine Sache mathematischer oder experimenteller Fähigkeiten ist. Es erfordert Phantasie, neue Fragen aufzuwerfen, neue Möglichkeiten zu finden oder alte Probleme unter einem neuen Gesichtspunkt zu betrachten.«

Leider ist so viel Kreativität nur selten zu finden, besonders da die meisten Manager völlig von den aktuellen Geschäften gefangengenommen sind. Demgemäß brauchen sie irgendein System, das ihnen dabei hilft, in strukturierter Weise über die Problemformulierung nachzudenken. Ein solcher rationaler Rahmen, mit dessen Hilfe sie ihre intuitiven ökonomischen Geschäftsmodelle vernünftig ausdrücken könnten, fehlt in den Prognose- und Budgetierungssystemen der meisten Unternehmen zur Gänze. Es ist offensichtlich, daß die Definition sinnvoller Zukunftsziele bei Nichtvorhandensein solcher synthetisierter und vereinfachter Betrachtungsweisen zu einem unüberwindlichen Problem wird, und dies wiederum führt zu einer Perpetuierung von Systemen, die ausschließlich Ziffern extrapolieren. Es gibt auch zahlreiche Belege dafür, daß diejenigen Unternehmen, die für diesen Prozeß Verfahren in der Form standardisierter Präsentationsmethoden vorsehen, bereits viel zur Lösung des Problems beigetragen haben. Obwohl es unendlich viele Möglichkeiten gibt, Analysen geschäftlicher Situationen durchzuführen, sind solche Verfahrensansätze Managern aller Unternehmensebenen zumindest dabei behilflich, die wichtigen Elemente der Problemdefinition in strukturierter Weise zu betrachten. Dies gilt sogar für schwierige Auslandsmärkte, wo Daten und Informationen schwer beschaffbar sind, und für Märkte, die von Handelsagenten bearbeitet werden. Diese erkennen, daß die strukturierten Ansätze, wenn sie gut gemanagt sind, nicht nur für die Geschäfte ihrer Auftraggeber, sondern auch für *ihre eigenen* positiv sind.

Darüber hinaus haben diese Unternehmen zwei weitere wichtige Vorteile. Erstens gibt es im Management weniger Frustration, und die Motivation ist höher, denn das System bietet die Möglichkeit, in so wichtigen Fragen wie der Bewertung der distinktiven Kompetenzen des Unternehmens oder der Art des Konkurrenzumfelds Übereinstimmung zu erzielen. Die bösartigen Streitigkeiten und die Frustrationen, denen wir im täglichen Geschäftsleben so oft begegnen, sind größtenteils das Ergebnis des beinahe vollständigen Fehlens eines geeigneten Instruments, um diese Fragen zu diskutieren und eine Übereinkunft darüber zu erzielen. Wenn der Vorgesetzte eines Managers die umfeldbezogenen Probleme nicht versteht, wenn er nicht versteht, wo die Stärken und Schwächen liegen oder was erreicht werden soll, und wenn jegliche strukturierten Verfahren und allgemeinen Terminologien fehlen, die von allen verwendet und verstanden werden, wird die Kommunikation schlecht funktionieren, und die Frustration wird wachsen.

Zweitens verbessert ein strukturierter Ansatz, der von allen verstanden wird, die Fähigkeit des zentralen Managements, die Probleme der einzelnen Betriebseinheiten nicht nur zu verstehen, sondern auch auf konstruktive und positive Weise auf sie zu reagieren; dies ist deshalb der Fall, weil dabei Informationen auf eine Weise weitergegeben werden, die es ermöglicht, sich einen sinnvollen Überblick über die gesamten Aktivitäten des Unternehmens zu verschaffen. Dies wiederum stellt eine rationale Grundlage für die Ressourcenallokation dar.

Zusammenfassend ist zu sagen, daß für die Situationsanalyse ein strukturierter Ansatz erforderlich ist, unabhängig von der Größe oder Komplexität eines Unternehmens. Ein solches System sollte sicherstellen:

1 daß der Definition von Stärken und Schwächen und von Problemen und Chancen größtmögliche Aufmerksamkeit zuteil wird;

2 daß für die Präsentation der Schlüsselfragen, die sich aus der Analyse ergeben, ein logischer Rahmen verwendet wird.

Nur wenige Unternehmen verfügen über ein Planungssystem, das diese Voraussetzungen erfüllt. Unternehmen, die derartige Systeme haben, werden mit ihrer Umwelt besser fertig als solche, die sie nicht haben. Es fällt ihnen leichter, sinnvolle Marketingziele zu definieren, sie sind optimistischer für die Zukunft, haben ihre Geschäfte besser im Griff und müssen weniger von Fall zu Fall als Getriebene auf die jeweiligen Situationen reagieren. Kurz gesagt, haben sie nicht so sehr mit operationellen Problemen zu kämpfen und funktionieren daher effektiver.

Was ist Marketingplanung?

Erinnern wir uns kurz daran, worüber wir in Kapitel 2 gesprochen haben. Die Marketingplanung ist eine logische Abfolge von Aktivitäten, die zur Definition von Marketingzielen und der Formulierung von Plänen führen, mit deren Hilfe diese Ziele erreicht werden sollen. Dabei handelt es sich um einen Management*prozeß*.

Das Konzept dieses Prozesses ist sehr einfach, und er umfaßt im großen und ganzen die in Abb. 2.1 angeführten Schritte.

Über diesen Prozeß sind sich die Experten allgemein einig. Eine formalisierte Marketingplanung mit Hilfe eines Planungssystems ist *per se* nicht viel mehr als ein strukturiertes Hilfsmittel für ein Unternehmen, um eine Reihe von Optionen festzustellen, diese schriftlich auszudrücken und Marketingziele zu formulieren, die mit den allgemeinen Unternehmenszielen sowie mit der Planung und Kalkulierung der spezifischen Aktivitäten, mit denen die Ziele am wahrscheinlichsten erreicht werden können, übereinstimmen. *Das Wesentliche liegt in der Systematisierung dieses Prozesses; diese hat sich als das Kernstück der Marketingplanungstheorie erwiesen.*

Die Naivität bei der Marketingplanung

Wir haben eben nur Begriffe wiederholt, die Sie in jedem Lehrbuch nachlesen können. Wir haben jedoch lange über der Tatsache gegrübelt, daß es vielen Firmen, die ihre Marketingaktivitäten minutiös planen, schlecht geht, während schlampige oder ungenaue Marketingprogramme Erfolge feiern. Gibt es eine reale Beziehung zwischen Marketingplanung und unternehmerischem Erfolg? Und, sollte dies der Fall sein, wie kommt diese Beziehung zum Tragen?

Natürlich gibt es eine Reihe von Studien, aus denen die verschiedenen Vorteile hervorgehen, die sich durch Marketingplanung erzielen lassen. Aber es gibt kaum Erklärungen für den wirtschaftlichen Erfolg von Unternehmen, die *nicht* in formalisierter Weise planen. Es wird auch kaum erforscht, warum Unternehmen, obwohl sie mit formalisierten Marketingplanungssystemen arbeiten, wirtschaftlich erfolglos agieren. Dort, wo die disfunktionalen Konsequenzen erkannt werden, wird verabsäumt, diese auf irgendeine theoretische Grundlage zurückzuführen.

Der Erfolg wird natürlich von einer Vielzahl von Faktoren beeinflußt, nicht nur von Planungsverfahren. Zum Beispiel:
Die Finanzgebarung zu irgendeinem beliebigen Zeitpunkt spiegelt nicht unbedingt die Angemessenheit (oder das Gegenteil) der Planungsverfahren (für die Hotelbranche, Standort, Tourismus etc.) wider.
Manche Unternehmen sind eben gerade zur richtigen Zeit am richtigen Ort.
Unternehmen können sich mit vielen und unterschiedlichen Aktivitäten befassen, wie beispielsweise stilorientierten Zielsetzungen.
Es gibt einen nachgewiesenen Zusammenhang zwischen Managementstil und unternehmerischem Erfolg.
Mit anderen Worten: Marketingplanungsverfahren *allein* sind nicht ausreichend für den Erfolg.
Wir haben festgestellt, daß der Prozeß der Marketingplanung im wesentlichen sehr einfach und universell anwendbar ist. Jedoch sind es gerade seine Einfachheit und Universalität, die ihn extrem komplex machen, sobald man einige Kontextfragen miteinbezieht, wie Unternehmensgröße, Ausmaß der Internationalisierung, Managementstil, Ausmaß der Turbulenzen in der Umgebung und Aggressivität der Konkurrenz, Marketingwachstumsrate, Marktanteil, technologische Veränderungen und so weiter.
Es ist klar, daß sich die vereinfachenden Theorien mit solchen Kontextfragen der Marketingplanung nicht in angemessener Weise befassen können. Das kann ohne weiteres der Grund dafür sein, daß derzeit nur so wenige Unternehmen Marketingplanung betreiben. Tatsächlich verfügten in der vom Autor vorgelegten Studie 90 Prozent der Industrieunternehmen nach ihren eigenen Angaben über keinen integrierten, koordinierten und intern konsistenten Plan für ihre Marketingaktivitäten. Darunter waren eine Reihe von Unternehmen, die hochgradig formalisierte Verfahren für die Marketingplanung verwendeten. Laut sechs anderen neueren Studien britischer Universitäten betrug der maximale geschätzte Prozentsatz der Unternehmen, die eine richtige Marketingplanung betrieben, 25 Prozent.
Natürlich kamen nur wenige dieser Unternehmen in den Genuß der im folgenden zusammengefaßten wesentlichen Vorteile einer formalisierten Marketingplanung:
1 Koordinierung der Aktivitäten vieler Einzelpersonen, deren Handlungen langfristig interagieren.
2 Identifikation der erwarteten Entwicklungen.
3 Bereitschaft für Veränderungen, wenn sie eintreten sollten.
4 Minimierung irrationaler Reaktionen auf unerwartete Ereignisse.
5 Minimierung von Konflikten zwischen Einzelpersonen, die zu einer Vernachlässigung der Unternehmensziele zugunsten der Ziele der Einzelperson führen würden.
Tatsächlich verfügen viele Unternehmen über eine Vielzahl der Finessen ausgereifter Marketingplanungssysteme, aber sie müssen ebensoviele disfunktionelle Konsequenzen in Kauf nehmen wie Unternehmen, die nur über Prognosen- und Budgetierungssysteme verfügen. Es ist klar, daß bestimmte Voraussetzungen gegeben sein müssen, damit ein

Marketingplanungssystem erfolgreich sein kann. Mit diesen Voraussetzungen werden wir uns in Kürze detailliert befassen.

Ich möchte jedoch darauf hinweisen, daß es für ein Unternehmen, das nicht unter feindlichen und instabilen Wettbewerbs- und Umweltbedingungen leidet, auf keinen Fall von entscheidender Bedeutung ist, über ein effektives Marketingplanungssystem zu verfügen. Alle rentablen Unternehmen, die in der Studie des Autors untersucht wurden und die über kein effektives Marketingplanungssystem verfügten, operierten in gesunden oder schnell wachsenden Märkten. Solche Unternehmen waren allerdings weniger erfolgreich als vergleichbare Unternehmen mit effektiven Marketingplanungssystemen. Der Erfolg wurde nicht nur an der Finanzentwicklung eines Unternehmens über einige Jahre hinweg gemessen, sondern auch an der Art und Weise, wie es sich seiner Umwelt anpaßte.

Das bedeutet, daß ein Unternehmen mit einem effektiven Marketingplanungssystem, abgesehen von seiner Rentabilität, wahrscheinlich folgende Merkmale aufweist:

- Allgemein verstandene Zielsetzungen
- Hochmotivierte Mitarbeiter
- Ein hohes Maß an brauchbarem Marktinformationsmaterial
- Bessere interfunktionelle Koordination
- Minimale Verschwendung und Verdoppelung von Ressourcen
- Akzeptanz der Notwendigkeit kontinuierlicher Veränderungen und ein klares Verständnis der Prioritäten
- Größere Kontrolle über das Unternehmen und weniger Verwundbarkeit durch unerwartete Ereignisse.

Obwohl Unternehmen ohne effektive Marketingplanungssysteme besonders in rasch wachsenden Märkten einige Jahre lang durchaus rentabel arbeiten können, tendieren solche Unternehmen normalerweise dazu, nach einiger Zeit weniger rentabel zu werden und unter Problemen zu leiden, die den oben erwähnten Vorteilen diametral entgegengesetzt sind.

Darüber hinaus haben Unternehmen ohne effektive Marketingplanung eher mit schwerwiegenden wirtschaftlichen Folgen für ihr Unternehmen zu kämpfen, wenn die Umwelt- und Wettbewerbsbedingungen feindlich und instabil werden.

Keiner dieser Punkte ist neu, d. h., diese Vor- und Nachteile sind für den sorgfältigen Beobachter klar erkennbar. Sie sind jedoch brauchbare Vorschläge für Marketingfachleute.

Marketingplanungssysteme: Probleme bei ihrer Erstellung und Durchführung

Viele Unternehmen, die sich derzeit in Schwierigkeiten befinden, haben die Notwendigkeit eines strukturierten Ansatzes zur Planung ihrer Marketingaktivitäten erkannt und haben sich für die standardisierten, formalisierten Verfahren entschieden, über die in den Lehrbüchern so viel geschrieben steht. Mit diesen Verfahren lassen sich die erwähnten

Vorteile aber oft nicht erreichen, und oft bringen sie auch die Marketingplanung selbst in Verruf.

Es ist klar, daß jeder Versuch der Einführung eines formalisierten Marketingplanungssystems weitreichende Auswirkungen auf Organisation und Verhalten eines Unternehmens hat, da ein solches System eine Veränderung des Managementansatzes bedingt. Außerdem ist klar, daß eine formalisierte Marketingplanung wirkungslos bleiben wird, wenn ein Unternehmen diese Implikationen nicht erkennt und es unversucht läßt, Wege zu finden, um mit ihnen fertig zu werden.

Die Marketingplanung ist in der Praxis ein komplizierter Prozeß, da sie sich von Analysen zu Zielsetzungen, Strategien, Programmen, Budgets und zurück bewegt, bis unter Berücksichtigung der natürlichen Beschränkungen, mit denen jedes Unternehmen konfrontiert ist, irgendein brauchbarer Kompromiß zwischen dem Wünschenswerten und dem Möglichen gefunden ist.

Es wurde die Auffassung vertreten, daß die operationellen Schwierigkeiten, die die Erstellung und Durchführung von Systemen und Verfahren für die Marketingplanung mit sich bringt, sowie die Tatsache, daß die Aufgabe mit zunehmender Größe und Diversifizierung eines Unternehmens immer komplexer wird, in der gängigen Literatur unterschätzt werden. Außerdem ist die Literatur dort lückenhaft, wo sie praktische Richtlinien für die Erstellung und Umsetzung in die Praxis bieten soll.

Im Zuge der Forschungsarbeiten des Autors wurden eine Reihe von Unternehmen untersucht, die vom Marktdruck zur Initiierung von Maßnahmen gezwungen wurden, durch die das Management eine bessere Kontrolle über die Unternehmen erhalten sollte. In all diesen Fällen fanden die für die Erstellung solcher Systeme zuständigen Personen weder in der Literatur noch in Managementseminaren ausreichende praktische Unterstützung. Enorme Schwierigkeiten bei der Erstellung und Durchführung waren in jedem Fall die Folge.

Der Zweck dieses Abschnitts liegt darin, diese Planungs- und Durchführungsprobleme zu besprechen. Die am häufigsten auftretenden Probleme sind in Tabelle 3.2 zusammengefaßt.

Mangelnde Unterstützung durch Unternehmensleitung und Topmanagement

Es besteht kein Zweifel, daß es für einen Marketingfachmann in leitender Stellung praktisch unmöglich ist, brauchbare Verfahren zu entwickeln, wenn der Unternehmensleiter nicht die Notwendigkeit eines formalisierten Marketingplanungssystems erkennt, es versteht und ein aktives Interesse daran bekundet.

Dies gilt besonders für Unternehmen, die in Abteilungen organisiert sind, was bedeutet, daß der Marketingfachmann nicht für die Gewinne der Abteilungen verantwortlich ist und keine Linienmanagementkompetenzen hat. In solchen Fällen können die Geschäftsbereichsmanager vergleichsweise leicht »politische« Schwierigkeiten heraufbeschwören, die in ihrer schwerwiegendsten Form die völlige Ignorierung der neuen Verfahren

1 Mangelnde Unterstützung durch Unternehmensleiter und Topmanagement
2 Fehlen eines Plans für die Planung
3 Mangelnde Unterstützung durch das Linienmanagement
- Feindlichkeit
- Mangelnde Fähigkeiten
- Mangelnde Ressourcen
- Inadäquate Organisationsstruktur

4 Verwirrung über die Planungsbedingungen
5 Zahlen anstelle schriftlich festgelegter Ziele und Strategien
6 Zu viele Details, zu weit im voraus
7 Das Einmal-im-Jahr-Ritual
8 Trennung der operationellen von der strategischen Planung
9 Nichtintegration der Marketingplanung in ein gesamtunternehmerisches Planungssystem
10 Delegierung der Planung an einen Planungsfachmann

Tabelle 3.2 Marketingplanungssysteme: Probleme bei Erstellung und Durchführung

bedeuten. Normalerweise liegen die Gründe für eine Nicht- oder nur teilweise Befolgung der nachfolgend genannten Instruktionen jedoch in den in Tabelle 3.2 zusammengefaßten Punkten.

Die entscheidende Rolle, welche Unternehmensleitung und Topmanagement in der Marketingplanung spielen *müssen*, unterstreicht einen der wichtigsten Punkte dieses Abschnitts. Es handelt sich darum, daß das System nur durch die daran beteiligten *Menschen* funktioniert und daß Aufbau und Durchführung dieses Systems sowohl die »Persönlichkeit« des Unternehmens als auch die der darin beschäftigten Menschen in Betracht ziehen müssen. Diese »Persönlichkeit« ist in allen Organisationen unterschiedlich. Eines der augenfälligsten Phänomene, die wir beobachten konnten, waren die verschiedenen »Persönlichkeiten« der Unternehmen sowie die Tatsache, daß es innerhalb jedes Unternehmens eine auffällige Übereinstimmung in den Einstellungen der Führungskräfte gibt. Diese Einstellungen reichten von einer unpersönlichen, autokratischen Haltung bis hin zu einer sehr persönlichen, teilnehmenden. Darauf werden wir in Kapitel 12 näher eingehen.

Jedes System muß daher auf die Menschen abgestimmt werden, die es realisieren sollen, und aus diesem Grund muß es die bestehenden Traditionen, Einstellungen, Fähigkeiten, die Verfügbarkeit der Ressourcen und die organisatorischen Beschränkungen berücksichtigen. Da der Unternehmensleiter und das Topmanagement die Schlüsselpersonen sind, die diese Faktoren beeinflussen, kann man davon ausgehen, daß kein formalisiertes Marketingplanungssystem ohne ihre aktive Beteiligung und Unterstützung funktionieren wird. Dies ist die klare Schlußfolgerung aus den Forschungsarbeiten des Autors. Die negativsten Erfahrungen manifestierten sich in der Art und Weise, wie Führungskräfte und Topmanager die aus dem Planungssystem resultierenden Pläne ignorierten und weiterhin Schlüsselentscheidungen trafen, die den Personen, die an der Erstellung dieser Pläne beteiligt waren, unlogisch erscheinen mußten. Dadurch wurde jegliche Glaubwürdigkeit der eben erst erstellten Pläne bereits im Keime erstickt, und es kam zur Einstellung der neuen Methoden und zu beträchtlicher Frustration in der gesamten Organisation.

Tatsächlich gibt es etliche Anhaltspunkte dafür, daß Führungskräfte, die erstens die wichtige Rolle des Marketing bei der Generierung rentabler Erträge in einem Unternehmen nicht verstehen und zweitens nicht erkennen, wie sich Marketing mit Hilfe von Marketingplanungsverfahren in die anderen funktionalen Bereiche des Unternehmens integrieren läßt, besonders zu schwachen wirtschaftlichen Leistungen beitragen. Es gibt eine deprimierend hohe Zahl von Kostenrechnern, die sich am »Ergebnis unter dem Strich« orientieren und allgemeine finanzielle Kriterien ohne Unterschied auf alle Produkte und Märkte anwenden, ohne Rücksicht auf langfristige Konsequenzen. In ähnlicher Weise gibt es viele Techniker, für die Marketing eine unwürdige Aktivität ist, die mit Dingen wie Fernsehwerbung zu tun hat, und die ihr Produkt ausschließlich im Lichte seiner technischen Funktionen und funktionellen Merkmale sehen, obwohl es mehr als genügend Beweise dafür gibt, daß diese nur einen Teil dessen darstellen, was der Kunde erwirbt. Es überrascht auch nicht, daß eine Marketingplanung in Unternehmen, die von Personen dieses Schlags geführt werden, entweder nicht existiert oder dort, wo man mit ihr experimentiert, fehlschlägt. Das ist die häufigste Barriere für eine wirkungsvolle Marketingplanung.

Fehlen eines Plans für die Planung

Die zweite allgemein verbreitete Ursache für das Versagen oder teilweise Versagen von Marketingplanungssystemen ist die Überzeugung, daß ein System, sobald es erstellt ist, unverzüglich umgesetzt werden kann. Ein Unternehmen, in dem die Pläne über ein Jahr nach der Einführung eines überaus ausgefeilten Systems von den einzelnen Gesellschaften in die Zentrale kamen, erreichte praktisch keine Verbesserung der Qualität der Pläne. Alles weist darauf hin, daß ein größeres Unternehmen einen Zeitraum von etwa drei Jahren benötigt, bevor ein Marketingplanungssystem absichtsgemäß durchgeführt werden kann.

Ein Versagen bzw. Teilversagen ist also oft die Folge davon, daß für die Einführung eines neuen Systems kein Zeitplan erstellt wird, in dem folgendes Berücksichtigung findet:

1 Die Notwendigkeit mitzuteilen, warum ein Marketingplanungssystem benötigt wird.
2 Die Notwendigkeit, die Unterstützung und Teilnahme des Topmanagements zu gewinnen.
3 Die Notwendigkeit, das System in beschränktem Rahmen zu testen, um seine Wirksamkeit und seinen Wert zu demonstrieren.

4 Der Bedarf an Trainingsprogrammen oder Seminaren, in denen das Linienmanagement mit der Anwendung des Systems vertraut gemacht wird.
5 Mangel an Daten und Informationen in einigen Teilen der Welt.
6 Mangel an Ressourcen in einigen Teilen der Welt.

Vor allem sind aber ein Gefühl der Sinnhaftigkeit und großer Einsatz vonnöten, gemäßigt durch Geduld und den Willen, die Probleme in Angriff zu nehmen, die sich bei der Durchführung des Systems unweigerlich ergeben werden.

Mangelnde Unterstützung durch das Linienmanagement

Feindlichkeit, mangelnde Fähigkeiten, mangelhafte Daten und Informationen, fehlende Ressourcen und eine inadäquate Organisationsstruktur führen in ihrer Summe dazu, daß die Manager der operationellen Einheiten nicht zu einer bereitwilligen Teilnahme gewonnen werden können.

Eine feindliche Gesinnung der Linienmanager ist bei weitem die häufigste Reaktion auf die Einführung neuer Marketingplanungssysteme. Die Gründe dafür sind naheliegend und haben damit zu tun, daß der Initiator des Systems keinen Plan für die Planung hat. Neue Systeme erfordern unweigerlich eingehende Erklärungen der von ihnen verwendeten Verfahren und werden oft von Mustern, Flußdiagrammen und ähnlichem begleitet. Häufig lassen sich diese Dinge am besten in Form eines Handbuches präsentieren. Wenn nun ein solches Dokument ohne Vorankündigung oder Diskussion auf dem Schreibtisch eines vielbeschäftigten Linienmanagers eintrifft, ist dessen unmittelbare Reaktion oft Angst vor seiner eventuellen Unfähigkeit, es zu verstehen und umsetzen zu können, gefolgt von Ärger und schließlich Ablehnung. In der Vorstellung dieses Managers wird die Zentrale zu einem praxisfernen »Elfenbeinturm«, der völlig von der Realität des Marktes abgeschieden ist.

Dies wird durch die Tatsache verschlimmert, daß dieser Manager stark in das bestehende operative und Belohnungssystem verwickelt ist, das auf die Erzielung *aktueller* Ergebnisse ausgerichtet ist, während das neue System auf die Zukunft zielt. Außerdem besteht durch den Trend der letzten Jahre, Führungskräfte innerhalb einer Organisation häufig rotieren zu lassen, weniger Interesse an einer Planung zukünftiger Unternehmensgewinne, von denen wahrscheinlich ein anderer profitieren wird.

Damit verbunden ist die Tatsache, daß viele Linienmanager nicht einmal mit den grundlegenden Marketingprinzipien vertraut sind, weil nie von ihnen verlangt wurde, ihre Märkte in Segmente von strategischer Relevanz zu unterteilen oder brauchbare Informationen über diese zu sammeln.

Diese mangelnden Kenntnisse wirken sich durch die Tatsache, daß es viele Länder nicht mit dem Informations- und Datenreichtum aufnehmen können, die uns in den USA oder in Europa zur Verfügung stehen, noch negativer aus. Dies gilt vor allem für schnell wachsende Volkswirtschaften, in denen die verfügbaren Gesamtstatistiken nicht nur unzuverlässig und unvollständig sind, sondern auch rasch veralten. Das Gewicht dieses Problems wird durch die oft starre Liste der Informationsbedürfnisse der Inlandsabteilung verdeutlicht, die ja ausschließlich auf dem Inlandsmarkt basieren.

Die Lösung dieses spezifischen Problems erfordert viel Geduld, praktischen Verstand, Findigkeit und Flexibilität sowohl seitens der Zentrale als auch seitens der Geschäftsbereichsmanager. In engem Zusammenhang damit steht die Notwendigkeit, die Verfügbarkeit der Ressourcen und die bestehende Organisationsstruktur zu überdenken. Das Problem fehlender zuverlässiger Daten und Informationen kann nur durch Investition von Zeit und Geld gelöst werden, und wo die verfügbaren Ressourcen knapp sind, ist es unwahrscheinlich, daß der Informationsbedarf der Zentrale gedeckt werden kann.

Aus diesem Grund muß für die Sammlung und Weiterleitung wertvoller Informationen irgendeine geeignete Zentralorganisation gefunden werden, und es müssen Schulungen über die Möglichkeiten zur Lösung dieses Problems abgehalten werden.

Diese Fragen werden wieder durch die unterschiedliche Größe und Komplexität der Unternehmen verkompliziert. Es ist überraschend zu sehen, in welchem Maße Organisationsstrukturen in inadäquater Weise versuchen, die Marketingfunktion abzudecken. In kleinen Unternehmen gibt es oft nur den Verkaufsleiter, der seine ganze Zeit entweder in den persönlichen Verkauf oder in die Führung des Verkaufspersonals investiert. Wenn der Firmenleiter nicht zufällig aus dem Marketingbereich kommt, fällt die Marketingplanung einfach unter den Tisch.

In mittleren und großen Unternehmen, besonders in solchen, die aus selbständigen Abteilungen bestehen, ist Marketing auf Vorstandsebene kaum als Funktion vorgesehen. Manchmal gibt es einen kaufmännischen Direktor mit Linienmanagementkompetenz für die operativen Abteilungen, aber abgesehen vom Verkaufsleiter auf Abteilungsebene oder einem Marketingmanager auf Zentralenebene wird Marketing als Funktion nicht besonders gut abgedeckt. Wo es einen Marketingleiter gibt, ist er meist etwas isoliert von den Hauptaktivitäten.

Die erfolgreichsten Organisationen sind diejenigen, die über eine voll integrierte Marketingfunktion verfügen, ob es sich dabei um für den Verkauf zuständiges Linienmanagement oder um Stabsfunktionen handelt, wobei die operativen Einheiten ein Mikrokosmos innerhalb der Zentralenorganisation sind.

Es ist jedoch klar, daß jeder Versuch, ein Marketingplanungssystem einzurichten, das die Sammlung, Analyse und Synthese marktbezogener Informationen erfordert, ohne geeignete Organisationsstruktur höchstwahrscheinlich zum Scheitern verurteilt ist. Ein klassisches Beispiel dafür ist ein großes, diversifiziertes, multinationales Unternehmen, in dessen Zentrale Marketing nur nebenbei von den Abteilungsleitern wahrgenommen wurde und in dem die Abteilungen im allgemeinen außer dem Verkaufsmanagement keine Marketingfunktion hatten. Als man infolge des wachsenden Marktdrucks zum ersten Mal versuchte, einen strategischen Plan zu erstellen, war dies ein kompletter Fehlschlag.

Das Problem der Organisation einer Marketingplanung wird in Kapitel 11 genauer erläutert.

Verwirrung über die Planungsbedingungen

Verwirrung über die Planungsbedingungen ist ein weiterer Grund für das Versagen von Marketingplanungssystemen. Die oft hochqualifizierten Initiatoren dieser Systeme verwenden häufig eine Planungsterminologie, die von den Geschäftsbereichsmanagern als sinnentleerter Jargon empfunden wird. Ein Unternehmen bezog sich sogar auf die Ansoff-Matrix (Produkt/Markt-Expansions-Matrix) und andere Matrizen und sprach andauernd von Missionen, Dimensionen, Quadranten und so weiter.

Unternehmen, die über erfolgreiche Planungssysteme verfügen, versuchen eine Terminologie zu verwenden, die dem Betriebsmanagement geläufig ist und in der Begriffe wie »Ziele« und »Strategien« anhand von Beispielen klar definiert werden.

Am Ende von Kapitel 12 findet sich ein Glossar der Begriffe.

Zahlen anstelle schriftlich festgelegter Ziele und Strategien

Die meisten Manager operativer Einheiten sind daran gewöhnt, Umsatzprognosen mitsamt den zugehörigen finanziellen Implikationen zu erstellen. Sie pflegen die kausalen Faktoren, die den früheren Leistungen oder den zu erwartenden Ergebnissen zugrundeliegen, nicht zu berücksichtigen und lassen auch eventuelle Chancen, Schlüsselfragen usw. außer acht. Ihre Einstellung ist im wesentlichen engstirnig und kurzfristig, und es besteht eine auffällige Tendenz, Zahlen zu extrapolieren und die aktuellen Geschäfte unverändert auf das nächste Geschäftsjahr zu projizieren.

Wenn es nun plötzlich ein Marketingplanungssystem gibt, das von diesen Managern verlangt, ihre implizite ökonomische Modellvorstellung des Unternehmens explizit zu machen, so sind sie überfordert. Anstatt also die Logik ihrer Ziele und Strategien in Worte zu kleiden, halten sie an ihren alten Verhaltensmustern fest und füllen die ausgeteilten Datenblätter ziemlich einsilbig aus.

Durch die Bereitstellung von Datenblättern und das Gewicht, das das System dem physischen Zählen von Fakten beimißt, wird einer Fragebogenausfüller-Mentalität Vorschub geleistet und die Entwicklung der kreativen Analyse, die für eine effektive strategische Planung so bedeutsam ist, behindert.

Unternehmen mit erfolgreichen Marketingplanungssystemen erheben nur die wesentlichen Daten und legen für die Erläuterung der Denkmodelle, die hinter den Zielen und Strategien stehen, größeren Wert auf schriftliche Darstellungen.

Zu viele Details, zu weit im voraus

In diesem Zusammenhang ist das Problem der Überplanung zu erwähnen. Dieses entsteht normalerweise durch ausgefeilte Systeme, welche zur Erfassung von Daten und Informationen dienen, die die Zentralen erheben lassen und doch nie verwenden können. Systeme, die riesige Papierberge produzieren, wirken im allgemeinen auf alle Betroffenen demotivierend.

Das größte Problem in diesem Zusammenhang liegt unzweifelhaft darin, auf einem detaillierten und gründlichen Marketing-Audit zu bestehen. An sich ist das eine gute Übung für die Manager, aber wenn überhaupt keine Richtlinien gegeben werden, wie er zusammengefaßt werden sollte, um die Schlüsselpunkte herauszuarbeiten, werden dabei nur riesige, unnütze Informationsberge produziert. Der Audit wird dadurch nutzlos, daß er die nachfolgenden Pläne ihrer Zielrichtung beraubt und durch die Menge der in ihm enthaltenen Details alle verwirrt, die ihn lesen.

Das Traurige ist, daß nur wenige Manager über das kreative oder analytische Potential verfügen, um die wirklichen Kernfragen herauszuarbeiten. Das führt dazu, daß viel mehr Probleme und Chancen festgehalten werden, als das Unternehmen jemals verkraften kann. In der Folge werden die echten strategischen Schlüsselfragen tief in den Details begraben und nicht mit der ihnen gebührenden Aufmerksamkeit behandelt, so lange, bis es zu spät ist.

In einer Reihe von Unternehmen mit detaillierten und hochgradig institutionalisierten Marketingplanungssystemen gehen die erstellten Pläne so stark ins Detail, daß man nicht mehr feststellen kann, welche Ziele und Strategien nun die wichtigen sind. Außerdem sind die Manager solcher Unternehmen nur selten in der Lage, eine vereinfachte Darstellung der Geschäftstätigkeit oder der wesentlichen Dinge zu geben, die erledigt werden müssen, um den Erfolg zu sichern. Solche Unternehmen sind oft zu sehr aufgebläht und versuchen, zu viele Dinge auf einmal zu tun. Eine Überdiversifizierung und Aktivitäten in zu viele Richtungen machen die Kontrolle über ein in verwirrendem Maße heterogenes Portfolio von Produkten und Märkten extrem schwierig.

In Unternehmen mit erfolgreichen Planungssystemen besteht auf allen Ebenen ein weitgehendes Verständnis dafür, welche Hauptziele erreicht werden sollen und welche Mittel dazu nötig sind. In solchen Unternehmen herrscht Klarheit über die Grundaufgaben des Unternehmens, und Maßnahmen und Entscheidungen werden von eindeutig definierten Zielen bestimmt, die als Teil eines rationalen, allgemeinen Zwecks in logischer Weise zusammenhängen.

Diese Klarheit und diese logischen Zusammenhänge lassen sich mit Hilfe eines »Schichtsystems« erreichen. In den einzelnen hierarchischen Managementebenen der Organisation werden die Analysen der niedrigeren Ebene so zusammengefaßt, daß sichergestellt wird, daß nur die wichtigsten, für die Entscheidungsfindung und die Kontrolle der Audits nötigen Informationen die nächste Managementebene erreichen. Auf diese Weise entstehen also Hierarchien von Audits, SWOT-Analysen, Annahmen, Zielsetzungen, Strategien und Plänen. Dies bedeutet beispielsweise, daß das Topmanagement in der Konzernzentrale die wirklich wichtigen, für das gesamte Unternehmen relevanten Makro-Schlüsselaufgaben versteht, während die Manager, die auf niedrigerer Ebene für die Rentabilität zuständig sind, ihrerseits ein klares Verständnis der wirklich wichtigen Mikro-Schlüsselaufgaben, die für die jeweilige Einheit von Bedeutung sind, haben.

Man kann daraus schließen, daß sich die Effektivität des Marketingplanungssystems eines Unternehmens an dem Grad messen läßt, in dem die verschiedenen Manager der Organisation klare, deutliche und logische Stellungnahmen darüber abgeben können, welche die wichtigsten Problemen und Chancen sind, mit denen sie konfrontiert sind, wie sie mit diesen umzugehen beabsichtigen und wie sich ihre Aktivitäten in einen größeren Allgemeinzweck einfügen.

Das Einmal-im-Jahr-Ritual

Eine der am häufigsten anzutreffenden Schwächen der Marketingplanungssysteme von Unternehmen, deren Planungssysteme nicht die erwünschten Erfolge bringen, besteht in der rituellen Natur dieser Aktivität. In solchen Fällen betrachten die Geschäftsbereichsmanager die Erstellung eines Marketingplans als durch und durch lästige und unangenehme Aufgabe. Die Muster werden ausgefüllt – nicht immer sehr genau –, und die daraus resultierenden Pläne werden rasch den Schubladen anvertraut, um niemals wieder ans Tageslicht zu kommen. Die Pläne werden nicht als wichtiges Managementwerkzeug betrachtet, sondern als etwas, das die Zentrale verlangt. Mit anderen Worten: Die Erstellung des Marketingplans wird als Einmal-im-Jahr-Ritual betrachtet, als eine Art Managementbluff. Es überrascht nicht besonders, daß diese Pläne keine Verwendung finden.

Während dies offensichtlich eng mit den bereits dargelegten Erklärungen dafür zusammenhängt, warum manche Planungssysteme ineffektiv sind, ist die kurze Frist für die Vollendung des Prozesses ein allgemeines Merkmal von Unternehmen, in denen die Marketingplanung als Einmal-im-Jahr-Ritual betrachtet wird. Das Problem an dieser Einstellung ist, daß die Marketingpläne in den Köpfen der Manager mit der Zeit eine zweitrangige Stellung einnehmen.

In Unternehmen mit effektiven Systemen beginnt der Planungszyklus im dritten oder vierten Monat des Geschäftsjahrs und läuft bis zum neunten oder zehnten, wobei sich die Evaluierung der kontinuierlichen Fortschritte bei der Durchführung der bereits bestehenden Pläne mit Hilfe des firmeninternen Marketing Intelligence Systems über das gesamte Jahr erstreckt. Durch die Aufteilung der Planungsaktivitäten auf einen längeren Zeitraum und die aktive Beteiligung aller Managementebenen zu einem geeigneten Zeitpunkt wird die Planung zu einem akzeptierten und integralen Bestandteil der Managementaktivitäten und nicht zu einer zusätzlichen Aufgabe, die einen außerordentlichen Einsatz verlangt. In diesem Fall besteht eine viel größere Chance, die aus einem solchen System resultierenden Pläne so zu formulieren, daß sie in etwas umgesetzt werden können, das dann auch durchführbar ist.

Trennung der operationellen von der strategischen Planung

Dieser Unterabschnitt ist vor dem Hintergrund der Schwierigkeiten zu sehen, mit denen die meisten Unternehmen bei der Verwirklichung jeglicher Form von sinnvoller strategischer Planung konfrontiert sind. In den meisten Fällen sind die Ziffern, die in den langfristigen Unternehmensplänen enthalten sind, nicht viel mehr als statistische Extrapolationen, die den Vorstand zufriedenstellen. Wenn das nicht der Fall ist, werden einfach die Zahlen geändert, und es kann sein, daß die Kluft zwischen dem, was ein Unternehmen erreicht, und dem, was es zu erreichen geplant hatte, mit der Zeit immer größer wird.

Trotzdem erstellen die meisten Unternehmen langfristige Projektionen. Leider sind diese in den meisten Fällen völlig getrennt von den kurzfristigen Planungsaktivitäten, die sich größtenteils in Prognosen und Budgetierung manifestieren. Viele Fachautoren vertreten die Ansicht, daß diese beiden Bereiche getrennt sein sollten. Sie meinen, daß sich die strategische Planung wesentlich von der operationellen Planung unterscheide und daher von ihr zu trennen sei. Tatsächlich wird oft betont, daß ein Nichtverständnis des essentiellen Unterschieds zwischen den beiden Planungsarten zu Verwirrung führe und verhindere, daß die Planung zu einem integralen Bestandteil des gesamten Managementsystems des Unternehmens wird. Aber genau diese Trennung zwischen kurz- und langfristigen Plänen ist es, die in den Forschungsarbeiten des Autors als die wichtigste Ursache für die Probleme erkannt wurde, mit denen viele Unternehmen heute konfrontiert sind. Es ist das Versagen der langfristigen Pläne bei der Entscheidung der schwierigen Frage, ob man sich auf die aktuellen Geschäfte oder die Entwicklung neuer Geschäftszweige konzentrieren soll, das dazu führt, daß das Management an der Aufgabe scheitert, Alternativen zu seiner derzeitigen Vorgangsweise in Betracht zu ziehen.

Diese beinahe vollständige Trennung zwischen operationeller oder kurzfristiger Planung und strategischer oder langfristiger Planung ist ein Merkmal vieler Unternehmen, deren Systeme nicht besonders effektiv funktionieren.

In den meisten Fällen sind langfristige strategische Pläne nicht viel mehr als eine einfache Extrapolation vergangener Trends, und da daran oft verschiedene Personen wie beispielsweise Betriebsplaner beteiligt sind und einige Managementebenen ausgeschlossen werden, haben die resultierenden Pläne praktisch nichts mit den detaillierteren und unmittelbaren kurzfristigen Plänen zu tun.

Diese Trennung hält das operationelle Management vom strategischen Denken ab, was dazu führt, daß die detaillierten Betriebspläne in einem Vakuum entstehen. Die sogenannten strategischen Pläne weisen nicht die erforderliche Kohärenz und Logik auf, weil sie als wirklichkeitsfremde Übung betrachtet werden, bei der es um Ziffern geht, an die niemand wirklich glaubt.

Wenn strategische Pläne nicht bereits von der Basis an durch alle Schichten des Geschäftsbereichsmanagements hindurch auf der Grundlage solider strategischer Analysen entwickelt werden, sind sie eine wenig realistische Basis für die Unternehmensentscheidungen. Gleichzeitig werden die operationellen Pläne in ihrem Horizont immer engstirniger und weniger relevant für die Entscheidungen, die heute getroffen werden müssen, um das Morgen zu sichern.

Operationelle Planung sollte also in hohem Maße Teil des strategischen Planungsprozesses sein und umgekehrt. Tatsächlich sollten diese beiden Prozesse, wo immer mög-

lich, gleichzeitig von denselben Managern und mit Hilfe derselben Informationsinputs durchgeführt werden.
Der detaillierte operationelle Plan sollte das erste Jahr des langfristigen Plans repräsentieren, und die Geschäftsbereichsmanager sollten dazu angehalten werden, ihre langfristigen Prognosen zum selben Zeitpunkt wie die kurzfristigen zu erstellen. Der Vorteil liegt darin, daß die Manager dadurch ermutigt werden, darüber nachzudenken, welche Entscheidungen im aktuellen Planungsjahr getroffen werden müssen, um die langfristigen Prognosen einhalten zu können.

Nichtintegration der Marketingplanung in ein gesamtunternehmerisches Planungssystem

Es ist schwierig, ein effektives Marketingplanungssystem zu initiieren, wenn ein dazu parallel laufendes Unternehmensplanungssystem fehlt. Dies ist eine weitere Facette der problematischen Trennung der operationellen Planung von der strategischen. Denn wenn nicht ähnliche Prozesse und Zeitpläne wie die im Marketingplanungssystem verwendeten auch in anderen wichtigen Bereichen wie Vertrieb, Produktion, Finanzen und Personal zur Anwendung kommen, erfolgen die Koordinierungsmaßnahmen und Kompromisse, die in jedem Unternehmen zwischen dem Gewünschten und dem Möglichen stattfinden müssen, nicht nach rationalen Gesichtspunkten. Solche Koordinierungsmaßnahmen müssen oft auf der Grundlage eines umfassenden Verständnisses der realen multifunktionalen Stärken und Schwächen eines Unternehmens, aber auch dessen Chancen und Bedrohungen, erfolgen.
Eines der Probleme bei Systemen, in denen entweder der strategische Unternehmensplanungsprozeß getrennt erfolgt oder in denen die Marketingplanung das einzige formalisierte System ist, liegt in der mangelnden Beteiligung der Schlüsselbereiche des Unternehmens, wie Engineering oder Produktion. Wo das die Schlüsseldeterminanten des Erfolgs sind, wie in Investitionsgütergesellschaften, ist ein separates Marketingplanungssystem praktisch ineffektiv.
Wo Marketing jedoch einen hohen Stellenwert hat, wie bei sich rasch bewegenden Industriegüterunternehmen, ist die Einführung eines separaten Marketingplanungssystems möglich. Wenn dies erfolgreich geschieht, folgen ähnliche Systeme für andere Funktionsbereiche des Unternehmens oft rasch nach, weil die Vorteile für die Unternehmensleitung erkennbar werden.

Delegierung der Planung an einen Planungsfachmann

Dies geschieht in der Unternehmensplanung öfter als in der Marketingplanung, obwohl dort, wo es in der Zentrale irgendeine Unternehmensplanungsfunktion gibt und keine Marketingfunktion vorhanden ist, alles, was an strategischer Planung stattfindet, von den Unternehmensplanern als Teil eines vom operationellen Planungsmechanismus

getrennten Systems durchgeführt wird. Es überrascht nicht, daß dadurch die Trennung der operationellen von der strategischen Planung noch verstärkt und kurzfristiges Denken in den operationellen Einheiten ermutigt wird.
Sehr oft sind Unternehmensplaner junge, hochqualifizierte Leute, die dem Büro des Vorsitzenden oder des Gruppenleiters zugeteilt sind. Sie sehen sich oft mit einer ablehnenden Haltung konfrontiert und werden weitestgehend von den Mainstream-Aktivitäten ausgeschlossen. Es gibt kaum Hinweise darauf, daß es ihnen gelingt, die allgemeine Unternehmensstrategie zu klären, und solche Strategien scheinen in der Planung und im Denken von operationellen Einheiten kaum eine Rolle zu spielen.
In der Fachliteratur kommt der Planungsbeauftragte hauptsächlich als Planungskoordinator und nicht als Initiator von Zielen und Strategien vor. Es ist klar, daß ein Planungsfachmann ohne die Fähigkeiten und die Kooperationsbereitschaft des Geschäftsbereichsmanagements nicht viel mehr ist als eine Art Verwaltungsassistent der Zentrale. In vielen großen Unternehmen, in denen es in der Zentrale eine Person mit dem spezifischen Titel eines Marketingplanungsmanagers gibt, wurde diese meist infolge der Schwierigkeit eingestellt, Geschäftsaktivitäten zu kontrollieren, die an Größe und Vielfalt stark zugenommen hatten, was zu einer großen Palette neuer Probleme geführt hatte. Die Aufgaben dieses Planungsbeauftragten bestehen hauptsächlich in der Systemplanung und der Koordinierung von Informationen, obwohl man auch von ihm erwartet, daß er allgemeine Ziele und Strategien für den Vorstand formuliert. In allen Fällen sind es die mangelnden Fähigkeiten des Linienmanagements und die inadäquaten Organisationsstrukturen, die die Marketingaktivitäten des Unternehmens behindern, und weniger die Unzulänglichkeiten des Planungsbeauftragten. Aufgrund dessen wird dem Planer selbst die Bürde eines Großteils der Planungsarbeiten auferlegt, die – was nicht besonders überraschen sollte – größtenteils ineffektiv sind.
Bei den Forschungsarbeiten des Autors haben sich zwei besonders interessante Fakten herauskristallisiert. Erstens befindet sich der Marketingplanungsmanager als Begründer und Initiator der Marketingplanungssysteme sowohl gegenüber den ihm vorgesetzten Linienmanagern als auch gegenüber den nachgeordneten Geschäftsbereichsmanagern in einer unglaublich heiklen Situation. Es ist klar, daß nur wenige Unternehmensleiter die Rolle der Planungsarbeit verstehen und daß sie daher unrealistische Erwartungen in den Planungsbeauftragten setzen, während es dem Planer seinerseits nicht möglich ist, ohne das volle Verständnis, die Zusammenarbeit und die Teilnahme des Topmanagements effektive Arbeit zu leisten. Diese Voraussetzungen sind nur selten erfüllt. Oft ist es für Unternehmensleitung und Vorstand leichter, die Enttäuschung des Marketingplanungsmanagers oder manchmal auch eines Marketingleiters in Kauf zu nehmen, als selbst ernsthaft über die Auswirkungen der neuen Kräfte nachzudenken, die das Unternehmen beeinflussen, und eine Neuformulierung der Gesamtstrategie vorzunehmen.
Das führt automatisch zu einem zweiten Punkt. Denn die unweigerliche Konsequenz, die die Einstellung eines Marketingmanagers nach sich zieht, ist die, daß dieser, um effektiv arbeiten zu können, Veränderungen im Verhalten des Managements herbeizu-

führen versuchen wird. Normalerweise haben diese Veränderungen weitreichende Implikationen und wirken sich auf die Schulungsaktivitäten, die Ressourcenallokation und die Organisationsstruktur aus. Der Planer muß, was nicht überrascht, in seiner Funktion als Katalysator für solche Veränderungen gegen enorme politische Barrieren ankämpfen. Das hat oft zur Folge, daß er frustriert wird und schließlich tatsächlich ineffektiv arbeitet. Das ist ohne Zweifel ein wichtiges Problem, insbesondere in großen Unternehmen. Die Probleme, die durch die Einstellung eines Marketingplanungsmanagers aufgeworfen werden, scheinen eine direkte Folge der Tatsache zu sein, daß das Topmanagement keine Gedanken an die Formulierung allgemeiner Strategien verschwendet. Das war in der Vergangenheit so, weil nicht die Notwendigkeit dazu verspürt wurde. Wenn aber infolge des Marktdrucks die entstehenden Probleme der Kontrolle und Diversität an die Oberfläche drängen, bleibt für einen Planer wirklich nicht mehr viel zu tun, wenn nicht die uneingeschränkte Bereitschaft des Topmanagements besteht, sich an den weitreichenden Veränderungen zu beteiligen.

Das wiederum wirft die Frage der Schlüsselrolle auf, die der Unternehmensleiter in der ganzen Marketingplanung spielt. Ohne seine Unterstützung und ohne sein Verständnis für die überaus weitreichenden Implikationen der Einführung effektiver Marketingplanungsverfahren werden alle Bemühungen eines Planers oder eines Linienmanagers größtenteils im Sande verlaufen.

Erforderliche Marketingplanungssysteme

Im Prinzip ergeben sich aus all dem die folgenden Implikationen:

1 Alle in sich geschlossenen Marketingplanungssysteme (aber besonders solche, die im wesentlichen Prognose- und Budgetierungssysteme sind) führen zu einem allmählichen Niedergang von Marketing und Kreativität. Aus diesem Grund muß es einen Mechanismus geben, der verhindert, daß sich durch eine Überbürokratisierung des Systems Trägheit einschleicht.

2 Eine Marketingplanung, die auf der funktionalen Marketingebene erfolgt, ohne daß ein Instrument vorhanden ist, durch das sie auf der allgemeinen Managementebene in andere funktionale Geschäftsbereiche integriert wird, wird größtenteils ineffektiv bleiben.

3 Die Trennung der Verantwortung für operationelle und strategische Marketingplanung führt zu einer Divergenz zwischen der kurzfristigen Schubkraft eines Unternehmens auf operationeller Ebene und den langfristigen Zielen des Unternehmens als ganzes. Dadurch wird eine Konzentration auf die kurzfristigen Ergebnisse auf operationeller Ebene bewirkt, was normalerweise dazu führt, daß das Unternehmen auf lange Sicht weniger effektiv wird.

4 Wenn der Unternehmensleiter die Marketingplanung nicht versteht bzw. keine aktive Rolle darin spielt, wird niemals ein effektives System zustande kommen.

5 Für die erfolgreiche Einführung eines effektiven Marketingplanungssystems sind bis zu drei Jahre erforderlich (besonders in großen Firmen).

In Kapitel 12 dieses Buches werden wir uns im Detail damit befassen, was mit dem Ausdruck »erforderliche Marketingplanung« gemeint ist, und erklären, wie ein effektives Marketingplanungssystem erstellt und in die Praxis umgesetzt wird.

Inzwischen haben wir genügend Hintergrundinformationen über den *Prozeß* der Marketingplanung und über die Gründe dafür, daß dieser scheinbar simple Prozeß viel mehr Wahrnehmungsvermögen und Aufmerksamkeit erfordert, als normalerweise angenommen wird. Wir können nun die einzelnen Elemente dieses Prozesses näher erforschen, bevor wir im letzten Kapitel wieder alle Teile zusammenfügen.

Anwendungsfragen

Erklären Sie anhand der in den Tabellen 3.1 und 3.2 angeführten Punkte, inwiefern

(a) sie auf Ihr Unternehmen zutreffen;

(b) Sie erfolgreich damit umgehen.

4 DIE ERSTELLUNG DES MARKETING-AUDIT: DER KUNDE UND DER MARKT-AUDIT

Zusammenfassung

In diesem Kapitel geht es hauptsächlich darum, an wen wir verkaufen, im nächsten werden wir behandeln, was wir verkaufen. Die anderen Marketingelemente werden in den Kapiteln 7 bis 11 abgehandelt. Kapitel 4 beginnt mit der Definition des Unterschiedes zwischen Kunden und Konsumenten, der Bedeutung des Marktanteils und der Pareto-Analyse. Dann folgt eine Beschreibung der Marktsegmentierung und deren verschiedener Methoden, einschließlich der Analyse des Vorteilsverhaltens und der Einstellungen der Kunden. Es werden einige Beispiele für die Marktsegmentierung gegeben, und am Ende des Kapitels wird nochmals gezeigt, warum sie von so großer Bedeutung für die Marketingplanung ist.

Einführung

Da wir nun den *Prozeß* verstanden haben, nach dem die Marketingplanung abläuft, können wir damit beginnen, ihre einzelnen Elemente näher zu betrachten. Wir haben das Puzzle zuerst im ganzen gesehen – nun können wir die einzelnen Teile untersuchen und besser verstehen lernen, wie sie zusammenpassen.

Die nächsten beiden Kapitel sollen uns dabei helfen, einen sinnvollen Marketing-Audit durchzuführen. Wir haben uns bereits mit den Fragen befaßt, die dabei in Betracht zu ziehen sind. Was wir nun brauchen, sind die Instrumente für die Durchführung einer solchen Analyse.

Ich möchte auf folgendes hinweisen: die Tatsache, daß sich die folgenden beiden Kapitel in spezifischer Weise mit der Durchführung von Kunden-, Markt- und Produktaudits befassen, ist nicht so zu verstehen, daß bei der Durchführung eines Marketing-Audit Preis, Promotion, Ort (Place) oder Information und Organisation unwichtig wären. Die

Kapitel 7 bis 11 widmen sich diesen wichtigen Determinanten für den wirtschaftlichen Erfolg und geben dem Marketing-Auditor die nötige Sicherheit, um diese spezifischen Teile des Audit durchzuführen.

Der Unterschied zwischen Kunden und Konsumenten

Wir wenden uns nun einem der wichtigsten und entscheidendsten Faktoren einer erfolgreichen Marketingplanung zu – der *Marktsegmentierung.* Diese ist für den in Kapitel 1 beschriebenen Abstimmungsprozeß von grundlegender Bedeutung. Um die Marksegmentierung verstehen zu können, müssen wir uns zuerst mit dem Unterschied zwischen *Kunden* und *Konsumenten,* der Bedeutung des Begriffs *Marktanteil* und jenem Phänomen befassen, das unter dem Namen *Pareto-Effekt* bekannt ist.
Beginnen wir mit dem Unterschied zwischen Kunden und Konsumenten. Unter »Konsument« wird meist der Endverbraucher verstanden; er muß nicht unbedingt der Kunde sein. Nehmen wir das Beispiel der Hausfrau, die Frühstücksmüsli einkauft. Wahrscheinlich handelt es sich bei ihr um eine Zwischenkundin, die als Vertreterin der endgültigen Konsumenten (ihrer Familie) agiert. Um nun Frühstücksmüsli wirkungsvoll vermarkten zu können, müssen wir natürlich verstehen, was der Endverbraucher wünscht, aber auch, was die Hausfrau will.
Dies ist nur insofern relevant, als man sich immer der Bedürfnisse eventueller Konsumenten durch die gesamte Einkaufskette hindurch bewußt sein sollte. Nehmen wir den Fall eines Industrieeinkäufers, der Rohmaterial wie Wollbarchent für die Verarbeitung zu Halbfertigbekleidung einkauft; diese Halbfertigbekleidung wird dann an andere Firmen verkauft, die sie zum Endprodukt, wie beispielsweise Anzüge oder Kleider, verarbeiten und dann auf den Konsumgütermärkten verkaufen. Hier sehen wir, daß die Bedürfnisse der einzelnen Zwischenglieder und des Endverbrauchers selbst schließlich in die Spezifikationen des Einkäufers für den Rohmaterialhersteller »übersetzt« werden. Folglich müssen die Marktbedürfnisse, die diese Herstellerfirma zu befriedigen sucht, letzten Endes nach den Erfordernissen des Endverbrauchers – des Konsumenten – definiert werden, obwohl unser direkter Kunde hier offensichtlich der Einkäufer ist.
Vorausgesetzt, daß wir den Unterschied zwischen Kunden und Konsumenten verstanden und die Notwendigkeit erkannt haben, kontinuierlich alle Veränderungen in den Endverbrauchsmustern jenes Produktes, in das unser eigenes integriert wird, zu registrieren, stellt sich die nächste Frage: Wer sind unsere Kunden? Eng in Zusammenhang damit steht die komplizierte Frage, was unser Marktanteil ist.

Was ist unser Marktanteil?

Der Marktanteil ist ein Schlüsselbegriff im Marketingmanagement, und wir werden immer wieder darauf zurückkommen. Im nächsten Kapitel werden wir untersuchen, warum der Marktanteil so wichtig für ein Unternehmen ist. Hier wollen wir uns auf die Frage beschränken, was wir meinen, wenn wir von Marktanteil sprechen.

Erstens muß sich eine Firma damit befassen, welchen Anteil (oder Prozentsatz an Volumen oder Wert) sie an einem *tatsächlichen* und nicht an einem *potentiellen* Markt hat. Um jedoch einen tatsächlichen Markt messen zu können, müssen wir sehr darauf bedacht sein, die richtigen Dinge zu messen. Nehmen wir das Beispiel eines Unternehmens, das Nylonteppichböden für Büroräume herstellt. Wenn wir nun den Markt für Bodenbeläge messen, ist es natürlich unsinnig, in unsere Messungen z. B. Beton miteinzubeziehen, weil Beton, obwohl er ein Bodenbelag ist, nicht die Wünsche des Konsumenten bezüglich Wärme und Farbe erfüllt und daher kein Bestandteil unseres Marktes ist. Aber es wäre zum Beispiel ebensowenig sinnvoll, Schlafzimmerteppiche aus Wolle miteinzubeziehen. So würden wir schließlich zu einer Definition unseres Marktes als eines Aggregats aller Bodenbeläge aus einem bestimmten Fasertyp gelangen, die an institutionalisierte Verkaufsstellen verkauft werden.
Hierbei helfen uns folgende Definitionen:

- Produktklasse, z. B. Zigaretten, Computer, Düngemittel, Teppichbeläge
- Produktunterklasse, z. B: Filter, PCs, Stickstoff, Teppichfliesen
- Produktmarke, z. B. Guards, IBM, Nitram, Heuga

Guards als Marke hat sich zwecks Messung des Marktanteils nur *mit der Gesamtheit aller anderen Marken zu befassen, die dieselbe Gruppe von Kundenwünschen befriedigen.* Dennoch muß der Hersteller von Guards auch auf die Umsatzentwicklung von Filterzigaretten und den Zigarettenmarkt im allgemeinen achten.
Einer der häufigsten Fehler von Leuten, die die Bedeutung des Begriffs »Marktanteil« nicht ganz verstanden haben, besteht in der Annahme, daß ihr Unternehmen auf irgendeinem Markt nur einen kleinen Anteil hat, während es, wenn es wirtschaftlich erfolgreich ist, wahrscheinlich einen viel größeren Anteil an einem kleineren Markt hat. Das bringt uns auf eine weitere faszinierende und überaus nützliche Aussage über Märkte.

Der Pareto-Effekt

Es ist ein allgemeines, von den meisten Firmen beobachtetes Phänomen, daß ein Großteil ihrer Geschäfte auf einen kleinen Prozentsatz ihrer Kunden entfällt. Dieses Phänomen wird oft 80/20-Regel oder Pareto-Effekt genannt und bedeutet, daß auf 20 Prozent der Kunden etwa 80 Prozent der Umsätze entfallen.
Wenn wir beispielsweise den Prozentsatz der Kunden, der einen bestimmten Umsatzprozentsatz erzeugt, graphisch darstellen, können wir ein ähnliches Verhältnis wie das in Abb. 4.1 gezeigte erwarten. Hier werden die Kunden je nach dem Umsatzanteil, der auf sie entfällt, einfach als A-, B- oder C-Kunden bezeichnet. Die A-Kunden, vielleicht 25 Prozent aller Kunden, erzeugen etwa 70 Prozent der Umsätze, die B-Kunden, die vielleicht 55 Prozent repräsentieren, 20 Prozent, und die C-Kunden, 20 Prozent aller Kunden, die restlichen 10 Prozent.
Der Pareto-Effekt ist auf beinahe allen Märkten zu beobachten, von der Kapitalgüterindustrie bis hin zum Bankwesen und zu Konsumgütern. Was bedeutet das?

Faktoren, die sich auf den Preis auswirken

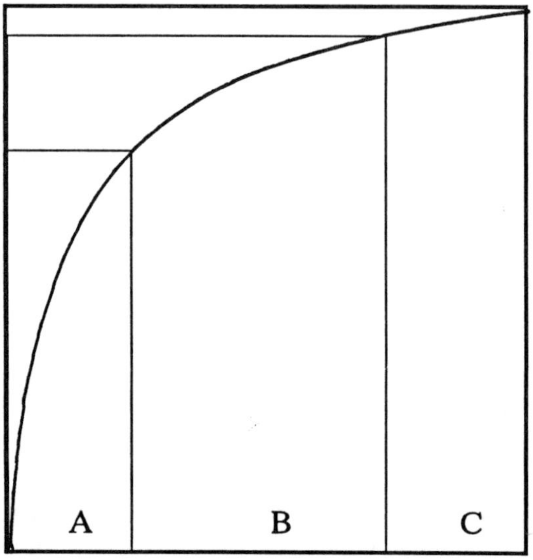

Abbildung 4.1

Sicher bedeutet es nicht, daß ein Unternehmen 80 Prozent seiner Kunden fallenlassen sollte. Erstens leistet das Umsatzvolumen dieser Kunden einen wertvollen Beitrag zu den Gemeinkosten. Zweitens ist es so gut wie sicher, daß die 80/20-Regel auch für diese verbleibenden 20 Prozent gelten würde. Man könnte das so lange fortführen, bis nur noch ein einziger Kunde übrigbliebe! Diese Art von Analyse sollte allerdings deutlich machen, auf welchen Bereich das Unternehmen seine Bemühungen konzentrieren sollte. Denn die meisten Kosten fallen bei den 80 Prozent an, die nur 20 Prozent der Umsätze ausmachen.

Es gibt jedoch eine ernsthafte Gefahr. Diese Art von Analyse ist statisch. Das heißt, daß die besten potentiellen Kunden sehr wohl in den 80 Prozent oder sogar in der noch größeren Gruppe der Nicht-Kunden enthalten sein könnten.

Nun wird klar, daß man mit einer solchen Analyse, so wichtig sie auch sein mag, sehr vorsichtig umgehen muß. Diesen Aspekt können wir nun näher untersuchen.

Ein Hersteller in der Limonadenindustrie erstellte eine Analyse seiner Geschäfte in Südost-England und kam zu der Erkenntnis, daß beinahe 85 Prozent seiner Geschäfte von nur 20 Prozent seiner Kunden herrührten. Aber alle anderen erhielten dasselbe Service. Alle wurden vom Verkaufspersonal in vierzehntägigen Abständen angerufen, alle wurden in vierzehntägigen Abständen beliefert, alle bezahlten denselben Preis für das Produkt. Dies führte natürlich zu riesigen Investitionen in Lager und Fahrzeuge, während die zugehörigen Betriebskosten im Vergleich zu den Margen, die das Unternehmen erzielte, völlig aus dem Rahmen fielen. In diesem Fall gab es eine einfache Lösung. Die meisten Kleinkunden wurden einem überaus dankbaren Großhändler übergeben, wodurch wertvolles Kapital und Managementzeit freigesetzt wurden und man sich auf die wirklich wichtigen Geschäftsbereiche konzentrieren konnte. Gleichzeitig wurde die Preispolitik des Unternehmens revidiert; es wurden nun diejenigen Kunden belohnt, die größere Mengen abnahmen, und das Verkaufspersonal konnte sich auf die Entwicklung seiner bestehenden Geschäfte und auf die Eröffnung neuer, rentabler Verkaufsstellen konzentrieren.

Einer der wichtigsten Aspekte der Marketingplanung besteht darin, in der Lage zu sein, sich die besten 20 Prozent des Marktes auszusuchen und sich auf diese zu konzentrieren. Wie man das macht, wird in Kapitel 6 erklärt.

Marktsegmentierung

Wir können uns nun auf einen der Schlüsselbegriffe des Marketing konzentrieren – die Marktsegmentierung. Sie ist das Instrument, mit dem jedes Unternehmen versucht, sich einen entscheidenden Vorteil gegenüber der Konkurrenz zu verschaffen. Die Märkte zerfallen normalerweise in natürliche Gruppen oder Segmente, welche jeweils Kunden enthalten, die im wesentlichen dieselben Merkmale aufweisen. Diese Segmente bilden in sich selbst separate Märkte und können oft eine beträchtliche Größe haben. Wenn man das zum Extrem führt, ist jeder einzelne Konsument ein Marktsegment für sich, weil ja alle Menschen verschiedene Bedürfnisse haben.

Aber selbstverständlich ist es unwirtschaftlich, Einzelprodukte für die Bedürfnisse von Einzelpersonen herzustellen, ausgenommen unter besonders ungewöhnlichen Umständen. Konsequenterweise werden Produkte hergestellt, um Konsumentengruppen anzusprechen, die im großen und ganzen dieselben Bedürfnisse haben.

Es überrascht also nicht zu hören, daß es bestimmte, allgemein akzeptierte Kriterien dafür gibt, was ein lebensfähiges Marktsegment ausmacht:

- Segmente sollten eine angemessene Größe haben, um dem Unternehmen für seine Leistung einen adäquaten Ertrag zu sichern.
- Die Bestandteile der einzelnen Segmente sollten untereinander sehr ähnlich sein, sich aber vom Rest des Marktes unterscheiden.
- Die Kriterien für die Beschreibung der Segmente müssen für die Kaufsituation von Relevanz sein.
- Die Segmente müssen erreichbar sein.

Die meisten dieser Kriterien leuchten uns auf den ersten Blick ein; in der Praxis ist die Marktsegmentierung jedoch einer der am schwersten zu verwirklichenden Teile des Marketing. Aber wir müssen diese Aufgabe bewältigen, sonst werden wir bestenfalls eines jener Unternehmen, die sogenannte »Ich auch«-Produkte verkaufen. Mit anderen Worten: Das, was wir dem potentiellen Kunden anbieten, ist dem sehr ähnlich, was ihm

andere Firmen anbieten; unter diesen Umständen ist es wahrscheinlich, daß er den billigsten Artikel kaufen wird. Das kann sich katastrophal auf unsere Erträge auswirken, wenn wir nicht zufällig niedrigere Kosten und folglich höhere Margen haben als unsere Konkurrenz. Mehr über diesen wichtigen Marketingaspekt in Kapitel 5.
Es gibt im wesentlichen zwei Methoden der Marktsegmentierung, die beide in Betracht zu ziehen sind:

- Analyse der Kundenreaktion oder des Kundenverhaltens
- Analyse der Kundenmerkmale oder Attribute

Analyse des Kundenverhaltens

Dies ist im wesentlichen die Manifestation der Art und Weise, wie sich die Kunden tatsächlich auf dem Markt verhalten. Das Kundenverhalten zerfällt in zwei Teile: erstens, *was* gekauft wird, und zweitens, *warum*.
In bezug darauf, *was* gekauft wird, sprechen wir eigentlich von den herrschenden Marktstrukturen, die in Volumen, Wert, physischen Produktmerkmalen, Ort und Häufigkeit des Kaufes, bezahltem Preis und so weiter ausgedrückt werden. Diese Informationen zeigen uns, ob es irgendwelche Produktgruppen (unsere »outlets«, Preiskategorien etc.) gibt, die stetig wachsen oder abnehmen, d. h., wo die Chancen liegen und die Probleme. Zum Beispiel entdeckte eine Teppichfirma, deren Umsätze rückläufig waren, durch eine Analyse, daß, obwohl der Markt insgesamt wuchs, auf die Distributionsstellen, an die traditionell verkauft wurde, ein sinkender Prozentsatz der gesamten Marktumsätze entfiel. Darüber hinaus ging die Nachfrage nach Produkten höherer Preiskategorien wie den von dieser Firma hergestellten Faserbelägen zurück. All das führte zu einem Umsatz- und Gewinnrückgang und veranlaßte die Firma, sich stärker auf die wachsenden Marktsektoren zu konzentrieren.
Das ist Marktsegmentierung auf niedrigster Ebene, aber es ist überraschend, daß man auch heute noch viele Unternehmen findet, die scheinbar ausgereifte Budgetierungssysteme haben, welche sich aber auf nicht viel mehr als ungenaue Extrapolationen vergangener Umsatztrends stützen, und die keine klaren Marketingstrategien erarbeiten. Solche Systeme verursachen für gewöhnlich schwerwiegende wirtschaftliche Probleme, wenn sich die Marktstrukturen wie im Fall der Teppichbodenfirma verändern. In diesem Fall war es zu spät für eine Richtungsänderung, und die Firma ging in Konkurs.
Dasselbe Schicksal widerfuhr einem Schuhproduzenten, der eigensinnig darauf beharrte, weiterhin die gleichen Produkte aus den gleichen Materialien für die gleichen Vertriebsstellen herzustellen, ohne den rapiden Veränderungen Rechnung zu tragen, die sich auf dem Markt vollzogen.
Der zweite Teil der Analyse des Kundenverhaltens untersucht, *warum* sich Kunden so verhalten, wie sie es tun, denn wenn wir das Verhalten unserer Kunden erklären können, können wir ihnen unsere Produkte besser verkaufen.
Es gibt zwei grundlegende Theorien über das Kundenverhalten. Die eine bezieht sich auf

den rational denkenden Kunden, der seine Zufriedenheit oder seinen Nutzen zu maximieren versucht. Sein Verhalten wird von dem Nutzen bestimmt, den er aus dem Kauf eines Produkts, verglichen mit seinen Ausgaben und früheren Gelegenheiten, zieht. Während diese Betrachtungsweise der Kunden einige wichtige Einblicke in ihr Verhalten gewährt, muß doch daran erinnert werden, daß viele Märkte überhaupt nicht auf diese Weise funktionieren, und es gibt eine große Anzahl von Beispielen für eine steigende Nachfrage bei jeder Preissteigerung.
Eine weitere Theorie über das Kundenverhalten, die uns bei der Erklärung dieses Phänomens hilft, ist jene, die den Kunden unter psychologischen und soziologischen Gesichtspunkten beschreibt. Einstellung und Verhalten des Kunden werden durch Familie, Arbeit, bestehende Kulturmuster, Bezugsgruppen, Wahrnehmungen, Ambitionen und »Lifestyle« bestimmt.
Solche Theorien gewähren ebenfalls wertvolle Einblicke, aber sie können kaum für eine umfassende Erklärung des Kundenverhaltens herangezogen werden. Es ist zum Beispiel interessant, daß Meinungsführer oft die ersten sind, die neue Ideen und neue Produkte annehmen; aber diese Informationen sind ohne eine erfolgreiche Identifizierung dieser Personen und Kommunikation mit ihnen für uns kaum von praktischem Nutzen.
Es hat sich herausgestellt, daß die nützlichste und praktischste Erklärung des Kundenverhaltens die *Segmentierung der Vorteile* ist, d. h., der Vorteile, die ein Kunde sucht, wenn er ein Produkt kauft. Manche Kunden kaufen Produkte zum Beispiel wegen ihrer funktionellen Merkmale (Produkt), aus wirtschaftlichen Gründen (Preis), wegen der Bequemlichkeit und Verfügbarkeit (Place – Ort), aus emotionalen Gründen (Promotion) oder wegen einer Kombination dieser Gründe (Abwägung). Wie lassen sich die Erfolge von Firmen wie Rolls-Royce, Harrods und vielen anderen erklären? Wenn wir erkennen, welche Vorteile ein Kunde sucht, können wir unseren Marketing-Mix so gestalten, daß er in unserem Zielmarkt möglichst wirkungsvoll ist. Die Bedeutung der Produktvorteile wird in Kapitel 5 deutlicher werden, wenn wir über das Produktmanagement sprechen.
»Kunden kaufen keine Produkte; sie versuchen, Vorteile zu erwerben.« Dies ist der Leitsatz des Marketingmanagers einer der innovativsten britischen Firmen im Haarpflegebereich. Hinter dieser Aussage verbirgt sich ein grundlegendes Prinzip des erfolgreichen Marketing. Wenn jemand ein Produkt kauft, wird er nicht vorrangig von physischen Merkmalen oder objektiven Attributen motiviert, sondern von den Vorteilen, die diese Attribute mit sich bringen.
Um ein Beispiel aus dem Industriemarketing zu bringen: Ein Einkäufer von Industrieschmieröl erwirbt nicht nur die jeweilige Mischung von Chemikalien, die führende Hersteller industrieller Schmiermittel verkaufen, sondern er kauft ein Bündel von Vorteilen, in dem auch die Lösung eines spezifischen Schmierproblems enthalten ist.
Der Unterschied zwischen Vorteilen und Produkten ist nicht nur eine Frage der Semantik. Es ist lebenswichtig für ein Unternehmen, den Erfolg anzustreben. Jedes Produkt hat seine Merkmale: Größe, Form, Leistung, Gewicht, das Material, aus dem es hergestellt ist und so weiter. Viele Firmen machen den Fehler, den Kunden diese Merkmale anzu-

preisen und nicht darüber zu sprechen, was diese für den Kunden bedeuten. Das überrascht nicht besonders. Wenn dem Verkäufer beispielsweise eine Frage über das Produkt gestellt wird und er keine genaue Antwort geben kann, würde der Kunde vielleicht das Vertrauen verlieren und seine Zweifel an dem Verkäufer bald auf das Produkt übertragen. Die meisten Verkäufer sind aus diesem Grund sehr gut mit den technischen Merkmalen des Produktes vertraut, das sie verkaufen. Sie müssen diese Details »im Schlaf« abrufen können, wenn sie mit Käufern, Konstrukteuren und technischen Fachleuten sprechen.

Ein Experte auf technischem Gebiet zu sein, reicht jedoch nicht aus. Der Kunde ist sich vielleicht nicht im klaren über die Vorteile, die bestimmte Merkmale mit sich bringen, und es bleibt deshalb dem Verkäufer überlassen, die Vorteile zu erklären, die sich aus jedem einzelnen der von ihm erwähnten Merkmale ergeben.

Eine einfache Formel, um die Anwendung dieses kundenorientierten Ansatzes sicherzustellen, ist die wiederholte Verwendung der Phrase *»was bedeutet, daß«*, um ein Merkmal mit den Vorteilen, die es bringt, in Verbindung zu bringen:

»Die Wartungszeit wurde von 4 auf 3 Stunden gesenkt, *was bedeutet, daß* sich der Großteil der Kosten um . . . verringert.«

»Das Motorgehäuse ist aus Aluminium, *was bedeutet, daß* mit einer normalen LKW-Ladung sechsmal soviele Einheiten transportiert werden können, *was bedeutet, daß* sich die Transportkosten um . . . reduzieren.«

»Die Größe des Tanks wurde um 25 Prozent erhöht, *was bedeutet, daß* Sie allein beim Öl . . . jährlich sparen.«

»Das neue Kugellager hat selbstjustierende symmetrische Rollen, *was bedeutet, daß* diese ihr eigenes Gleichgewicht finden, wobei die Ladung immer symmetrisch über die ganze Länge der Rolle verteilt bleibt, *was bedeutet, daß* sich die Lebenszeit um durchschnittlich ein Jahr erhöht hat.«

Vorteilsanalyse

Ein Unternehmen muß eine detaillierte Analyse durchführen, um das volle Vorteilsspektrum festzustellen, das es seinen Kunden bieten kann. Dies kann durch eine Auflistung der Merkmale der wichtigsten Produkte in Kombination mit ihrer Bedeutung für den Kunden erfolgen. Diese Analyse wird verschiedene Vorteilsklassen ergeben, die unten angeführt sind.

Standardvorteile

Das sind die grundlegenden Vorteile, die sich aus den Wesensmerkmalen des Unternehmens und seiner Produkte ergeben.

Jeder Vorteil muß aufgelistet werden. Es sollte darauf geachtet werden, eine umfassende Liste zu erstellen. Da die Marketingleute gut mit dem Unternehmen und seinen Pro-

dukten vertraut sind, betrachten sie vielleicht einige Wesensmerkmale als Selbstverständlichkeit. Diese Falle müssen sie bei der Vorteilsanalyse vermeiden.
Die Käufer sind nur selten so gut informiert, wie es den Anschein hat, und das Unternehmen muß sicherstellen, daß auch Vorteile genannt werden, die weder einzigartig noch besonders speziell sind; einige dieser Vorteile können auch von der Konkurrenz geboten werden.

Doppelte Vorteile

Eine Firma wird oft doppelte Vorteile herausarbeiten können. Sie kann beispielsweise ein Produkt verkaufen, das dem Kunden und, durch eine Weiterentwicklung im Produkt des Kunden, auch dem Endverbraucher Vorteile bringt:
»Für unseren Mikrocomputer gibt es eine große Palette von Software-Optionen, die vielen verschiedenen geschäftlichen Anwendungen gerecht werden, *was bedeutet, daß*:

- das Produkt sehr unterschiedliche Kunden ansprechen wird
- die Kunden Software kaufen können, die ihren speziellen Bedürfnissen entspricht.«

Im obigen Beispiel kommt der erste Vorteil dem Kunden zugute, da er seinen potentiellen Markt erweitert, und der zweite Vorteil kommt dem potentiellen Endanwender zugute.

Unternehmensvorteile

Es ist selten der Fall, daß ein Kunde einfach ein Produkt kauft; er kauft eine Beziehung zu seinem Lieferanten. Faktoren wie Lieferungsmodalitäten, Kredite, Kundenbetreuung, die Standorte der Lagerhäuser und Büros, die Firmenreputation und ähnliches sind alle von Bedeutung für den Kunden. Die Vorteilsanalyse sollte aus diesem Grund das Unternehmen und die unterstützenden Serviceleistungen, die es anbietet, untersuchen.
»Wir können ein 24-Stunden-Zustellservice anbieten, da wir über ein landesweites Netz von Lagerhäusern verfügen, *was bedeutet, daß* Sie nie einen Produktionsausfall wegen Lieferverzögerungen befürchten müssen.«
»Wir sind ein großes internationales Unternehmen, *was bedeutet, daß* Sie sich auf ein umfassendes Service in der ganzen Welt verlassen können.«

Differenzierende Vorteile

Es ist für den Verkäufer zwar wichtig, diese Vorteilsanalyse sehr genau durchzuführen, aber darüber hinaus ist es ohne Zweifel von größter Bedeutung, daß dabei die Vorteile hervorgehoben werden, die das Produkt von dem der wichtigsten Konkurrenten *unterscheiden*. Wenn ein Unternehmen überhaupt keine differenzierenden Vorteile identifizieren kann, ist das Angebot entweder identisch mit dem der Konkurrenz (was unwahrscheinlich ist), oder die Vorteilsanalyse wurde nicht ordnungsgemäß durchgeführt. Es ist wichtig, differenzierende Vorteile speziell anzuführen, denn darin liegen die größten Erfolgschancen.

Analyse der Kundenattribute

Diese Vorteile müssen selbstverständlich, sobald sie analysiert sind, mit den jeweils relevanten Kundengruppen in Beziehung gebracht werden, denn es ist klar, daß nicht alle Kunden nach denselben Vorteilen Ausschau halten. Nun wird eine Analyse der Kundenattribute aktuell. Dabei wird ein Weg gesucht, um die in unserer vorhergehenden Analyse enthaltenen Kundengruppen zu beschreiben, damit eine Kommunikation mit ihnen möglich wird. Denn es ist klar, daß unsere Bemühungen im Sande verlaufen werden, wenn wir diese Gruppen nicht so beschreiben können, daß wir uns durch unser Kommunikationsprogramm an sie wenden können. Dabei ist es unerheblich, wie klug wir bei der Identifizierung der Segmente vorgegangen sein mögen.
Demographische Beschreibungsmerkmale haben sich für diesen Zweck als die wirkungsvollste Methode erwiesen. Bei Konsumgütermärkten sind dies Alter, Geschlecht, Bildung, Stadium im Familienlebenszyklus und sozioökonomische Gruppierungen (A, B, C1, C2, D, E). Eine vollständige Liste der Gruppierungen in Großbritannien findet sich in Tabelle 4. 1. Sie wurde auf der Grundlage der britischen Volkszählung erstellt, und obwohl dieses Beispiel für Großbritannien spezifisch ist, werden sich in den meisten moderneren Volkswirtschaften vergleichbare Gruppierungen und Prozentsätze finden.

Soziale Einstufung	*Sozialer Status*	*Beschäftigung des Haushaltsvorstandes*	*Prozentsatz der Erwachsenen*
A	Obere Mittelklasse	Höheres Management Verwaltung Freiberufler	3
B	Mittelklasse	Mittleres Management Verwaltung Freiberufler	10
C1	Untere Mittelklasse	Aufsichtsfunktion Büro Unteres Management Freiberufler	23
C2	Facharbeiterklasse	Facharbeiter	33
D	Arbeiterklasse	Halb- und ungelernte Arbeiter	22
E	Versorgungsgruppe	Pensionisten Witwen/Witwer Gelegenheitsarbeiter Niedriglohnarbeiter	9

Tabelle 4.1 Sozioökonomische Gruppen

Die hier angeführte Methode ordnet die Menschen nach ihrem sozialen Status ein, der sich in ihren Berufen widerspiegelt. Es ist nicht überraschend, daß die Kategorien A, B und C, in denen die meisten freien Berufe und Führungskräfte enthalten sind, nur wenig fernsehen; wenn unser Zielmarkt also in diesen Gruppen liegt, macht es wenig Sinn, im Fernsehen für unser Produkt oder unsere Dienstleistung zu werben. Diese Gruppen können jedoch über bestimmte Zeitungen und Zeitschriften, deren Leserschicht sich hauptsächlich aus ihnen zusammensetzt, ausgezeichnet erreicht werden.

Daraus läßt sich ersehen, daß es eine überaus nützliche Korrelation zwischen Lese- und Fernsehgewohnheiten und diesen sozioökonomischen Gruppierungen gibt. Das kann uns dabei helfen, mit unserem Zielmarkt über die Werbung so kostengünstig wie möglich zu kommunizieren. Wenn wir keine richtige Vorstellung davon haben, worin unser Zielmarkt besteht, werden wir diese zweckmäßige Methode kaum nutzen können.

Es ist klar, daß es in den verschiedenen Stadien des Familienzyklus unterschiedliche Bedürfnisse gibt, und das legt eine andere, sehr nützliche Beschreibungsmethode für unseren Markt nahe. Banken und Versicherungsgesellschaften haben sich bei der Entwicklung von Produkten für bestimmte Alterskategorien als besonders geschickt erwiesen. In dieser Beziehung ist aufgrund der langsam rückläufigen Relevanz der sozioökonomischen Gruppe als Verhaltensprediktor das Konzept von »Kontexten« wie »Wellness«, »Bewußtsein«, »Euroness«, »Traditionalismus«, »Expektismus« oder »Heimzentriertheit« im Entstehen, wobei jeder dieser Begriffe mit bestimmten Lebensstadien assoziiert wird, wie »Singles«, »Erholer«, »Aufsteiger« und »Ältere«. Demnach würde sich Laura Ashley offensichtlich im »Traditionalismus«-Feld bewegen und Body Shop im »Wellness«-Kontext.

Zusätzlich ist ACORN (A Classification of Regional Neighbourhood Groups – eine Klassifizierung regionaler Nachbarschaftsgruppen), die auf der Grundlage von Volkszählungsdaten erstellt wurde und alle Haushalte nach 38 verschiedenen Nachbarschaftstypen klassifiziert, besonders für den Einzelhandel von großer Bedeutung; wenn sie im Zusammenhang mit Marktforschung verwendet wird, ermöglicht sie eine genaue Prognose der Konsummuster in verschiedenen geographischen Regionen.

Für Industriemärkte haben sich die Kategorien, Mitarbeiterzahlen, Umsätze und Produktionsprozesse nach SIC (Standard Industrial Classification) als wertvolle demographische Beschreibungskriterien erwiesen.

In Tabelle 4.2 findet sich eine nützliche Zusammenfassung aller Fragen, die sich auf die Marktsegmentierung beziehen.

Einige Beispiele

Da wir gesagt haben, daß der Schlüssel zum geschäftlichen Erfolg in der Marktsegmentierung liegt, sollten wir vielleicht einige praktische Beispiele für die Marktsegmentierung anführen.

Das erste Beispiel betrifft eine Ölgesellschaft, die erfolglos versuchte, auf dem europäi-

Was wird gekauft	Volumen
	Preis
	Verkaufsstandorte
	Physische Merkmale
	Geographische Faktoren
Wer kauft	Demographische Faktoren
	Sozioökonomische Faktoren
	Markentreue
	Viel/Wenigverwender
	Persönlichkeit, Charakterzüge, Lebensstil
Warum	Vorteile
	Einstellungen
	Wahrnehmungen
	Vorlieben

Tabelle 4.2 Grundlagen der Marktsegmentierung

schen Industrieschmiermittelmarkt konkurrenzfähig zu sein. Sie mußte erkennen, daß sie immer im Preis geschlagen wurde. Bald wurde klar, daß sie angesichts der ungleich größeren Raffineriekapazitäten der Konkurrenz, durch die diese eine nicht wettzumachende Kostendegression gegenüber der viel kleineren Gesellschaft erzielte, nur wenig Chancen hatte, deren Preise zu unterbieten.

Detaillierte Analysen zeigten, daß es bestimmte hochtechnologisierte und innovative Produktionsprozesse gab, bei denen viel mehr Wert auf qualitativ hochwertige technische Lösungen der Schmier- und Reinigungsprobleme gelegt wurde als auf einen niedrigen Preis. Diese beschränkten sich auf bestimmte Industrieklassifikationen und Produktionsprozesse innerhalb derselben. Die Firma kam zu der Erkenntnis, daß sie über die technischen Fähigkeiten verfügte, um in diesen Bereichen ihre größeren Konkurrenten zu übertreffen. In der Folge schulte sie ihr Verkaufspersonal für den Umgang mit den entsprechenden speziellen Kundengruppen und richtete außerdem ihre Promotionfeldzüge auf diesen neuen Zielmarkt aus. Das Ergebnis war ein Unternehmen, das erfolgreich auf einem Markt bestehen konnte, auf dem es zuvor mit schwerwiegenden Rentabilitätsproblemen konfrontiert gewesen war.

Ein anderes Unternehmen befand sich in einer Situation, in der es auf dem Markt für Motorenteile ohne Erfolg und unrentabel mit einem europäischen Riesen zu konkurrieren versuchte. Auch hier stellte sich bald heraus, daß ein Erfolg nur möglich war, wenn man sich auf bestimmte Hersteller von Originalausrüstung konzentrierte, für die der Preis nicht das größte Problem darstellte. Man entdeckte bald, daß Produkte, die sehr hohen technischen Anforderungen entsprachen, gute Chancen hatten, weil hier die technische Reputation des Herstellers wichtiger als der Preis war.

Schließlich zeigt das in Tabelle 4.3 angeführte Beispiel über die Segmentierung des Zahnpastamarktes, wie sich dieser Markt in eine Reihe unterschiedlicher Gruppierungen unterteilt. Es zeigt, wie wenig wahrscheinlich ein Erfolg eines Unternehmens auf diesem

	Sensorisches Segment	*Gesellige*	*Besorgte*	*Unabhängiges Segment*
Vorrangig gesuchter Vorteil	Geschmack, Produkterscheinung	Weißheit der Zähne	Kariesschutz	Preis
Demographische Schwerpunkte	Kinder	Teens, Jugendliche	Großfamilien	Männer
Verhaltensmerkmale	Verwender von Spearmintgeschmack	Raucher	Vielbenutzer	Vielbenutzer
Bevorzugte Marken	Colgate Stripe	Macleans Plus White Ultra Bright	Crest	Marken im Ausverkauf
Persönlichkeitsmerkmale	Starke Selbstbezogenheit	Sehr gesellig	Stark hypochondrisch	Hohes Maß an Autonomie
Lebensstil	Hedonistisch	Aktiv	Konservativ	Werteorientiert

Aus: Russell Haley, »Benefit segmentation: a decision-oriented research tool.« *Journal of Marketing*, Bd. 32, Juli 1968

Tabelle 4.3 Segmentierung des Zahnpastamarktes

Markt ist, wenn es nicht ein tiefgehendes Verständnis für die Bedürfnisse jeder einzelnen dieser Kundengruppen mitbringt. Es zeigt außerdem, wie die verschiedenen in diesem Kapitel beschriebenen Marktsegmentierungsmethoden kombiniert werden können, um zu einem besseren Verständnis eines Marktes zu gelangen. Es liegt auf der Hand, daß sich dieses Wissen auf Produktformulierungen, Verpackungspolitik, Verkaufsförderungspolitik, Medienstrategien, Werbetexte und so weiter übertragen läßt. Ohne diese Art von Wissen wäre die Entwicklung einer sinnvollen Marketingpolitik extrem schwierig.

Es ist vergleichsweise einfach, das Zahnpastabeispiel auf Dienstleistungs- und industrielle Produkte zu übertragen. Setzen Sie einfach auf der linken Seite ähnliche Stichworte ein und füllen Sie die Tabelle aus.

Warum die Marktsegmentierung für die Marketingplanung so wichtig ist

In der wettbewerbsorientierten Welt von heute können es sich nur wenige Unternehmen leisten, ausschließlich über den Preis zu konkurrieren, denn es wurde noch nie ein Produkt verkauft, das nicht irgendwo von irgend jemand billiger angeboten worden wäre. Auf dieses Thema werden wir im Abschnitt über den Preisbildungsplan nochmals zurückkommen. Das bedeutet, daß wir irgendeinen Weg finden müssen, um uns von der Konkurrenz abzuheben. Die Antwort liegt in der *Marktsegmentierung*.

In Wahrheit können es sich nur wenige Firmen leisten, »alles an alle« zu verkaufen. Das wichtigste Ziel der Marktsegmentierung als Teil des Planungsprozesses liegt darin, es einer Firma zu ermöglichen, ihre Bemühungen auf die vielversprechendsten Chancen zu konzentrieren.

Aber was für Firma A eine Chance ist, muß nicht unbedingt auch eine für Firma B sein. Eine Firma muß also eine *Typologie* der von ihr bevorzugten Kunden oder Segmente entwickeln; dies kann sich auf dem Markt als ein äußerst produktives Instrument erweisen.

Die Typologie der Kunden oder Segmente kann, wie wir gesehen haben, auf unendlich vielen Kriterien basieren, wie z. B.:

- Größe der Firma
- deren Absatznivaeu
- Natur ihrer Produkte, Produktionsweisen und Prozesse (Verfahren)
- Motivation der Entscheidungsträger (z. B. der Wunsch, Geschäfte mit Großunternehmen zu machen)
- geographischer Standort . . ., und so weiter.

Worauf die Segmetierung eigentlich hinausläuft, ist, daß ein Unternehmen:

- seine Märkte entweder breit genug definieren muß, um die Wettbewerbsfähigkeit der Kosten für seine Schlüsselaktivitäten sicherzustellen; oder
- seine Märkte so definieren muß, daß es bei ihrer Bedienung spezielle Fähigkeiten entwickeln kann, um einen relativen Kostennachteil wettzumachen.

Beides muß sich auf die *distinktive Kompetenz* einer Firma und auf die ihrer Konkurrenten beziehen.

All das sollte aus dem zuvor erwähnten Marketing-Audit ersichtlich sein und in der SWOT-Analyse zusammengefaßt werden. Insbesondere sollten die differenzierenden Vorteile des Produktes oder der Dienstleistung einer Firma für alle wichtigen Firmenangehörigen über jeden Zweifel erhaben sein.

Einen noch höheren Stellenwert in diesem Buch haben jedoch die Marketingplanung und all ihre Konsequenzen. Eine korrekte Definition des Marktes ist für folgende Bereiche von entscheidender Bedeutung:

- Messung des Anteils
- Messung des Wachstums
- Spezifikation der Zielkunden
- Erkennen der relevanten Konkurrenten
- Formulierung von Marktzielen und -strategien

Die Ziele der Marktsegmentierung lassen sich wie folgt zusammenfassen:

- durch Analysen und ein verbessertes Verständnis von Trends und Käuferverhalten bei der Festlegung der Marketingrichtung zu helfen,
- bei der Festlegung realistischer und erreichbarer Marketing- und Umsatzziele zu helfen,
- die Entscheidungsfindung zu verbessern, indem die Manager dazu gezwungen werden, über die zukünftigen Optionen nachzudenken.

Anwendungsfragen

1 Wählen Sie ein wichtiges Produkt oder eine Dienstleistung. Finden Sie die Merkmale dieses Produktes/dieser Dienstleistung heraus. Arbeiten Sie die Vorteile jedes Merkmals (für den Kunden) heraus. Stellen Sie fest, welche dieser Vorteile differenzierende Vorteile sind.

2 Wenn Sie keine differenzierenden Vorteile ausmachen können: Wie wäre es möglich, diese zu entwickeln?

3 Wie können die differenzierenden Vorteile, die Sie festgestellt haben, verbessert werden?

4 Identifizieren Sie Ihre Schlüssel-Marktsegmente. Wie können Sie sie beschreiben?

5 Wenn Sie keine speziellen Segmente identifizieren können: Wie können Sie vorgehen, um eines oder mehrere ausfindig zu machen?

5 DIE ERSTELLUNG DES MARKETING-AUDIT: DER PRODUKT-AUDIT

Zusammenfassung

In Kapitel 5 wird definiert, was ein Produkt-Audit ist; darüber hinaus werden die Analyse des Produktlebenszyklus und die Boston-Matrix (Marktanteils-Marktwachstums-Matrix) erklärt. Dieses Kapitel behandelt bestimmte Schwächen des Boston-Matrix-Ansatzes und beschreibt im weiteren detailliert die Anwendung der Politikausrichtungs-Matrix (directional policy matrix) als Analysewerkzeug.

Was ist ein Produkt?

Durch die zentrale Rolle, die das Produkt im Marketingmanagement spielt, wird es zu einem so wichtigen Faktor, daß schlechtes Management in diesem Bereich kaum durch gutes Management in anderen Bereichen kompensiert werden kann.

Die wichtigsten Aspekte des Produktmanagements, die wir in diesem Kapitel besprechen werden, befassen sich mit der Natur der Produkte und ihren Lebenszyklen, damit, wie Produkte Gewinne erzeugen, mit dem Begriff des Produktportfolios und der Entwicklung neuer Produkte. Diese Erläuterungen haben den Zweck, uns bei der Durchführung eines Produkt-Audit behilflich zu sein, damit wir sinnvolle Marketingziele festlegen können. Aber bevor wir mit einer ernsthaften Diskussion über Produktmanagement beginnen, müssen wir zuerst klären, was ein Produkt ist, denn darin liegt die Wurzel aller Mißverständnisse über das Produktmanagement.

Wir haben uns bereits mit den Kunden befaßt; nun sehen wir uns einmal an, was wir ihnen verkaufen. Beginnen wir mit der Feststellung, daß ein Produkt ein Problemlöser ist, und zwar in dem Sinne, daß es einerseits die Probleme des Kunden löst und andererseits auch das Mittel darstellt, mit dessen Hilfe das Unternehmen seine Gewinne erwirt-

schaftet. Und da es schließlich das Produkt ist, das tatsächlich den Besitzer wechselt, ist es klarerweise ein Faktor von großer Bedeutung.
Wenn wir untersuchen, was der Kunde durch den Kauf eines Produktes eigentlich erwirbt, erhalten wir einen wichtigen Anhaltspunkt dafür, was ein Produkt ausmacht. Theodor Levitt, der berühmte Managementautor, schreibt zum Beispiel, daß der Kunde, wenn er einen 1/4-Zoll-Bohrer kauft, eigentlich ein 1/4-Zoll-Loch will. Das heißt, daß der Bohrer selbst nur Mittel zum Zweck ist. Die Lehre, die der Bohrerhersteller daraus ziehen kann, ist, daß er, wenn er wirklich der Meinung ist, seine Geschäfte mit der Herstellung von Bohrern zu machen und nicht z. B. mit der Herstellung eines Mittels, um Löcher in Materialien zu bohren, Gefahr läuft, in Konkurs zu gehen, sobald ein besseres Mittel gefunden wird, mit dem man Löcher in Materialien bohren kann – wie zum Beispiel ein Taschenlaser.

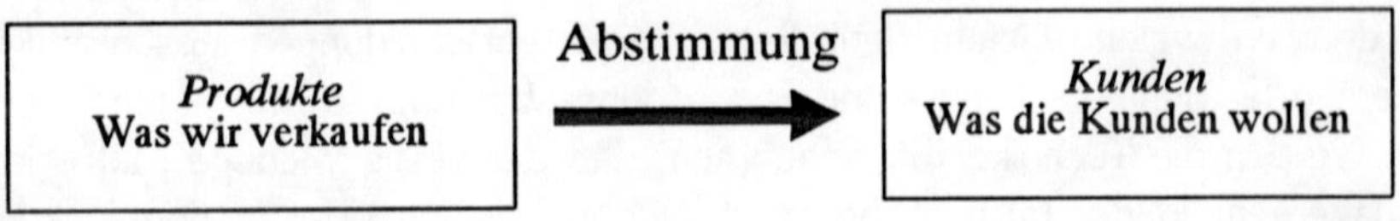

Abbildung 5.1

Das wichtigste daran ist, daß ein Unternehmen, das versucht, physische Produkte anstelle von Kundenvorteilen zu verkaufen, Gefahr läuft, seine Wettbewerbsfähigkeit auf dem Markt zu verlieren. Das ist der Grund, weshalb wir uns in Kapitel 4 so genau mit der Vorteilsanalyse befaßt haben.
Aber diese Erkenntnis ist nicht nur an der Unternehmensspitze wichtig, sondern auch auf Verkäuferebene noch von großer Relevanz. Ein Verkäufer, der verkündet, daß der Öltank seiner Heizanlage dreimal so groß sei wie der der Konkurrenz, darf nicht überrascht sein, wenn diese Nachricht auf völlige Gleichgültigkeit stößt, besonders wenn dafür ein dreimal so großes Loch gegraben werden muß wie das, das der Kunde derzeit hat! Viel relevanter wäre die Tatsache, daß der Kunde durch diesen größeren Ölvorrat jährlich soundso viel an Transport- und Betriebskosten einsparen könnte, denn dies ist der Vorteil, an dem der Kunde ja hauptsächlich interessiert ist.
Bis jetzt haben wir keine Dienstleistungsprodukte wie Consulting, Banken, Versicherungen und so weiter erwähnt. Der Grund dafür ist einfach, daß sich die Vermarktung von Dienstleistungen, wie wir bereits in Kaptitel 1 gesagt haben, nicht besonders von der Gütervermarktung unterscheidet. Der einzige wichtige Unterschied ist, daß sich die Vorteile eines Dienstleistungsproduktes nicht lagern lassen. Das heißt, daß ein Sitzplatz in einem Flugzeug für immer verloren ist, wenn er nicht zum Zeitpunkt des Fluges genutzt wird, während ein physisches Produkt gelagert und zu einem späteren Zeitpunkt verwendet werden kann.
In der Praxis hat dieser Nachteil aus Marketingsicht kaum Auswirkungen. Das größere Problem scheint in der Schwierigkeit zu liegen, die viele Dienstleistungsunternehmen

damit haben, ihre Angebote als »Produkte« zu verstehen und zu präsentieren. Nehmen wir das Beispiel des Beraters. Unser Land ist überschwemmt von einer sich ständig verändernden Armee von Menschen, die sich als Berater verkaufen, und es kommt gar nicht so selten vor, daß sich jemand beispielsweise »general marketing consultant« nennt. Ein potentieller Kunde hätte Schwierigkeiten, aus einer solchen Beschreibung genau abzuleiten, welche Vorteile er von einer solchen Person erwarten kann. Dennoch unterscheidet sich der Consultingmarkt in keiner Weise von anderen Märkten, und es ist einfach, den Markt zu segmentieren und »Produkte« zu entwickeln, die das gewünschte Paket von Vorteilen beinhalten.
Nun zeigt sich langsam, daß ein Kunde, wenn er ein Produkt kauft, selbst wenn er ein industrieller Einkäufer ist, der für sein Unternehmen einen Ausrüstungsbestandteil kauft, immer noch ein spezifisches Bündel von Vorteilen erwirbt, von denen er glaubt, daß sie seine ganz bestimmten persönlichen Bedürfnisse und Wünsche befriedigen.
Es wird deutlich, welche Gefahr darin liegt, Produktentscheidungen ausschließlich den Technikern oder der Forschungs- und Entwicklungsabteilung zu überlassen. Wenn wir das tun, werden die Techniker oft annehmen, daß der einzig wichtige Faktor im Produktmanagement in der tatsächlichen technischen Leistung oder in den funktionalen Merkmalen des Produktes selbst liegt. Dies wird in Abbildung 5.2 illustriert.

WAS IST EIN PRODUKT?

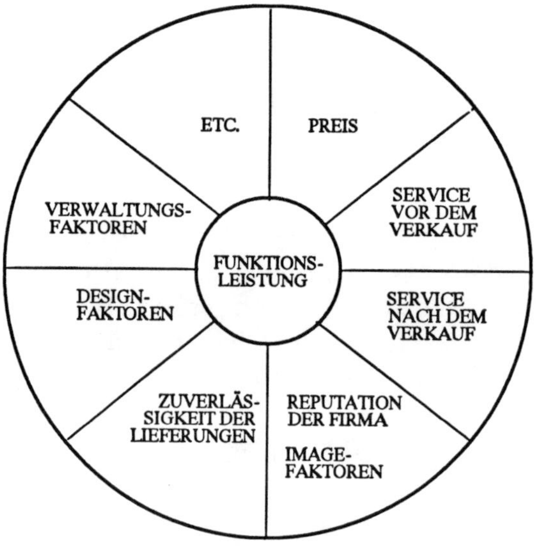

Abbildung 5.2

Wir können sogar noch weiter gehen und den äußeren Kreis als »Produktumgebung« definieren. Abbildung 5.3 zeigt, daß auf diese Produktumgebung bis zu 80 Prozent des Mehrwerts und der Wirkungen eines Produkts entfallen können.

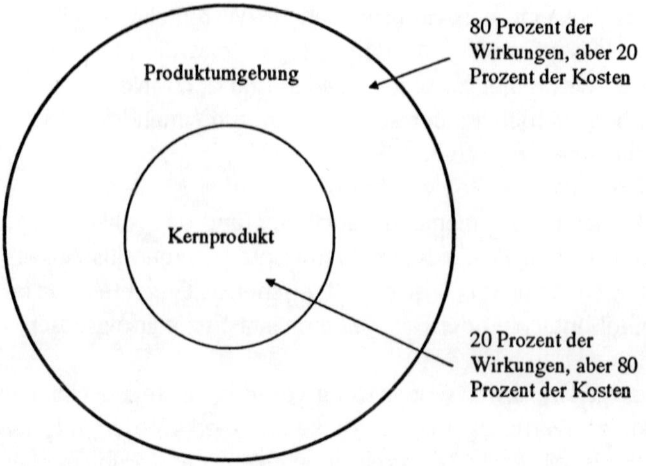

Abbildung 5.3

Oft machen diese Faktoren nur 20 Prozent der Kosten aus, während für das Kernprodukt oft das Gegenteil gilt.

Die Bedeutung des Markennamens

Wir sprechen hier natürlich nicht nur einfach über ein physisches Produkt, sondern über eine *Beziehung* zum Kunden, eine Beziehung, die entweder durch den Namen des Unternehmens oder durch den Markennamen des Produktes selbst personifiziert wird. ICI, IBM, BMW und Cadburys sind ausgezeichnete Beispiele für Firmenmarkennamen, Persil, Coca-Cola, Fosters Lager, Dulux Paint und Castrol für Produktmarkennamen.

Die meisten Menschen kennen die Ergebnisse der einfachen blinden Geschmackstests, in denen die Marken Coca-Cola und Pepsi-Cola miteinander verglichen wurden und bei denen kaum ein Unterschied festgestellt wurde, wenn die Colas »blind« getrunken wurden. Wenn die Etiketten nicht verdeckt waren, behaupteten jedoch 65 Prozent der Testpersonen, Coca-Cola vorzuziehen. Dies ist ein gutes Beispiel für den Stellenwert dessen, was wir als »Produktumgebung« bezeichnet haben. Daß dieser Stellenwert auch eine wichtige Determinante für geschäftlichen Erfolg ist, ist unbestritten. Wenn ein Unternehmen ein anderes kauft, wie im Falle von Nestlé und Rowntrees, liegt es auf der Hand, daß der Zweck der Übernahme nicht darin liegt, die in der Bilanz aufscheinenden Sachwerte wie Fabriken, Anlagen, Fahrzeuge und so weiter zu kaufen, sondern die *Markennamen*, die sich im Besitz der übernommenen Firma befinden. Dies ist deshalb der Fall, weil es nicht die Fabriken sind, die die Gewinne erwirtschaften, sondern die Beziehungen zu den Kunden, und es sind die Firmen- und Markennamen, die die Aufrechterhaltung dieser Beziehung sichern.

Darüber hinaus ist bekannt, daß eine sogenannte »Warentalfahrt« einsetzt, sobald Markennamen vernachlässigt werden. Das rührt daher, daß die physischen Merkmale von Produkten immer schwieriger zu unterscheiden und auch leicht nachzuahmen sind. In solchen Situationen werden Kaufentscheidungen zunehmend auf der Grundlage von Preis oder Verfügbarkeit getroffen.
Die Wirtschaftsgeschichte ist voll von Beispielen starker Markennamen, die durch mangelnde Aufmerksamkeit oder manchmal auch aufgrund des Fehlens von Verkaufsförderung und kontinuierlichen Produktverbesserungsprogrammen ins Abseits gerieten. Der Fruchtsaftmarkt in Großbritannien ist dafür typisch. Das Gegenteil war im Falle von Perrier-Wasser in Großbritannien der Fall – eine phantastische Erfolgsgeschichte eines Markennamens.
Abbildung 5.4 zeigt die Abwärtsentwicklung von der Marke zur einfachen Ware, während die distinktiven Werte, die mit der Marke assoziiert werden, mit der Zeit verlorengehen und die Fähigkeit, einen Top-Preis zu erzielen, ständig abnimmt.

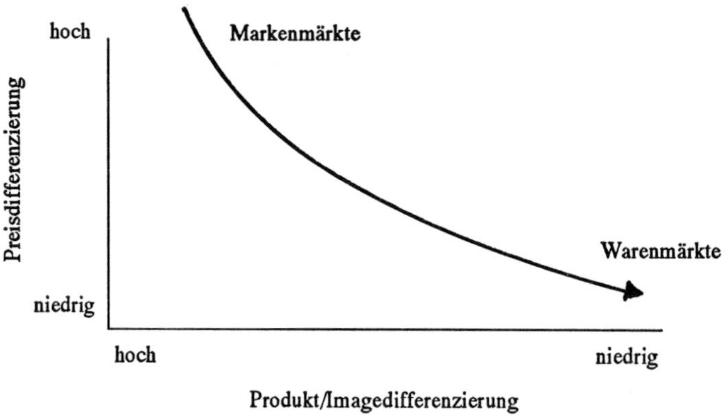

Abbildung 5.4

Der Unterschied zwischen einer Marke und einer Ware läßt sich mit Hilfe des Begriffes »zusätzlicher Wert« ausdrücken. Darunter werden die zusätzlichen Attribute oder immateriellen Werte verstanden, die der Konsument dem Produkt zuschreibt. Das bedeutet, daß ein Produkt mit einem starken Markennamen nicht nur die Summe seiner Einzelteile ist. Das Beispiel Coca-Cola ist nur eines von Tausenden Beispielen für dieses Phänomen. In derselben Weise ist auf dem Düngemittelmarkt Nitram von ICI von einer Aura der Qualität und Zuverlässigkeit umgeben, die es ihm ermöglicht, seinen Marktvorteil gegenüber weniger bekannten Marken aufrechtzuerhalten.
Forschungsarbeiten haben gezeigt, daß die wahrgenommene Produktqualität, wie oben erklärt, eine wichtige Rentabilitätsdeterminante ist. Diese Frage wird in Kapitel 6 unter dem Titel »Wettbewerbsstrategien« näher beleuchtet.

Der Produktlebenszyklus

Nachdem wir über den entscheidenden Faktor der Vorteile als Teil des Produktmanagements gesprochen haben, müssen wir uns nun fragen, ob ein einziges Produkt genug ist. Es gibt viele Beispiele für Unternehmer, die eine Firma gründen, die zum Beispiel Spielzeug wie Kinderklappern herstellt, damit ein Vermögen machen und dieses ebenso rasch wieder verlieren, wenn sich dieser trendbestimmte Markt der neuesten Marotte zuwendet. Solche Beispiele sind lediglich die extremen Manifestationen dessen, was unter dem Terminus *Produktlebenszyklus* bekannt ist. Auch dieser Begriff ist von so entscheidender und fundamentaler Bedeutung, daß eine nähere Untersuchung des Themas gerechtfertigt erscheint.

Technologiehistoriker haben festgestellt, daß alle technischen Funktionen exponential wachsen, bis sie auf irgendeinen natürlichen Begrenzungsfaktor stoßen, wodurch sich das Wachstum verlangsamt und schließlich, wenn eine Technologie durch eine andere ersetzt wird, rückläufig wird. Es besteht allgemeine Übereinstimmung darüber, daß dasselbe Phänomen auch für Produkte gilt, was zur Entstehung des Begriffes »Produktlebenszyklus« geführt hat, über den in den vergangenen drei Jahrzehnten in der Marketingliteratur viel geschrieben wurde.

Der Produktlebenszyklus postuliert, daß bei einem im Einführungsstadium erfolgreichen Produkt (und viele Produkte versagen bereits in diesem Stadium) Wiederholungskäufe, Verbreitung und Umsatzzuwachsrate langsam ansteigen. In diesem Stadium kommen oft Konkurrenzprodukte auf den Markt, und deren zusätzliche Verkaufsförderungsausgaben erweitern den Markt noch stärker. Aber kein Markt läßt sich unendlich ausdehnen, und schließlich, wenn sich das Produkt seinem Reifestadium nähert, verlangsamt sich die Wachstums*rate*. Irgendwann wird ein Punkt erreicht, an dem es zu viele Firmen auf dem Markt gibt; nun brechen Preiskämpfe aus, und einige Firmen fallen aus, bis schließlich der Markt selbst rückläufig wird. Abbildung 5.5 illustriert dieses offenbar allgemeine Phänomen.

Während der Produktlebenszyklus vielleicht eine nützliche Verallgemeinerung ist, kann man auch argumentieren, daß bestimmte Produktlebenszyklen stärker von den Aktivitäten des Unternehmens als von irgendwelchen zugrundeliegenden »Gesetzen«

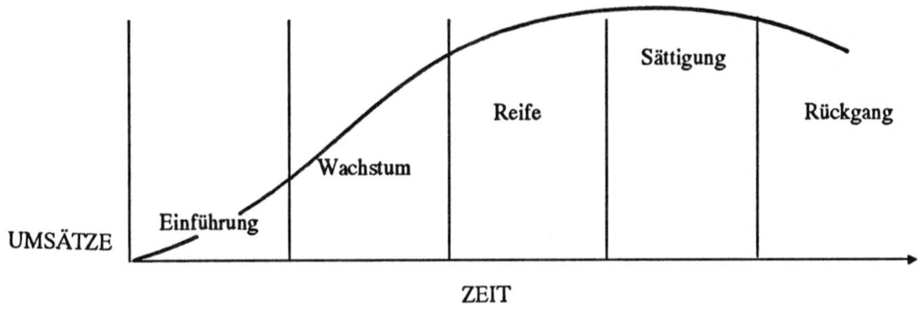

Abbildung 5.5

gesteuert werden. Zum Beispiel erlebte eine bestimmte Zigarettenmarke nach der Einstellung eines neuen Markenmanagers wahre Umsatzhöhenflüge. Wäre dieser Manager nicht eingestellt worden, wäre die Marke höchstwahrscheinlich vom Markt genommen worden. Dieses Beispiel verdeutlicht die Gefahren, die in einer unzutreffenden Interpretation der Lebenszyklusanalyse liegen, allerdings werden die Umsätze sogar in diesem Fall schließlich zurückgehen, wenn sich die Kundenwünsche ändern.

Vom Managementstandpunkt aus ist der Begriff des Produktlebenszyklus nützlich, weil er unsere Aufmerksamkeit auf die Verkaufsmuster lenkt, die sich einstellen werden, wenn wir keine korrigierenden Maßnahmen setzen. Uns stehen bei dem Versuch, die rentablen Umsätze eines Produktes über seinen gesamten Lebenszyklus hinweg aufrechtzuerhalten, verschiedene Vorgehensmöglichkeiten offen. Abbildung 5.6 zeigt, wie eine britische Firma beim Management eines ihrer führenden Industrieprodukte vorging. Als sich die Wachstumsraten zu verlangsamen begannen, startete die Firma ein Programm zur Erweiterung der Produktpalette und zur Marktentwicklung, das der Marke nach und nach zu neuen Wachstumsschüben verhalf. Gleichzeitig suchte die Firma aggressiv nach neuen Produkten und zog sogar potentielle Diversifikationsbereiche in Betracht.

Noch wichtiger aber sind die Auswirkungen des Begriffes »Produktlebenszyklus« auf die einzelnen Elemente des Marketing-Mix. Dasselbe Diagramm bietet einige Richtlinien dafür, wie sich das Produkt über seinen Lebenszyklus hinweg verändern muß. Darüber hinaus müssen sich aber auch alle anderen Elemente verändern. Wenn ein Unternehmen beispielsweise während des Reifestadiums eines Produktes – also in der Phase, in der die Märkte oft überfüllt sind und Preiskämpfe beginnen – starr an einer Hochpreispolitik festhält, kann es leicht Marktanteile verlieren. Das bereut man später unter Umständen, wenn der Markt gesättigt ist, weil Produkte oft genau in diesem Stadium besonders gute Gewinne abwerfen. Warum der Marktanteil wichtig ist, wird weiter hinten in diesem Kapitel klarer werden.

Dasselbe gilt für die Verkaufsförderung. In den frühen Phasen der Produkteinführung kommt der Werbung oft eine bewußtseinsbildende Aufgabe zu, während sich in der Wachstumsphase der Schwerpunkt darauf verlagern kann, eine günstige Einstellung zu dem jeweiligen Produkt zu erzeugen. Auch die Politik in bezug auf die Kanäle sollte nicht zu rigide festgelegt werden. Zuerst sind wir damit beschäftigt, den Vertrieb des Produktes über die wichtigsten Kanäle zu sichern, während wir in der Wachstumsphase neue Wege suchen müssen, um an die neuen Kanäle, die unser Produkt verlangen, heranzukommen. Alle diese Punkte werden in den Kapiteln, die sich in spezifischer Weise mit dem Management von Preis, Ort (place) und Verkaufsförderung (promotion) befassen, klarer werden.

Die Erstellung eines Produktlebenszyklus kann sich jedoch überaus schwierig gestalten, sogar wenn man die Verfügbarkeit irgendeiner Art von Zeitreihenanalyse voraussetzt. Dies hängt mit der komplexen Frage der Messung des Marktanteils zusammen.

Zunächst sollten wir uns daran erinnern, daß sich eine Firma mit ihrem Anteil (oder ihrem Anteil an Volumen oder Wert) an einem *tatsächlichen*, nicht an einem *potentiellen*

Produkt/Marktstrategie und der Produktlebenszyklus

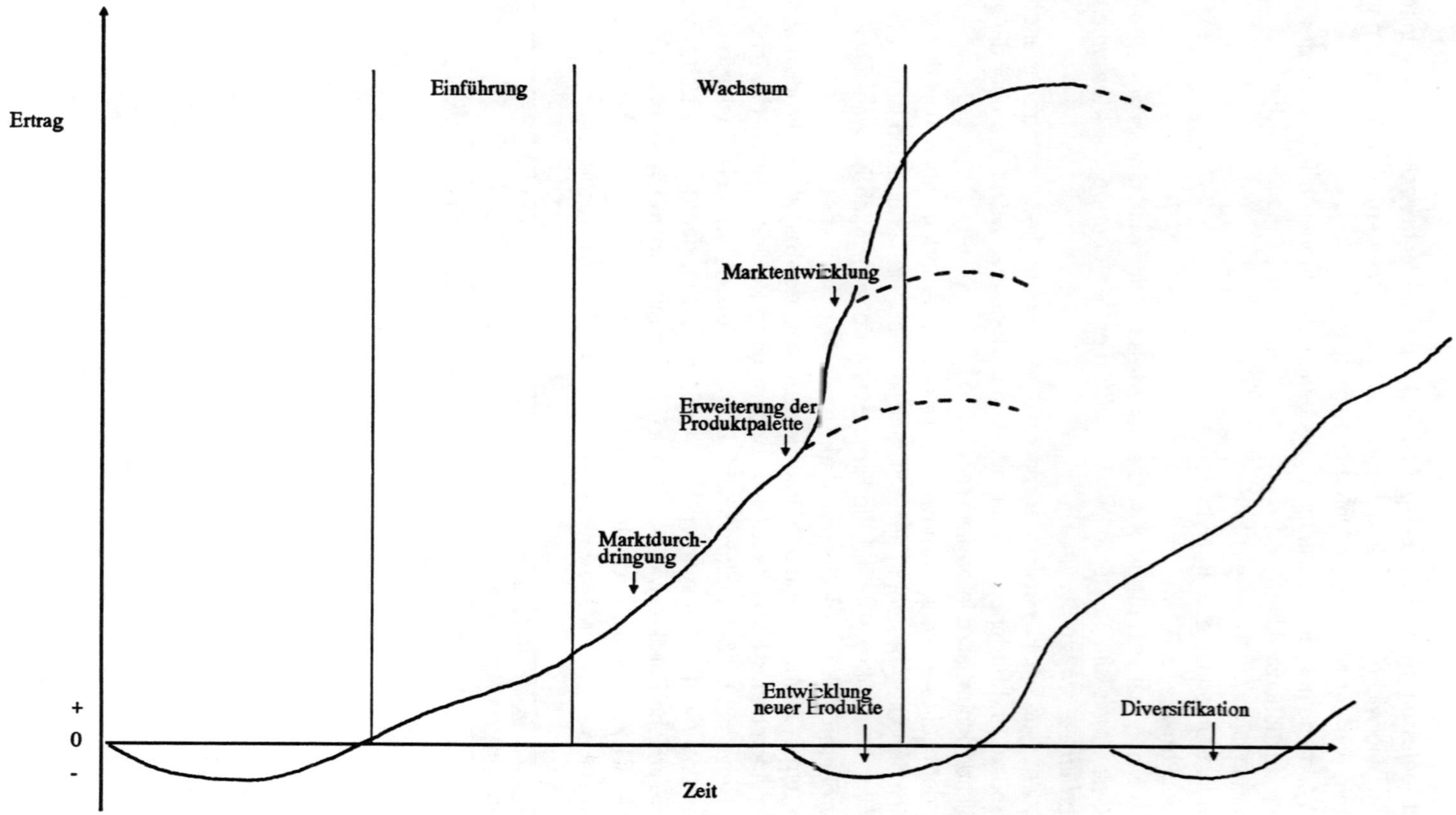

Abbildung 5.6

Markt befassen muß. Das Beispiel des Teppichbodenherstellers aus Kapitel 4 hat gezeigt, wie wichtig es ist, die richtigen Faktoren zu messen, wenn es darum geht festzulegen, wie der Markt eines Unternehmens aussieht.

Eine Wiederholung der in Kapitel 3 gegebenen Definitionen hilft uns bei der Erstellung von Produktlebenszyklen:

- Produktklasse, z. B. Teppichböden
- Produkt-Unterklasse, z. B. Nylonrollen
- Produktmarke, z. B. »X«.

»X« als Marke hat sich für die Zwecke der Messung des Marktanteils *ausschließlich mit der Gesamtheit aller anderen Marken, die dieselbe Gruppe von Konsumentenwünschen befriedigen*, zu befassen.

Trotzdem muß der Hersteller der Marke »X« auch über die Umsatztrends anderer Teppichboden- und Bodenbelagsarten auf dem bestehenden Markt und über die gesamten Teppichbödenumsätze informiert sein.

Einer der häufigsten Fehler von Firmen, die nicht verstanden haben, was der Marktanteil wirklich bedeutet, besteht in der Annahme, daß ihre Firma nur einen kleinen Teil irgendeines Marktes halte, während die Firma, wenn sie erfolgreich ist, wahrscheinlich einen viel größeren Teil eines kleineren Marktsegments dominiert.

In diesem Stadium sollte man daran denken, daß der Begriff des Produktlebenszyklus kein akademisches Hirngespinst ist, sondern harte Realität – wenn das ignoriert wird, nimmt man ein großes Risiko in Kauf. Es ist interessant, wieviele Konkurse sich auf die naive Annahme des Managements zurückführen lassen, daß das, was sich schon einmal als erfolgreiche Politik erwiesen hat, auch in Zukunft erfolgreich sein wird.

Tabelle 5.1 zeigt eine Checkliste für ein Großunternehmen, die ihm bei der Feststellung helfen soll, wo seine Märkte über einen Lebenszyklus hinweg liegen.

Faktor des Reifestadiums	*Embryonal*	*Wachstum*	*Reife*	*Rückgang*
1 *Wachstumsrate*	Normalerweise viel höher als BNP (ausgehend von niedrigem Niveau)	Dauerhaftes Wachstum oberhalb des BNP. Neue Kunden. Neue Lieferanten. Wachstumsrate verlangsamt sich zum Ende des Stadiums hin.	Etwa gleich hoch wie BNP.	Rückläufige Nachfrage. Markt schrumpft mit Änderung der Kundenwünsche.
2 *Vorhersagbarkeit des Wachstumspotentials*	Genaue Definition schwierig. Kleiner Teil der Nachfrage wird befriedigt. Marktprognosen differieren stark voneinander.	Größerer Prozentsatz der Nachfrage wird befriedigt, und Obergrenzen der Nachfrage werden deutlicher. Diskontinuitäten, wie Preissenkungen durch Kostendegression, können auftreten.	Potential gut definiert. Wettbewerb konzentriert auf Befriedigung der Bedürfnisse spezifischer Segmente.	Bekannt und begrenzt.

3 *Proliferation der Produktlinien*	Spezialisierte Produktlinien ausgelegt auf Bedürfnisse der frühen Kunden	Rasche Expansion	Verlangsamung oder Einstellung der Proliferation.	Produktlinien werden mit Eliminierung unrentabler Produktlinien schmäler.
4 *Anzahl der Konkurrenten*	Nicht vorhersagbar	Erreicht Maximum. Marktneulinge werden von Wachstum und hohen Margen angezogen. Gegen Ende des Stadiums gewisse Konsolidierung.	Entstehung festgefahrener Positionen. Weiteres Abschütteln marginaler Konkurrenten.	Neue Konkurrenten unwahrscheinlich. Konkurrentenzahl weiterhin rückläufig.
5 *Verteilung der Marktanteile*	Instabil. Anteile reagieren in nicht vorhersehbarer Weise auf unternehmerische Einsichten und Timing.	Wachsende Stabilität. Meistens kristallisieren sich einige starke Konkurrenten heraus.	Stabil, wobei einige Firmen oft einen Großteil der Branche kontrollieren.	Hochkonzentriert oder fragmentiert als Branchensegmente und/oder regional begrenzt.
6 *Kundenstabilität*	Probekäufe mit wenig Kundenloyalität	Teils Loyalität. Wiederholungskäufe, wobei viele zu anderen Lieferanten wechseln.	Gut entwickelte Kaufmuster mit Kundenloyalität. Konkurrenten verstehen die Kaufdynamik, und das Abwerben von Kunden ist für neue Versorger schwierig.	Extrem stabil. Lieferanten abnehmend und Kunden weniger motiviert zur Suche nach Alternativen.
7 *Schwierigkeit des Markteintritts*	Normalerweise leicht. Niemand dominiert. Kundenerwartungen unsicher. Wenn Barrieren, dann normalerweise in den Bereichen Technologie, Kapital oder Angst vor dem Unbekannten.	Schwieriger. Marktlinzenzen und/oder Kostendegression eventuell gegeben, aber immer noch neue Geschäfte ohne direkte Konfrontation mit der Konkurrenz möglich.	Schwierig. Marktführer bereits etabliert. Neue Geschäfte müssen von anderen «gewonnen« werden.	Wenige oder keine Anreize, in den Markt einzutreten.
8 *Technologie*	Spielt wichtige Rolle bei der Abstimmung der Produktmerkmale auf die Marktbedürfnisse. Häufige Produktwechsel.	Zu Beginn dieses Stadiums Produkttechnologie von entscheidender Bedeutung, später Prozeßtechnologie wichtiger.	Schwerpunkt auf Prozeß und Materialersatz. Produkterfordernisse gut bekannt und relativ anspruchslos. Kann eine Herausforderung sein, die Branche durch neue Technologie zu erneuern.	Technologische Substanz bekannt, stabil und zugänglich.

Tabelle 5.1 Richtlinien der Marktreife

Innovationsdiffusion

Die sogenannte »Innovationsdiffusion« stellt eine interessante und nützliche Erweiterung des Produktlebenszyklus dar. Wir kommen in Kapitel 6 nochmals auf diesen Punkt zurück.
Diffusion ist:

1 Die Annahme
2 neuer Produkte und Dienstleistungen
3 mit der Zeit
4 durch die Kunden
5 innerhalb sozialer Systeme
6 unterstützt durch Marketing.

Die Diffusion bezieht sich auf den kumulativen Prozentsatz potentieller »Adopter« (»Annehmer«, Verbraucher) eines neuen Produktes oder einer neuen Dienstleistung über die Zeit. Everett Rogers untersuchte einige der sozialen Kräfte, die den Produktlebenszyklus erklären. Das Wissensgebiet, das oft »Referenztheorie« genannt wird (bei dem es um die Untersuchung von Gruppennormen, Gruppendruck usw. geht), trägt zur Erklärung des Schneeballeffekts der Diffusion bei. Rogers erkannte, daß die tatsächliche Diffusionsrate eine Funktion der Diffusionsrate eines Produktes ist:

1 Relativer Vorteil (gegenüber bestehenden Produkten)
2 Kompatibilität (mit Lebensstilen, Werten etc.)
3 Kommunizierbarkeit (ist es leicht zu kommunizieren?)
4 Komplexität (ist es kompliziert?)
5 Teilbarkeit (kann es in kleinem Rahmen ausprobiert werden, bevor man sich endgültig festlegt?)

Die Diffusion ist auch eine Funktion der Neuheit des Produktes selbst, die sich allgemein unter drei Titeln zusammenfassen läßt:

- Kontinuierliche Innovation (z. B. eine neue »Wunderzutat«)
- Dynamisch kontinuierliche Innovation (z. B. Wegwerffeuerzeug)
- Diskontinuierliche Innovation (z. B. Mikrowellenherd)

Rogers kam jedoch zu dem Schluß, daß für alle neue Produkte gilt, daß sie nicht von jedermann zum selben Zeitpunkt angenommen werden und daß sich ein allgemeines Muster herauskristallisiert, wie in Abbildung 5.7 gezeigt.
Im allgemeinen denken die Innovatoren selbständig und probieren neue Dinge aus (wo relevant); die frühen »Adopter«, die über einen hohen gesellschaftlichen Status verfügen, sind Meinungsführer, die erfolgreiche Produkte annehmen und ihnen zu Akzeptanz und Ansehen verhelfen; die frühe Mehrheit, die konservativer ist und einen geringfügig höheren Status hat als der Durchschnitt, geht bewußter vor und übernimmt nur Produkte, die sozial gebilligt werden; die späte Mehrheit, die skeptisch ist und deren gesellschaftlicher Status unter dem Durchschnitt liegt, übernimmt Produkte viel später. Die

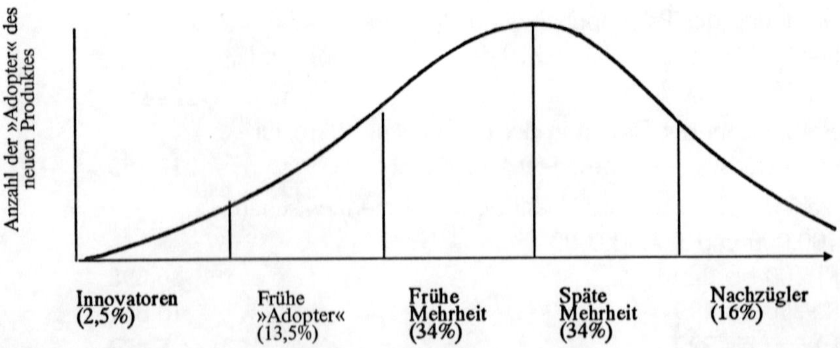

Abbildung 5.7

Nachzügler mit geringem gesellschaftlichem Status, Einkommen etc., betrachten das Leben durch den Rückspiegel und sind die letzten, die Produkte annehmen.
Dieses spezifische Forschungsergebnis kann sich besonders für Werbung und persönlichen Verkauf als sehr nützlich erweisen. Wenn wir beispielsweise in der Lage sind, eine Typologie für innovative Kunden zu entwickeln, können wir im Frühstadium unsere Werbe- und Verkaufsbemühungen spezifisch auf diese Gruppen konzentrieren. Sobald die ersten drei Prozent Innovatoren unser Produkt angenommen haben, bestehen gute Chancen, daß es auch von den »frühen Adoptern« ausprobiert wird, und sobald die 10 bis 12%-Marke erreicht ist, dürfen wir den Champagner öffnen, weil unsere Chancen, daß auch der Rest unser Produkt annehmen wird, gut stehen.
Wir wissen zum Beispiel, daß die Meinungsführer im allgemeinen folgende Eigenschaften haben: risikofreudig, sozial integriert, kosmopolitisch, sozial mobil und privilegiert. Also müssen wir uns fragen, was die spezifischen Eigenschaften dieser Kunden für unsere Branche bedeuten. Wir können dann unsere Werbe- und Verkaufsbotschaft genau auf sie zuschneiden.
Diese Analyse kann aber auch ein praktisches Diagnose- wie auch Prognosewerkzeug sein.
Es folgt ein detailliert ausgearbeitetes Beispiel dafür, wie durch die intelligente Verwendung der Innovationsdiffusionskurve in bezug auf Computersysteme Prognosen und schlußendlich strategische Marketingpläne für die Bauindustrie in Großbritannien entwickelt wurden.

1	Anzahl der Vertragsfirmen (Department of Environment Housing and Construction)	160.596	
2	Anzahl der Firmen mit 4 bis 79 direkten Angestellten	43.400	
3	Ausgenommen Maler, Verputzer etc.	6.100	
4	Konservative Schätzung des Hauptzielbereiches	37.300 oder 23% der Gesamtheit	(1)

5	Anwendung des Paretoprinzips (80/20-Regel), Wahrscheinlichkeit, daß 20% die wichtigste Zielgruppe sind, d. h., 160,596 x 20%	32.000	(2)
6	Gesamtanzahl der Firmen in der Baubranche (Büro für Betriebsstatistik – Business Statistics Office)	217.785	
7	Anzahl der nach Umsatz klassifizierten Firmen zwischen £ 100.000 und £ 1.000.000		
	(£K) 100 bis 249	26.698	
	(£K) 250 bis 499	10.651	
	(£K) 500 bis 999	5.872	
	(£K)	43.221	(3)
8	Optimistischste Firmenschätzung über die Größe des Zielmarktes	37.300	
9	Schätzung der Firma über die Zahl der Mikroinstallationen in diesem Segment	3.500	(9,4%)
10	Bei Übertragung auf die Innovationsdiffusionskurve zeigt sich:		

11 Die Durchdringung der Innovatoren und »frühen Adopter« hat vier Jahre gedauert. Die Annahmerate wird sich jetzt beschleunigen. Sie wird in vielleicht einem Jahr abgeschlossen sein.

12 *Einjahres*-Bilanz der »frühen Adopter« = 6,6% = 2.462 Firmen = installierte Basis von 5.968.
Verkaufsziel = 360 Installationen plus derzeitige Basis von 400 = 760 = 12,7% Marktanteil

Daraus ergibt sich, daß drei unabhängige Schätzungen der Marktgröße durchgeführt wurden, um die derzeitige Position auf der Innovationsdiffusionskurve festzustellen.
Im Gegensatz dazu versuchte ein holländischer Computerhersteller, in der Motorenbranche mit Hilfe eines nicht differenzierten Produkts Hard- und Software zu einem hohen Verkaufspreis einzuführen. Eine elementare Studie hätte gezeigt, daß sich dieser Markt bereits in der späten Mehrheitsphase befand, einer Phase, in der Preis und Produktmerkmale an Bedeutung gewinnen. Es überrascht nicht, daß die Produkteinführung ein Mißerfolg wurde.

Produktportfolio

Es liegt also nahe, daß man bei der Überprüfung der verschiedenen Produkte eines Unternehmens zu jedem beliebigen Zeitpunkt unterschiedliche Wachstums-, Reife- und Rückgangsstadien feststellen kann.
In Abbildung 5.8 repräsentiert die gestrichelte Linie den Zeitpunkt unserer Analyse, und

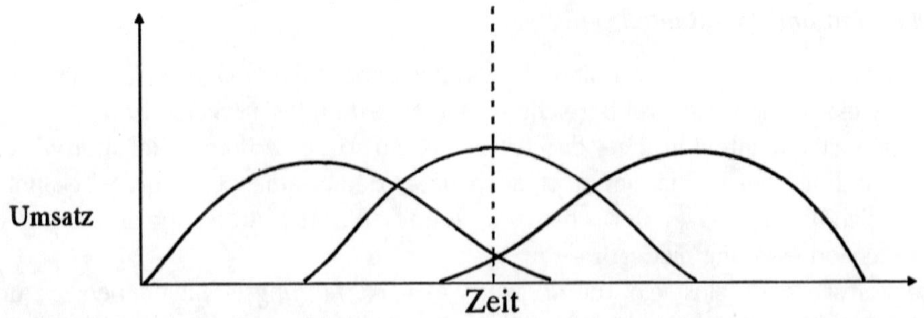

Abbildung 5.8

hier zeigt sich, daß ein Produkt stark rückläufig ist, eines sich in der Einführungsphase befindet und ein weiteres in der Sättigungsphase.
Wenn unser Ziel darin besteht, die Rentabilität über einen großen Zeitraum hinweg zu erhöhen, sollte die Analyse unseres Produktportfolios eine Situation wie die in Abbildung 5.9 dargestellte zeigen, in der Einführungen neuer Produkte zeitlich so angesetzt sind, daß ein kontinuierlicher Umsatzzuwachs gewährleistet ist.

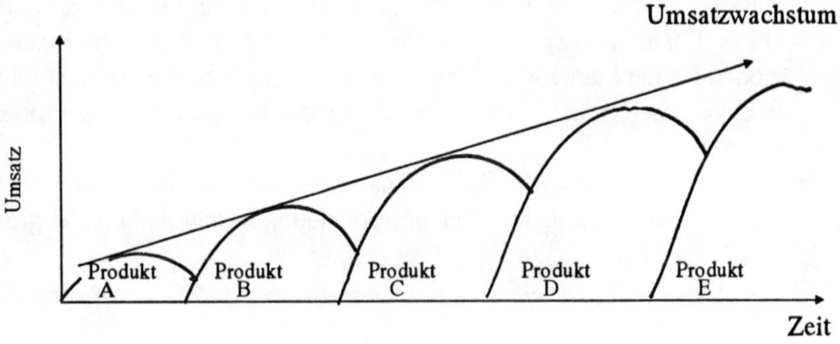

Abbildung 5.9

Zweck eines Portfolios ist es, ein Unternehmen in die Lage zu versetzen, durch eine Abstimmung von Umsatzzuwachs, Cash-flow und Risiko seine Ziele zu erreichen. Wenn einzelne Produkte stärker nachgefragt werden oder rückläufig sind und wenn die Märkte wachsen oder schrumpfen, wird sich die allgemeine Zusammensetzung des Produktportfolios des Unternehmens verändern. Aus diesem Grunde ist es wichtig, das gesamte Portfolio in regelmäßigen Abständen zu überprüfen und in bezug auf die Entwicklung neuer und die Eliminierung alter Produkte eine aktive Politik zu verfolgen. In dieser Beziehung hatte die Arbeit der Boston Consulting Group, die in den frühen 60er Jahren einsetzte, grundlegenden Einfluß auf die Auffassungen der Manager über dieses Thema und auf ihre Produkt- und Marktstrategien.

Stückkosten und Marktanteil

Die der Arbeit der Boston Consulting Group zugrundeliegende Denkweise konzentriert sich im wesentlichen auf zwei Bereiche – *Marktanteil* und *Marktwachstum*.

Es ist eine altbekannte Tatsache, daß wir etwas um so besser lernen, je öfter wir es in der Praxis tun. Dieses Phänomen ist auch unter dem Namen *Lernkurve* bekannt. Es schlägt sich besonders in Bereichen wie Arbeitseffizienz, Arbeitsspezialisierung und Methodenverbesserung nieder.

Diese Vorteile sind selbst ein Teil dessen, was wir *Erfahrungseffekt* nennen. Darunter werden Dinge wie Prozeßinnovation, höhere Produktivität von Anlagen und Ausrüstung, Verbesserung des Produktdesigns und ähnliches zusammengefaßt. Zusätzlich zum Erfahrungseffekt tritt die *Kostendegression* auf; diese beiden schließen einander nicht unbedingt aus. Beispielsweise steigen die Kapitalkosten nicht direkt propotional zur Kapazität, was zu niedrigeren Abschreibungen pro Produktionseinheit, niedrigeren Betriebskosten in Form von Betriebspersonal, niedrigeren Marketingausgaben, Verwaltungs-, Forschungs- und Entwicklungskosten sowie geringeren Aufwendungen für Rohmaterialien und Versandkosten führt. Es wird jedoch allgemein anerkannt, daß sich die Kostensenkung eher auf die Kosten der Bearbeitung als auf die Kosten der zugekauften Bestände bezieht. Tatsächlich kam die Boston Consulting Group zu dem Schluß, daß sich die Kosten bei jeder aufeinanderfolgenden Produktionsverdoppelung um bis zu 30 Prozent verringern. Dieses Phänomen wird in Abbildung 5.10 dargestellt. Daraus ergeben sich viele Implikationen für die Marketingstrategie, insbesondere in bezug auf die Preispolitik, jedoch werden wir uns hier auf eine Untersuchung der Implikationen für Produkt und Markt beschränken.

Es gibt eine Vielzahl von Belegen dafür, daß diese Senkung der Realkosten tatsächlich eintritt, das heißt, daß Ihre Stückkosten um so niedriger sein sollten, je größer Ihr

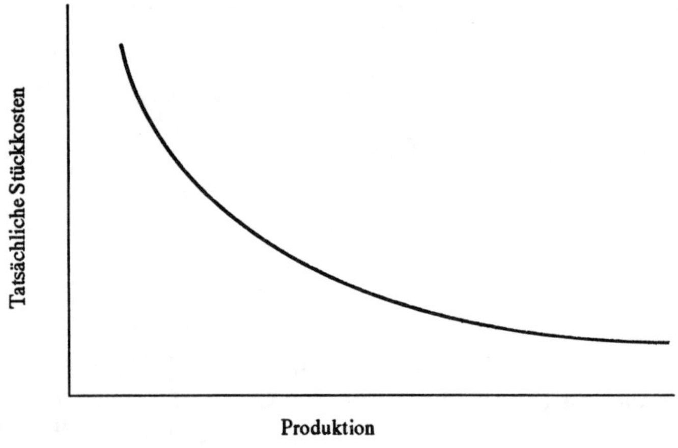

Abbildung 5.10

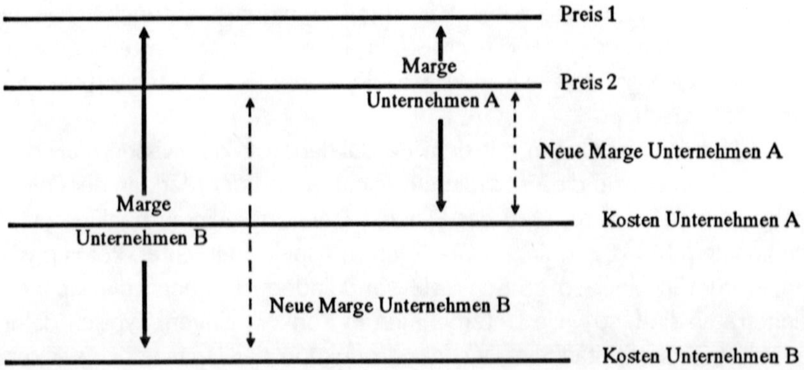

Abbildung 5.11

Volumen ist. Unabhängig davon, was mit dem Preis Ihres Produktes geschieht, gilt also, daß Ihre Gewinne, vorausgesetzt, Sie haben den größten Marktanteil (und daher das größte Volumen) im Verhältnis höher liegen sollten als die Ihrer Konkurrenten. Dies geht aus Abbildung 5.11 hervor.

Allgemein kann gesagt werden, daß der Marktanteil *per se* ein erstrebenswertes Ziel ist. Tatsächlich haben Forschungsarbeiten gezeigt, daß sich Marktanteil und Rentabilität linear zueinander entwickeln. Jedenfalls müssen wir, wie wir in Kapitel 4 erklärt haben, sichergehen, daß wir unseren Markt oder unser Segment sorgfältig definiert haben. Das erklärt, warum es vielen kleinen Firmen offenbar gelingt, in großen Märkten erfolgreich zu bestehen. Der Grund dafür ist natürlich, daß sie in Wirklichkeit einen viel größeren Teil eines kleineren Marktsegments innehaben. Dies ist ein weiterer Grund dafür, daß das Verständnis der Marktsegmentierung der Schlüssel zu erfolgreichem Marketing ist.

Natürlich gibt es gegen das obengenannte »Gesetz« viele Einwände, aber wir sollten, auch wenn diese logisch zu sein scheinen, doch im Auge behalten, daß die von der Boston Consulting Group gelieferten Beweise überzeugend nachweisen, daß diese »Gesetze« allgemein gelten, gleichgültig, ob für Konsumgüter-, Industrie- oder Dienstleistungsmärkte.

Wenn wir uns nun dem *Marktwachstum* zuwenden, sehen wir, daß es in Märkten, die mit einer geringen jährlichen Steigerungsrate wachsen, extrem schwierig und auch sehr kostspielig ist, den Marktanteil zu erhöhen. Das ist für gewöhnlich so, weil sich der Markt im stabilen Stadium (möglicherweise in der Sättigungsphase des Produktlebenszyklus) befindet und von einigen wenigen großen Firmen dominiert wird, die vielleicht ein Gleichgewichtsstadium erreicht haben, das nur sehr schwer zu stören ist.

Es liegt auf der Hand, daß man auf Märkten, die sich in einer raschen Wachstumsphase befinden, am besten Marktanteile gewinnen kann, indem man einen größeren Teil des Marktwachstums für sich anstrebt als die Konkurrenz. Natürlich zieht eine solche Politik hohe Verkaufsförderungskosten nach sich. Viele Unternehmen ziehen es vor, sich nicht

von der Stelle zu rühren und sich mit Wachstumsraten zufriedenzugeben, die niedriger sind als die Marktwachstumsrate. Das größte Problem an dieser Einstellung ist, daß man dabei in Wirklichkeit Marktanteile verliert, was der Konkurrenz Kostenvorteile (und daher Margenvorteile) verschafft.
Da wir aus früheren Erfahrungen mit dem Produktlebenszyklus wissen, daß die Marktwachstumsrate fällt, sobald dieses Stadium erreicht ist und der Markt in der Folge unweigerlich preisempfindlich wird, wird das Produkt Geld zu verlieren beginnen und wahrscheinlich aus dem Markt gedrängt. Unter diesem Aspekt betrachtet, können wir besser verstehen, warum in einer so großen Zahl von Ländern, in denen die Japaner in den Markt eingetreten sind, so viele Unternehmen in Konkurs gingen. Typisch dafür ist die Motorradindustrie Großbritanniens, wo die Produktion der Japaner sich während einer Marktwachstumsperiode von einigen Tausend Einheiten auf einige Millionen erhöhte, während die Produktion der Briten im selben Zeitraum gleich blieb. Als die Marktwachstumsrate rückläufig zu werden begann, geschah das Unvermeidliche. Schlimmer noch ist, daß es praktisch unmöglich ist, sich von einer solchen Situation zu erholen, während die Japaner mit ihrer günstigen Kostenposition inzwischen in praktisch allen Marktsegmenten, sogar bei starken Motorrädern, dominieren.

Die Boston-Matrix (Marktanteils-Marktwachstums-Matrix)

Die Boston Consulting Group stellte diese Theorien, die vor allem in bezug auf den *Cash-flow* profunde Auswirkungen auf eine Firma haben, in Form einer einfachen Matrix dar. Gewinne sind nicht immer ein aussagekräftiger Indikator für die Leistungsfähigkeit des Portfolios, da sie oft Veränderungen in den liquiden Mitteln eines Unternehmens, also bei Lagerbeständen, Kapitalausstattung oder Forderungen widerspiegeln und daher nicht das volle zukünftige Entwicklungspotential anzeigen. Der Cash-flow andererseits ist eine Schlüsseldeterminante für die Fähigkeit eines Unternehmens, sein eigenes Produktportfolio zu entwickeln.
Die Boston-Matrix klassifiziert die Produkte einer Firma gemäß ihren Mittelerfordernissen und ihrer Mittelgenerierung anhand der beiden oben beschriebenen Dimensionen, d. h. relativer Marktanteil und Marktwachstumsrate. Der Marktanteil wird verwendet, weil er ein Indikator für die Fähigkeit des Produktes ist, Mittel zu generieren; das Marktwachstum wird verwendet, weil es ein Indikator für die Mittelerfordernisse eines Produktes ist. Die für die Messung des Marktanteils verwendete Einheit ist der Anteil des Produktes *im Verhältnis* zum größten Konkurrenten der Firma. Dieser ist bedeutsam, weil er zeigt, in welchem Ausmaß das Produkt auf dem Markt dominiert. Wenn Firma A beispielsweise 20 Prozent Marktanteil hat und ihr größter Konkurrent ebenso, dann ist eine solche Ausgangslage im allgemeinen ungünstiger, als wenn Firma A 20 Prozent und ihr größter Konkurrent nur 10 Prozent Marktanteil hätte. Die jeweiligen Verhältnisse wären also 1:1 im Vergleich zu 2:1. Dieses Verhältnis oder das Maß der Marktdominanz

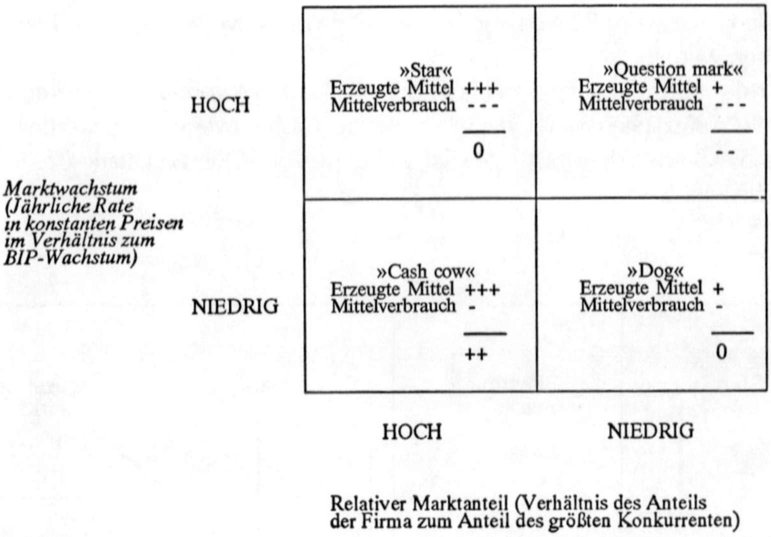

Abbildung 5.12

wird von der horizontalen Achse gemessen. Eine Zusammenfassung finden Sie in Abbildung 5.12.

Als Definition eines hohen relativen Marktanteils gilt ein Verhältnis von eins oder größer als eins. Die Trennungslinie zwischen hohem und niedrigem Marktwachstum sollte gemäß den in der Branche vorherrschenden Bedingungen definiert werden, wird aber oft mit 10 Prozent angenommen. Es gibt jedoch keinen Grund dafür, daß die Trennungslinie auf der vertikalen Achse nicht Null oder sogar eine Minuszahl sein kann. Dies hängt größtenteils von Wachstum oder Rückläufigkeit der Branche oder des Segments ab. Manchmal, bei sehr allgemeinen Märkten, kann das Bruttoinlandsprodukt (BIP) herangezogen werden.

Die etwas plakativen Bezeichnungen der vier Produktkategorien liefern einige Hinweise auf die Aussichten der Produkte in den einzelnen Feldern. Demgemäß ist ein »Question mark« ein Produkt, das noch keine dominante Marktposition und somit einen hohen Cash-flow erreicht hat, oder vielleicht hatte es eine solche Position bereits einmal und ist dann zurückgerutscht. Da es sich in einem Wachstumsmarkt befindet, wird es mittelintensiv sein. Ein solches Produkt wird manchmal »Wildcat« genannt.

»Stars« sind wahrscheinlich ziemlich neue Produkte, die einen hohen Marktanteil erreicht haben und ihren Finanzbedarf wahrscheinlich mehr oder weniger selbst decken.

»Cash cows« sind führend in Märkten, in denen wenig zusätzliches Wachstum, aber große Stabilität herrscht. Sie gewährleisten einen ausgezeichneten Cash-flow und verbrauchen aufgrund des Marktzustandes meistens wenig Mittel.

»Dogs« haben oft wenig Zukunft und können die Mittelbestände eines Unternehmens ausbluten. Sie sind häufig Eliminierungskandidaten, obwohl solche Produkte in eine Kategorie fallen, die von Peter Drucker passend als »Investitionen ins Manager-Ego« beschrieben wurden.

Die Kunst des Portfoliomanagements ist nun viel klarer geworden. Wir sollten dabei versuchen, die zusätzlichen Mittel, die von unseren »Cash cows« erzeugt werden, in unsere »Stars« und außerdem in eine ausgewählte Gruppe von »Question marks« zu investieren. Siehe Abbildung 5.13.

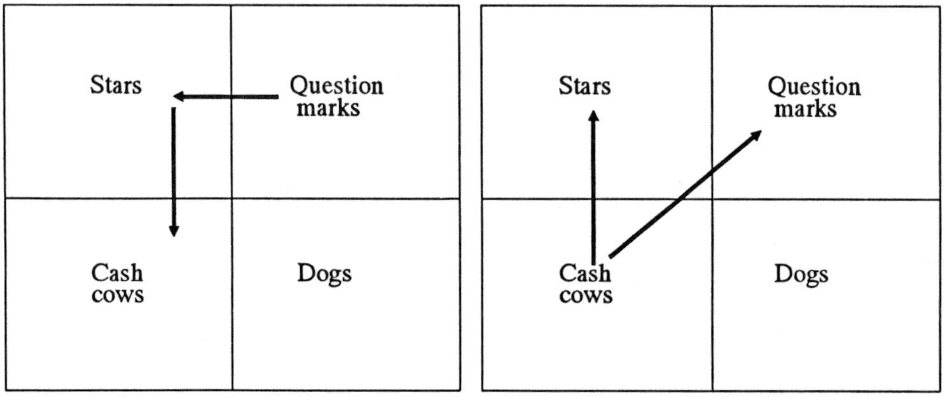

Abbildung 5.13

Die Boston-Matrix kann für die Prognose der Marktposition unserer Produkte für einen Zeitraum von etwa fünf Jahren herangezogen werden, wenn wir unsere derzeitige Politik weiter verfolgen. Abbildung 5.14 illustriert diesen Prozeß anhand eines Herstellers von Plastikventilen. Die Größe der Kreisflächen verhält sich proportional zum Beitrag der einzelnen Produkte zum gesamten Umsatzvolumen des Unternehmens. Im Falle dieser bestimmten Firma wird deutlich, daß sie in bezug auf ihre wichtigsten Produkte eine möglicherweise katastrophale Politik verfolgt. Produkt A verliert, obwohl es im Wachsen begriffen ist, Marktanteile in einem schnell wachsenden Markt.

Produkt D verliert ebenfalls Marktanteile in einem schnell wachsenden Markt. Die Produkte E und C gewinnen Marktanteile in rückläufigen Märkten.

Anhand eines solche Rahmens läßt sich die Unbrauchbarkeit von Marketingzielen wie »10 Prozent Wachstum und 20 Prozent ROI« nachweisen. Während ein solches Ziel als *allgemeine* Politik durchaus gerechtfertigt sein mag, wird es, wenn es sich auf einzelne Produkte des Portfolios bezieht, offensichtlich unsinnig und setzt sich selbst außer Kraft. Wenn man beispielsweise eine 10%ige Wachstumsrate in einem Markt akzeptiert, der angenommen um 15 Prozent jährlich wächst, so wird dies langfristig katastrophale Folgen haben. Wenn man andererseits in einem langsam wachsenden Markt eine

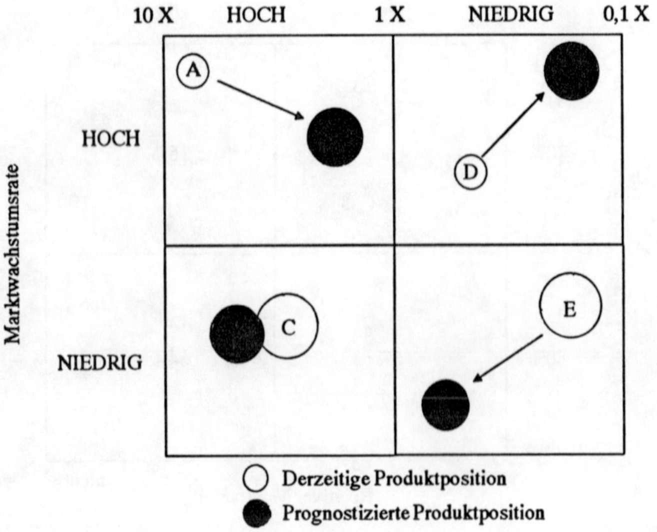

Abbildung 5.14

Wachstumsrate anstrebt, die erheblich über der Marktwachstumsrate liegt, so wird dies unweigerlich zu unnötigen Preiskämpfen und Marktunruhen führen.
Ein solcher Rahmen ist besonders nützlich, um den höheren Managementebenen die Implikationen der verschiedenen Produkt- und Marktstrategien zu veranschaulichen. Er ist außerdem für die Formulierung von politischen Maßnahmen hin zu einer neuen Produktentwicklung nützlich.

Schwächen des Ansatzes der Boston-Matrix

Leider haben in den 70er Jahren viele Firmen aufs Geratewohl mit der Anwendung der Boston-Matrix begonnen, was dazu führte, daß sie nach und nach ihre universelle Anziehungskraft einbüßte. Der Grund dafür hatte allerdings mehr mit mangelndem Verständnis seitens der Manager als mit schwerwiegenden Unzulänglichkeiten der Methodologie zu tun.
Trotzdem gibt es Umstände, unter denen die Boston-Matrix nur sehr vorsichtig eingesetzt werden sollte. Stellen Sie sich eine Firma vor, deren Produkte zu 80 Prozent auf langsam wachsende Märkte entfallen und nur zu 20 Prozent Marktführer sind. Ihre Matrix würde so wie die in Abbildung 5.15 gezeigte aussehen. Wie daraus hervorgeht, sind beinahe 65 Prozent der Produkte dieser Firma »Dogs«. Diese sofort abzustoßen würde bedeuten, das Kind mit dem Bade auszuschütten!
Denken Sie auch an die Branchen, in denen der Marktanteil eines einzelnen Produktes der Produktpalette nur wenig mit seiner »Rentabilität« zu tun hat. Oft bietet ein Produkt

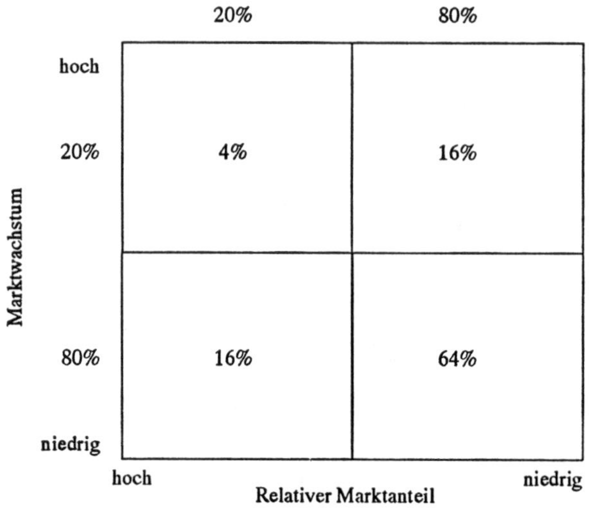

Abbildung 5.15

mit niedrigem Marktanteil dieselbe Produktions-, Vertriebs- und Marketingkostendegression wie andere Produkte des Portfolios, wie dies zum Beispiel bei Bier und chemischen Produkten der Fall ist. Nehmen wir den Fall eines Produktes, für das im großen und ganzen dieselben Komponenten wie für andere Produkte mit großen Marktanteilen verwendet werden und das im Rahmen eines ähnlichen Prozesses in derselben Anlage hergestellt und mit denselben Fahrzeugen und über dieselben Distributionsstellen vertrieben wird. Hier kann man gut erkennen, daß ein solches Produkt mit niedrigem Marktanteil extrem rentabel sein kann.

Keiner dieser Einwände entwertet jedoch die Arbeit der Boston Consulting Group, deren Prinzipien sich auf Unternehmen, Abteilungen, Tochtergesellschaften, strategische Geschäftseinheiten (SGE), Produktgruppen, Produkte und so weiter übertragen lassen. Vorausgesetzt, daß bei der Übernahme der »Marktanteils«-Achse mit großer Vorsicht vorgegangen wird, stellt sie ein überaus wertvolles Planungsinstrument dar.

Weiterentwicklungen der Boston-Matrix

Komplikationen wie die oben genannten machen die Boston-Matrix für bestimmte Situationen weniger geeignet. Während es unmöglich ist, absolute Regeln für die Merkmale solcher Situationen aufzustellen, können wir sagen, daß größte Vorsicht geboten ist, wenn man auf diesem Gebiet zu tun hat. In jedem Fall sollte man sich immer an zwei Prinzipien halten: Erstens sollte ein Unternehmen seine Märkte so definieren, daß es die Wettbewerbsfähigkeit seiner Kosten für die Schlüsselaktivitäten sicherstellen kann. Oder es sollte sie so definieren, daß es für die Bedienung dieser Märkte spezialisierte Fähigkeiten entwickeln und auf diese Weise einen relativen Kostennachteil wettmachen kann. Beides muß natürlich mit der *distinktiven Kompetenz* des Unternehmens verbunden werden.

Dennoch werden die Theorien der Boston Consulting Group unter Umständen wie den oben beschriebenen häufig kritisiert, weil sie sich auf zwei einzelne Faktoren, nämlich den relativen Marktanteil und das Marktwachstum, stützen. Um diese Schwierigkeit zu überwinden und einen flexibleren Zugang zu ermöglichen, haben General Electric und McKinsey gemeinsam eine Multi-Faktor-Methode entwickelt, der dieselben fundamentalen Theorien zugrunde liegen wie jener der Boston Consulting Group. Sie verwendeten die Begriffe *Branchenattraktivität* und *Unternehmensstärken* als Hauptachsen und bauten diese Dimensionen auf einer Anzahl von Variablen auf. Mit Hilfe dieser Variablen und eines Schemas für deren Gewichtung gemäß ihrer Bedeutung werden Produkte (oder Geschäfte) in eines der neun Felder einer 3 x 3-Matrix eingeordnet. So wird dasselbe erreicht wie in der Boston-Matrix (also der Vergleich zwischen Investitionschancen bei Produkten oder Geschäften), aber mit dem Unterschied, daß eine Vielzahl von Kriterien angewandt wird. Diese Kriterien sind je nach Umständen unterschiedlich, umfassen jedoch im allgemeinen die in Abbildung 5.16 enthaltenen.

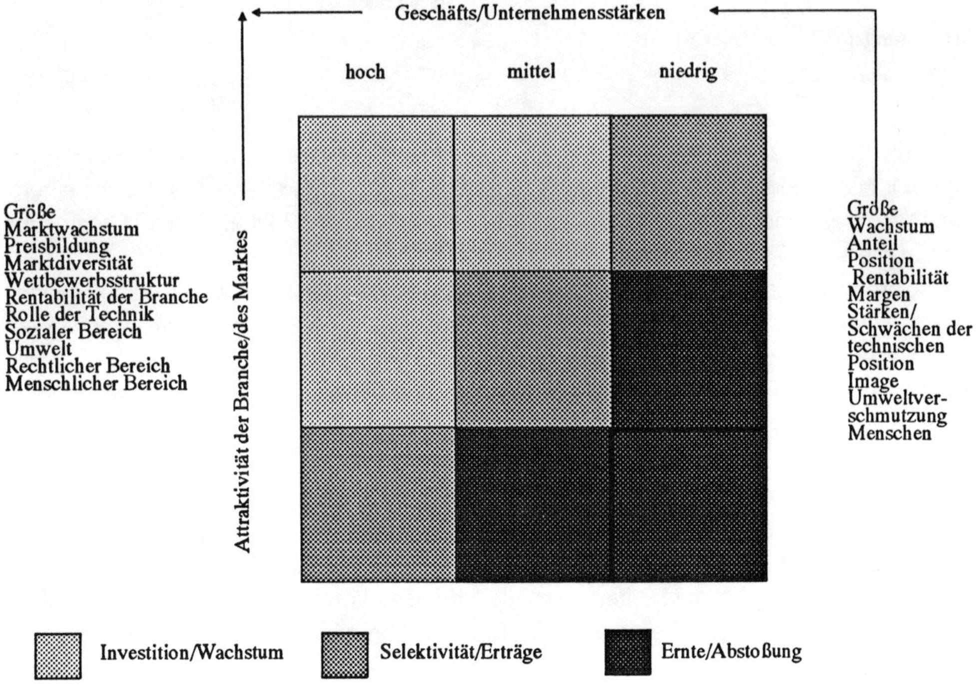

Abbildung 5.16

Die Verwendung einer neunfach unterteilten Matrix ist jedoch nicht erforderlich, und viele Manager ziehen eine Vierfeld-Matrix vor, die der Boston-Box ähnlich ist. Dies ist auch die bevorzugte Methodologie des Autors, da sie für die in der Praxis stehenden Manager einfacher zu verstehen und nützlicher ist.

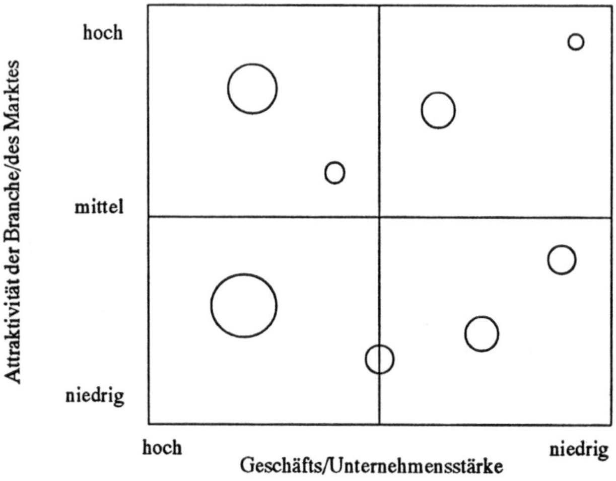

Abbildung 5.17

Abbildung 5.17 zeigt eine vierfeldige Aufgabenausrichtungs-Matrix (directional roles matrix). Hier stellen die Kreise die Umsätze in einer Branche, einem Markt oder einem Segment dar, und jeder einzelne ist wie bei der Boston-Matrix proportional zum Umsatzbeitrag dieses Segmentes.

Der Unterschied in diesem Fall ist, daß, anstatt zwei Variable zu benutzen, die Kriterien, die für jede Achse verwendet werden, für jedes Unternehmen, das die Matrix verwendet, relevant und spezifisch sind. Die Matrix zeigt:

- Märkte, die auf einer Skala nach ihrer Attraktivität für die Firma kategorisiert werden
- die relativen Stärken der Firma in jedem dieser Märkte
- die relative Bedeutung jedes Marktes.

Die Führungskräfte in den zentralen Positionen, die mit diesem Instrument arbeiten, sollten über die spezifischen zu verwendenden Kriterien entscheiden, aber Sie finden eine verallgemeinerte Liste in Tabelle 5. 2. Es ist ratsam, nicht mehr als fünf oder sechs Faktoren zu verwenden, andernfalls wird die Übung zu kompliziert und verliert ihre Klarheit. Lesen Sie jedoch weiter, bevor Sie die Faktoren auswählen, da weiter hinten in diesem Kapitel und in Kapitel 13 wichtige methodologische Instruktionen über den Aufbau einer Matrix gegeben werden.

Attraktivität Ihres Marktes	*Status/Position Ihres Unternehmens*
Marktfaktoren	
Größe (Geld, Einheiten oder beides)	Ihr Anteil (äquivalent ausgedrückt)
Größe der Schlüsselsegmente	Ihr Anteil an Schlüsselsegmenten
Jährliche Wachstumsrate: Gesamt Segmente	Ihre jährliche Wachstumsrate: Gesamt Segmente
Diversität des Marktes	Diversität Ihrer Beteiligung.
Sensibilität gegenüber Preis, Dienstleistungsmerkmalen und externen Faktoren	Ihr Einfluß auf den Markt
Marktzyklus Saisonabhängigkeit	Rückstand oder Führung bei Ihren Umsätzen
Verhandlungsstärke der vorgelagerten Lieferanten	Verhandlungsstärke Ihrer Lieferanten
Verhandlungsstärke der nachgelagerten Lieferanten	Verhandlungsstärke Ihrer Kunden
Wettbewerb Konkurrententypen Konzentrationsgrad Veränderungen in Typ und Mix	Wo Sie hineinpassen und wie Sie nach Produkten, Marketingfähigkeiten, Service, Produktionsstärke, Finanzstärke, Management abschneiden.
Neulinge und Ausfälle	Segmente, in die Sie hineingegangen sind oder die Sie verlassen haben.
Veränderungen des Anteils	Veränderungen Ihres relativen Anteils
Ersatz durch neue Technologie	Ihre Verwundbarkeit gegenüber neuen Technologien
Integrationsgrade und -arten	Ihr eigenes Integrationsniveau
Finanzielle und wirtschaftliche Faktoren	Ihre Margen
Deckungsbeiträge	Ihr Umfang und Ihre Erfahrung
Hebelfaktoren wie Kostendegression und Erfahrung	Barrieren für Ihren Ein- oder Austritt (sowohl finanzieller als auch nichtfinanzieller Natur)
Barrieren für Ein- oder Austritt (sowohl finanziell als auch nichtfinanziell)	Die Nutzung Ihrer Kapazitäten
Nutzung der Kapazitäten	
Technologische Faktoren	Ihre Fähigkeit, mit Veränderungen fertigzuwerden
Ausgereiftheit und Unbeständigkeit	
Komplexität	Ihr Know-how
Differenzierung	Ihre verschiedenen technologischen Fähigkeiten
Patente und Urheberrechte	Ihr Patentschutz
Erforderliche Technologie des Herstellungsverfahrens	Ihre Herstellungstechnologie

Soziopolitische Faktoren in Ihrer Umwelt	
Soziale Einstellungen und Trends	Die Reaktionsfreudigkeit und Flexibilität Ihres Unternehmens
Gesetze und Vorschriften von Regierungsbehörden	Die Anpassungsfähigkeit Ihres Unternehmens
Einfluß auf Pressure Groups und Regierungsvertreter	Die Aggressivität Ihres Unternehmens
Menschliche Faktoren wie gewerkschaftliche Organisation und Akzeptanz in der Gemeinschaft	Die Beziehungen Ihres Unternehmens

Tabelle 5.2 Faktoren, die zur Attraktivität des Marktes und der Unternehmensposition beitragen

Wählen Sie für jeden gewählten Faktor ein Bewertungssystem, das auf Ihre eigenen Umstände abgestimmt ist, und gewichten Sie jeden Faktor (bis 100) je nach der Bedeutung, die er für Sie hat. Dann lassen Sie jeden der von Ihnen gewählten »Märkte« dieses System durchlaufen, indem Sie jede Punktezahl mit dem Gewichtungsfaktor multiplizieren, um so das Attraktivitätsniveau dieses Marktes für Sie im Vergleich zu anderen »Märkten« zu ermitteln.

In Tabelle 5.3 finden Sie ein ausgearbeitetes Beispiel für diese quantitative Evaluierungsmethode, sobald die Kriterien für die Marktattraktivität festgelegt sind.

Faktor	*Punktekriterien*			*Punktezahl*	*Gewichtung*	*Wertung*
	10	*5*	*0*			
1 Marktgröße (£m)	≥£250	£51—250	≤£50	5	15	0,75
2 Volumengröße (Einheiten)	≥10%	5–0%	<	10	25	2,5
3 Wettbewerbsintensität	niedrig	mittel	hoch	6	10	0,6
4 Branchenrentabilität	>15%	10–15%	<10%	8	25	2,0
5 Verwundbarkeit	niedrig	mittel	hoch	6	15	0,9
6 Zyklusschwankungsanfälligkeit	niedrig	mittel	hoch	2,5	10	0,25
					Gesamt =	7,0

Diese Tabelle stellt eine quantitative Methode zur Evaluierung der Marktattraktivität dar. Zur Errechnung der Gesamtpunktezahl wird die Punktezahl jedes Faktors mit der prozentuellen Gewichtung multipliziert und dann addiert. In diesem Beispiel bedeutet eine Gesamtpunktezahl von 7 aus 10 möglichen Punkten, daß dieser Markt in der hochattraktiven Kategorie angesiedelt ist.

Tabelle 5.3 Evaluierung der Marktattraktivität

Einige wichtige Instruktionen für die Verwendung der Politikausrichtungs-Matrix (Portfolio-Matrix) in der Marketingplanung

Unternehmensstärken

Es folgt eine typische Kalkulation eines Unternehmens zur Einschätzung seiner Marktstärke:

1 *Entscheidende Erfolgsfaktoren (Critical Success Factors – CSFs)* (Worin bestehen die wenigen entscheidenden Dinge, die jeder Unternehmer richtig machen muß, um Erfolg zu haben?)	2 *Gewichtung* (Wie wichtig ist jeder einzelne dieser entscheidenden Erfolgsfaktoren? Punktezahl bis 100.)	3 *Stärken/Schwächen-Analyse* (Geben Sie sich und ihren wichtigsten Konkurrenten für jeden entscheidenden Erfolgsfaktor eine Punktezahl zwischen eins und zehn und multiplizieren Sie das Ergebnis mit der Gewichtung).				
		CSF/ Vergleich	Sie	Firma A	Firma B	Firma C
1 Produkt	20	1	9=1,8	6=1,2	5=1,0	4=0,8
2 Preis	10	2	8=0,8	5=0,5	6=0,6	10=1,0
3 Service	50	3	5=2,5	9=4,5	7=3,5	6=3,0
4 Image	20	4	8=1,6	8=1,6	5=1,0	3=0,6
(Diese sollten normalerweise vom Standpunkt des *Kunden* aus betrachtet werden)	Gesamt 100	Gesamt (Punkteanzahl x Gewichtung)	6,7	7,8	6,1	5,4

Daraus läßt sich folgendes erkennen:

- Diese Organisation ist nicht der Marktführer.
- Alle Konkurrenten liegen über 5.

Das Problem bei dieser und vielen anderen Berechnungsarten liegt darin, daß diese Methode kaum ausreichend genau ist, um die relativen Stärken einer Reihe von Produkten in einem bestimmten Produkt- bzw. Marktportfolio eines Unternehmens anzuzeigen. Man muß also nach einer Methode suchen, die verhindert, daß alle Produkte auf der linken Seite der Matrix erscheinen. Dies läßt sich mit Hilfe einer *Verhältnisszahl* wie bei der zuvor in diesem Kapitel erwähnten Boston-Matrix erreichen. In diesem Fall zeigt die Verhältniszahl die Position eines Unternehmens *im Vergleich* zu den Besten auf dem Markt an. In unserem Beispiel verfügt Konkurrent A über die meisten Marktstärken, das heißt, daß unser Unternehmen, wenn es mit dem »Marktführer« verglichen wird, einige Verbesserungen wird vornehmen müssen. Um das wiederzugeben, sollte unsere gewichtete Punktezahl als *Verhältniszahl* von Konkurrent A (die höchste gewichtete Punktezahl) ausgedrückt werden, also 6,7 : 7,8 = 0,86 zu 1. Wollten wir dies auf einer *logarithmischen* Skala auf der horizontalen Achse darstellen, würde unsere Organisation *rechts* von der Trennungslinie stehen, wie folgt:

3x	1	0,3

Eine Skala von 3x bis 0,3 wurde gewählt, weil eine solche Bandbreite höchstwahrscheinlich die meisten Extreme des Wettbewerbsvorteils umfaßt. Wenn das nicht der Fall ist, ändern Sie sie so ab, daß sie den Umständen Ihrer Branche gerecht wird.

Marktattraktivitätsfaktoren

Wenn Manager die Politikausrichtungs-Matrix zum ersten Mal verwenden, erkennen sie oft, daß die Kreise nicht dort positioniert sind, wo sie sie erwartet hätten. Ein möglicher Grund dafür ist ein falsches Verständnis der Marktattraktivitätsfaktoren. Bitte denken Sie daran, daß Sie in jedem Ihrer Märkte sehr stark mit dem *Potential* für *Volumenszuwächse*, *Gewinnsteigerung* und so weiter befaßt sein werden, die für Ihre Organisation gelten. Natürlich wäre beispielsweise ein reifer oder rückläufiger »Markt«, wenn Ihr Unternehmen darin ein Wachstumspotential vorfindet, attraktiver als einer, in dem Sie kein oder nur wenig Wachstums*potential* haben. (Dies wäre zum Beipiel der Fall, wenn Sie bereits einen hohen Marktanteil hätten.) Ebenso würde ein »Markt«, der derzeit für Ihr Unternehmen sehr rentabel ist, aber kein *Potential* für Ertragssteigerung beinhaltet, als viel unattraktiver gelten müssen als einer, der für Ihr Unternehmen bisher nicht so rentabel war, aber ein gutes *Potential* für den Anstieg Ihrer Gewinne beinhaltet.

Wenn man die Position der Kreise zu irgendeinem zukünftigen Zeitpunkt betrachtet, sollte man sich ins Gedächtnis rufen, daß sie sich ausschließlich in *vertikaler* Richtung bewegen können, wenn die Matrix das aktuelle Attraktivitätsniveau zum gegenwärtigen Zeitpunkt zeigt. Dies impliziert eine Reihe von Berechnungen für den gegenwärtigen Zeitpunkt gemäß den vereinbarten Marktattraktivitätsfaktoren, um Märkte auf der vertikalen Achse zu lokalisieren, und dann eine weitere Reihe von Berechnungen für einen zukünftigen Zeitraum (beispielsweise drei Jahre), die auf der Grundlage Ihrer Prognosen anhand derselben Marktattraktivitätsfaktoren durchgeführt wird. In der Praxis ist es rascher und einfacher, nur letztere Kalkulation durchzuführen, wobei sich die Kreise nur in horizontaler Richtung bewegen können.

Sobald Klarheit über die Marktattraktivitätsfaktoren besteht, sollten sie unter keinen Umständen geändert werden; andernfalls wird die Attraktivität Ihrer Märkte nicht anhand allgemeiner Kriterien gemessen, und die Matrix verliert ihre Bedeutung. Die Punktezahl ist jedoch spezifisch für jeden einzelnen Markt.

Bitte beachten Sie jedoch, daß Sie die »Märkte«, auf die Sie die Kriterien anwenden wollen, auflisten *müssen, bevor* sie über die Kriterien selbst entscheiden, da der Zweck der vertikalen Achse darin liegt, zwischen mehr und weniger attraktiven »Märkten« zu unterscheiden. Das verhindert, daß all Ihre »Märkte« in der oberen Hälfte der Matrix erscheinen, wodurch die Übung natürlich sinnlos würde.

Die Kriterien selbst müssen daher für die Gruppe der betrachteten »Märkte« spezifisch sein und dürfen, sobald sie anerkannt sind, für verschiedene »Märkte« derselben Gruppe nicht verändert werden.

Lassen Sie mich an dieser Stelle auf etwas hinweisen: Es sollte *vermieden* werden, die Märkte in der unteren Hälfte der Matrix als unattraktiv zu betrachten. Daß sie sich dort befinden, bedeutet lediglich, daß sie *weniger* attraktiv sind als Märkte in der oberen Hälfte der Matrix.

Ein weiteres wichtiges Charakteristikum der Politikausrichtungs-Matrix ist, daß sie sich nicht nur auf Märkte, sondern auch auf Länder, Märkte innerhalb von Ländern, Segmente innerhalb von Märkten und Vertriebsstandorte innerhalb von Märkten anwenden läßt. Natürlich werden die Kriterien jedes Mal verschieden sein. Die Matrix kann sogar für Vertreter und Vertriebshändler verwendet werden. Ein großes Chemieunternehmen verwendete die Politikausrichtungs-Matrix, um unter den 450 Vertriebshändlern, mit denen es in Geschäftsverbindung stand, fünfzig auszuwählen. Das war erforderlich geworden, weil der Markt rückläufig war und die Vertriebshändler bereits damit begonnen hatten, für die Kunden zu *kaufen* anstatt für den Lieferanten zu *verkaufen*. Dies führte zu einem drastischen Preisverfall. Die einzige Möglichkeit, die das Unternehmen hatte, um mit dem Problem fertigzuwerden, war, eine Reihe von Alleinvertriebshändlern zu ernennen. Die Frage, wie man die richtigen Vertriebshändler auswählen sollte, wurde mit Hilfe der Politikausrichtungs-Matrix gelöst, da natürlich einige attraktiver waren als andere, während die Intensität der Geschäftsbeziehungen des Unternehmens mit den einzelnen Vertriebshändlern unterschiedlich stark war.

Definition des Marktes

Viele Manager sind verwirrt, wenn es darum geht, was sie nun in die Politikausrichtungs-Matrix aufnehmen sollen; also wollen wir im folgenden Abschnitt versuchen, diese Frage zu klären.

Betrachten wir eine hypothetische zweidimensionale Matrix, wie sie in Abbildung 5.18 dargestellt ist, und versuchen wir die Fragen zu beantworten. Jede Kombination (Zelle) kann als Segment betrachtet werden.

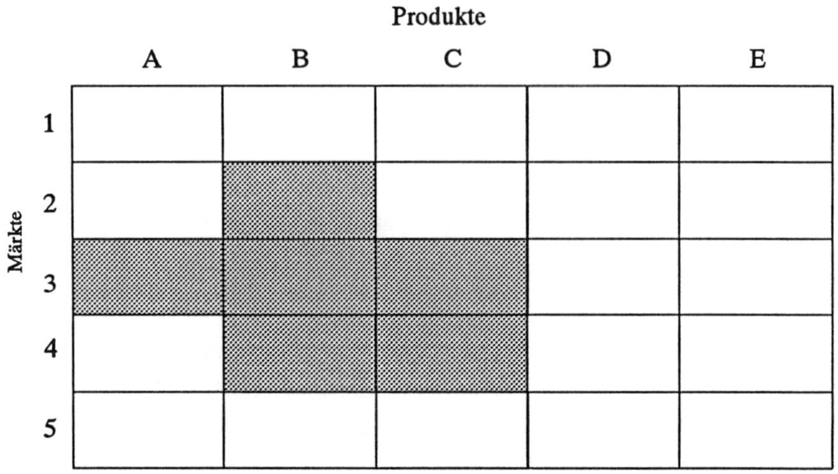

Abbildung 5.18

1 Stimmt der Markt dieses Unternehmens mit den tatsächlich bedienten Produkt- und Konsumentenzellen überein?
2 Stellt er den Schnittpunkt der Produktfunktionen A, B und C und der Konsumentengruppen 2, 3 und 4 dar?
3 Stimmt er mit den Produktfunktionen A, B, C für *alle* Konsumentengruppen überein?
4 Stimmt er mit den Konsumentengruppen 2, 3 und 4 für *alle* Produktfunktionen überein?
5 Füllt er die gesamte Matrix aus?

Beschreibungen von »Markt« und Marktsegment tragen, obwohl sie nützlich sind, nicht allzuviel zur Lösung des Rätsels bei: »Eine identifizierbare Gruppe von Kunden mit gemeinsamen Bedürfnissen, die für die Festlegung einer separaten Strategie *signifikant* ist oder werden kann.«

Die Antwort ist also einzig und allein eine Beurteilungssache des Managements, und zu Beginn jeder Planungsübung, die die Politikausrichtungs-Matrix beinhaltet, ist größtes Augenmerk auf die korrekte Definition der Analyseeinheit zu legen.

Es ist zum Beispiel natürlich möglich, daß auf einer Portfoliomatrix 25 Kreise (oder Kreuze, wo es keinen Umsatz gibt) eingetragen werden, wobei die Märkte 1 bis 5 auf der vertikalen Achse und die Produkte A bis E einzeln auf der horizontalen Achse (also 5 oben) liegen würden. Aber das würde fast unweigerlich zu einem verwirrenden Ergebnis führen.

Es wäre auch möglich, sechs Kreise auf einer Matrix einzutragen (d. h. die derzeit bedienten Produkt/Konsumentenzellen (1) oben), wobei die Märkte 2, 3 und 4 auf der vertikalen Achse und die Produkte A, B und C diesen bedienten Märkten entsprechend auf der horizontalen Achse zu liegen kämen.

Als Alternative kann aber auch ein Gesamtwert oder Volumen für alle Produkte bei jedem bedienten Markt auf der horizontalen Achse eingetragen werden, anstatt die Produkte A, B und C einzeln auf der horizontalen Achse unterzubringen, je nachdem, wo sie hinpassen.

Tatsächlich könnte man irgendeine der Kombinationen (1) bis (5) oben verwenden. *Sinnlos* aber wäre es, die Produkte A, B und C auf der horizontalen Achse (in unserem Beispiel Markt 3) einzutragen. Das würde offensichtlich keinem vernünftigen Zweck dienen. Wenn die Manager das tun wollten, *müßten* sie die Produkte A, B und C auf der vertikalen Achse eintragen und auf der horizontalen Achse nach ihren jeweiligen Größen und Stärken suchen. In einem solchen Fall haben wir einfach mit der »Nomenklatur« aufgeräumt, indem wir ein »Produkt« mit einem »Markt« gleichgesetzt haben, was klarerweise akzeptabel ist. Hier sehen wir, daß wir »Produkt« durchaus als »Markt« verwenden dürfen, besonders in Fällen, in denen es nur einen Markt gibt und vielleicht drei oder vier Produkte. In einem solchen Fall würde jedes Produkt, wenn nicht alle vier Produkte in jeder Beziehung identisch wären, für uns einen eigenen Markt darstellen. Das ist sicherlich bei einem Portfolio zur Managementschulung der Fall, das vom Autor im Jahr 1984

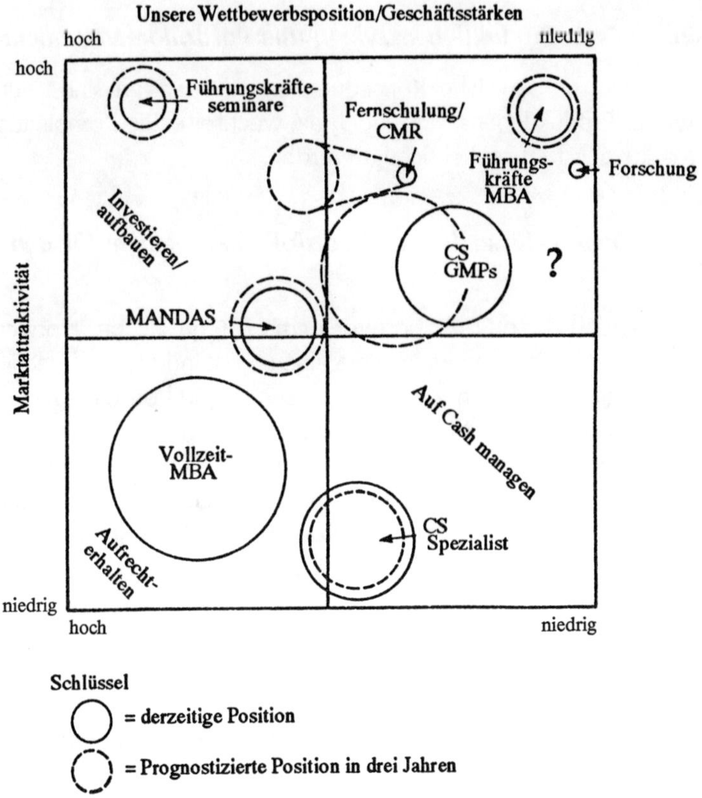

Abbildung 5.19 Produktportfolio zur Managementschulung

erstellt wurde. Hier ist »Produkt« (zum Beispiel das MBA-Programm) gleichbedeutend mit »Markt«. Dies ist aus Abbildung 5.19 ersichtlich. (Durch kluges Management wurden inzwischen einige dieser Kreise auf die linke Seite der Matrix gebracht.)
Es muß also auf der vertikalen Achse mehr als nur einen Markt geben. Wir würden zumindest drei und wahrscheinlich nicht mehr als zehn vorschlagen. Dabei kann es sich entweder um bestehende oder um potentielle Märkte handeln. Daraus folgt also, daß es auf der horizontalen Achse mehr als ein »Produkt« gibt.
Schließlich wäre es vielleicht nützlich, diesen Abschnitt mit einer Definition einer Portfolio-Matrix abzuschließen: »Die Verwendung graphischer Modelle zur Entwicklung eines Verhältnisses zwischen zwei und mehr Variablen, die der Planer im Planungskontext für signifikant hält.«
Welche Methode man auch immer verwendet, es wird deutlich, daß großer Wert auf Marketingziele und -strategien gelegt werden sollte, die der Attraktivität des Marktes (Marktwachstum in der Boston-Matrix) und dem Ausmaß gerecht werden, in dem sich die gegebenen Möglichkeiten mit unseren Fähigkeiten (Marktanteil in der Boston-Matrix) decken. Welche Ziele das sein sollten, wird in Kapitel 6 beschrieben.

Die Kombination von Produktlebenszyklen und Portfoliomanagement

Abbildung 5.20 illustriert, welche Konsequenzen zu erwarten sind, wenn weder die Implikationen des Produktlebenszyklus noch die wechselseitige Kombination von Marktanteil und Marktwachstum berücksichtigt werden.

Relevanz von Lebenszyklusanalyse und Portfoliomanagement für den Marketing-Audit

Wir erinnern uns, daß diese Diskussion vor dem Hintergrund der Notwendigkeit stattfand, vor der Festlegung der Marketingziele einen vollständigen und detaillierten Marketing-Audit zu erstellen. Analysen wie die in diesem Kapitel beschriebenen sollten einen integrierenden Bestandteil des Marketing-Audit darstellen.
Der Audit sollte einen Produktlebenszyklus für jedes wichtige Produkt enthalten; darüber hinaus sollte versucht werden (mit Hilfe anderer Audit-Informationen), den zukünftigen Verlauf des Lebenszyklus zu prognostizieren. Der Audit sollte auch eine Produktportfolio-Matrix enthalten, aus der die derzeitige Marktposition der Produkte ersichtlich ist.

Anwendungsfragen

1 Wählen Sie ein wichtiges Produkt und erstellen Sie einen Lebenszyklus
- des Produktes selbst
- des Marktes (Segmentes), in dem es konkurriert.

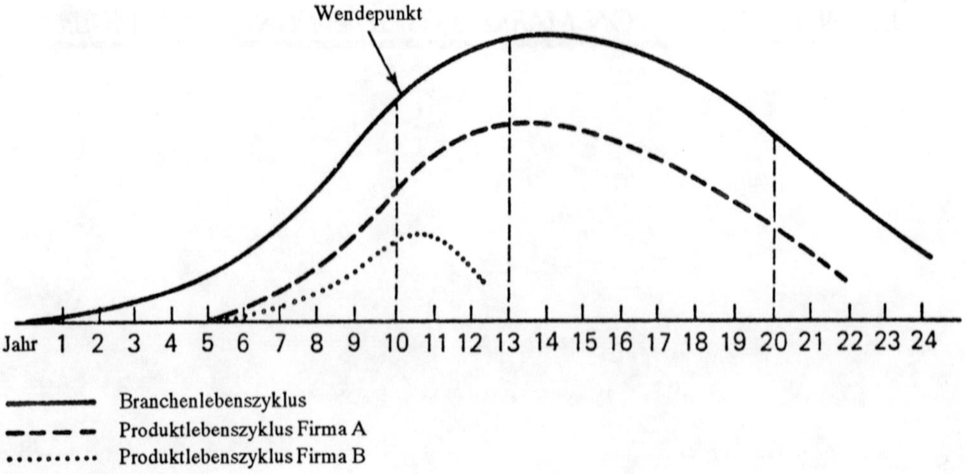

Abbildung 5.20

Kurzfristige Gewinnmaximierung versus Marktanteil und langfristige Gewinnmaximierung: Die Firmen A und B beginnen in den Jahren 5 und 6 mit Question mark (Wildcat) in einem wachsenden Markt. Firma A investiert in den Aufbau von Marktanteilen und wird rasch zu einem Stern. Firma B managt ihr Produkt vier Jahre lang nach Gewinngesichtspunkten, so daß es, während es immer noch wächst, ständig Marktanteile verliert (d. h., es bleibt ein Question mark oder Wildcat). Im Jahr 10, als der Markt seine Sättigung erreicht (und der Wettbewerbsdruck sich typischerweise intensiviert), ist Firma B mit ihrem niedrigen Marktanteil (und daher typischerweise höheren Kosten und geringeren Margen) nicht konkurrenzfähig und wird rasch aus dem Markt gedrängt. Firma A auf der anderen Seite verteidigt aggressiv ihren Marktanteil und hat einen Zeitraum von etwa 10 Jahren mit einem Produkt vor sich, das zu einer »Cash cow« geworden ist. Auf diese Weise hat Firma B durch die Verfolgung einer Politik der kurzfristigen Gewinnmaximierung ein Profitpotential von zumindest zehn Jahren verloren.

2 Erklären Sie, warum der Lebenszyklus genau diese Form hat.
3 Prognostizieren Sie Verlauf und Länge des Lebenszyklus für die Zukunft.
4 Erklären Sie, *warum* Sie diese Prognosen treffen.
5 Tragen Sie Ihre Produkte auf einer Boston-Matrix ein.
6 Erklären Sie die jeweiligen Positionen der Produkte.
7 Prognostizieren Sie, wo sie sich in beispielsweise 5 Jahren befinden werden (und warum).
8 Führen Sie Ihre wichtigsten Märkte oder Segmente an.
9 Führen Sie die (für Sie) wichtigen Attraktivitätskriterien an.
10 Führen Sie die Kriterien für Geschäftsstärken (Sie gegenüber der Konkurrenz) an.
11 Entwerfen Sie ein Punkte- und Gewichtungssystem für jede Achse.
12 Lassen Sie die Märkte oder Segmente diese Kriterien durchlaufen.
13 Zeichnen Sie Kreise rund um die Koordinaten. Der Durchmesser jedes Kreises sollte proportional zu dem Beitrag sein, den dieses Segment zum Umsatz leistet.
14 Befinden sich die Kreise in den Positionen, in denen Sie sie haben wollen?

6 DIE FESTLEGUNG VON MARKETINGZIELEN UND -STRATEGIEN

Zusammenfassung

In Kapitel 6 wird definiert, was Marketingziele sind, wie sie sich zu Unternehmenszielen verhalten und wie man sie festlegt. Ein Abschnitt befaßt sich mit Wettbewerbsstrategien. Es wird beschrieben, wo und wie man den Prozeß der Marketingplanung mittels einer Methode namens Gap-Analyse (Lückenanalyse) beginnt, und die Entwicklung neuer Produkte wird als Wachstumsstrategie besprochen. Schließlich wird erklärt, was Marketingstrategien sind und wie man sie festlegt. Ohne Zweifel ist dies der wichtigste Schritt im Marketingplanungsprozeß, denn inzwischen ist klar geworden, daß nach der Analyse, die als Teil des Marketing-Audit durchgeführt wird, realistische und erreichbare Ziele für die wichtigsten Produkte einer Firma auf ihren wichtigsten Märkten festgelegt werden sollten. Wenn dieser Schritt nicht richtig durchgeführt wird, werden alle darauffolgenden Maßnahmen ihrer Zielgenauigkeit beraubt, und sie verlieren ihren Zusammenhang. Es geht vor allem darum, sich für das richtige Ziel zu entscheiden. Schließlich hat man nichts davon, auf der falschen Zielscheibe ins Schwarze zu treffen.

Marketingziele: was sie sind und wie sie sich zu Unternehmenszielen verhalten

Es gibt keine Arbeit über Marketing, die nicht zumindest einen Absatz enthält, in dem auf die Notwendigkeit hingewiesen wird, Ziele festzulegen. Das Festsetzen von Zielen ist ein unabdingbarer Schritt im Planungsprozeß. Die Literatur ist in diesem Punkt allerdings nicht sehr deutlich, was überraschend ist, wenn man bedenkt, von welch entscheidender Bedeutung die Festlegung von Marketingzielen ist.
Ein Ziel sorgt dafür, daß ein Unternehmen weiß, was seine Strategien bewirken sollen und wann eine bestimmte Strategie ihren Zweck erfüllt hat. Mit anderen Worten: Strate-

gieentscheidungen und alle darauffolgenden Maßnahmen finden ohne klar definierte Ziele in einem Vakuum statt.

Nachdem die Chancen identifiziert und die Annahmen über jene Bedingungen, die die Geschäftstätigkeit beeinflussen, ausdrücklich festgelegt sind, sollte es theoretisch vergleichsweise einfach sein, Ziele festzulegen, wobei die Ziele selbst eigentlich eine realistische Aussage darüber sind, was das Unternehmen infolge einer marktzentrierten Analyse erreichen will, und keine allgemeinen Erklärungen, die dem Wunsch des Managements entsprungen sind, »es nächstes Jahr besser zu machen«. Ziele festzulegen ist jedoch komplizierter, als es zunächst den Anschein hat.

Die meisten Fachleute stimmen darin überein, daß man an die schwierige Aufgabe der Festlegung von Marketingzielen am besten herangeht, indem man vom Allgemeinen zum Spezifischen übergeht. Unser Ausgangspunkt wäre hier also eine Aussage über die Art der Geschäftstätigkeit, und aus dieser würden sich die breitgefaßten Unternehmensziele ergeben. Diese würden als nächstes auf Schlüsselzielbereiche übertragen, also auf jene Bereiche, in denen der Erfolg für eine Firma von entscheidender Bedeutung ist. Marktdurchdringung und Umsatzzuwächse sind Beispiele solcher Schlüsselzielbereiche. Der dritte Schritt würde darin bestehen, die für die Erreichung der allgemeinen Ziele erforderlichen Sub-Ziele wie Volumenziele, geographische Expansion, Erweiterung der Produktlinie und so weiter festzulegen.

Am Ende dieses Prozesses sollten Ziele stehen, die mit dem strategischen Plan übereinstimmen, sich innerhalb der budgetären Restriktionen erreichen lassen und mit den Stärken, Beschränkungen und wirtschaftlichen Notwendigkeiten anderer Funktionen des Unternehmens vereinbar sind.

Das Management der obersten Ebene ist mit der langfristigen Rentabilität befaßt; auf der nächsten Ebene der Managementhierarchie richtet sich die Aufmerksamkeit auf Ziele, die spezifischer und detaillierter sind, wie beispielsweise Umsatzerhöhung und Marktanteil, die Gewinnung neuer Märkte und so weiter. Diese Ziele sind nur ein Teil der Zielehierarchie, und zwar insofern, als Unternehmensziele nur erreicht werden, wenn jene und andere Ziele verwirklicht werden. Auf der nächsten Ebene befaßt sich das Management mit Zielen, die noch enger gefaßt sind, wie beispielsweise: in einem spezifischen Zielmarkt Bewußtsein für ein neues Produkt zu schaffen, eine bestimmte Kundeneinstellung zu verändern und so weiter. Wieder können die allgemeinen Marketingziele nur erreicht werden, wenn diese und andere Sub-Ziele erreicht wurden. Es ist klar, daß die Sub-Ziele *per se*, wenn sie nicht Bestandteil eines breiteren Zielrahmens sind, zu einer verschwenderischen Fehlleitung von Ressourcen führen können.

Beispielsweise kann ein Umsatzzuwachs an sich möglich sein, aber unverhältnismäßig hohe Kosten verursachen; das heißt, daß ein solches Marketingziel nur innerhalb des Rahmens der allgemeinen Unternehmensziele seine Berechtigung hat. In einem solchen Fall ist es leicht möglich, daß eine Umsatzsteigerung in einem bestimmten Marktsektor zusätzlichen Investitionsaufwand vor dem geplanten Zeitpunkt erfordert. Dann wäre es sinnvoller, verfügbare Produktionskapazitäten kurzfristig rentableren Marktsektoren zuzuteilen, wobei man das Absinken der Umsätze in einem anderen Sektor in Kauf nehmen müßte. Entscheidungen dieser Art lassen sich vor dem Hintergrund deutlicher, breiter Unternehmensziele, die sich auf alle wichtigen Bereiche beziehen, leichter treffen.

Ebenso sollten zum Beispiel Werbeziele so festgelegt werden, daß sie völlig mit den breiter gefaßten Zielen übereinstimmen. Ziele, die auf diese Weise festgelegt wurden, gliedern die Werbeaktivitäten in die anderen Elemente des Marketing-Mix ein, wodurch ein konsistenter und logischer Marketingplan entsteht.

Was ist also ein Unternehmensziel, und was ist ein Marketingziel?

Ein Unternehmen beginnt zu irgendeinem Zeitpunkt mit Ressourcen und beabsichtigt, diese Ressourcen für die Erreichung eines Zieles einzusetzen. Damit soll ein Unternehmensziel, das einen angestrebten Endpunkt oder ein Ergebnis beschreibt, erreicht werden. Der Weg zu diesem Ziel wird Strategie genannt. In einem gewissen Sinn bedeutet das, daß das einzige wirkliche Ziel eines Unternehmens per definitionem das ist, was im Unternehmensplan als Hauptzweck seiner Existenz angegeben ist. Meistens wird das über den Gewinn ausgedrückt, weil der Gewinn dazu da ist, die Aktionäre oder Eigentümer zufriedenzustellen, und weil er das allgemein akzeptierte Kriterium für die Bewertung der Effizienz ist, was wiederum zu wirkungsvoller Ressourcenallokation, wirtschaftlicher und technologischer Progressivität und Stabilität führt.

Das bedeutet, daß ausdrücklich erklärte Wünsche, wie z. B. den Marktanteil zu vergrößern, ein neues Image aufzubauen, eine x-prozentige Umsatzsteigerung zu erzielen und so weiter, in Wirklichkeit Strategien auf Unternehmensebene darstellen, weil sie die Instrumente sind, durch die ein Unternehmen seine Rentabilitätsziele erreicht. In der Praxis tendieren die Unternehmen allerdings dazu, mit funktionalen Abteilungen mit jeweils unterschiedlicher Identität zu operieren, so daß das, was im Unternehmensplan eine Strategie ist, innerhalb der einzelnen Abteilungen zu einem Ziel wird. Zum Beipiel werden Marketingstrategien des Unternehmensplans in der Marketingabteilung zu operativen Zielen, und Strategien auf allgemeiner Ebene innerhalb der Marketingabteilung selbst werden zu operativen Zielen der nächsten Ebene, so daß innerhalb des Rahmens des allgemeinen Unternehmensplans auf allen Ebenen ein verworrenes Netz von miteinander verbundenen Zielen und Strategien entsteht.

Wichtig daran ist jedoch, abgesehen von einer Klärung des Unterschiedes zwischen Zielen und Strategien, daß es, je weiter man in der Hierarchie hinabsteigt, immer unwahrscheinlicher wird, daß ein definiertes Ziel einen kostenwirksamen Beitrag zum Unternehmensgewinn leisten kann, wenn es sich nicht in logischer und direkter Weise von einem Ziel höherer Ebene ableiten läßt.

Unternehmensziele und -strategien lassen sich wie folgt einfach umschreiben:

Unternehmensziel

- gewünschtes Rentabilitätsniveau

Unternehmensstrategien

- welche Produkte und welche Märkte (Marketing)
- welche Art von Einrichtungen (Produktion und Distribution)
- Größe und Zusammensetzung des Mitarbeiterstabs (Personal)
- Finanzierung (Finanzen)
- andere Unternehmensstrategien wie soziale Verantwortung, Unternehmensimage, Image auf dem Aktienmarkt, Image bei den Mitarbeitern und so weiter.

Nun ist klar geworden, daß die Frage, welche Produkte auf welchen Märkten verkauft werden sollen, auf der nächstunteren, also auf der funktionalen Stufe der Organisation zu einer *Marketingzielsetzung* geworden ist, während die Mittel zur Erreichung dieser Ziele mit Hilfe des Marketing-Mix zu einer *Marktstrategie* geworden sind. Auf der nächsten Ebene würde es zum Beispiel *Werbeziele* und *Werbestrategien* mit den auf sie folgenden *Programmen* und *Budgets* zur Erreichung dieser Ziele geben. Auf diese Weise läßt sich eine Hierarchie von Zielen und Strategien bis zum ursprünglichen Unternehmensziel zurückverfolgen. Abbildung 6.1 zeigt diesen Vorgang.

Wie man Marketingziele festlegt

An diesem Punkt wollen wir die Ansoff-Matrix (Produkt/Markt-Expansionsmatrix) als wertvolles Hilfsmittel beim Nachdenken über Marketingziele vorstellen.

Die Wettbewerbssituation einer Firma läßt sich auf nur zwei Dimensionen reduzieren – Produkte und Märkte. Einfacher ausgedrückt, befaßt sich die Ansoff-Theorie damit, was verkauft wird (das »Produkt«) und an wen es verkauft wird (der »Markt«). Innerhalb dieses Rahmens sieht Ansoff vier verschiedene Handlungsmöglichkeiten für die Firma:

- bestehende Produkte an bestehende Märkte zu verkaufen
- bestehende Produkte auf neue Märkte auszudehnen
- neue Produkte für bestehende Märkte zu entwickeln
- neue Produkte für neue Märkte zu entwickeln.

In der Matrix von Abbildung 6.2 wird dieses Konzept dargestellt.

Es liegt auf der Hand, daß die Palette möglicher Marketingziele sehr breit ist, denn es gibt verschiedene Abstufungen von technologischer Neuheit und Marktneuheit. Dennoch bietet die Ansoff-Matrix einen logischen Rahmen für die Entwicklung von Marketingzielen unter jedem der vier obenstehenden Titel. *Mit anderen Worten: Marketingziele befassen sich ausschließlich mit Produkten und Märkten.* Es erscheint logisch, daß sich die finanziellen Unternehmensziele nur erreichen lassen, indem etwas an jemanden verkauft wird und daß Werbung, Preisbildung, Serviceangebot und so weiter die Mittel (oder Strategien) darstellen, mit denen dies gelingt. Das heißt, daß man Preisziele, Verkaufsförderungsziele, Werbeziele und ähnliches nicht mit Marketingzielen verwechseln sollte.

Marketingziele werden im allgemeinen als ausgewählte, nach qualitativen und quantitativen Gesichtspunkten festgelegte Verpflichtungen akzeptiert, die normalerweise ent-

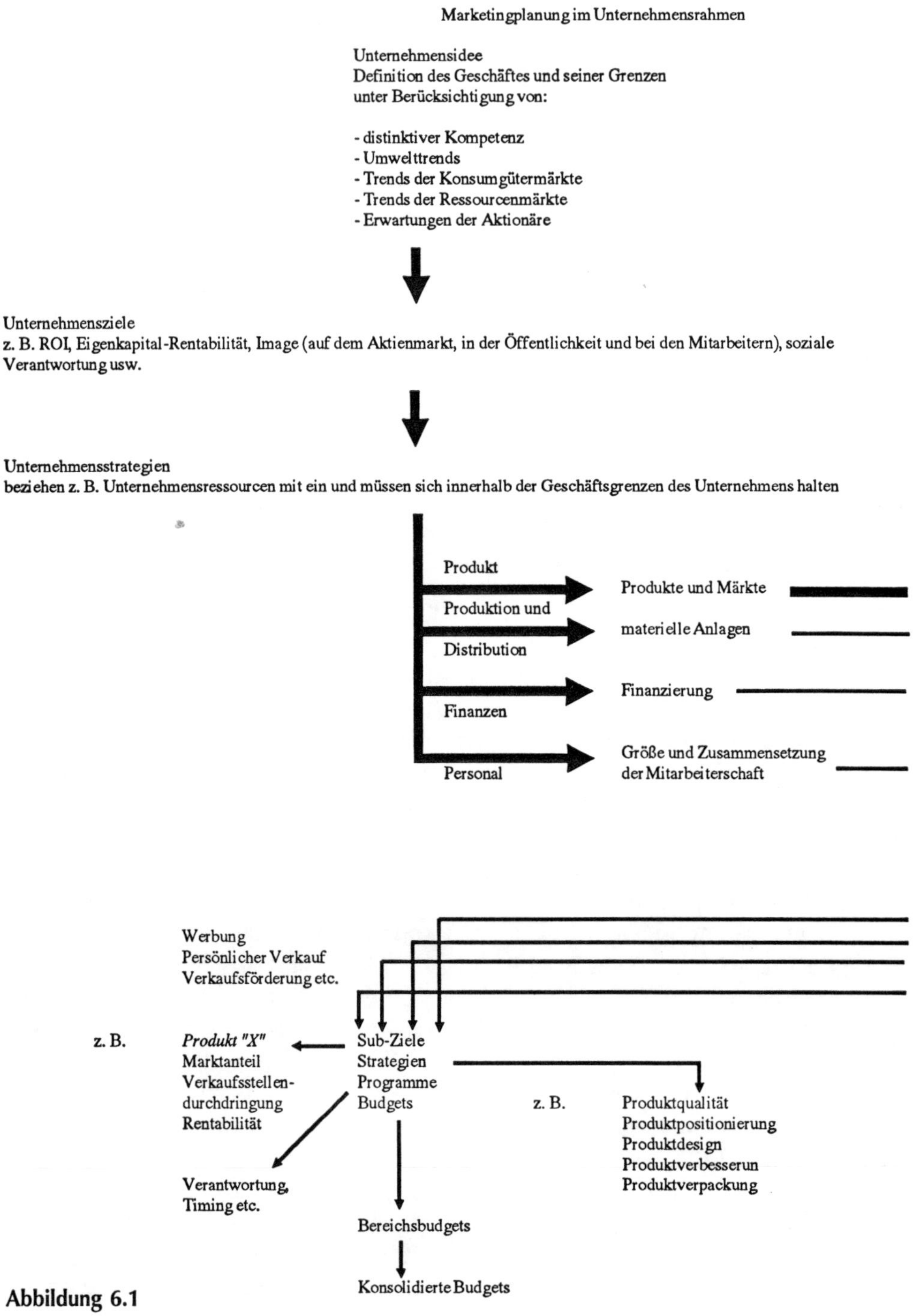

Abbildung 6.1

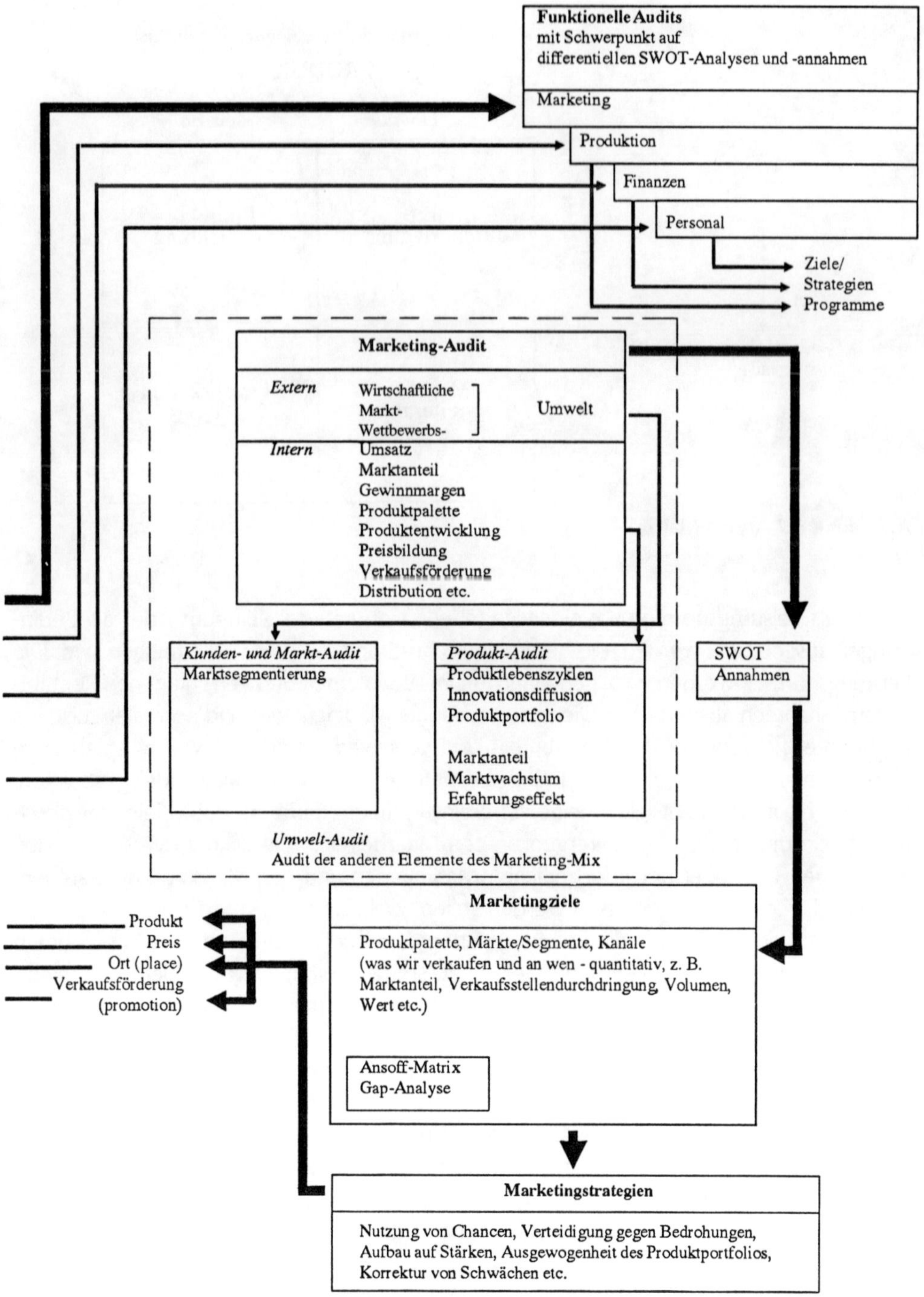

Funktionelle Audits
mit Schwerpunkt auf
differentiellen SWOT-Analysen und -annahmen
Marketing
Produktion
Finanzen
Personal
Ziele/
Strategien
Programme
Marketing-Audit
Extern
Wirtschaftliche
Markt-
Wettbewerbs-
Umwelt
Intern
Umsatz
Marktanteil
Gewinnmargen
Produktpalette
Produktentwicklung
Preisbildung
Verkaufsförderung
Distribution etc.
Kunden- und Markt-Audit
Marktsegmentierung
Produkt-Audit
Produktlebenszyklen
Innovationsdiffusion
Produktportfolio
Marktanteil
Marktwachstum
Erfahrungseffekt
Umwelt-Audit
Audit der anderen Elemente des Marketing-Mix
SWOT
Annahmen
Produkt
Preis
Ort (place)
Verkaufsförderung
(promotion)
Marketingziele
Produktpalette, Märkte/Segmente, Kanäle
(was wir verkaufen und an wen - quantitativ, z. B.
Marktanteil, Verkaufsstellendurchdringung, Volumen,
Wert etc.)
Ansoff-Matrix
Gap-Analyse
Marketingstrategien
Nutzung von Chancen, Verteidigung gegen Bedrohungen,
Aufbau auf Stärken, Ausgewogenheit des Produktportfolios,
Korrektur von Schwächen etc.

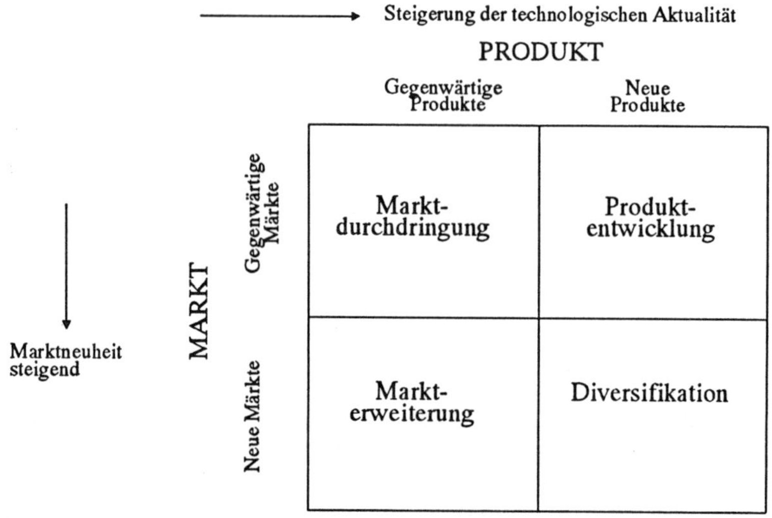

Abbildung 6.2 Ansoff-Matrix

weder als Leistungsnormen für einen gegebenen operativen Zeitraum oder als Bedingungen ausgedrückt werden, die bis zu einem bestimmten Datum zu erreichen sind. Die Leistungsnormen werden im allgemeinen in Umsatzvolumen und verschiedenen Rentabilitätsmaßnahmen ausgedrückt. Die anzustrebenden Bedingungen sind normalerweise ein bestimmter Prozentsatz des Marktanteils und verschiedene andere, wie beispielsweise ein Prozentsatz der Gesamtanzahl eines bestimmten Typs von Einzelhandelsgeschäften. Darüber hinaus besteht allgemeine Übereinstimmung darüber, daß Ziele spezifisch genug sein müssen, um die untergeordneten Mitarbeiter in die Lage zu versetzen, den allgemeinen Charakter der erforderlichen Maßnahmen und den Maßstab zu verstehen, an dem die Leistungen gemessen werden sollen. Ziele sind das Kernstück der Managertätigkeit, da sie den Plänen die Richtung geben. Durch die Frage, wo das Unternehmen zu einem gegebenen zukünftigen Zeitpunkt stehen sollte, werden Ziele festgelegt. Ungenaue und vage Ziele sind, wie sehr sie die Emotionen auch ansprechen mögen, für eine vernünftige Planung kontraproduktiv, und sie sind im allgemeinen das Ergebnis der menschlichen Neigung zu Wunschdenken. Solche Ziele erinnern oft eher an das Anfeuern einer Fußballmannschaft als an seriöse Marketingführung. Das heißt in Wirklichkeit, man kann zwar darüber streiten, ob nicht meßbare Begriffe wie »Abnahme«, »Optimierung« oder »Minimierung« für Ziele verwendet werden sollten, aber es erscheint logisch, daß sie keinem nützlichen Zweck dienen, es sei denn, es gibt irgendein Meßinstrument oder einen Maßstab, anhand dessen sich eine Art Bewegung hin zu ihrer Erreichung feststellen läßt.

Ansoff definiert ein Ziel als »ein Instrument, um die Effizienz des Prozesses der Ressourcenumwandlung zu messen. Ein Ziel beinhaltet drei Elemente: das jeweilige Attribut, das als Meßinstrument für die Effizienz gewählt wird, den Maßstab, an dem das Attribut gemessen wird, und den jeweiligen Wert auf diesem Maßstab, dessen Erreichung die Firma anstrebt.«

Bei Marketingzielen geht es also um alle vier Hauptkategorien der Ansoff-Matrix:

1 *Bestehende Produkte in bestehenden Märkten.* Diese können zahlreich und unterschiedlich sein und müssen unbedingt für alle bestehenden wichtigen Produkte und Konsumentengruppen (Segmente) festgelegt werden.
2 *Neue Produkte in bestehenden Märkten*
3 *Bestehende Produkte in neuen Märkten*
4 *Neue Produkte in neuen Märkten*

Das heißt, daß eine Firma langfristig nur dadurch erfolgreich im Geschäftsleben bestehen kann, daß sie etwas (ein »Produkt«) an jemanden (einen »Markt«) verkauft. Einfacher ausgedrückt, bedeutet eine Produkt- bzw. Marktstrategie den Weg, den ein Unternehmen für die Erreichung seiner Ziele wählt. Dieser Weg führt über die Produktpalette, die es seinen ausgewählten Marktsegmenten anbietet. Das heißt, daß die Produkt- bzw. Marktstrategie für die Firma bedeutet, sich auf eine zukünftige Richtung festzulegen. Demnach befassen sich Marketingziele ausschließlich mit Produkten und Märkten.

Die allgemeinen Marketing*ausrichtungen*, die zur Erreichung der obengenannten Ziele führen, leiten sich natürlich von der Lebenszyklus- und Portfolioanalyse ab, die im Rahmen des Audit erfolgte, und drehen sich um die folgenden logischen Entscheidungen:

1 *Aufrechterhaltung*. Dies bezieht sich normalerweise auf Produkte und Märkte des Typs »Cash cow« und spiegelt den Wunsch zur Aufrechterhaltung von Wettbewerbspositionen wider.
2 *Verbesserung.* Dies bezieht sich normalerweise auf Produkte und Märkte des Typs »Star« und spiegelt den Wunsch zur Verbesserung der Wettbewerbsposition in attraktiven Märkten wider.
3 *Ernte.* Dies bezieht sich normalerweise auf Produkte und Märkte des Typs »Dog« und spiegelt den Wunsch wider, eine wettbewerbstarke Position zugunsten von kurzfristigen Gewinnen und Cash-flow aufzugeben.
4 *Abgang*. Dies bezieht sich normalerweise auf Produkte und Märkte des Typs »Dog«, manchmal auch »Question mark«, und spiegelt den Wunsch wider, Produkt oder Markt aufgrund einer schwachen Wettbewerbsposition, wegen der zu hohen Kosten, die mit einem Festhalten verbunden sind, oder wegen eines zu hohen Risikos bei der Verbesserung der Position fallenzulassen.
5 *Eintritt.* Sie bezieht sich normalerweise auf einen neuen Geschäftsbereich.

Wie bereits erwähnt, sollte man jedoch sehr darauf achten, den betreffenden »Regeln« oder Richtlinien nicht sklavisch zu folgen. Außerdem sollte die Verwendung abwertender Ausdrücke wie »Dog« oder »Cash cow« wenn möglich vermieden werden.

Eine vollständige Liste der Marketingrichtlinien als Orientierungshilfe für die Festlegung von Zielen ist in Tabelle 6.1 enthalten. Abbildung 6.3 zeigt eine Liste, die auch Richtli-

		Relative Wettbewerbsvorteile (oder Geschäftsstärken) **Hoch**		**Niedrig**
Hoch		*Investitionen für Wachstum* Verteidigung der Führungsposition, wenn möglich Zuwachs Kurzfristiges Inkaufnehmen bescheidener Gewinne und eines negativen Cash-flow Inbetrachtziehung einer geographischen Expansion, Erweiterung der Produktlinie, Produktdifferenzierung Intensivierung der Produkteinführungsbemühungen Aggressives Marketingverhalten, d. h., Verkauf, Werbung, Preisbildung, Verkaufsförderung, Serviceangebot, je nach Erfordernis		
Relatives Markt-wachstum (%) (oder Markt-attraktivität)	10			
Niedrig		*Aufrechterhaltung der Marktposition, gewinnorientiertes Management* Aufrechterhaltung der Marktposition der erfolgreichsten Produktlinien Aussondern weniger erfolgreicher Produktlinien Differenzierung von Produkten zur Aufrechterhaltung des Anteils an Schlüsselsegmenten Einschränkung von Marketing-Ermessensausgaben Stabilisierung der Preise, ausgenommen dort, wo für die Aufrechterhaltung des Marktanteils zeitweilig eine aggressive Haltung erforderlich ist	*»Cash dogs«** Nehmen Sie das geringe Wachstum zur Kenntnis. Betrachten Sie es nicht als »Marketingproblem«. Identifizieren und nutzen Sie Wachstumssegmente. Betonen Sie die Produktqualität, um einen »Wettbewerb der Waren« zu vermeiden. Verbessern Sie die Produktivität systematisch. Teilen Sie talentierte Manager zu.	*Echte »Dogs«* Beschneiden Sie die Produktlinie aggressiv. Maximieren sie den Cash-flow. Minimieren Sie die Marketingausgaben. Halten oder erhöhen Sie die Preise auf Kosten des Volumens.
	0	3,0	1,0	0,3

* »Cash dogs« sind Produkte oder Märkte, die auf einer Boston-Matrix oder einer Politikausrichtungs-Matrix auf oder gleich neben der vertikalen Trennlinie liegen. Es wird darauf hingewiesen, daß die von der Boston Consulting Group verwendeten Ausdrücke auch für die Politikausrichtungs-Matrix verwendet wurden, um Folgerichtigkeit zu bewahren.

Tabelle 6.1 Von der Portfoliomatrix-Analyse empfohlene Strategien

Hauptstoßrichtung	Star Investitionen für Wachstum	Cash cow Marktposition aufrechterhalten, gewinnorientiertes Management	Cash dog In selektiver Weise aufrechterhalten	Dog Cashorientiert managen	Wild cat Chancenträchtige Entwicklung
Marktanteil	Dominanz aufrechterhalten oder steigern	Aufrechterhalten oder leicht melken für Erträge	In selektiver Weise aufrechterhalten, segmentieren	Zugunsten des Gewinns auf Anteil verzichten	Selektiv in den Anteil investieren
Produkte	Differenzierung, Linienerweiterung	Abspecken weniger erfolgreich, differenzieren für Schlüsselsegmente	Produktqualität betonen, differenzieren	Aggressiv beschneiden	Differenzierung, Produktlinienerweiterung
Preis	Führung. Aggressive Preispolitik für Anteil	Preise stabilisieren/anheben	Aufrechterhalten oder heben	Heben	Aggressiv, Preispolitik anteilsorientiert
Verkaufsförderung	Aggressives Marketing	Beschränken	In selektiver Weise aufrechterhalten	Minimieren	Aggressives Marketing
Distribution	Distributionserweiterung	Weites Distributionsschema aufrechterhalten	Segmentieren	Distribution schrittweise einschränken	Beschränkte Abdeckung
Kostenkontrolle	Kontrolle straffen, Kostendegression anstreben	Kostenverringerung forcieren, d.h., variable Kosten	Straffe Kontrolle	Sowohl fixe als auch variable aggressiv reduzieren	Straff, aber nicht auf Kosten des Unternehmensimages
Produktion	Expandieren, investieren (organisch, Akquisition, Joint Ventures)	Kapazitätennutzung maximieren	Produktivität steigern, z.B. Spezialisierung/ Automatisierung	Kapazitäten freisetzen	Investieren
Forschung und Entwicklung	Expandieren, investieren	Auf spezifische Projekte konzentrieren	Selektiv investieren	Keine	Investieren
Personal	Management in Schlüsselfunktionsbereichen aufwerten	Aufrechterhalten. Effizienz belohnen, Organisation straffen	Schlüsselmanager zuteilen	Organisation einschränken	Investieren
Investitionen	Wachstum finanzieren	Fixe Investitionen beschränken	Selektiv investieren	Nach Opportunität minimieren und deinvestieren	Mittelzuwachs
Betriebskapital	Im Prozeß reduzieren, Kredite erweitern	Weniger Kredite, Zahl der Debitoren verringern, Lagerumschlag erhöhen	Reduzieren	Aggressiv reduzieren	Investieren

Abbildung 6.3 Weitere, von der Analyse der Portfolio-Matrix empfohlene Richtlinien

nien für andere Funktionen als Marketing enthält. Ich möchte hier jedoch davor warnen, solche allgemeinen Richtlinien unkritsch zu verwenden. Sie sind eher als Checklisten von Fragen zu verstehen, die bei jedem wichtigen Produkt in jedem wichtigen Markt zu stellen sind, *bevor* Marketingziele und -strategien definiert werden.
In diesem Stadium können die Kreise der Politikausrichtungs-Matrix verschoben werden, um ihre relative Größe und Position im Zeitraum von drei Jahren zu zeigen. Sie können das tun, um erstens zu zeigen, wo sie sein werden, wenn die Firma keine Maßnahmen setzt, und zweitens, wo Sie sie idealerweise haben wollen. Diese idealen Positionen werden natürlich zu Marketingzielen werden. Wie dies genau vor sich geht, wird in Kapitel 13 gezeigt. Es handelt sich dabei jedenfalls um das Schlüsselstadium im Marketingplanungsprozeß.

Wettbewerbsstrategien

In diesem Stadium des Planungsprozesses wäre es nützlich, die neuesten Entwicklungen im Bereich der Wettbewerbsstrategien zu erläutern, da ein Verständnis des Themas eine wichtige Voraussetzung für die Festlegung geeigneter Marketingziele ist.
Einer der wichtigsten Zwecke der Marketingstrategie liegt darin, Sie in die Lage zu versetzen, die Kunden bzw. Märkte, mit denen Sie Geschäfte machen wollen, auszuwählen. Diesbezüglich ist vor allem die in Kapitel 5 besprochene Politikausrichtungs-Matrix nützlich. Die wichtigsten Bestandteile dieser Strategie sind:

- Das Unternehmen
- Kunden
- Konkurrenten

Bis jetzt haben wir kaum über die Kunden gesprochen, obwohl wir, wenn wir Erfolg haben wollen, natürlich hart daran arbeiten müssen, einen dauerhaften Wettbewerbsvorteil zu erarbeiten. Das Schlüsselwort in diesem Zusammenhang ist »dauerhaft«, da es viele verschiedene Möglichkeiten gibt, temporäre Vorteile zu erzielen, wie zum Beipiel eine Preisreduktion oder ausgeklügelte Verkaufsförderungsmaßnahmen.
Die meisten Geschäftsleute sind sich darüber einig, daß es in reifenden Märkten nur einen Weg gibt zu wachsen, ohne zu diversifizieren – auf Kosten der Konkurrenz. Das impliziert aber, daß man profunde Kenntnisse der Marktcharakteristika und der wichtigsten Mitbewerber auf dem Markt haben muß. Der führende Denker in diesem Bereich ist Michael Porter von der Harvard Business School, und die Leser, die sich näher mit diesem so wichtigen Thema befassen wollen, seien an sein Buch *Competitive Strategy* verwiesen.
Dieses komplexe Thema läßt sich vielleicht am besten anhand einer kurzen Geschichte darstellen. Stellen Sie sich drei Eingeborenenstämme auf einer kleinen Insel vor, die miteinander um die knappen Ressourcen kämpfen. Ein Stamm beschließt, auf eine größere Nachbarinsel zu ziehen und errichtet dort ein Lager; die beiden anderen folgen schließlich nach und bauen ihre eigenen Lager auf. Nach anfänglichen Schwierigkeiten

beginnen sie schließlich, immer größere Teile der Insel zu besetzen, bis sie, viele Jahre später, eines Tages wieder um angrenzende Gebiete zu kämpfen beginnen. Der innovativere Stammeshäuptling, das heißt, derjenige, der als erster auf die neue Insel zog, setzt sich mit seinen besten Kriegern zusammen und berät mit ihnen, was zu tun sei, da keiner von ihnen große Lust hat, wieder auf eine andere Insel zu ziehen. Sie kommen zu dem Schluß, daß es zwei Möglichkeiten gibt:

1 Angreifen und ohne Rücksicht auf Verluste in das feindliche Gebiet eindringen,
2 sich mit einem kleineren Teil der Insel zufriedengeben und dort eine uneinnehmbare Festung errichten.

Diese beiden Möglichkeiten, d. h. Land erobern oder eine uneinnehmbare Festung errichten (oder beides), sind in Wirklichkeit genau die Optionen, vor denen Geschäftsleute stehen, wenn sie über eine Wettbewerbsstrategie nachdenken. Sehen wir uns diese Optionen der Reihe nach an und bedienen wir uns noch eine Zeitlang der militärischen Analogie – beginnen wir bei der Eroberung neuen Terrains.

Stellen Sie sich zwei feindliche Gruppen vor (durch Kreise dargestellt), die sich auf einem Schlachtfeld gegenüberstehen. Eine Gruppe besteht aus fünfzehn Soldaten, die andere aus zwölf. Stellen Sie sich außerdem vor, daß alle diese Soldaten ein Gewehr haben, aus dem sie alle zur selben Zeit einen Schuß aufeinander abfeuern, und daß sie nicht alle auf denselben Soldaten zielen! Abbildung 6.4 zeigt die Fortschritte jeder Seite, den Gegner zu erledigen. Man wird bald sehen, daß auf der rechten Seite nach drei Salven nur ein Soldat übrig bleibt, während die linke Gruppe mit ihren verbleibenden acht Soldaten immer noch eine lebensfähige Kampfeinheit darstellt.

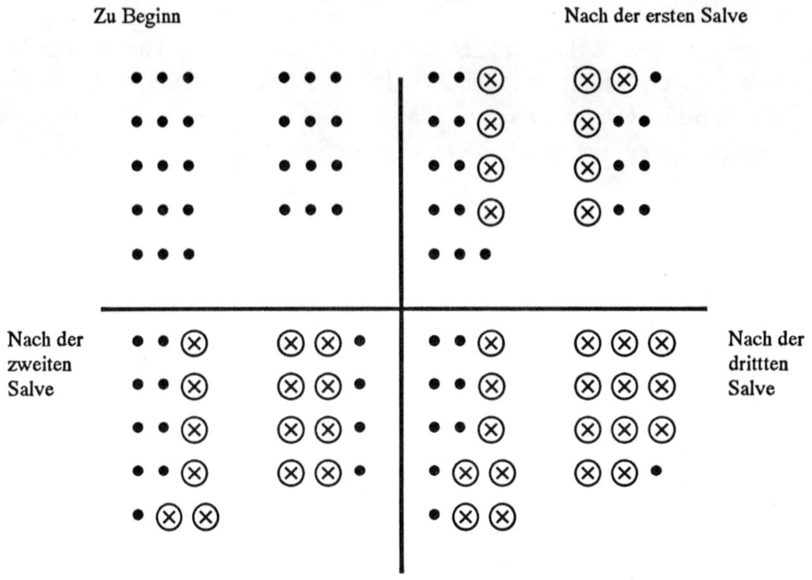

Abbildung 6.4 Die Bedeutung des Marktanteils

Interessant an dieser Geschichte ist, daß der hier beobachtete Effekt nicht *arithmetischer*, sondern *geometrischer* Natur ist; er stellt eine perfekte Demonstration des Größeneffekts dar und zeigt, was geschieht, wenn alles übereinstimmt bis auf die Größe. Die Parallele in der Wirtschaft ist natürlich der Marktanteil. Denken Sie beispielsweise daran, was in der Computerbranche geschah, als General Electric, Rank Xerox, RCA, ICL und andere den Riesen IBM attackierten.

Der größere Konkurrent gewann den Kampf. Wenn also alle Voraussetzungen gleich sind, sollte ein Unternehmen mit einem größeren Marktanteil langfristig gegen einen kleineren Konkurrenten gewinnen. Oder *kann es auch anders kommen*? Natürlich ist das nicht unmöglich, vorausgesetzt, die kleinere Firma macht ein Ausweichmanöver. Bleiben wir noch in der Computerbranche – denken Sie daran, wie erfolgreich NCR mit seiner »globalen Festungsstrategie« war (z. B. ATMs – automatisierte Schalterterminals – für den Finanzmarkt), ähnliches gelang Control Data mit ihren wissenschaftlichen Kontrollen und in letzter Zeit ICL.

Wir können es auch anders sagen. Betrachten wir einen Augenblick das volkswirtschaftliche Modell von Angebot und Nachfrage in Abbildung 6. 5. Hier sehen wir, daß die Preise fallen, wenn das Angebot größer ist als die Nachfrage, und daß die Preise meist steigen, wenn die Nachfrage das Angebot übertrifft. Der Gleichgewichtspunkt ist erreicht, wenn die Nachfrage mit dem Angebot übereinstimmt. Die einzige Möglichkeit für eine Firma, die schlimmsten Auswirkungen einer solchen Situation zu vermeiden, besteht in einer der folgenden Maßnahmen:

1 der kostengünstigste Anbieter zu sein,
2 das Produkt in irgendeiner Weise zu differenzieren, um einen höheren Preis zu rechtfertigen.

Michael Porter kombinierte diese beiden Möglichkeiten in einer einfachen Matrix, wie in Abbildung 6.6 gezeigt. Daraus ist ersichtlich, daß Feld 1 eine vernünftige Strategie repräsentiert, vor allem in warenorientierten Märkten wie bei Massenchemikalien, wo eine Differenzierung aufgrund der gleichartigen chemischen Zusammensetzung der Produkte

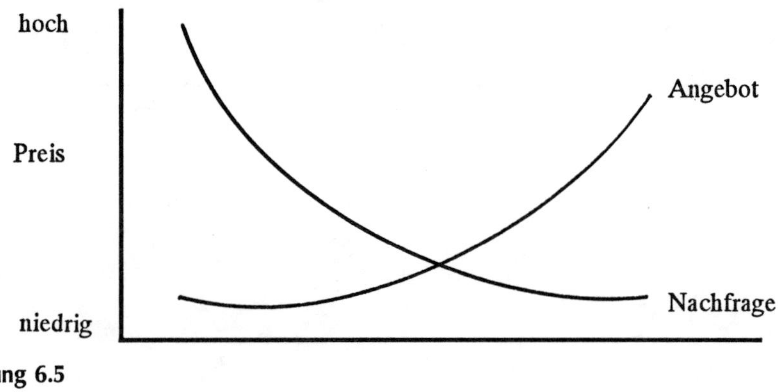

Abbildung 6.5

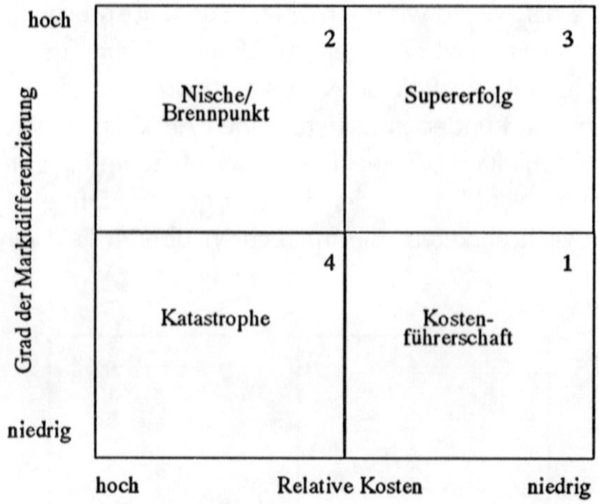

Abbildung 6.6

schwieriger zu erreichen ist. In solchen Fällen ist es ratsam, sich der Realität zu stellen und zu einer produktiven Unternehmensanstrengung zu finden, um die Nummer eins zu werden. Genau an diesem Punkt wird der in Kapitel 5 beschriebene Erfahrungseffekt besonders wichtig.

Viele Unternehmen, wie beispielsweise Jaguar oder BMW, können naturgemäß nicht darauf bauen, kostengünstig zu produzieren. Daher muß sich ihre Unternehmensphilosophie auf die Differenzierung konzentrieren und auf das, was wir Zusatzwerte genannt haben. Natürlich ist das eine vernünftige Strategie für jedes Unternehmen, das keine Hoffnung hat, jemals zum billigsten Anbieter der Welt zu werden, und viele Großunternehmen haben weltweit mit dieser Strategie auch Erfolg. Vielen Unternehmen gelingt es auch, sich in Feld 3, das Supererfolgsfeld, zu katapultieren, indem sie sich in einer sogenannten »globalen Festung« festsetzen. Ein gutes Beispiel dafür ist NCR, die die internationalen Banken- und Einzelhandelsmärkte mit ihren genau auf die Kunden zugeschnittenen technologischen und Marketingmethoden dominieren.

Unternehmen wie IBM, McDonalds und General Electric sind jedoch typisch für Feld 3; sie kombinieren in ihren Unternehmensstrategien niedrige Kosten, Differenzierung und weltweite Führung.

Es bleibt nur Feld 4 übrig. Hier sehen wir, daß eine Kombination von warenorientierten Märkten und hohen relativen Kosten früher oder später zu einer Katastrophe führen würde. Eine solche Position ist nur haltbar, solange die Nachfrage größer ist als das Angebot. Wenn diese Märkte jedoch in das Reifestadium eintreten, gibt es nur noch wenig Hoffnung für Firmen, die sich in dieser wenig beneidenswerten Position befinden.

Wenn Sie über Differenzierung als Strategie nachdenken, ist es wichtig, daß Sie trotzdem weiterhin *kosteneffizient* arbeiten müssen. Es ist ein Mythos, daß schlampiges Management und hohe Kosten akzeptabel sind, solange das Produkt ein gutes Image und hohe Zusatzwerte hat. Wenn wir über Differenzierung sprechen, schlagen Sie bitte in Kapitel 4 nach, denn dort wird der Weg zur Differenzierung gewiesen. Es ist außerdem klar, daß es nicht sehr sinnvoll ist, Vorteile anzubieten, die Sie teuer zu stehen kommen, die aber bei den Kunden in keinem hohen Ansehen stehen. Sie könnten also eine Matrix wie die in Abbildung 6.7 gezeigte verwenden, um die von Ihnen gebotenen Vorteile zu klassifizieren. Natürlich werden Sie den größten Erfolg haben, wenn Sie so viele Vorteile wie möglich anbieten, die im rechten oberen Feld eingetragen werden können.

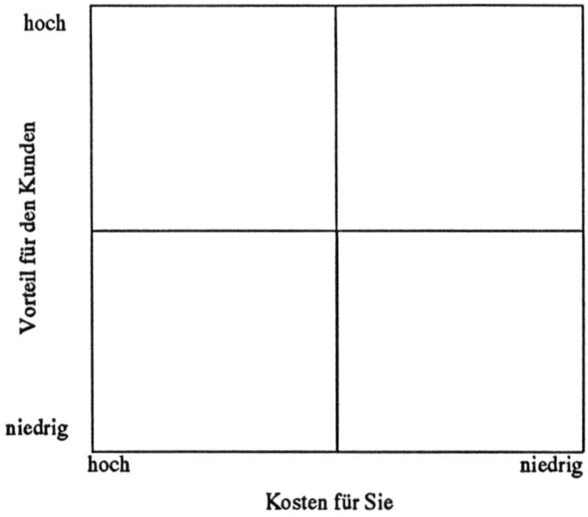

Abbildung 6.7

ICI ist ein gutes Beispiel für ein Unternehmen, das seine globale Strategie ständig modifiziert, indem es sich systematisch von den Massenchemikalien in Feld 1 (Abbildung 6.6) entfernt, sich zu den Spezialchemikalien in Feld 2 bewegt und schließlich dazu übergeht, bei diesen Spezialchemikalien die Position einer »globalen Festung« einzunehmen.

Der Hauptpunkt ist jedoch, daß Sie, wenn Sie Marketingziele festlegen, Ihre Positionen und die Ihrer Konkurrenten in Ihren Märkten genau kennen und für die verschiedenen Elemente Ihrer Geschäfte, die alle verschieden sein *können*, die geeignete Haltung einnehmen sollten. Es kann zum Beispiel nötig sein, den Teil Ihres Portfolios, der im »Katastrophen«-Feld liegt (Feld 4), zu akzeptieren. Sie könnten dazu gezwungen sein, hier einige Produkte zu haben, beispielsweise, um Ihre Produktpalette zu vervollständigen, damit Sie in der Lage sind, rentablere Produkte anzubieten. Wichtig ist, daß Sie gegenüber diesen Produkten die richtige Haltung einnehmen und Ihre Marketingziele demgemäß festlegen, wobei Sie, falls erforderlich, die in Tabelle 6.1 und in Abbildung 6.3 angegebenen Richlinien verwenden können.

Schließlich gibt es einige sehr allgemeine Richtlinien, die Ihnen beim Nachdenken über Wettbewerbsstrategien von Nutzen sein können.

1 Machen Sie sich mit dem Terrain vertraut, auf dem Sie kämpfen (der Markt)
2 Machen Sie sich mit den Ressourcen Ihrer Feinde vertraut (Wettbewerbsanalyse)
3 Setzen Sie eine entschlossene Handlung, die der Konkurrent nicht erwartet.

Im Zusammenhang mit diesem letzten Ratschlag formulierte der große Militärstrategiehistoriker Lanchester die folgende Gleichung, als er seine Erkenntnisse auf die Wirtschaft anwandte:

Kampfstärke = Effizienz der Waffen × (Anzahl der Soldaten)^2

Wir wollen das vereinfachen und zusammenfassen. »Effizienz der Waffen« könnten für uns Elemente wie Werbung, Verkaufspersonal, Qualität unserer Produkte und so weiter sein. »(Anzahl der Soldaten)^2« ist schwieriger zu erklären, aber dem Konzept nach der Einsteinschen Theorie der kritischen Masse ähnlich:

Energie = Masse × (Lichtgeschwindigkeit)^2
$E = mc^2$

Nehmen wir als Beispiel den Einsatz des Verkaufspersonals. Wenn der Vertreter Ihrer Konkurrenz einen Verkaufsstandort ein halbes Jahr lang zum Beispiel viermal im Monat besucht, wird er in diesem halben Jahr 24 Besuche gemacht haben. Wenn nun Ihr Vertreter die Vertriebsfirma ein halbes Jahr lang achtmal monatlich besucht, wird er 48 Besuche gemacht haben. Laut dem parabolischen Gesetz von Lanchester ist der *Effekt* beträchtlich höher als doppelt so hoch wie der Ihres Konkurrenten.

Ein Beispiel dafür war der Angriff von Canada Dry auf den britischen Mixermarkt in den 70er Jahren. Durch Schulungen, in denen das Personal eine Spitzeneffektivität erreichte (Effizienz der Waffen), und Konzentration auf spezifische Marktsegmente und die Herausforderung ihres viel größeren Konkurrenten konnten sie schrittweise bestimmte Marktteile okkupieren und dann zu den nächsten übergehen, bis sie schließlich einen signifikanten Marktanteil gewonnen hatten. Es wäre dumm gewesen, den Marktführer in einem direkten Kampf frontal herauszufordern. Das Ergebnis wäre ein Schicksal wie das der zahlenmäßig unterlegenen Truppen gewesen!

Wo man beginnt (Gap-Analyse)

Abbildung 6.8 zeigt das, was allgemein unter dem Namen »Gap-Analyse« (Ziellückenanalyse) bekannt ist. Ihre wesentliche Aussage ist, daß, wenn die Umsatz- und Finanzziele eines Unternehmens höher sind als die aktuellen langfristigen Prognosen, eine Lücke entsteht, die aufgefüllt werden muß.

Die »operative Lücke« kann auf drei Arten aufgefüllt werden:

1 Verbesserte Produktivität, z. B. Kostenreduktion, Verbesserung des Sortiments, Preiserhöhungen
2 Marktdurchdringung, z. B. Verbrauch erhöhen, Marktanteil vergrößern.

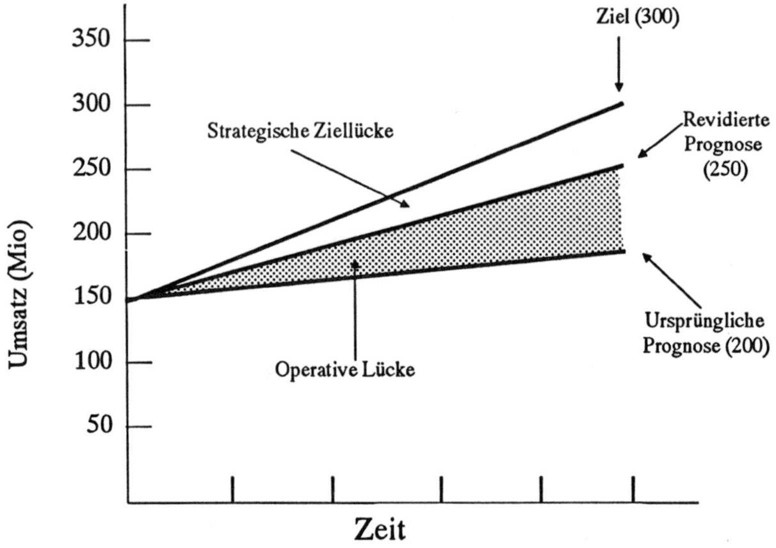

Abbildung 6.8

Die »strategische Ziellücke« kann auf drei Arten aufgefüllt werden:

1 Marktausdehnung, z. B. durch Suchen neuer Anwendergruppen, Eintritt in neue Segmente, geographische Expansion

2 Produktentwicklung

3 Diversifikation, z. B. durch Verkauf neuer Produkte an neue Märkte.

Eine vierte Option besteht natürlich darin, die Ziele herabzusetzen!

Wenn die Verbesserung der Produktivität eine Methode zur Auffüllung der Expansionslücke ist, muß man darauf achten, keine Maßnahmen wie z. B. die allgemeine Reduzierung der Marketingkosten um 20 Prozent zu setzen. Die Portfolioanalyse, die im Stadium des Marketing-Audit gemacht wurde, zeigt, daß dies für einige Produkt- und Marktbereiche, die erhöhte Marketingausgaben erfordern, völlig unangebracht wäre, während in anderen Bereichen eine Senkung der Marketingkosten um 20 Prozent nicht ausreichend wäre.

Was die anderen Optionen anbelangt, so ist klar, daß die Marktdurchdringung immer die erste Option einer Firma sein sollte, da es viel sinnvoller ist, Gewinne und Cash-flow zuerst aus *bestehenden* Produkten und Märkten zu erhöhen, denn dies ist im allgemeinen am kostengünstigsten und risikoärmsten. Das ist deshalb der Fall, weil eine Firma für ihre bestehenden Produkte und Märkte über entwickelte Kenntnisse und Fähigkeiten verfügt, die sie im Wettbewerb gut einsetzen kann.

Aus demselben Grund ist es in vielen Fällen sinnvoller, sich im Streben nach weiterem Wachstum die horizontale Achse entlangzubewegen, bevor man sich auf die Suche nach neuen Märkten begibt. Der Grund hiefür ist, daß eine Firma normalerweise viele

Jahre braucht, um ihre Kunden und Märkte kennenzulernen und sich einen guten Ruf zu erwerben. Dieser gute Ruf und das Vertrauen – entweder in den Namen der Firma oder in ihre Marken – sind schwer auf neue Märkte, die bereits von anderen Firmen besetzt sind, übertragbar.

Der Marketing-Audit sollte sicherstellen, daß die zur Schließung der Lücke gewählte Methode mit den Fähigkeiten des Unternehmens übereinstimmt und auf seinen Stärken aufbaut. Zum Beispiel wäre es normalerweise für einen Hersteller von Trockennahrungsmitteln viel weniger rentabel, mit Tiefkühlnahrung auf den Markt zu kommen, als ein weiteres Trockennahrungsprodukt anzubieten. Dasselbe gilt, wenn ein Produkt mit demselben Verkaufspersonal an bestehende Kanäle verkauft werden kann, denn dies ist viel weniger riskant, als ein neues Produkt einzuführen, für das neue Kanäle und neue Verkaufstechniken erforderlich sind.

Genau dasselbe gilt für Produktion, Distribution und Mitarbeiter einer Firma. Alle neu entwickelten Produkte sollten so weit wie möglich auf die Stärken und Fähigkeiten des Unternehmens abgestimmt sein. Natürlich ist die Nutzung bestehender Anlagenkapazitäten neuen Prozessen im allgemeinen vorzuziehen. Ebenso ist das Ausmaß der zusätzlichen Investitionen von Bedeutung. Technisches Personal ist ausgezeichnet ausgebildet und spezialisiert, und es ist zu überlegen, ob sich diese Kompetenz auf ein neues Gebiet übertragen läßt. Ein Produkt, für das neue Rohmaterialien erforderlich sind, erfordert möglicherweise auch neue Handling- und Lagertechniken, die sich als teuer erweisen könnten.

Nun verstehen wir, warum das Hineingehen in neue Märkte mit neuen Produkten (Diversifikation) die riskanteste Strategie überhaupt ist, weil dafür *neue* Ressourcen und *neue* Managementfähigkeiten entwickelt werden müssen. Deshalb ist die Wirtschaftsgeschichte reich an Beispielen von Firmen, die in Konkurs gingen, weil sie sich in Bereiche gewagt hatten, in denen sie keine oder nur wenig distinktive Kompetenz vorzuweisen hatten. Aus diesem Grund haben sich auch viele Unternehmen, die in Zeiten hohen Wirtschaftswachstums durch Akquisitionen diversifizierten, wieder aus Geschäftsbereichen zurückgezogen, die im Grunde nicht mit ihrer eigenen distinktiven Kompetenz vereinbar waren.

Die Ansoff-Matrix ist natürlich nicht nur eine einfache Vierfeld-Matrix, denn wir werden sehen, daß es drei verschiedene Grade von technologischer Neuheit und auch von Marktneuheit gibt. Dies ist aus Abbildung 6.9 gut ersichtlich. Daraus läßt sich auch erkennen, warum jede Bewegung grundsätzlich darauf abzielen sollte, eine Firma so nahe wie möglich bei ihrer derzeitigen Position zu halten, anstatt sie in eine völlig fremde Position zu drängen, außer es handelt sich um völlig ungewöhnliche Umstände. Trotzdem *zwingt* das Phänomen des Produktlebenszyklus die Firmen unweigerlich dazu, sich entlang einer oder mehreren Achsen der Ansoff-Matrix zu bewegen, wenn sie ihre Umsätze und Gewinne weiterhin steigern wollen. In diesem Stadium drängt sich die Schlüsselfrage auf, *wie* diese wichtige Entscheidung in Anbetracht der bestehenden Risiken getroffen werden soll.

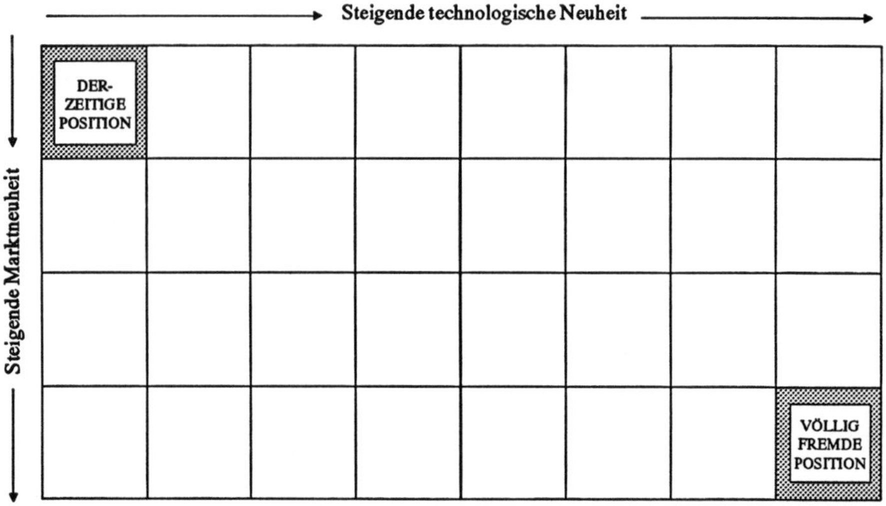

Abbildung 6.9

Eine vollständige Liste der verschiedenen Methoden im Prozeß der Gap-Analyse findet sich in Abbildung 6. 10. Aus dieser Abbildung wird ersichtlich, daß eine Führungskraft nichts tun kann, um die Lücke zu schließen, was nicht in dieser Liste enthalten wäre. Die genaue Methodologie zur Ausführung dieses Konzeptes finden Sie im abschließenden Kapitel dieses Buches, in dem ein Marketingplanungssystem enthalten ist.

In diesem Stadium sollte hervorgehoben werden, daß der Punkt »Ziele« in der Gap-Analyse *keine* Hochrechnung sein, sondern Ihre eigenen Ansichten darüber ausdrücken sollte, wie hoch die Erträge sein müßten, um diesen Bereich in ein ausgezeichnetes Geschäft zu verwandeln. Das Wort »ausgezeichnet« darf sich natürlich nur auf vergleichbare Geschäfte beziehen. Wenn diese Tatsache allen SGE-Managern auf ihrer Suche nach Maßnahmen zur Füllung einer Lücke bewußt wäre, könnte dadurch selbstverständlich ein ausgezeichnetes allgemeines Abschneiden erreicht werden.

Entwicklung neuer Produkte, Markterweiterung und Diversifikation

Diese Probleme sollten relativ einfach zu lösen sein, wenn der Marketing-Audit gründlich durchgeführt wurde.

Es ist nicht Zweck dieses Buches, einzelne Sparten des Marketing wie Marktforschung, Marktselektion, Entwicklung neuer Produkte und Diversifikation detailliert zu erläutern. Was in einem Buch über Marketingplanung jedoch wichtig ist, ist die Vermittlung eines Verständnisses der Rahmenbedingungen, unter denen diese Aktivitäten stattfinden sollten.

Unser Ziel ist es, die *Synergie* zu maximieren, die man als den 2 + 2 = 5-Effekt beschreiben könnte. Der Ausgangspunkt ist der Marketing-Audit, der zur SWOT-Analyse

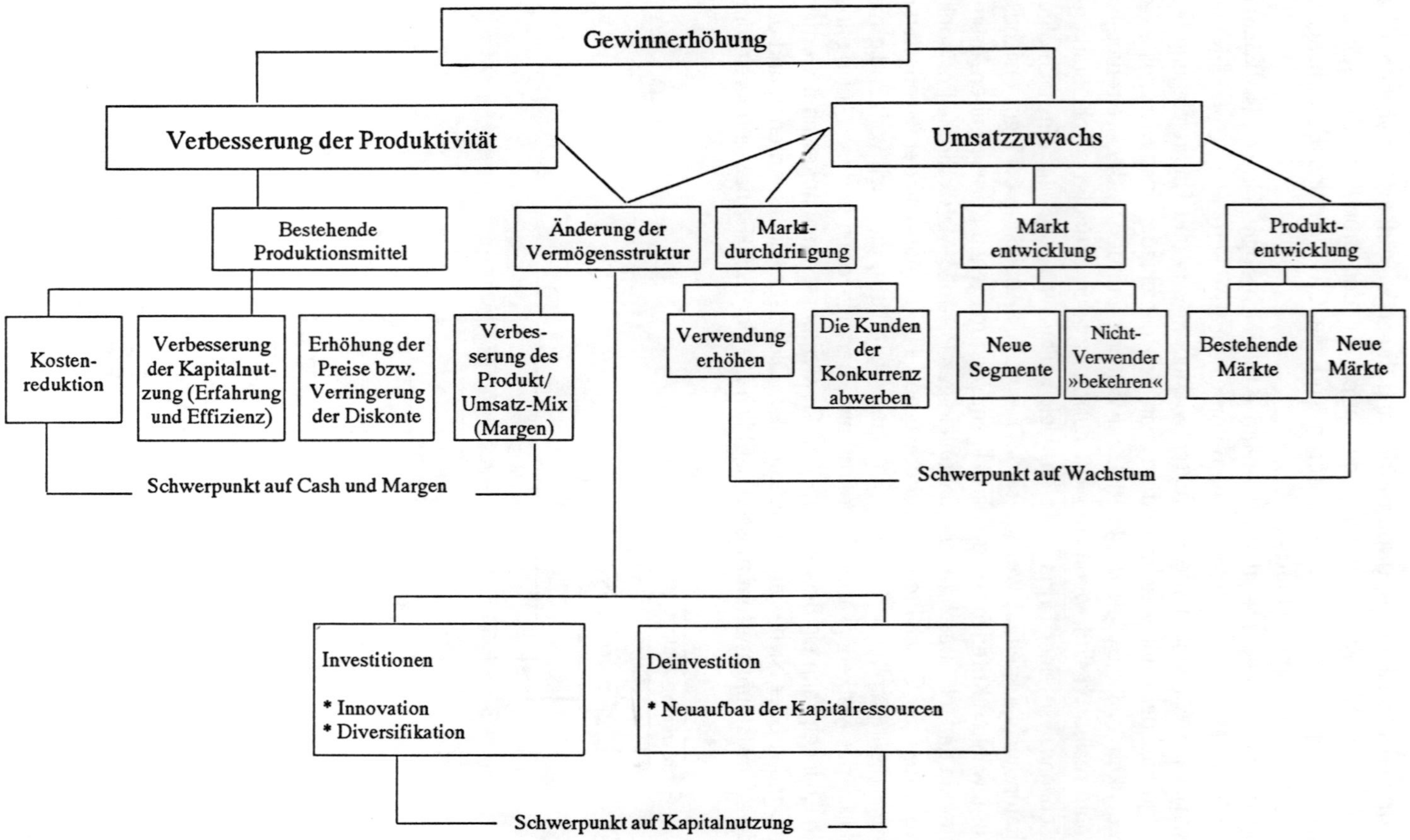

Abbildung 6.10 Gewinn/Geschäftsbereichsgewinn-Verbesserungsoption

führt (strengths, weaknesses, opportunities and threats – Stärken, Schwächen, Chancen und Bedrohungen). Jegliche Entwicklung basiert auf den grundlegenden *Stärken* und *Schwächen* einer Firma. Externe Faktoren sind die Chancen und Bedrohungen, mit denen das Unternehmen konfrontiert ist.

Sobald dieses wichtige analytische Stadium erfolgreich abgeschlossen ist, können die technischeren Prozesse zur Identifikation von Chancen – Screening, Geschäftsanalysen und schließlich Aktivitäten wie Produktentwicklung, Tests und Eintrittsplanung – stattfinden, je nachdem, für welche Option man sich entschieden hat. Man sollte jedoch daran denken, daß die Ziele der Produktentwicklung und der Markterweiterung langfristig kaum realistisch sind, wenn sie nicht auf der soliden Grundlage einer Stärken- und Schwächenanalyse einer Firma basieren, gleichgültig, wie sorgfältig die nachfolgenden Aktivitäten auch ausgeführt worden sind. Dies ist aus Abbildung 6.11 gut ersichtlich.

Die ausgewählten Kriterien werden im allgemeinen mit jenen Kriterien übereinstimmen, die in der in Kapitel 5 beschriebenen neunfeldigen Portfolio-Matrix für die Positionierung der Produkte oder Geschäfte verwendet wurden. Für die Auswahl der wichtigsten Kriterien kann die in Kapitel 5, Tabelle 5.2, angegebene Liste, die auch vollständig mit der Checkliste des Marketing-Audit übereinstimmt, herangezogen werden. Auf die identifizierten Chancen kann ein Bewertungs- und Gewichtungssystem angewandt werden, um deren Eignung oder Nichteignung festzustellen. Die ausgewählten Kriterien und das verwendete Gewichtungssystem müssen natürlich mit der SWOT-Analyse übereinstimmen.

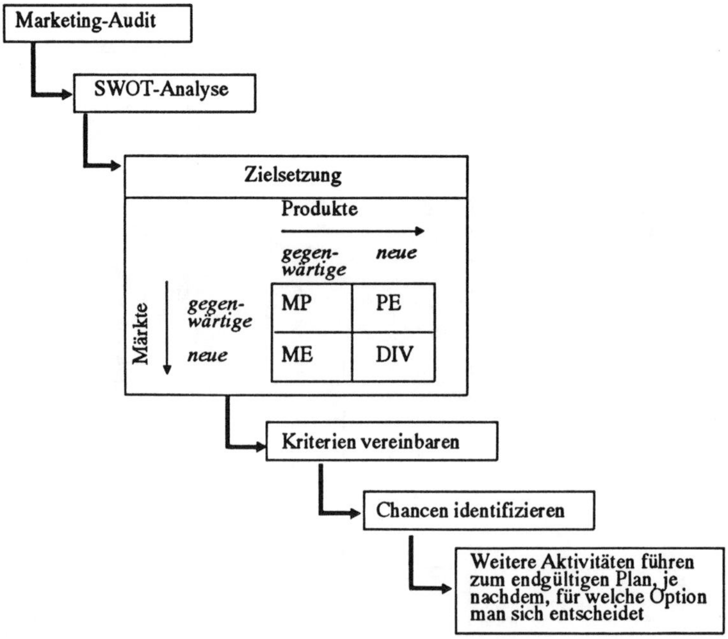

Abbildung 6.11

Ein einfaches Beispiel dafür, wie ein quantitativer Ansatz für die Evaluierung nach den einmal ausgewählten Kriterien aussehen kann, findet sich in Tabelle 5.3 in Kapitel 5.

Wir haben bereits gesagt, daß es nicht der Zweck dieses Buches sein kann, irgendwelche Sparten des Marketing wie z. B. die Marktforschung detailliert zu untersuchen, aber es wäre trotzdem nützlich, den Prozeß der Entwicklung neuer Produkte und dessen Verhältnis zur oben beschriebenen Gap-Analyse kurz zu skizzieren.

Nachdem ein Marketing-Audit und eine Gap-Analyse den Platz der Entwicklung neuer Produkte in einem breiten Unternehmenskontext festgelegt haben, muß die Organisation die Mikro-Überlegungen untersuchen. Darunter ist eine Reihe von Faktoren, die zu berücksichtigen sind, wenn ein Produkt im Hinblick darauf bewertet wird, ob es in ein Produktportfolio paßt und welche Beiträge es zur Erreichung der gesteckten Ziele leisten kann.

Abbildung 6.12 zeigt das Verhältnis des Prozesses der Entwicklung neuer Produkte zu Marketing-Audit und SWOT-Analyse. Es ist nützlich, die Entwicklung neuer Produkte als Prozeß zu betrachten, der sich aus den folgenden sieben Stufen zusammensetzt:

1 *Entwicklung von Ideen* – die Suche nach Produktideen für die Erreichung von Unternehmenszielen

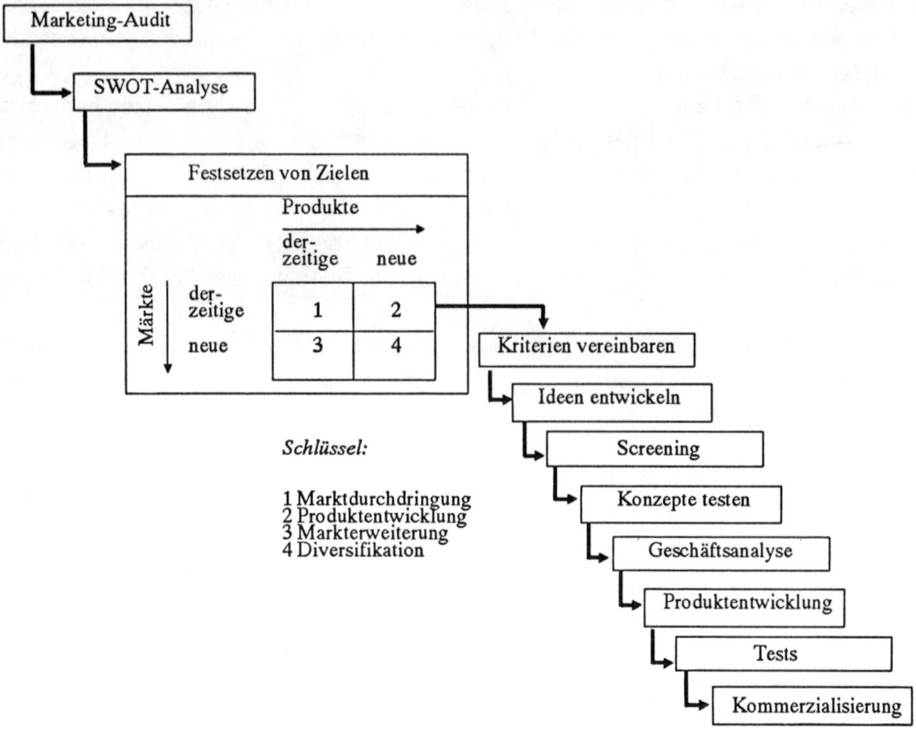

Abbildung 6.12 Der Entwicklungsprozeß neuer Produkte

2 *Screening* – eine rasche Analyse der Ideen, um die relevanten herauszufiltern
3 *Testen der Konzepte* – Überprüfung anhand des Marktes, ob die neuen Produktideen akzeptabel sind
4 *Geschäftsanalysen* – die Idee wird detailliert daraufhin überprüft, ob sie in geschäftlicher Hinsicht zum Unternehmen paßt
5 *Produktentwicklung* – Umwandlung der Idee in »Hardware«
6 *Testen* – die Durchführung der erforderlichen Markttets, um frühere Geschäftsbewertungen zu verifizieren.
7 *Kommerzielle Verwertung* – Herausbringen eines Produktes im vollen Umfang, Einsatz der Unternehmensreputation und der Ressourcen.

Marketingstrategien

Das, was ein Unternehmen in Bereichen wie Marktanteil und Volumen zu erreichen sucht, wird also Marketingziel genannt. Die Art und Weise, wie das Unternehmen bei der Erreichung seiner Ziele vorzugehen beabsichtigt, nennt man Strategie. Die Strategie ist der allgemeine Weg zur Erreichung spezifischer Ziele und beschreibt die Mittel, durch die Ziele erreicht werden sollen, das Zeitprogramm und die Allokation der Ressourcen. Sie läßt jedoch die individuelle Richtung außer acht, in die die aus ihr resultierenden Aktivitäten gehen werden.
Es gibt einen klaren Unterschied zwischen der Strategie und der detaillierten Implementierung oder Taktik. Die Marketingstrategie reflektiert die nach reiflicher Überlegung zustandegekommene Meinung, wie ein Unternehmen seine Fähigkeiten und Ressourcen auf möglichst rentable Weise auf dem Markt anwenden kann. Es ist unvermeidlich, daß sie breit gefaßt ist. Der Plan, der sich aus ihr ergibt, definiert Maßnahmen und deren Timing und enthält eine detaillierte Beschreibung der Beiträge, die die einzelnen Abteilungen leisten sollen.
Es besteht eine Ähnlichkeit zwischen Strategien im Geschäftsleben und strategischem militärischem Vorgehen. Diese Strategie konzentriert sich auf den Feind, das Gelände und die verfügbaren Ressourcen und entscheidet dann, ob an der gesamten Front oder an einem schwachen Punkt der feindlichen Armee angegriffen werden soll, ob man eine Attacke in einer Richtung vortäuschen und in einer anderen angreifen soll, oder ob man versuchen soll, die feindliche Position einzukesseln. Die Politik und die Mischung der Methoden, die Art der verwendeten Taktik sowie die Kriterien für die Beurteilung eines Erfolges können alle unter dem Titel »Strategie« zusammengefaßt werden. Die Handlungsschritte sind die Taktik.
In ähnlicher Weise können beim Marketing derselbe Einsatz, die Mischung und die Mittel gemeinsam mit den taktischen Richtlinien und den zu erfüllenden Kriterien unter dem Titel »Strategie« zusammengefaßt werden.
Zum Beispiel ist die Entscheidung, in allen Marktbereichen mit Ausnahme der drei größ-

ten mit Vertriebshändlern zu arbeiten, eine strategische Entscheidung. Die Auswahl bestimmter Vertriebshändler ist eine taktische Entscheidung.

Die folgenden sechs Punkte geben einen Überblick über den allgemeinen Inhalt strategischer Aussagen im Marketingbereich:

1 Politische Maßnahmen und Verfahren, die sich auf die anzubietenden Produkte beziehen, wie Anzahl, Qualität, Design, Marken, Verpackung und Etikettierung usw.
2 Anzusetzende Preisniveaus, Margen und Diskontpolitik
3 Werbung und Verkaufsförderung. Der kreative Ansatz, die Art der Medien, die Produktdarbietung, die verfügbaren Geldmittel usw.
4 Welcher Wert auf persönlichen Verkauf, Verkaufspolitik, Verkäuferschulungen etc. gelegt werden soll
5 Die zu verwendenden Distributionskanäle und deren jeweilige Bedeutung
6 Lagerhaltung, Transport, Lagerbestände, Serviceangebot etc. in Relation zur Distribution

Das heißt, daß Marketingstrategien das Mittel darstellen, über das Marketingziele erreicht werden können. Sie befassen sich im allgemeinen mit vier wichtigen Elementen des Marketing-Mix, nämlich:

Produkt	Die allgemeine Politik für Produkteliminierung, Modifikationen, Zusätze, Design, Verpackung etc.
Preis	Die allgemeine Preispolitik für Produktgruppen in Marktsegmenten
Ort (place)	Die allgemeine Politik für Kanäle und Kundendienstangebot
Verkaufsförderung (promotion)	Die allgemeine Politik für die Kommunikation mit den Kunden unter den jeweiligen Titeln wie Werbung, Verkaufspersonal, Verkaufsförderung, Public Relations, Ausstellungen, Direct Mail etc.

Die folgende Liste der Marketingstrategien (in zusammengefaßter Form) deckt die meisten Optionen unter den Titeln der »vier Ps« ab:

1 *Produkt*
- Erweiterung der Produktlinie
- Änderung von Leistung, Qualität oder Merkmalen
- Konsolidierung der Produktlinie
- Standardisierung des Designs
- Positionierung
- Veränderung des Mix
- Markennamen

2 *Preis*
- Änderung von Preis, Bedingungen oder Konditionen
- Abschöpfungspolitik
- Durchdringungspolitik

3 *Verkaufsförderung (promotion)*

- Änderung von Werbung oder Verkaufsförderung
- Änderung des Verkaufs

4 *Ort (place)*

- Zustellung oder Distribution verändern
- Service verändern
- Kanäle verändern
- Veränderung des Ausmaßes der Vorwärtsintegration

Die Kapitel 7–10 widmen sich einer viel detaillierteren Untersuchung von Verkaufsförderung, Preisbildung und Distribution. Diese Kapitel beschreiben, was in Werbe-, Verkaufs-, Preisbildungs- und Distributionsplänen enthalten sein sollte. Dieser Teil wendet sich an alle, deren prinzipielles Anliegen die Erstellung eines detaillierten operationalen oder taktischen Einjahresplanes ist. Der Zusammenhang dieser Kapitel mit dem strategischen Plan liegt in der Bereitstellung von Informationen, die es den Planern ermöglichen, unter den oben angeführten Titeln breite Strategien zu entwerfen. Es gibt kein Kapitel über Produktmanagement, weil alle Produktoptionen bereits besprochen wurden, vor allem in Kapitel 5, als der Produkt-Audit behandelt wurde.

Es müssen noch weitere Schritte im Marketingplanungsprozeß gesetzt werden, bevor man detaillierte Programme zusammenstellen kann. Diese Schritte bestehen darin, die Kosten für die Strategien grob zu überschlagen und alternative Pläne zu entwerfen. Beide Schritte werden in Kapitel 11 näher besprochen.

Die Formulierung von Marketingstrategien ist einer der entscheidendsten und schwierigsten Teile des gesamten Marketingprozesses. Damit wird die Leiste für den Erfolg gelegt. Die Strategie wird allen Managementebenen mitgeteilt und zeigt, welche Stärken entwickelt werden müssen, welche Schwächen zu beheben sind und wie das geschehen soll. Marketingstrategien ermöglichen es, das Unternehmen durch operative Entscheidungen an die deutlich werdenden Muster der Marktchancen heranzuführen, was sich in früheren Analysen als sehr erfolgsträchtig erwiesen hat.

Bevor wir nun dazu übergehen, das nächste Stadium der Marketingplanung zu beschreiben, d. h. die Erstellung der tatsächlichen Arbeitspläne, möchte ich betonen, daß die entscheidende Phase der Festlegung von Zielen und Strategien ein ausgesprochen komplexer Prozeß ist, der, wenn er schlecht durchgeführt wird, höchstwahrscheinlich zu einer beträchtlichen Fehlleitung von Ressourcen führt.

In diesem Kapitel wurden die Notwendigkeit klarer, definitiver Ziele für alle Aspekte des Marketingprogrammes sowie die Tatsache bekräftigt, daß sich die Marketingziele selbst in logischer Weise von allgemeinen Unternehmenszielen ableiten lassen müssen. Der Vorteil dieser Vorgangsweise liegt darin, daß sie es allen mit Marketingaktivitäten befaßten Personen gestattet, ihren jeweiligen Beitrag dazu zu leisten, daß die allgemeinen Marketingziele erreicht werden und eine sinnvolle und konstruktive Evaluierung aller Marketingaktivitäten erleichtert wird.

Aus den obigen Bemerkungen über das, was wir die Hierarchie der Ziele genannt haben, ergibt sich für die praktischen Zwecke der Marketingplanung, daß allgemeine Marketingziele in Sub-Ziele unterteilt werden müssen, die in ihrer Gesamtheit zur Erreichung der allgemeinen Ziele führen. Durch die Unterteilung der allgemeinen Ziele läßt sich das Problem der Strategieentwicklung leichter handhaben.

Eine zweijährige Studie von McKinsey & Company über 35 Spitzenindustriebetriebe zeigte, daß die führenden Unternehmen in der Auffassung übereinstimmen, daß die Produkt- und Marktstrategie der Schlüssel zu der Aufgabe ist, die Dividenden der Aktionäre kontinuierlich steigen zu lassen. Daraus ergibt sich, daß das Festlegen von Zielen und Strategien für Produkte und Märkte ein entscheidender Schritt im Marketingplanungsprozeß ist.

Sobald eine Übereinstimmung über die breiten Marketingziele und -strategien erzielt ist, können die für die Programme zuständigen Leute zum detaillierten Planungsstadium übergehen, indem sie die geeigneten allgemeinen strategischen Aussagen in Sub-Ziele unterteilen.

Pläne sind das Vehikel, mit dem man auf dem gewählten Weg zum Ziel gelangt, oder die detaillierte Ausführung einer Strategie. Der Ausdruck »Plan« wird in der Marketingliteratur oft als Synonym für die Ausdrücke »Programm« und »Zeitplan« verwendet. Ein Plan, der detaillierte Listen der zu erledigenden Aufgaben sowie Zuständigkeiten, Timing und Kosten enthält, wird manchmal »Bereichsbudget« genannt; dabei handelt es sich lediglich um eine detaillierte Aufschlüsselung der zu erledigenden Aufgaben und der zu erwartenden Ergebnisse, in Geld ausgedrückt. Mehr darüber in den Kapiteln 7–10.

Anwendungsfragen

1 Erstellen Sie eine kritische Analyse der Unternehmensziele Ihrer Firma.
2 Erstellen Sie eine kritische Analyse der Unternehmensstrategie Ihrer Firma.
3 Erstellen Sie eine kritische Analyse der Marketingziele Ihrer Firma.
4 Erstellen Sie eine kritische Analyse der Marketingstrategie Ihrer Firma.
5 Hat in den letzten 10 Jahren irgendeine Produkt- oder Markterweiterung stattgefunden, die nicht mit der distinktiven Kompetenz Ihrer Firma übereinstimmte? Wenn ja, erklären Sie, warum.
6 Finden Sie Kriterien für eine Produkt- oder Markterweiterung, die mit den distinktiven Kompetenzen Ihrer Firma vereinbar *sind*.

7 DER KOMMUNIKATIONSPLAN

WERBE- UND VERKAUFSFÖRDERUNGSPLÄNE

Zusammenfassung

Kapitel 7 beginnt mit der Erläuterung des Unterschiedes zwischen persönlicher und unpersönlicher Kommunikation und bietet eine Methode für Entscheidungen über den Kommunikations-Mix an. Hier wird gezeigt, wie ein Werbeplan erstellt wird, und detailliert besprochen, was Werbeziele sind und wie man sie festlegt. Enthalten ist auch eine kurze Besprechung der Rolle, die die Innovationsdiffusionskurve in der Werbung spielt. Danach wird der Verkaufsförderungsplan vorgestellt. Schließlich befaßt sich ein Abschnitt mit der Erstellung eines Verkaufsförderungsplans.

Verschiedene Kommunikationsformen

Nachdem wir den wichtigen Bereich der Marketingziele und -strategien erforscht haben, wenden wir unsere Aufmerksamkeit nun der Frage zu, wie wir mit unseren Kunden, sowohl den derzeitigen als auch den potentiellen, kommunizieren.

Unternehmen kommunizieren mit ihren Kunden auf sehr vielfältige Weise, dennoch können wir zwei Hauptkategorien unterscheiden:

1 *Unpersönliche Kommunikation*, d. h., Werbung, Auslagen und Ausstellungen am Verkaufsort, Verkaufsförderung und Public Relations.

2 *Persönliche* (oder direkte Person-zu-Person) *Kommunikation*, d. h., eine persönliche Begegnung zwischen dem Verkäufer und seinem Kunden.

Das heißt, daß die Unternehmen je nach den Erfordernissen der spezifischen Situation eine ganze Reihe von Kommunkationstechniken (den »Kommunikations-Mix«) zur Verfügung haben, welche entweder einzeln oder in Kombination verwendet werden können, um innerhalb der budgetären Grenzen eine maximale Rentabilität zu erzielen. Firmen, die im Bereich der Kundenkommunikation mit anerkannter Professionalität arbeiten, experimentieren kontinuierlich mit dem von ihnen verwendeten Mix an Kommunikationstechniken, in dem Bestreben, in diesem wichtigen und oft teuren Teil ihrer Geschäftsaktivitäten eine maximale Kosteneffizienz zu erzielen. Wir werden nun eine Reihe möglicher Kommunikationsarten mit den Kunden unter den oben angeführten Titeln näher untersuchen. Dieses Kapitel wird sich genauer mit Werbung und Verkaufsförderung befassen und soll die Entscheidung erleichtern, wie man an die Erstellung detaillierter Pläne für diese wichtigen Elemente des Marketing-Mix herangeht.

In Kapitel 8 werden wir dieselben Untersuchungen für den persönlichen Verkauf und den Verkaufsplan durchführen.

Die Entscheidung über den Kommunikations-Mix

Werbung ist eine beliebte Methode der unpersönlichen Kommunikation; sie kann über Medien wie Presse, Fernsehen, Radio, Werbeplakate und so weiter stattfinden. Es gibt jedoch eine Reihe von Problemen, über die man sorgfältig nachdenken muß, bevor man die Entscheidung trifft, ob man überhaupt Geld für Werbung ausgeben soll, abgesehen davon, *wie* man es ausgeben soll. Zum Beispiel glauben viele Leute, daß Werbung Geldverschwendung sei und daß Medienausgaben besser im persönlichen Verkauf angelegt wären.

Die erste Frage, mit der wir uns befassen müssen, lautet also, wie man den Kommunikations-Mix festlegt. Um einer Lösung dieser Frage näherzukommen, wollen wir uns zwei verschiedene Untersuchungen darüber ansehen, wie die Industrie einkauft. Diese werden in den Tabellen 7.1 und 7.2 dargestellt.

Sogar ein oberflächlicher Blick darauf wird uns folgende Informationen geben:

1 Mehr als eine Person hat Einfluß darauf, was gekauft wird.

2 Den Verkäufern gelingt es nicht, einen Überblick über die wichtigen »Einflußnehmer« zu erlangen.

3 Die Firmen beschaffen sich die Informationen, die sie ihren Entscheidungen zugrundelegen, aus einer Reihe von Quellen, von denen der Verkäufer nur eine ist.

Anzahl der Mitarbeiter	*Durchschnittliche Anzahl der Kaufeinflüsse*	*Durchschnittliche Anzahl der Kontakte durch die Verkäufer*
0– 200	3,42	1,72
201– 400	4,85	1,75
401–1.000	5,81	1,90
1.000+	6,50	1,65

Quelle: McGraw-Hill

Tabelle 7.1 Kaufeinflüsse nach Unternehmensgröße

	% Kleinunternehmen	Großunternehmen
Handel und Fachpresse	28	60
Verkäufer: Besuche und Anrufe	47	19
Ausstellungen	8	12
Direct mail	19	9

Quelle: Maclean Hunter

Tabelle 7.2 Informationsquellen

Daraus kann man ersehen, daß der Kaufprozeß im allgemeinen, aber vor allem der *industrielle* Kaufprozeß, durch die Tatsache verkompliziert wird, daß nicht nur eine Person daran beteiligt ist.

Die industrielle Kaufentscheidung ist ein möglicherweise lange dauernder Entscheidungsfindungsprozeß, an dem eine große Anzahl von Personen beteiligt sein kann. Es ist möglich, den Entscheidungsfindungsprozeß in mehrere verschiedene Schritte aufzugliedern, und zwar wie folgt:

1 Die Einkäuferorganisation erkennt, daß sie ein Problem hat, und arbeitet eine allgemeine Lösung aus. Zum Beispiel kann das Konstruktionsteam einer neuen Anlage oder einer Maschine zu der Erkenntnis gelangen, daß eine Spezialkomponente gebraucht wird, die innerhalb des Unternehmens oder von bestehenden Lieferanten nicht beschafft werden kann.
2 Es wird berechnet, welche Quantität gebraucht wird und welche Merkmale die Komponente aufweisen soll. Dies ist der Entwurfsprozeß, in dem Leistung und bestimmte Merkmale wie Gewicht, Größe, Betriebsbedingungen und so weiter spezifiziert werden.
3 Danach wird eine Spezifikation erstellt.
4 Man begibt sich auf die Suche nach möglichen Lieferquellen. Dabei genügt es unter Umständen bereits, die Lieferantenkataloge durchzublättern, um eine lagernde Komponente zu kaufen, oder es kann nötig sein, ein völlig neues Produkt zu entwerfen.
5 Die potentiellen Lieferanten legen Pläne und Produkte zur Bewertung vor.
6 Nach den erforderlichen Untersuchungen werden die Lieferanten ausgewählt.
7 Ein Auftrag wird erteilt, und schließlich wird das Produkt geliefert.
8 Es wird überprüft, ob die gelieferten Waren mit der Spezifikation übereinstimmen.

Nicht bei jeder Kaufentscheidung werden alle diese Phasen durchlaufen. Wenn aber etwas für ein neues Produkt gekauft wird, wäre dies der Fall.

Wenn man einfach etwas neu bestellt, das man schon einmal gekauft hat, sind wahrscheinlich Suche und Offertprozeß unnötig. Die Neuheit der Entscheidung für die kaufende Organisation entscheidet auch darüber, welche und wie viele Personen in jedem Stadium involviert sind. Die Neuheit ist eine Funktion der:

- Komplexität des Produktes
- kommerziellen Unsicherheit, die das Kaufergebnis umgibt.

Je größer die »Neuheit« in beiden Punkten ist, desto mehr Personen sind involviert, und desto höher ist ihre Stellung. Wenn die Produktkomplexität hoch ist, aber die kommerzielle Unsicherheit gering, ist die Rolle des Konstrukteurs und die des Technikers wichtig; wenn die Neuheit in beiden Punkten gering ist, wird der Vorgang häufig von den Einkaufsleitern dominiert.

Der Verkäufer wird, wenn er mit einer neuen Kaufsituation konfrontiert ist, über einen langen Zeitraum hinweg mit vielen verschiedenen Personen zu tun haben. Er hilft, berät und informiert und versucht dabei immer, den Entscheidungsprozeß zu beeinflussen und den Käufer immer stärker auf sein Produkt festzulegen. Ein typisches Beispiel für den Verlauf dieses Prozesses ist das folgende, das den Kauf einer Telekommunikationseinrichtung beschreibt:

1 Der Geschäftsführer schlägt vor, das Telekommunikationssystem der Firma auszutauschen.

2 Die Einkaufs- und Telekommunikationsabteilung der Firma analysieren die Bedürfnisse der Firma und empfehlen die wahrscheinlich geeignetsten Verkaufsorganisationen.

3 Die Telekommunikationsabteilung und die EDV-Manager haben ein wichtiges Wort dabei mitzureden, welches System eingesetzt wird und mit welcher Firma das Unternehmen in Verhandlungen eintreten soll. Andere Manager haben ebenfalls großen Einfluß auf diese Entscheidung.

4 Alle Mitarbeiter, die die Telekommunikationseinrichtung benutzen sollen, werden konsultiert.

5 Der Verwaltungsdirektor wählt unter Berücksichtigung anderer Meinungen die Lieferfirma und das System.

Der Grund dafür, daß ich mich so genau mit dem industriellen Kaufprozeß befasse, ist einfach der, daß man die Rolle der Werbung z. B. im Vergleich zum persönlichen Verkauf erst dann festlegen kann, wenn eine Firma genau verstanden hat, wie ihre potentiellen Kunden kaufen und wer die wichtigen Personen sind, die in den verschiedenen Stadien des Kaufprozesses kontaktiert werden müssen. Denn natürlich wird Finanz- und Verwaltungspersonal in einem anderen Stadium kontaktiert als beispielsweise die Techniker, und beide Gruppen benötigen auch jeweils andere Informationen. So sind etwa Preis, Leistungsmerkmale, Zustellung, Service vor und nach dem Verkauf, guter Ruf, Zuverlässigkeit, Garantien, Zahlungsbedingungen und so weiter nicht in allen Stadien des Kaufprozesses für alle Personen von gleicher Relevanz.

Der erste Punkt ist also, daß eine Firma den Kaufprozeß auf den Märkten, an die sie sich wendet, verstehen muß. Es gibt viele Modelle, die bei der Bewältigung dieses Prozesses helfen können, aber im Grunde sollten wir ein einfaches Modell verwenden, das die folgenden Fragen beantwortet:

1 Wer hat einen signifikanten Einfluß auf die Kaufentscheidung?

2 Welche spezifischen *Vorteile* sucht jede einflußnehmende Person?

Abbildung 7.1 bietet einen logischen Ansatz für die Analyse einer Organisation. Wie wir sehen, läßt er sich in gleicher Weise auf Produkt- und Dienstleistungsunternehmen anwenden. Wenn wir diese Analyse für unsere wichtigsten bzw. unsere potentiellen Kunden durchgeführt haben, sollte es uns relativ leicht fallen,

1 sie auf irgendeine Art zu sortieren (Segmentierung)
2 die kostengünstigste Art festzustellen, jede einzelne Gruppe über diese Vorteile zu informieren.

Nur so können wir qualitative Urteile über die relative Kosteneffektivität z. B. von Werbung gegenüber persönlichem Verkauf abgeben, die einander nebenbei bemerkt natürlich nur unter sehr ungewöhnlichen Umständen ausschließen.

Erziehung und Information	*Um...* Bewußtsein zu schaffen zu informieren Anfragen zu bekommen	Diese Ziele tragen zu einem allgemeinen Marketingprogramm bei, dessen Ziel es ist, rentable Umsätze zu erreichen.
Markennamen und Imageaufbau	Firmennamen bekannt zu machen das Firmenimage aufzubauen Personenkreise zu erreichen, die für die Verkäufer nicht erreichbar sind	
Einstellungen beeinflussen	Die Verkaufsaufgabe zu erleichtern Pressebeachtung zu erlangen Vorurteile zu überwinden Endverbraucher zu beeinflussen	
Loyalität und Erinnern	Verkaufskosten zu reduzieren Umsätze zu erzielen	

Tabelle 7.3 Einige Kommunikationsziele

Nun können wir uns in spezifischer Weise der Werbung zuwenden.

Vorbereitungen für den Werbeplan

Viele Jahre lang glaubte man, daß Werbung wunderbar einfach funktioniere: der Werbende sendet eine Botschaft, der Empfänger empfängt und versteht sie. Forschungsarbeiten haben jedoch gezeigt, daß dieser Prozeß in einer mit Kommunikation überfrachteten Gesellschaft um einiges komplexer ist.

Werbung ist also nicht die einfache, direkte Aktivität, für die sie viele halten. Es ist zum Beispiel unwahrscheinlich, daß die Umsätze irgendeiner Firma nur deshalb ansteigen werden, weil sie irgendwo eine Werbeeinschaltung plaziert hat.

Das bringt uns zu jenem Mißverständnis in bezug auf Werbung, das vielleicht am häufigsten auftaucht, nämlich dem, daß als Maßstab für die Effektivität der Werbung Umsatzzuwächse herangezogen werden sollten. Natürlich hoffen wir, daß unsere Werbeaktivitäten unsere Umsätze stark beeinflussen, aber in den meisten Fällen ist Werbung nur

Formular für die Kundenanalyse — Kunde ______

Verkäufer ______ Adresse ______

Produkte ______ Telefonnummer ______

______ Kaufklasse: Neukauf — Unmittelbarer Wiederholungskauf — Modifizierter Wiederholungskauf

Datum der Analyse ______

Datum der Revision ______ ______ ______ ______ ______

Mitglied einer Entscheidungsträgereinheit (Decision Making Unit - DMU)	Produktion	Marketing und Verkauf	Forschung u. Entwicklung	Rechnungswesen	Einkauf	EDV	Anderes
Kaufphase / Name							
1 Erkennt Bedarf oder Problem und arbeitet allgemeine Lösung aus							
2 Arbeitet Merkmale und Menge des Gebrauchten aus							
3 Erstellt detaillierte Spezifikation							
4 Sucht und identifiziert potentielle Lieferquellen							
5 Analysiert und evaluiert Anbote, Pläne und Produkte							
6 Sucht Lieferanten aus							
7 Erteilt Auftrag							
8 Überprüft und testet Produkt							

Entscheidungsfaktoren:

1 Preis	4 Hintergrundservice	7 Garantien und Gewährleistungen
2 Leistung	5 Zuverlässigkeit des Lieferanten	8 Zahlungsbedingungen, Kredite oder Diskonte
3 Verfügbarkeit	6 Erfahrungen anderer Anwender	9 Anderes, z.B. frühere Käufe, Prestige, Image etc.

Abbildung 7.1 Formular für die Kundenanalyse
Adaptiert aus J. Robinson, C. W. Farns und G. Wind, *Industrial Buying and Creative Marketing*, Allyn and Bacon, 1967

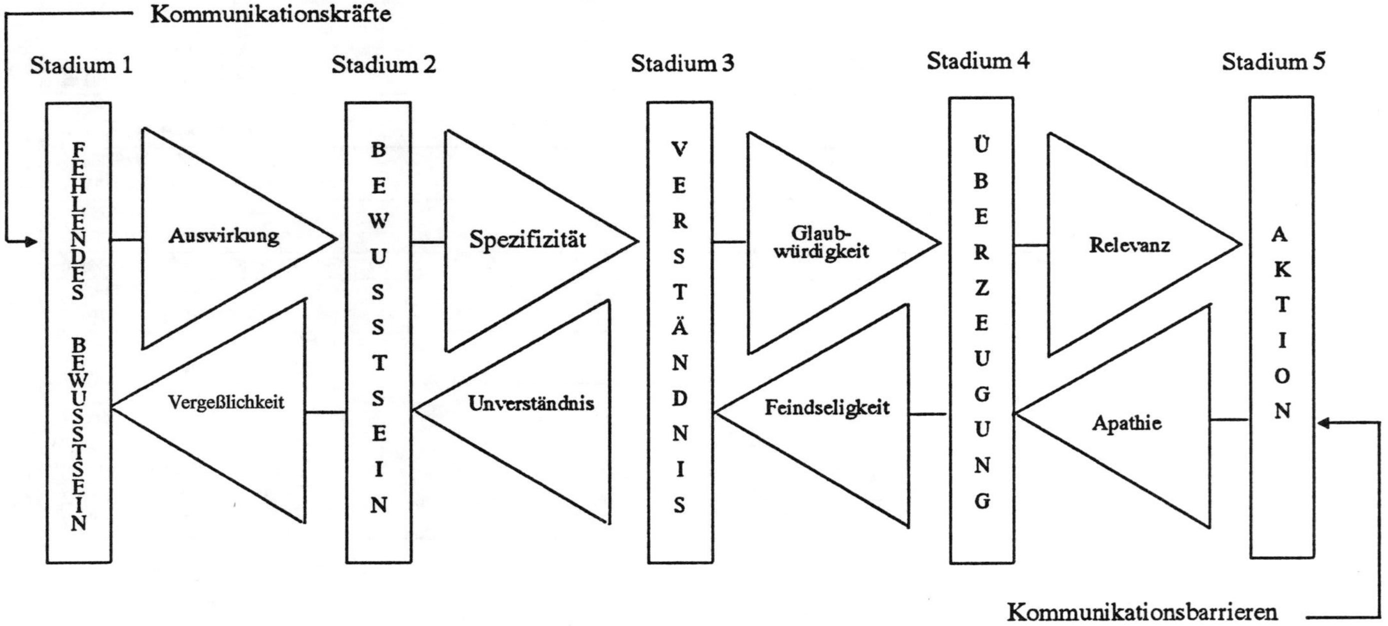

Abbildung 7.2 Markenloyalitätsleiter: die fünf Kommunikationsstadien

eine von vielen Schlüsseldeterminanten für das Umsatzniveau (wie auch Produktqualität, Preise, Serviceangebot, Kompetenz der Verkäufer und so weiter). Im allgemeinen ist es unsinnig, Umsatzsteigerungen als Werbeziel zu betrachten.
Welche Ziele sollte sich die Werbung also setzen? Wir *müssen* selbstverständlich Werbeziele definieren, weil

1 wir ein Werbebudget festlegen müssen. Dafür brauchen wir Ziele.
2 wir bestimmen müssen, wer unser Zielpublikum ist. Dafür brauchen wir Ziele.
3 wir den Inhalt der Werbung bestimmen müssen. Dafür brauchen wir Ziele.
4 wir entscheiden müssen, welche Medien wir verwenden. Dafür brauchen wir Ziele.
5 wir die Werbefrequenz bestimmen müssen. Dafür brauchen wir Ziele.
6 wir bestimmen müssen, wie wir die Wirksamkeit unserer Werbung messen wollen. Dafür brauchen wir Ziele.

Diese Entscheidungen lassen sich wie folgt zusammenfassen:

1 *Warum* (Zielsetzungen)
2 *Wer* (Zielpersonen)
3 *Was* (Werbeprogramm)
4 *Wo* (Medien)
5 *Wie* (kreatives Programm)
6 *Wann* (Zeitpunkt)
7 *Wieviel* (Budget)
8 *Zeitplan*
9 *Reaktion*
10 *Evaluierung*

Dieser ganze kunstvolle Aufbau ist allerdings vom ersten Punkt abhängig.

Werbeziele

Forschungsarbeiten haben gezeigt, daß viele Firmen Werbeziele festlegen, die Werbung allein nicht erreichen kann. Außer der Erhöhung der Umsätze werden oft die »Vernichtung des Feindes« und andere lächerliche, unerreichbare Ziele angepeilt. Es ist zum Beispiel unvernünftig, sich als Ziel zu setzen, »unseren Zielmarkt davon zu überzeugen, daß unser Produkt das beste ist«, wenn aller Welt völlig klar ist, daß das Produkt der Konkurrenz das bessere ist. Sie können in diesem Fall nicht Ihre Werbeagentur verantwortlich machen, wenn Sie Ihr Ziel nicht erreichen!
Ein weiteres Beispiel für undurchdachte Werbeausgaben war ein Busunternehmen, das riesige Summen für Werbung über die Zuverlässigkeit seiner Busse ausgab, während Studien ergeben hatten, daß der wirkliche Grund für den Umsatzrückgang darin lag, daß Busse nach Ansicht vieler Leute ein »proletarisches« Verkehrsmittel waren. Wieder ein schönes Beispiel für einen Blindgänger. Ein weiteres Beispiel wird es uns beweisen: Eine Werkzeugmaschinenfirma verstand nicht, warum sie nach einer teuren Werbekampagne in Deutschland, in der die extrem hohe Qualität und Zuverlässigkeit ihrer Produkte her-

vorgehoben wurde, kaum Fortschritte auf dem Markt erzielte. Darauffolgende Marktforschungsstudien ergaben, daß ihre Zielkunden ohnehin bereits der Meinung gewesen waren, daß die Produkte der Firma die besten seien. Wovon sie aber nicht so überzeugt waren, waren *Lieferung* und *Kundenservice*, und deshalb kauften sie nicht. Dies ist ein weiteres Beispiel für Werbeaufwand, der durch mangelndes Wissen über die Kundenmeinung ins Leere läuft.

Der erste Schritt besteht also darin, vernünftige Werbeziele festzulegen. Die zu stellende Frage lautet also: »Ist das Ziel ausschließlich durch Werbung erreichbar?« Wenn die Antwort Ja lautet, handelt es sich um ein Werbeziel, wenn *Nein*, nicht. Werbung in Medien kann folgendes leisten:

- Informationen vermitteln
- Wahrnehmungen und Einstellungen verändern
- Bedürfnisse erzeugen
- Verbindungen herstellen (z. B. Trockensahne und Kaffee)
- Handlungen beeinflussen
- Bestätigung bieten
- Erinnern
- Gründe für den Kauf liefern
- Zeigen
- Anfragen erzeugen.

Das Festlegen vernünftiger, erreichbarer Ziele ist also der erste und wichtigste Schritt im Werbeplan. Alle andere Schritte bei der Zusammensetzung des Werbeplans ergeben sich daraus in natürlicher Weise; es folgt eine kurze Zusammenfassung:

Wer	... ist das Zielpublikum? Was weiß, denkt oder glaubt dieses Publikum bereits über uns und unser Produkt bzw. unsere Dienstleistung? Was weiß, denkt oder glaubt es über die Konkurrenz? Um welche Menschen handelt es sich? Wie würden wir sie beschreiben bzw. identifizieren?
Was/Welche(s)	... Reaktionen wollen wir bei unserem Zielpublikum auslösen? ... sind die spezifischen *Kommunikationsziele*? ... wollen wir unserem Zielpublikum »mitteilen«, was soll es über Kauf bzw. Verwendung unseres Produktes bzw. unserer Dienstleistung »denken«, »glauben«, »verstehen«, »wissen«? ... bieten wir an? ... wollen wir *nicht* vermitteln? ... sind unsere vorrangigen Ziele? ... sind die *schriftlich* festgelegten und zwischen Firma und Werbeagentur *vereinbarten* Ziele?
Wie	... können unsere Ziele in einer ansprechenden Form dargestellt werden?

	... sieht unsere kreative Strategie/unser Programm aus?
	Welche Beweise haben wir, daß diese akzeptabel und für unser Publikum geeignet sind?
Wo	... können unsere Botschaften am kostengünstigsten übermittelt werden (in Kosten *gegenüber* unserem Publikum)?
	... sind die günstigsten Orte für unsere Botschaft(en)? (nach erwarteten Reaktionen *gegenüber* der »Qualität« der verfügbaren Kanäle)
Wann	... sollen unsere Botschaften gezeigt bzw. unserem Publikum übermittelt werden?
	Wie begründen wir unseren Zeitplan für Werbebotschaften/Kommunikationen?
	Wie sehen die Grenzen unserer Wahlmöglichkeit aus?
	Müssen unsere Werbeaktivitäten zu anderen Promotion-Aktivitäten passen, wie zum Beispiel denjenigen in bezug auf: ● unsere Produkte bzw. Dienstleistungen, die von unserer Firma angeboten werden? ● andere Produkte bzw. Dienstleistungen unserer Firma? ● Konkurrenzprodukte? ● jahreszeitlich bedingte Trends? ● besondere Marktereignisse?
Ergebnis	Welche Ergebnisse erwarten wir?
	Wie wollen wir die Ergebnisse messen?
	Beabsichtigen wir, Ergebnisse zu messen, und, wenn ja, müssen wir *davor* irgend etwas tun?
	Wenn wir nicht sagen können, wie wir präzise Ergebnisse messen würden, sind unsere Ziele vielleicht nicht spezifisch genug oder überhaupt keine Kommunikationsziele?
	Wie wollen wir den relativen Erfolg unserer Kommunikationsmaßnahmen messen (gut-schlecht-indifferent)?
	Sollten wir unser Vorgehen standardisieren?
Budget	Wieviel Geld wird für die geplanten Aktivitäten benötigt?
	Wieviel Geld wird zur Verfügung gestellt?
	Wie wollen wir die Ausgaben *kontrollieren?*
Zeitplan	Wer soll was wann tun?
	Was wird wo wann wofür ausgegeben?

Allgemein wird angenommen, daß Werbung aggressiv ist und daß sich nur der kreative Inhalt mit der Zeit ändert. Aber die Rolle der Werbung verändert sich für gewöhnlich im Laufe des Lebenszyklus eines Produktes.

Zum Beispiel kann der Überzeugungsprozeß selbst normalerweise erst dann beginnen, wenn über ein Produkt oder eine Dienstleistung auf dem Markt bereits ein bestimmter Bewußtseinsgrad herrscht. Die Schaffung von Bewußtsein ist also eines der wichtigsten

Ziele im frühen Stadium des Lebenszyklus. Wenn das Bewußtsein einmal vorhanden ist, zieht es für gewöhnlich das Interesse für weitere Informationen nach sich.
Nun beginnt der Prozeß der Einstellungsentwicklung. Im Zuge dessen kann eine bestehende Einstellung verstärkt oder eine frühere verändert werden, damit der Weg für den Kauf eines neuen Produktes freigemacht wird. Diese Rolle wird natürlich in einer späteren Phase des Produktlebenszyklus, wenn Konkurrenzprodukte versuchen, sich in ihrer eigenen »Nische« festzusetzen, noch wichtiger.

Innovationsdiffusion

Für dieses Thema ist auch die in Kapitel 5 besprochene sogenannte »Innovationsdiffusionskurve« relevant. Wiederholen wir die Kurve in Abbildung 7.3, um unser Gedächtnis ein wenig aufzufrischen.

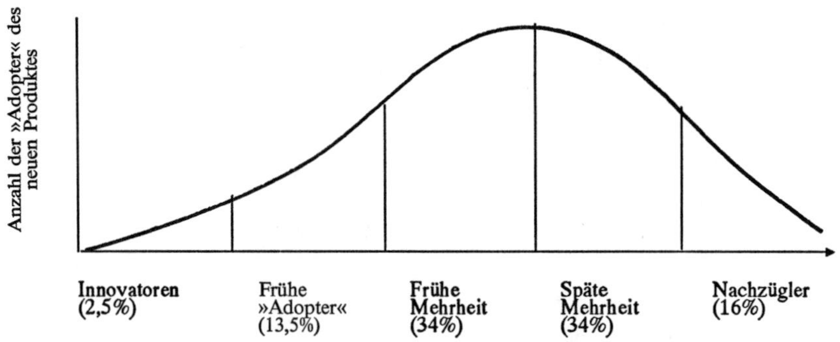

Abbildung 7.3

Das Studium der Fortschritte irgendeines Produktes entlang der Diffusionskurve kann sehr nützlich sein, besonders für Werbung und persönlichen Verkauf. Wenn wir zum Beispiel eine Typologie innovativer Kunden erstellen, können wir unsere Werbung und Verkaufsbemühungen im Frühstadium ganz speziell auf diese Gruppe ausrichten. Sobald die ersten 3 Prozent dieser Gruppe unser Produkt angenommen haben, bestehen gute Chancen, daß es auch die »frühen Adopter« ausprobieren werden, und sobald ein Prozentsatz von 10–12 Prozent erreicht ist, dürfen wir die Champagnerflasche öffnen, denn nun es ist ziemlich wahrscheinlich, daß auch der Rest unser Produkt annehmen wird.
Wir wissen beispielsweise, daß Meinungsführer *allgemein* etwa folgende Merkmale haben: abenteuerlustig, sozial integriert, kosmopolitisch, sozial mobil und privilegiert.
Also müssen wir uns fragen, was die *spezifischen* Merkmale dieser Kunden für unsere spezielle Branche sind. Wir können dann unsere Werbebotschaft genau auf diese Gruppe zuschneiden.
Schließlich sollten wir daran denken, daß sich Werbung nicht nur an die Konsumenten

richtet. Sie kann an Kanäle, Aktionäre, Medien, Mitarbeiter, Lieferanten und die Regierung gerichtet sein, die alle großen Einfluß auf den wirtschaftlichen Erfolg eines Unternehmens haben.

Verkaufsförderung

Der Begriff *Werbung* (oft auch *»monetäre Ausgabe«* genannt) kann als die gesamte nichtpersönliche Kommunikation in meßbaren Medien definiert werden. Darunter sind Fernsehen, Kino, Radio, Print- und Außenbereichmedien.
Verkaufsförderung, für die auch oft der Ausdruck *»materielle Ausgabe«* als Synonym verwendet wird, läßt sich nicht so leicht definieren. Die Amerikaner verwenden den Ausdruck beispielsweise zur Beschreibung aller Arten von Kommunikation, einschließlich Werbung und persönlicher Verkauf. In Großbritannien wird der Ausdruck manchmal zur Beschreibung aller nicht persönlichen Aktivitäten verwendet, die mit der Verkaufsförderung im Zusammenhang stehen; manche beschreiben damit alle nicht auf die Medien entfallenden Ausgaben, andere wieder wenden ihn spezifisch für den Verkauf an.
Tatsache ist, daß keine dieser Definitionen genau wiedergibt, wie die Verkaufsförderung in der Praxis funktioniert – deshalb herrscht so große Verwirrung über viele Aspekte dieses wichtigen Bereiches der Marketingaktivitäten.
In der Praxis handelt es sich bei der Verkaufsförderung um eine spezifische Aktivität, die sich als die Erstellung eines fest umrissenen Angebotes an definierte Kunden innerhalb eines spezifischen Zeitrahmens beschreiben läßt. Anders ausgedrückt, muß eine Aktivität, um dem Namen Verkaufsförderung gerecht zu werden, jemandem etwas Bestimmtes anbieten; Verkaufsförderung ist nicht nur ein Handelsaspekt. Darüber hinaus muß das Angebot, im Gegensatz zu den immateriellen Vorteilen, die in der Werbung angeboten werden, Vorteile beinhalten, die nicht in Produkt oder Dienstleistung inhärent sind wie zum Beispiel der Zusatzwert durch den Appell an bestimmte Vorstellungen.
So betrachtet kann jedes andere Element des Marketing-Mix, einschließlich Werbung, persönlicher Verkauf, Unterlagen am Verkaufsort, Preisbildung, Kundenbetreuung und so weiter als Teil einer strukturierten Aktivität betrachtet werden, um spezifizierte Ziele zu erreichen.

Wie kann man Verkaufsförderung verwenden?

Verkaufsförderung ist im wesentlichen ein Mittel zur Problemlösung, das den Kunden dazu bringen soll, sein Verhalten stärker an die wirtschaftlichen Interessen der Firma anzupassen. Typische Aufgaben der Verkaufsförderung sind: langsame Lagerbewegung beschleunigen, den Aktivitäten der Konkurrenz entgegenwirken, Förderung von Wiederholungskäufen, Bindung von Randkäuferschichten, Durchsetzung der rechtzeitigen Bezahlung von Rechnungen, Anregung von Probekäufen und so weiter.
Daraus ist ersichtlich, daß sich Verkaufsförderung nicht notwendigerweise mit Volumen-

erhöhung befaßt. Zum Beispiel wird sie oft dazu verwendet, die Produktions- und Distributionsplanung zu unterstützen, indem sie die Kunden dazu überredet, ihre Spitzenkäufe auf einen anderen Zeitpunkt zu verlegen. Zusammenfassend ist zu sagen, daß Verkaufsförderung folgende Personen zu beeinflussen sucht:

Verkäufer	zu verkaufen	
Kunden	zu kaufen	
Kunden	zu verkaufen	mehr, früher, schneller, etc.
Konsumenten	zu kaufen	
Konsumenten	zu verbrauchen	

Obwohl die Verkaufsförderung in den letzten Jahren so sprunghaft angestiegen ist, daß nun ebensoviel dafür aufgewendet wird wie für *monetäre* Ausgaben, müssen wir uns der Tatsache bewußt sein, daß Verkaufsförderung allein den Verkauf nicht ersetzen, langfristige Trends verändern oder langfristige Kundenloyalität aufbauen kann. Obwohl Verkaufsförderung im wesentlichen ein taktisches Instrument ist, spielt sie, wie wir später sehen werden, auch eine wichtige strategische Rolle.

Welche Arten von Verkaufsförderung gibt es?

Die vielen und unterschiedlichen Arten von Verkaufsförderung sind in Tabelle 7.4 aufgeführt. Jede davon ist für bestimmte Umstände geeignet, und jede hat Vor- und Nachteile. Wenn man beispielsweise mit einer Verkaufsförderung arbeitet, bei der ein Gratis-Karton angeboten wird, kann man sowohl die Kosten für die zusätzlichen Kartons als auch das zusätzliche Volumen genau messen, das durch das Angebot entsteht; diese Methode ist schnell und flexibel; sie ist dort effektiv, wo der Kunde kostenbewußt ist; man kann sie so lange wie nötig beibehalten, und sie ist einfach in Handhabung, Verwaltung und Verkauf. Andererseits hat sie für den Kunden keinen zusätzlichen Wert, ist phantasielos und gilt oft als Einleitung zu einer permanenten Preissenkung.

Die Punktesysteme sind flexibel, besitzen eine große Anziehungskraft, zwingen die Firmen nicht, Geschenke auf Lager zu halten – Kunden schätzen Geschenke oft nicht –, und sie sind leicht zu administrieren. Andererseits bieten sie keine Vorteile bei Großeinkäufen, sind schwierig zu budgetieren, und es fehlt ihnen die Unmittelbarkeit von Händlerprämien.

Aus diesem Grund sollte man bei der Auswahl eines für das jeweilige Objekt geeigneten Plans überaus sorgfältig vorgehen.

Strategische Rolle der Verkaufsförderung

Da die Verkaufsförderung im großen und ganzen als taktisches Instrument verwendet wird, ist sie oft nicht mehr als eine Serie vereinzelter Reklametricks, denen jeder Zusammenhang fehlt. Allerdings sind dieselben Manager, die die Verkaufsförderung organi-

Zielmarkt	Art der Verkaufsförderung					
	Geld		*Güter*		*Dienstleistungen*	
	Direkt	Indirekt	Direkt	Indirekt	Direkt	Indirekt
Konsument	Preissenkung	Kupons Gutscheine Geldäquivalent Preisausschreiben	Gratisartikel Bonus Product Pack (z. B. 13 für 12) Gratisgeschenke Eintauschangebote	Wertmarken Kupons Gutscheine Geldäquivalent Preisausschreiben	Garantien Gruppenaktionen Sonderausstellungen und Displays	Gemeinschaftswerbung Wertmarken Kupons Gutscheine für Dienstleistungen Eintrittskarten für Veranstaltungen Preisausschreiben
Handel	Händlerprämien Loyalitätspläne Incentives Kauf des vollen Sortiments	Erweiterter Kredit Verzögerte Fakturierung Verkauf oder Retournierung Kupons Gutscheine Geldäquivalent	Gratisgeschenke Probeangebote Eintauschangebote	Kupons Gutscheine Geldäquivalent Preisausschreiben	Garantien Gruppenveranstaltungen Gratisdienstleistungen Pläne zur Risikoverringerung Schulungen Sonderausstellungen Vorführungen Handelsvereinbarungen auf Gegenseitigkeit	Wertmarken Kupons Gutscheine für Dienstleistungen Preisausschreiben
Verkäufer	Bonus Provision	Kupons Gutscheine Punktesysteme Geldäquivalent Preisausschreiben	Gratisgeschenke	Kupons Gutscheine Punktesysteme Geldäquivalent	Gratisdienstleistungen Gruppenveranstaltungen	Kupons Gutscheine Punktesysteme Eintrittskarten für Veranstaltungen Preisausschreiben

Tabelle 7.4 Verschiedene Arten der Verkaufsförderung

sieren, normalerweise der Meinung, daß die Werbung mit irgendeiner Allgemeinstrategie übereinstimmen sollte. Vielleicht ist das so, weil Werbung immer auf der Grundlage der Philosophie betrieben wurde, kontinuierlich eine langfristige Markenloyalität aufzubauen, während der primäre Beweggrund für eine Verkaufsförderungsaktion darin besteht, die Firma bei der Beibehaltung einer taktischen Initiative zu unterstützen.
Auch wenn das so ist, gibt es keinen Grund, die Verkaufsförderung nicht nach strategischen Gesichtspunkten zu betreiben; so wird durch jede Verkaufsförderung die Wirkungskraft der nächsten gesteigert, eine Bindung zwischen Verkäufer und Käufer aufge-

baut, und die taktischen Ziele werden in einen allgemeinen Plan eingebaut. Auf diese Weise können die Ressourcen allgemein besser genutzt werden.
Daß das möglich ist, ist aus verschiedenen Verkaufsförderungskampagnen ersichtlich, wie bei den Home Pride Flour Graders, die zum ersten Mal Anfang der 60er Jahre in Erscheinung traten, den 20 Millionen Golly-Emailbroschen, die seit den 30er Jahren von Robertsons verteilt wurden, Mighty Ajax, Miss Pears, den Ovaltineys und vielen anderen Kampagnen, die Pläne und Instrumente verwendet haben, die kontinuierlich in die Werbestrategie für ein Produkt eingebaut wurden.
Neuere Kampagnen wie der Esso-Tiger und die Schlümpfe von BP sind ein Beweis dafür, daß ein Verkaufsförderungsstil möglich ist, der, wenn er kontinuierlich angewandt wird, dazu beitragen kann, flexible und bleibende Ziele für ein Produkt über einen langen Zeitraum hinweg festzulegen.

Kann Verkaufsförderung auch für Industrieprodukte eingesetzt werden?

Industriegüter werden immer an andere Organisationen verkauft. Das hat eher den Effekt, daß auf andere Elemente des Marketing-Mix Wert gelegt wird, als daß es fundamentalen Auswirkungen auf die Relevanz des Marketingkonzepts hätte.
Es überrascht also nicht, daß die meisten konsumgüterorientierten Verkaufsförderungstechniken, wenn sie in geeigneter Weise adaptiert werden, auch auf Industriegüter angewendet werden können. Trotzdem ist Verkaufsförderung in Industriemärkten relativ selten zu finden, vielleicht zum Teil wegen des vor allem in der technischen Branche verbreiteten Glaubens, daß mit einer Firma, die für ihre Produkte Werbung betreiben muß, irgend etwas nicht stimmen kann.
In den letzten Jahren sind Industriefirmen jedoch in zunehmendem Maße auf die enormen Erfolge von Verkaufsförderungskampagnen aufmerksam geworden, und es wird ihnen immer stärker bewußt, daß Verkaufsförderung eine flexibles und wettbewerbsfähiges Marketinginstrument ist. 3M hat potentiellen Käufern von Kopiergeräten über eine Werbeeinschaltung in einer Sonntagszeitung vor kurzem einen Bargeldgutschein angeboten. Eine Firma mit einer breiten Produktpalette von schnellbeweglichen industriellen Gütern bis hin zu teuren Investitionsgütern entwickelte eine Reihe spezieller Verkaufsförderungspläne mit folgenden Anreizen: Rabatte bei Inzahlungnahme, Preisausschreiben, Kreditarrangements, Schulungspläne, kleine Sofortgeschenke, kundenspezifische Garantien – alles in Form von Bonus Product Packs.

Die Vorbereitung des Verkaufsförderungsplanes

Es herrscht weitgehende Übereinstimmung darüber, daß die Verkaufsförderung jene Marketingfunktion ist, in der die meisten Fehler gemacht werden. Der Grund dafür liegt hauptsächlich in der Verwirrung darüber, was Verkaufsförderung eigentlich ist; dies führt häufig zu Ausgaben, über die keine richtigen Aufzeichnungen geführt werden. Manche

Firmen ordnen sie der Werbung zu, andere sehen sie als Teil der Ausgaben für das Verkaufspersonal, andere als allgemeine Marketingausgabe (wie im Falle eines Zusatzproduktes, spezieller Etiketten oder Verpackung), während der Ertragsverlust, der sich aus speziellen Preissenkungen ergibt, oft überhaupt nicht registriert wird.

Solche Fehler können sich extrem negativ auswirken, weil die Verkaufsförderung ein bedeutender Bestandteil der Marketingstrategie ist. Außerdem nimmt ihre Verbreitung mit dem steigenden internationalen Wettbewerb, unruhigen wirtschaftlichen Bedingungen und dem wachsenden Druck der Kanäle zu. Das bedeutet, daß es sich die Firmen nicht länger leisten können, sich keine Ziele zu setzen, die Ergebnisse einer Aktion nicht auszuwerten oder überhaupt keine Firmenrichtlinien zu haben. Zum Beispiel muß ein Rabatt von 1 Währungseinheit pro Karton mit einem Deckungsbeitrag von drei Einheiten pro Karton eine Umsatzerhöhung von 50 Prozent bewirken, nur um dasselbe Deckungsbeitragsniveau aufrechtzuerhalten. Wenn man sich dessen nicht einmal bewußt ist oder sich für die Verkaufsförderung keine anderen Ziele gesteckt hat, kann dies leicht zu Kontrollverlust und in der Folge zu einer Ertragsverringerung führen.

Um die Ausgaben einer Firma für Verkaufsförderung effizienter managen zu können, gilt es einen wichtigen Schritt zu setzen. Erstens muß für die Verkaufsförderung in gleicher Weise ein Ziel festgelegt werden wie für Werbung, Preisbildung oder Vertrieb. Das Ziel jeder Verkaufsförderung sollte klar definiert werden, wie beispielsweise Probekauf, Wiederholungskauf, Display, eine Verlagerung der Kaufspitzen, Konkurrenzbekämpfung und so weiter. Danach sollte folgender Prozeß einsetzen:

- Auswahl der geeigneten Techniken
- Vortest
- Durchführung der Verkaufsförderung
- Tiefgehende Evaluierung.

Die Ausgaben müssen analysiert und nach dem Typus der Aktivität kategorisiert werden (z. B. spezielle Verpackung, spezielle Verkaufsunterlagen am Verkaufsort, Ertragsverlust durch Preissenkungen und so weiter).

Eine Firma, die Selbstbauküchen herstellte, startete nach einem drastischen Rückgang der Konsumentennachfrage ein intensives Verkaufsförderungsprogramm. Während es gelang, den Umsatz auf gleicher Höhe zu halten, war man darüber besorgt, daß die Verkaufsförderung auf so wahllose und bruchstückhafte Weise durchgeführt worden war, daß es nicht möglich war, die Kosteneffektivität der gesetzten Maßnahmen zu evaluieren. Man war auch sehr skeptisch bezüglich der Auswirkungen dieser Kampagne auf das Firmenimage und die langfristige Kundenbindung. Also erstellte die Firma eine konzentrierte Studie über diesen Ausgabenbereich, und dabei stellte sich heraus, daß mehr als die Hälfte aller Kommunikationsaufwendungen darauf entfielen. Beim nächsten Mal hatte die Firma klare Ziele, einen klaren Verkaufsförderungplan, der nahtlos in den Marketingplan integriert war, sowie erprobte Bewertungsinstrumente.

Was den Verkaufsförderungplan selbst anbelangt, so muß man sagen, daß er Ziele, Strategie und knappe Details über Timing und Kosten enthalten sollte. Es ist wichtig, daß er *nicht* zu viele Details enthält. Detaillierte Verkaufsförderunganweisungen folgen im Zuge der Entfaltung des Marketingplans. Die folgende Checkliste skizziert beispielsweise, welche Details enthalten sein könnten. Trotzdem sollte der Marketingplan selbst diese Punkte nur in geraffter Form enthalten.

Checkliste für die Verkaufsförderungsanweisungen

Titel	**Inhalt**
1 *Einführung*	Inhalt kurz zusammenfassen – Was? Wo? Wann?
2 *Ziele*	Marketing- und Verkaufsförderungziele für die Einführung neuer Produkte.
3 *Hintergrund*	Marktdaten. Begründung für die gewählte Technik. Andere relevante Faktoren.
4 *Verkaufsförderungsangebot*	Angebot detaillieren: spezielle Preisstruktur; Prämie beschreiben und so weiter. Kurz, präzise und eindeutig fassen.
5 *Auswahl*	Wo? Wer?
6 *Timing*	Wann ist das Angebot erhältlich? Besuchs-, Zustellungs- oder Rechnungsdaten?
7 *Datenplan*	Vor dem Beginndatum alle Daten und Zuständigkeiten für alle Aspekte des Plans zuweisen.
8 *Unterstützung*	Spezielle Werbung, Verkaufsort, Präsentatoren, Broschüren usw., Public Relations, Muster etc.
9 *Verwaltung*	Fakturierung, Zeilen auf der Rechnung für Gratisartikel. Lagerbestände. Belohnungsverfahren für (Nach)bestellungen. Zahlungsmodalitäten.
10 *Verkaufsplan*	Ziele. Anreize. Auswirkungen auf Verkaufsrouten. Informationstreffen. Telefonverkauf.
11 *Verkaufspräsentation*	Punkte, die beim Besuch abgedeckt werden müssen.
12 *Verkaufsbericht*	Methode für die Sammlung der erforderlichen Daten, die anderweitig nicht zu beschaffen sind.
13 *Bewertung*	Wie soll die Verkaufsförderung bewertet werden?

Zusätzliches

Normalerweise für die Verkäufer als Unterstützung der Verkaufsförderung:

- Zusammenfassung der Präsentationspunkte
- Preisstrukturen bzw. Gewinnmargen
- Zusammenfassung des Angebots
- Schemata für die Bewertung und Einordnung von Aufträgen
- Leere Auftragsformulare für potentielle Aufträge
- Broschüren

Außerdem braucht das Verkaufspersonal eventuell folgendes:

- Muster der (neuen) Produkte
- Vorführmuster der Prämie
- Spezielle Berichtformulare
- Bestätigungen für ausgegebenes Bargeld/Prämien etc.

Anmerkung: Hier wird davon ausgegangen, daß die grundlegenden Prinzipien der Verkaufsförderung bereits mit dem Verkaufsleiter vereinbart wurden.

Anwendungsfragen:

1 Wie legt Ihre Firma die Zusammensetzung ihres Kommunikations-Mix (d. h. den relativen Stellenwert von Werbung, Verkaufsförderung und persönlichem Verkauf) fest?

2 Beschreiben Sie den Kaufprozeß in einer Ihrer wichtigsten Kundengruppen. Wer sind die wichtigsten Einflußpersonen? Unterziehen Sie Ihre Kommunikationsstrategie für diese Personen einer kritischen Bewertung.

3 Bewerten Sie kritisch Ihre Werbeziele.

4 Bewerten Sie kritisch Ihren Werbeplan mit Hilfe der im Text enthaltenen Checkliste.

5 Stimmen Sie Ihre Kommunikation dort, wo Sie ein neues Produkt lancieren, spezifisch auf die Innovatorengruppe ab? Wissen Sie, wer diese Personen sind? Können Sie sie in einer für die Werbung relevanten Weise beschreiben?

6 Führen Sie eine kritische Evaluierung Ihres Verkaufsförderungsplanes durch.

7 Wie bewerten Sie Ihre Verkaufsförderungsaktivitäten?

8 DER KOMMUNIKATIONSPLAN: DER VERKAUFSPLAN

Zusammenfassung

In Kapitel 8 wird beschrieben, welche Rolle der persönliche Verkauf im Marketing-Mix spielt und welche Bedeutung er hat. Danach werden wir eine Methode skizzieren, anhand derer sich die erforderliche Zahl der Verkäufer bestimmen läßt. Qualitative und quantitative Ziele für das Verkaufspersonal werden definiert, und wir stellen eine Methode zur Verbesserung der Produktivität des Verkaufspersonals vor. Die Führung des Verkaufspersonals wird kurz beschrieben. Schließlich erfährt der Leser, wie ein Verkaufsplan erstellt wird.

Einführung

Der persönliche Verkauf spielt in der Kommunikation zwischen der Firma und ihren Kunden eine wichtige strategische Rolle. Das Management muß, um irgendeine Erfolgschance zu haben, die folgenden Fragen beantworten können:

- Wie wichtig ist der persönliche Verkauf?
- Welche Rolle spielt der persönliche Verkauf im Marketing-Mix?
- Wie viele Verkäufer werden gebraucht?
- Was sollen sie tun?
- Wie sollen sie geführt werden?

Diese und andere Fragen werden in diesem Kapitel als wichtige Determinanten des Verkaufsplans behandelt.

Welche Bedeutung hat der persönliche Verkauf?

Die meisten Organisationen verfügten lange über ein organisiertes Verkaufspersonal, bevor sie formelle Marketingaktivitäten setzten, wie sie in diesem Buch beschrieben sind. Trotzdem ist das Management des Verkaufspersonals traditionell ein vernachlässigter Bereich des Marketingmanagements.

Dafür gibt es mehrere mögliche Gründe. Einer davon ist, daß nicht alle Marketing- und Produktmanager selbst über Erfahrungen im persönlichen Verkauf oder im Verkaufsmanagement verfügen. Daher unterschätzen sie oft die Bedeutung eines effizienten persönlichen Verkaufs.

Ein weiterer Grund für die Vernachlässigung der Verkäufer liegt darin, daß diese oft selbst einer sinnlosen Unterscheidung zwischen Verkauf und Marketing Vorschub leisten, indem sie sich als »Frontkämpfer« bezeichnen. Hat es nicht etwas Verwegenes an sich, mit echten, lebendigen Kunden umzugehen, anstatt in einem Büro zu sitzen, umgeben von Marketingstudien, Tabellen und Plänen? Daß eine solche Argumentation irreführend ist, ist offensichtlich, weil die Wahrscheinlichkeit eines erfolgreichen Verkaufs viel geringer ist, wenn den Bemühungen des Verkäufers, seinen Kunden zu einer Auftragserteilung zu bewegen, nicht eine sorgfältige Marketingplanung im großen Umfang vorangegangen ist.

Der angebliche Unterschied zwischen Marketing-»Theorie« und Verkaufs-»Praxis« verliert weiter an Bedeutung, wenn wir daran denken, daß gewinnträchtige Umsätze nicht nur von einzelnen Kunden und individuellen Produkten abhängen, sondern von Kundengruppen (also Marktsegmenten) und der unterstützenden Beziehung, die Produkte zueinander haben (d. h., von einem sorgfältig abgestimmten Produktportfolio). Ein weiterer Faktor, der in diesem Zusammenhang berücksichtigt werden muß, ist der, daß das Unternehmen ständig daran zu denken genötigt ist, woher die zukünftigen Umsätze kommen sollen, und sich nicht nur auf die derzeitigen Produkte, Kunden und Probleme konzentrieren kann.

Der Autor dieses Buches hat im Laufe der letzten zehn Jahre viele Verkaufsteams in Europa untersucht und dabei einen alarmierenden Mangel an Planung und Professionalität vorgefunden. Die Verkäufer wissen im allgemeinen nicht, auf welche Kundengruppen sie sich konzentrieren sollen, sie wissen zuwenig über die Aktivitäten der Konkurrenz, planen ihre Präsentationen nicht gut, sprechen mit ihren Kunden kaum über *Vorteile*, bemühen sich zu wenig, zu einem Verkaufsabschluß zu kommen, und machen viele Besuche, ohne klare Zielsetzungen zu haben. Noch schlimmer aber ist es, daß sich das Marketingmanagement kaum der Tatsache bewußt ist, daß dieses wichtige und teure Element des Marketing-Mix schlecht gemanagt wird. Die Tatsache, daß viele Organisationen über separate Abteilungen und Leiter für die Marketing- und die Verkaufsaktivitäten verfügen, erhöht die Wahrscheinlichkeit des Auftretens solcher Kommunikationsversagen.

Das Verkaufspersonal ist, obwohl seine Bedeutung je nach den Umständen verschieden groß ist, in vielen Unternehmen das wichtigste Element des Marketing-Mix. In Industriebetrieben ist es zum Beispiel nicht ungewöhnlich, daß nur sehr geringe Summen für andere Kommunikationsformen und für das Verkaufspersonal sehr große Summen in Form von Gehältern, Autos und ähnlichen Kosten aufgewendet werden.

Der persönliche Verkauf ist auch in vielen Dienstleistungsbranchen verbreitet, wo die Konsumenten auf ganz bestimmte Vorteile bedacht sind. Versicherungsgesellschaften arbeiten zum Beispiel mit Werbung in den Medien, aber der größte Teil ihrer Umsätze entfällt auf den persönlichen Verkauf. Ein Kunde, der eine Versicherungspolizze erwirbt, will nahezu immer besprechen, welche Polizze am besten für seine spezifischen Bedürfnisse und Umstände geeignet ist; es ist die Aufgabe des Verkäufers, die verschiedenen Möglichkeiten zu erklären und die geeignetste Polizze zu empfehlen.
Neuere Studien haben ergeben, daß Firmen mehr Geld für ihr Verkaufspersonal ausgeben als für Werbung und Verkaufsförderung zusammengenommen. Der persönliche Verkauf ist also ein ungemein wichtiger und teurer Bestandteil des Marketing-Mix.
Die Lösung des Problems eines schlechten Verkaufspersonalmanagements kann nur in der Erkenntnis liegen, daß der persönliche Verkauf tatsächlich ein entscheidender Bestandteil des Marketingprozesses ist und daß er genauso sorgfältig geplant und überlegt werden muß wie jeder andere Bestandteil. Jeder Manager im Marketingbereich wäre gut beraten, jedes Jahr einige Tage lang in die Praxis zu gehen und Kunden zur Erteilung von Aufträgen zu bewegen. So läßt sich am besten herausfinden, was die Kunden wirklich von der Marketingpolitik der Organisation halten!

Die Rolle des persönlichen Verkaufs

Der persönliche Verkauf wird am besten als Teil des *Kommunikations-Mix* betrachtet. (Andere verbreitete Elemente des Kommunikations-Mix sind, wie wir uns erinnern, Werbung, Verkaufsförderung, Public Relations, Direct Mail, Leistungsschauen und so weiter.) Die in Kapitel 7 angeführten Studien zeigen, daß die Organisationen die Kommunikationsaufgabe nicht nur der Verkäuferschaft allein überlassen können. Es stellt sich hier jedoch dieselbe Frage wie bei der Werbung, nämlich die, welche Rolle der persönliche Verkauf im Kommunikations-Mix des Unternehmens spielen soll. Wieder liegt die Antwort in einem klaren Verständnis des Kaufprozesses, der auf den Märkten der Firma vorherrscht.
Die Effizienz jedes Kommunikationselements hängt davon ab, ob ein Ausgleich zwischen den erforderlichen und den verfügbaren Informationen geschaffen werden kann. Um diese Ausgewogenheit zu erreichen, muß sich der Marketingfachmann der unterschiedlichen Bedürfnisse verschiedener Menschen in den verschiedenen Stadien des Kaufprozesses bewußt sein. Dieser Ansatz hebt hervor, wie wichtig es ist, daß die Kommunikation der Firma *alle* Schlüsselpunkte der Kaufkette erreicht. Kein Unternehmen kann es sich leisten zu glauben, daß der tatächliche Verkauf das einzig wichtige Ereignis sei.
Um nun genau zu bestimmen, welche Rolle der persönliche Verkauf im Kommunikations-Mix eines Unternehmens spielt, müssen die wichtigsten Beeinflusser jeder Kaufentscheidung identifiziert werden, und man muß feststellen, welche Informationen sie in den verschiedenen Stadien des Kaufprozesses wahrscheinlich brauchen werden. Die meisten institutionellen Kaufentscheidungen setzen sich aus vielen verschiedenen Phasen

zusammen, vom Erkennen des Problems bis zu Leistungsbewertung und Feedback über das gekaufte Produkt bzw. die erworbene Dienstleistung. Darüber hinaus variiert die Bedeutung dieser einzelnen Phasen je nachdem, ob es sich bei der Kaufsituation um einen Erstkauf oder einen Routine-Wiederholungskauf handelt. Es ist klar, daß die Informationsbedürfnisse in jedem Fall unterschiedlich sein werden. (Das wurde bereits etwas genauer in Kapitel 7 besprochen.)

Der persönliche Verkauf hat gegenüber anderen Elementen des Kommunikations-Mix eine Reihe von Vorteilen:

1 Er ist eine zweibahnige Kommunikationsform, wobei der potentielle Käufer die Möglichkeit hat, den Verkäufern Fragen über das Produkt oder die Dienstleistung zu stellen.
2 Die Verkaufsbotschaft selbst kann flexibler gestaltet und daher genauer auf die Bedürfnisse des einzelnen Kunden abgestimmt werden.
3 Der Verkäufer/die Verkäuferin kann sich auf eine detaillierte Kenntnis des Produkts stützen, um seine/ihre Botschaft auf die von ihm/ihr wahrgenommenen Bedürfnisse des Kunden abzustimmen und Einwänden schon bei deren Auftreten entgegenzuwirken.
4 Am wichtigsten ist aber, daß der Verkäufer/die Verkäuferin einen Auftrag aktiv anstreben und vielleicht über Preis, Lieferung oder Sonderwünsche verhandeln kann.

Sobald der Kunde einen Auftrag erteilt hat und die Wahrscheinlichkeit besteht, daß er seinen Kauf wiederholt, verschiebt sich die Aufgabe der Verkaufsperson von der Überzeugung hin zur Verstärkung. In diesem Stadium sollte die gesamte Kommunikation dazu dienen zu unterstreichen, wie klug der Kauf war. Die Verkaufsperson kann auch die Chance nutzen, andere Produkte und Dienstleistungen aus dem Produktsortiment der Firma zu empfehlen.

Natürlich wird in verschiedenen Märkten unterschiedliches Gewicht auf die jeweils verfügbaren Kommunikationsformen gelegt. Im Lebensmittelhandel beispielsweise sind Werbung und Verkaufsförderung außerordentlich wichtige Elemente des Kommunikationsprozesses. Trotzdem muß ein Nahrungsmittelhersteller auch eine aktive Verkäuferschaft haben, die engen Kontakt mit den Einzelhändlern hält. Diese Einzelhandelskontakte sichern lebhafte Verkaufsförderungsaktivitäten in der Einzelhandelskette. Im Metallwaren-Großhandel ist der häufige und regelmäßige persönliche Kontakt der Verkäufer mit dem Einzelhandel die Schlüsseldeterminante für den Erfolg. In Branchen mit nur wenigen Kunden (wie Kapitalgüter und spezialisierte Prozeßmaterialien) muß ein tiefgehendes Verständnis der Produktionsprozesse des Kunden aufgebaut werden; wieder ist hier der persönliche Kontakt von überragender Bedeutung. Im Gegensatz dazu werden viele sich rasch entwickelnde Fertigungsgüter für verschiedene Anwendungsbereiche in fragmentierte Märkte verkauft; in diesem Bereich gewinnen andere Kommunikationsformen als der persönliche Verkauf zunehmend an Bedeutung.

Viele Unternehmen der Elektronikbranche arbeiten sehr erfolgreich mit dem persönlichen Verkauf. Textautomaten sind beispielsweise in den von ihnen gebotenen Fähigkeiten sehr unterschiedlich. Die technischen Einzelheiten lassen sich in Broschüren und anderes Verkaufsförderungsmaterial verpacken, aber für das Büropersonal, das letztendlich die Kaufentscheidung trifft, ist eine Evaluierung der Alternativen oft schwierig. Ein guter Verkäufer kann die Bedürfnisse eines bestimmten Kunden rasch erkunden und feststellen, in welchem Ausmaß diese von der in Frage kommenden Ausrüstung erfüllt werden. Der Kunde kann seinerseits leichter feststellen, ob die Firma seine Bedürfnisse erkannt hat, ob sie glaubwürdig erscheint und ob sie den unterstützenden Service bieten kann, der notwendig ist, um die Anlagen zu installieren und ihre Verwendung im Unternehmen durchzusetzen. Solche Überlegungen haben wahrscheinlich viel mehr Einfluß auf eine Kaufentscheidung als der Vergleich technischer Datenblätter.

Wie viele Verkäufer brauchen wir?

Die Überlegungen der Organisation, wie viele Verkäufer sie braucht, sollten davon ausgehen, wie die Arbeit gegenwärtig verteilt wird. Beginnen Sie, indem Sie alle Tätigkeiten auflisten, die vom derzeitigen Verkaufspersonal tatsächlich wahrgenommen werden. Diese könnten das Anwerben neuer Kunden, die Betreuung bestehender Kunden, die Vorführung neuer Produkte, die Entgegennahme von Wiederholungsaufträgen und das Schulden-Inkasso umfassen. Dieser Aufzählung sollte eine Untersuchung alternativer Möglichkeiten folgen, wie diese Pflichten wahrgenommen werden könnten. Zum Beispiel hat sich gezeigt, daß der Telefonverkauf eine völlig akzeptable Alternative zu persönlichen Besuchen ist, besonders, was Wiederholungskäufe anbelangt. Das Verkaufspersonal kann auf diese Weise für Überzeugungsarbeit freigemacht werden, für die der Telefonverkauf nicht so geeignet ist. Kann das Schulden-Inkasso auf dem Postweg oder über das Telefon erfolgen? Können Produkte bei Leistungsschauen oder in Schauräumen vorgeführt werden? Nur durch diese Art von Fragen können wir sichergehen, daß wir nicht, wie dies so oft passiert, in die Falle gegangen sind, die Firma auf eine Entscheidung festzulegen und danach erst die Daten und Gründe für die Rechtfertigung dieser Entscheidung zu suchen. In diesem Stadium sollte sich der Manager auf das Sammeln relevanter, quantifizierter Daten konzentrieren und dann sein Urteilsvermögen und seine Erfahrung einsetzen, um zu einer Entscheidungsfindung beizutragen.
Im Grunde können alle Aktivitäten des Verkaufspersonals unter drei Überschriften kategorisiert werden. Eine Verkaufsperson

- ruft Kunden an und besucht sie
- reist
- erfüllt administrative Funktionen.

Diese Aufgaben können als *Arbeitslast* bezeichnet werden. Wenn wir zuerst festlegen, was eine angemessene Arbeitslast für eine Verkaufsperson nach Stunden pro Monat ist, können wir zu messen beginnen, wie lange die Verkaufspersonen für ihre derzeitigen Aktivitäten – also für ihre derzeitige Arbeitslast – brauchen.

Die Messung kann entweder durch eine unabhängige dritte Partei erfolgen oder, was noch besser ist, durch die Verkäufer selbst. Bei einer einfachen Meßmethode braucht man nur Aufzeichnungen über die zurückgelegten Distanzen, die für Besuche benötigte Zeit und die Absatzart zu führen. Diese Daten lassen sich leicht analysieren und zeigen die durchschnittliche Dauer eines Besuches für die jeweilige Absatzart, die in einem Monat durchschnittlich zurückgelegte Distanz und die Durchschnittsgeschwindigkeit je nach Gebiet (also Stadt, Vorstadt oder Land) an. Mit Hilfe einer Landkarte können die bestehenden Kunden nun auf Trial-and-Error-Basis zugeteilt werden, gemeinsam mit den jeweiligen Zeitwerten für Verwaltungsarbeiten und Reisen. Auf diese Weise lassen sich die angemessenen Arbeitslasten für das Verkaufspersonal ermitteln, wobei man, falls nötig, zusätzliche Kapazitäten einbauen kann, um von Zeit zu Zeit neue potentielle Absatzmöglichkeiten erkunden zu können.

Diese Art der Analyse führt manchmal zu überraschenden Ergebnissen, wie zum Beispiel, wenn sich herausstellt, daß der »Starverkäufer« einer Firma weniger Arbeitslast trägt als der angeblich schwächste, der unter Umständen aufgrund der Art seines Einsatzgebietes viel länger für seine Umsätze arbeiten muß.

Natürlich kann man die Arbeitslast auch auf andere Weise messen. Eine wichtige Konsumgüterfirma ließ durch ihre dafür zuständige Abteilung die Effektivität des Verkaufspersonals messen. Die Ergebnisse dieser Studie werden in Tabelle 8.1 zusammengefaßt. Die Tabelle zeigte der Firma, wie die Verkaufspersonen ihre Zeit verbrachten und wieviel davon für die eigentliche Verkaufsaktivität zur Verfügung stand. Eine von der Firmenleitung ergriffene Sofortmaßnahme bestand in der Initiierung eines Schulungsprogramms, das es durch bessere Planung ermöglichte, mehr Zeit für den Verkauf zu verwenden. Eine weitere Maßnahme bestand in der Verbesserung der Verkaufsleistung im direkten Kontakt mit den Kunden.

Ausgerüstet mit derartigen quantitativen Daten wird es leichter zu bestimmen, wie viele Verkäufer gebraucht werden und wie Verkaufsgebiete gerecht zugeteilt werden können.

Was sollen unsere Verkäufer tun?

Gleichgültig, nach welcher Methode der Tag der Verkäufer eingeteilt wird – für den Verkauf selbst bleibt immer relativ wenig Zeit. Unter diesen Umständen ist es besonders wichtig, daß eine Firma so genau wie möglich weiß, was ihr Verkaufspersonal tun soll. Die Ziele für das Verkaufspersonal können entweder *quantitativer* oder *qualitativer* Natur sein.

Quantitative Ziele

Die wichtigsten quantitativen Ziele befassen sich mit den folgenden Maßen:

- Wieviel man verkauft (der Wert des Stückverkaufsvolumens)
- Was man verkauft (der Sortiment-Mix, der verkauft werden soll)

		Anteil des Tages (in %)		*Minuten pro Tag*	
Zeit für Außendienst-besuche	Hinfahrt zur und Rückfahrt von der Verkaufsroute	15,9		81	
	Fahrt auf der Verkaufsroute	16,1		83	
	Gehen	4,6		24	
	Rast und Pausen	6,3		32	
	Verwaltungsarbeiten vor dem Besuch	1,4		7	
	Verwaltungsarbeiten nach dem Besuch	5,3		27	
			49,6		254
Innendienstzeit	Geschäftsbesprechungen	11,5		60	
	Verkauf	5,9		30	
	Plaudern	3,4		17	
	Quittungen	1,2		6	
	Verschiedenes	1,1		6	
	Trinken	1,7		8	
	Warten	7,1		36	
			31,9		163
Abendarbeit	Lagerarbeit	9,8		50	
	Eintragen von *Auftrags-bestätigungen*	3,9		20	
	Vorplanung der Route	4,8		25	
			18,5		95
			100,0		8 h 32 min

Tabelle 8.1 Aufschlüsselung der gesamten täglichen Aktivitäten eines Verkäufers

- Wo man verkauft (die Märkte und Einzelkunden, die die Firma ihren Marketingzielen näherbringen)
- Der angestrebte Gewinnbeitrag (wo relevant, und wo die Firma ihn berechnen kann)
- Verkaufskosten (nach Entlohnung, Ausgaben, Aufsicht und so weiter)

Die ersten drei Arten von Zielen leiten sich direkt von den Marketingzielen ab, die in Kapitel 6 genau besprochen werden; sie stellen die wichtigsten Komponenten des Verkaufplans dar.

Es gibt natürlich viele andere Arten quantitativer Ziele, die man dem Verkäufer setzen kann, darunter die folgenden:

- Anzahl der am Verkaufsort organisierten Warenauslagen
- Anzahl der Briefe an potentielle Kunden
- Anzahl der Telefongespräche mit potentiellen Kunden
- Anzahl der vorgelegten und nicht vorgelegten Berichte

- Anzahl der abgehaltenen Geschäftstreffen
- Verwendung von Verkaufshilfen bei Präsentationen
- Anzahl der absolvierten Servicebesuche
- Anzahl der Kundenbeschwerden
- Zuverlässigkeitsaufzeichnungen
- Vorgenommene Inkassi
- Abgehaltene Schulungsmeetings
- Berichte über die Aktivitäten der Konkurrenz
- Berichte über die allgemeinen Marktbedingungen

Man kann vom Verkaufspersonal auch verlangen, eine koordinierende Funktion zwischen einem Team von Spezialisten und der Kundenorganisation wahrzunehmen. Eine Firma, die Bergbaumaschinen verkauft, arbeitet beispielweise mit einer bestimmten Anzahl von »guten Allgemeinverkäufern«, die Kontakte herstellen und feststellen, welche Kontakte unter Umständen zu einem Verkauf führen. Die Firma, die die Maschinen verkauft, ist vielleicht der Ansicht, daß sie, bevor sie mit irgendeiner Kundenorganisation in Verhandlungen eintritt, ein Team hochspezialisierter Ingenieure und Finanzexperten zu Beratung und Anleitung beiziehen sollte. Aufgabe der Verkäufer in dieser Firma ist es nun festzustellen, wann Expertenunterstützung gebraucht wird, und die Personen, die an den Verhandlungen beteiligt sind, zu koordinieren. Trotzdem lassen sich die meisten Ziele den oben skizzierten Hauptzielen, die direkt damit zu tun haben, was an wen verkauft wird, unterordnen.

Qualitative Ziele

Qualitative Ziele können eine potentielle Problemquelle darstellen, wenn die Verkaufsleiter versuchen, die Leistungen der Verkäufer an nicht quantifizierbaren Begriffen wie »Loyalität«, »Begeisterung«, »Zusammenarbeit« und so weiter zu messen – denn solche Begriffe lassen sich nur schwer objektiv messen. Auf ihrer Suche nach qualitativen Meßinstrumenten für die Leistung verfallen Manager oft auf höchst subjektive Interpretationen, die unter den Bewerteten Ablehnung und Frustration hervorrufen.

Manager können jedoch qualitative Ziele festlegen und messen, wenn sich diese tatsächlich auf die Leistungen des Verkaufspersonals bei der eigentlichen Arbeit beziehen. Es ist zum Beispiel möglich, die Geschicklichkeit zu messen, mit der jemand seine Produktkenntnisse in der Praxis anwendet oder seine Arbeit plant, oder die Gewandtheit, mit der er während eines Verkaufsgesprächs Einwänden begegnet. Diese Messungen beziehen sich, obwohl sie immer noch qualitativer Natur sind, auf Leistungsnormen, die vom Verkäufer verstanden und akzeptiert werden.

Anhand solcher Normen ist es für einen kompetenten Verkaufsleiter nicht allzu schwierig, Schwachpunkte festzustellen, Übereinstimmung über sie zu erzielen, Fähigkeiten und Techniken zu vermitteln, eine professionelle Einstellung zu bewirken, zu demonstrieren, wie man sich selbst schult, festzulegen, welche Schulungserfordernisse

im Verkauf nicht abgedeckt werden können, und Leistungsverbesserungen sowie die Auswirkungen früherer Schulungen zu evaluieren.
Ein Konsumgüterunternehmen mit 30 Verkaufsleitern mußte feststellen, daß die meisten dieser Personen einen guten Teil des Tages im Büro verbrachten und administrative Tätigkeiten erledigten, die meist eigenproduziert waren. Das Unternehmen entzog ihnen die Büros und bestand darauf, daß die Verkaufsleiter den Großteil der Zeit im Außendienst verbrachten, um ihre Verkäufer zu schulen. Um ihnen bei dieser Aufgabe zu helfen, wurden sie zuerst darin geschult, die Leistungen der Verkäufer zu bewerten und zu verbessern. Das Resultat war eine drastische Steigerung des Umsatzes und dadurch auch im Verdienst der Verkaufsleiter, die darob rasch ihren Unmut über die verlorenen Büros vergaßen.

Verbesserung der Produktivität des Verkaufspersonals

Die meisten Verkäufer würden wahrscheinlich ihre Neigung eingestehen, diejenigen Großkunden, die sie freundlich empfangen, öfter zu besuchen als jene, die ihnen Steine in den Weg legen. Wenn wir die Kunden nach ihrer Größe und ihrer Freundlichkeit uns gegenüber klassifizieren, können wir eine einfache Matrix erstellen, die uns bei unserer Entscheidung, worauf wir unsere größten Anstrengungen richten sollten, unterstützt. Aus Abbildung 8.1 ist ersichtlich, daß die Felder 4 und 5 das größte Potential für eine

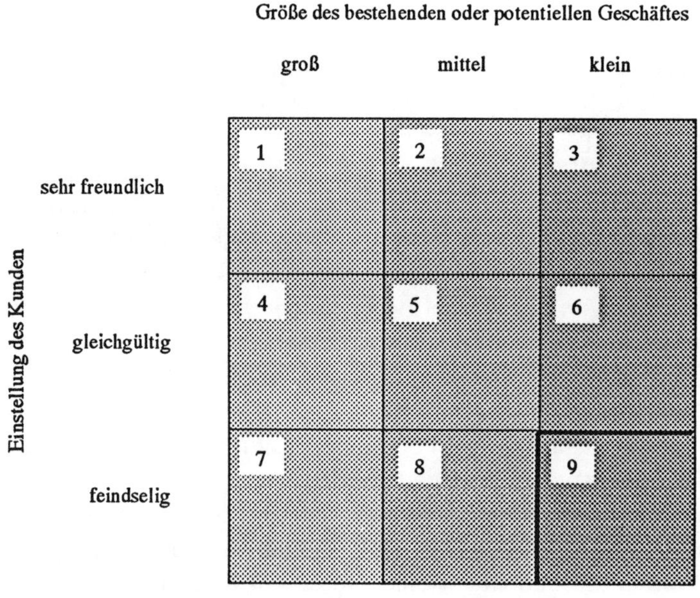

Abbildung 8.1

erhöhte Verkaufsproduktivität beinhalten, während die Felder 1 und 2 eine Besuchsfrequenz erhalten, die auf »Aufrechterhaltung« abzielt. Für die Felder 7 und 8 sollte eine »alternative Strategie« getestet werden, um festzustellen, ob sich die feindselige Einstellung überwinden läßt. Wenn diese Alternativmethoden keinen Erfolg haben, könnte eine geringere Besuchsfrequenz angebracht sein. Feld 9 ist das »Kümmere-dich-nicht-um-sie«-Feld, während die Felder 3 und 6 das Mindestmaß an Aufmerksamkeit bekommen, das sich mit unseren Zielen vereinbaren läßt.

Wir wollen damit keine definitiven Regeln über Besuchsfrequenzen aufstellen, denn dies bleibt immer dem Ermessen des Managements vorbehalten. Diese Matrix dient einzig und allein dazu, unsere Annahmen über die Besuchsfrequenzen bei bestehenden und potentiellen Kunden zu überprüfen, um sicherzugehen, daß wir keine wertvolle Zeit verschwenden, die wir anderweitig produktiver einsetzen könnten.

Wie sollen wir unser Verkaufspersonal führen?

Die Motivation des Verkaufspersonals steht in jüngster Zeit häufig im Mittelpunkt des Interesses, hauptsächlich infolge der Arbeit der Psychologen in anderen Managementbereichen. Inzwischen ist es eine allgemein anerkannte Tatsache, daß es nicht genügt, jemandem einen Titel und ein Büro zu geben und dann einfach auf gute Ergebnisse zu warten. Man weiß heute, daß eine effiziente Führung ebenso »untergebenenbestimmt« ist, wie sie vom Management bestimmt wird. Während es für unsere Zwecke nicht nötig ist, eine detaillierte Analyse der Motivation des Verkaufspersonals durchzuführen, sollten wir doch einige wichtige Faktoren, die zu einem effektiven Management des Verkaufspersonals beitragen, kurz besprechen.

Wenn es der Job eines Verkaufsleiters ist, die Leistungen seiner Verkäufer zu verbessern, und wenn Leistung eine Funktion von Anreizen minus entmutigende Faktoren ist, dann wird die Leistung umso besser sein, je besser der Manager in der Lage ist, die Anreize zu erhöhen und die entmutigenden Faktoren zu verringern.

Forschungsarbeiten haben gezeigt, daß ein wichtiges Element der Verkäufermotivation darin besteht, daß diese ihren Job als sinnvoll erleben. Anders ausgedrückt: der Wunsch nach Lob und Anerkennung, die Vermeidung von Langeweile und Monotonie, die Hebung des Selbstbewußtseins, Angst- und Sorglosigkeit und der Wunsch, zu etwas zu gehören, was man für sinnvoll hält; das alles trägt zu besseren Leistungen bei. In einer bekannten Studie aus den USA wurden die Ursachen der Ergebnisse der zwanzig produktivsten Verkaufseinheiten einer Firma im Vergleich zu den zwanzig schwächsten untersucht. Die Studie ergab, daß alle obengenannten Faktoren wichtige Erfolgsdeterminanten waren.

Die Entlohnung ist jedoch immer einer der wichtigsten Motivationsfaktoren. Das muß nicht unbedingt bedeuten, daß man die höchsten Gehälter bezahlen muß, obwohl natürlich klar ist, daß die Leute nicht bleiben werden, wenn es keine nennenswerten finanziellen Motive gibt. Bei der Erstellung eines Gehalts- bzw. Vergütungsplans, der normalerweise ein Grundgehalt sowie irgendeine Komponente für besondere Leistungen beinhaltet, wie einen Bonus oder Provisionen, sollte folgendes angestrebt werden:

- Gute Verkäufer anzuziehen und zu halten
- wettbewerbsfähig zu bleiben
- die Entgelte der Verkäufer gemäß ihrer individuellen Leistungen zu gestalten
- ein garantiertes Gehalt plus geregelte individuelle Gehaltserhöhungen zu bieten
- individuelle Verkaufsinitiativen zu fördern
- Teamarbeit zu ermutigen
- die Erledigung wichtiger, nicht verkaufsbezogener Arbeiten zu fördern
- sicherzustellen, daß das Management die Gehälter in fairer Weise so festsetzen und anpassen kann, daß sie ein Instrument für die Erreichung der Umsatzziele sind.

Ein zentraler Faktor für die Motivation des Verkaufspersonals ist, daß sich die einzelnen Verkäufer stärker bemühen, wenn es um folgendes geht:

1 ihre Erwartungen, ihre Umsatzziele zu erreichen

2 die persönlichen Vorteile, die ihnen aus der Erreichung dieser Ziele erwachsen.

Diese Motivationstheorie für die Verkäufer ist als Weg-Ziel-Theorie bekannt, weil sie auf dem jeweiligen Weg basiert, den der Verkäufer zu einem bestimmten Verkaufsziel hin geht, und auf den jeweiligen Zielen, die mit dem erfolgreichen Beschreiten dieses Weges verbunden sind. Der Verkäufer schätzt die Wahrscheinlichkeit des Erfolges auf verschiedenen Wegen oder bei verschiedenen Verkaufsmethoden, und die Wahrscheinlichkeit, daß sein Vorgesetzter seine Erfolge erkennen und sie entsprechend belohnen wird, ein. Weniger formell ausgedrückt, besteht die Motivationsfunktion des Verkaufsleiters darin, daß er die persönliche Bezahlung der Verkäufer bei Erreichung der Arbeitsziele erhöhen, die Wege zu diesen Belohnungen durch klare Darstellung erleichtern, die Zahl der »Straßensperren« und Fallen verringern sowie die Chancen für persönlichen Befriedigung *en route* vermehren kann.

Kaum jemand würde bestreiten, daß die Motivierung des Verkaufspersonals ein schwieriges und sehr emotionalisiertes Thema ist und daß schließlich die Vernunft die Oberhand behalten muß. Der Autor nahm einmal an einer Verkäufertagung teil, die von vollbusigen Mädchen eröffnet wurde, die zum Firmensong tanzten. Unmittelbar nach ihnen erschien ein herausgeputzter Marketingmanager, der eine Stunde lang an Balkendiagrammen herumdeutete, die er mit einem Overheadprojektor an die Wand projizierte. Es überrascht nicht, daß die meisten der teilnehmenden Verkäufer nicht allzuviel von den zentralen Themen der Konferenz mitbekamen, während die anwesenden Frauen beleidigt waren.

Ein weiteres gemeinsames Merkmal von Verkäufertagungen ist die Verwendung einer blutrünstigen Sprache, wie »unser Plan wird den Feind auslöschen« etc. Die Verwendung solcher Bilder steht oft in scharfem Kontrast zur alltäglichen Routine eines durchschnittlichen Verkäufers, der an einem regnerischen Montagmorgen aus dem Bett steigt, sich in das kleine Firmenauto setzt und beim ersten Besuch der Woche abgewiesen wird!

Ein bißchen Spannung bei Verkäufertagungen ist natürlich nötig, aber die meisten Verkaufsdirektoren und Manager sollten das Verkaufspersonal besser mit Informationen und Instrumenten versorgen, die zur Erleichterung ihrer Verkaufsaufgabe dienen. Nackte Mädchen, die aus Riesendosen hüpfen, mögen sehr wohl irgendwo ihren Platz haben, aber vielleicht nicht unbedingt bei einer Verkäufertagung!

Die Vorbereitung des Verkaufsplans

Es gibt keine zwei Verkaufspläne mit identischen Überschriften. Man kann jedoch einige allgemeine Richtlinien erstellen. Tabelle 8.2 ist ein Beispiel dafür, wie man einem einzelnen Verkäufer Ziele stecken kann. Natürlich sind solche Ziele das logische Ergebnis der Unterteilung der Marketingziele in tatsächliche Umsatzziele.
Alle Firmen setzen sich allgemeine Ziele, für die wiederum spezifische Marketingziele entwickelt werden müssen. In diesem Kapitel haben wir über den persönlichen Verkauf im Kontext allgemeiner Marketingaktivitäten gesprochen. Das führt uns zu folgender Zielehierarchie: *Unternehmensziele – Marketingziele – Umsatzziele*, wie in Abbildung 8.2 dargestellt.

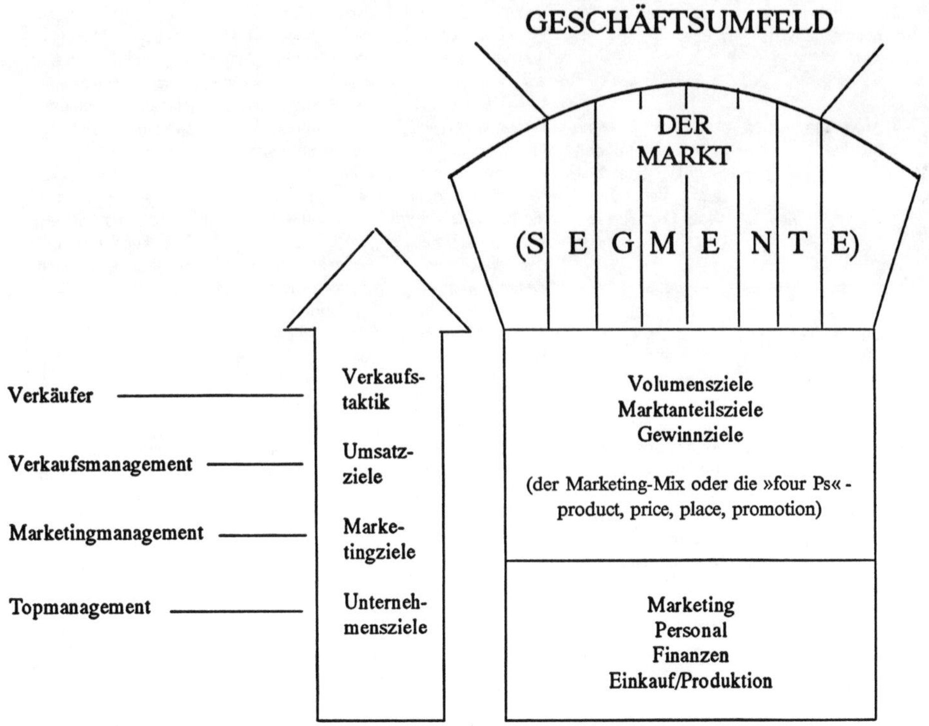

Abbildung 8.2

Aufgabe	*Die Norm*	*Wie man die Norm festlegt*	*Wie man die Leistung mißt*	*Worauf man achten muß*
1 Erreichung seines/ihres persönlichen Verkaufsziels	Verkaufsziel pro Zeitperiode für einzelne Gruppen und/oder Produkte	Analyse von: • territorialem Potential • Einzelkundenpotential Diskussion und Vereinbarung zwischen Verkäufer und Manager	Vergleich der Produktumsätze des einzelnen Verkäufers mit den Zielen	Signifikante Kluft zwischen Ziel und tatsächlicher Leistung über einen längeren Zeitraum hinweg
2 Verkauf des erforderlichen Sortiments bzw. der Quantität an Einzelkunden	Erreichung einer spezifizierten Verkaufsmenge und -palette für einen bestimmten Kunden oder eine Kundengruppe innerhalb eines festgelegten Zeitraums. Erreichen der geeigneten Besuchshäufigkeit für einzelne Kunden.	Analyse einzelner Kundenaufzeichnungen bezüglich • Potential • derzeitiger Umsätze Diskussion und Vereinbarung zwischen Manager und Verkäufer. Analyse des Potentials der einzelnen Kunden.	Genaue Überprüfung der: • Unterlagen über einzelne Kunden • Beobachtungen des Außendienstverkaufs	Nichterreichung der vereinbarten Ziele. Gleichgültigkeit über das Niveau der Umsätze bei Einzelkunden.
3 Planung von Reisen und Besuchsfrequenz zur Minimierung der Verkaufskosten	Anzahl der tatsächlichen Kundenkontakte innerhalb eines bestimmten Zeitraums	Analyse des Verhältnisses Besuche/Aufträge. Diskussion und Vereinbarung zwischen Manager und Verkäufer.	Durchforstung von Unterlagen über einzelne Kunden. Analyse des Verhältnisses zwischen Besuchen und Aufträgen. Überprüfung der Besuchsberichte.	Hohe Zahl von Besuchen bei einem Einzelkunden im Vergleich zu dessen Aufträgen. Weniger Besuche als vorgesehen in einem vereinbarten Zeitraum.
4 Anwerbung neuer Kunden	Anzahl der Besuche potentieller Kunden innerhalb eines Zeitraums. Verkauf neuer Produkte an bestehende Kunden.	Feststellung der Gesamtzahl der potentiellen und tatsächlichen Kunden, die Resultate liefern könnten. Feststellung der Bereiche, in denen potentielle Kunden gefunden werden könnten.	Überprüfung: • der Besuchsberichte • der Berichte über neue Kunden • Verhältnis von bestehenden zu potentiellen Kunden	Weniger Besuche als vereinbart bei potentiellen Kunden. Unausgewogenes Verhältnis zwischen bestehenden und potentiellen Kunden.
5 Finden einer Verkaufsmethode von angemessener Qualität	Einsatz der Fähigkeiten und Techniken, die für die Erreichung der für jedes Element des Verkaufsansatzes festgelegten Ziele erforderlich sind. Kontinuierliche Verwendung von Verkaufsunterlagen.	Norm, die in Relation zu den bestehenden Unternehmensnormen steht, ist durch Diskussion zwischen Manager und Verkäufer zu vereinbaren.	Regelmäßige Beobachtungen des Außendienstverkaufs in den einzelnen Stadien des Verkaufsvorgangs mit Hilfe systematischer Leistungsanalysen	Unterlassung • der Festsetzung eines Zieles für die einzelnen Stadien der Verkaufsbemühung • des Einsatzes spezifischer Fähigkeiten. Schwäche • der Verwendung von Unterstützungsmaterial

Tabelle 8.2 Ziele für den einzelnen Verkäufer

Die Vorteile für das Management des Verkaufspersonals, das sich an diese Methode hält, können wie folgt zusammengefaßt werden:

1 Koordinierung von Unternehmens- und Marketingzielen mit den tatsächlichen Verkaufsbemühungen.
2 Schaffung einer zirkularen Beziehung zwischen Unternehmenszielen und Kundenwünschen.
3 Verbesserung der Verkaufseffektivität durch ein verbessertes Verständnis der Auswirkungen von Verkaufsentscheidungen auf Unternehmen und Marketing.

Folgendes Beispiel illustriert den zentralen Punkt, daß das Verkaufspersonal nicht abseits der breiteren Unternehmens- und Marketingzielen geführt werden kann.

Das Verkaufspersonal eines Unternehmens, das Container aus rostfreiem Stahl herstellte, verkaufte alle Arten von Containern an praktisch jeden, der zu zahlen bereit und in der Lage war. Das führte in allen Geschäftsbereichen bis hin zum Einkauf von Rohmaterialien zu schwerwiegenden Problemen in Produktionsplanung und Vertrieb. Die Rentabilität des Unternehmens wurde schwer beeinträchtigt. Die Verkäufer erhielten schließlich die Anweisung, sich auf bestimmte Produktarten und Anwenderbranchen zu konzentrieren. Diese Entscheidung führte in der gesamten Organisation zu einer Kostendegression.

Zusammenfassend ist zu sagen, daß das Verkaufspersonal ein überaus wichtiges, aber teures Element des Marketing-Mix bildet und daß auf dessen Management mindestens ebensoviel Sorgfalt verwendet werden sollte wie auf alle anderen Bereiche des Marketingmanagement. Das läßt sich am leichtesten erreichen, wenn durch Erfahrung ergänzte Intuition mit dem hier dargelegten logischen Denkrahmen kombiniert wird (siehe Abbildung 8.3).

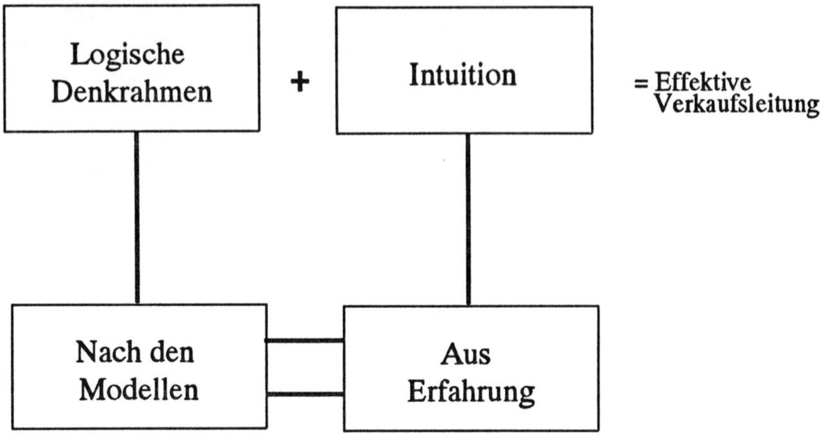

Abbildung 8.3

Anwendungsfragen

1 Welche Schlüsselfunktionen hat das Verkaufspersonal in Ihrer Organisation? Wie wird seine Arbeit koordiniert?

2 Wie wird das Verkaufspersonal eingesetzt – nach geographischem Gebiet, nach Produktpalette, nach Kundentyp? Ist diese Aufteilung optimal? Welche anderen Einsatzmuster sollte Ihre Organisation in Betracht ziehen?

3 Wer ist in Ihrer Organisation für das Verkaufspersonal verantwortlich? Wie sieht das Verhältnis zwischen diesem Verantwortungsbereich und anderen Marketingzuständigkeiten in der Organisation aus? Gibt es dadurch irgendwelche Probleme? Wie können entstehende Probleme gelöst werden?

4 Können Sie Gründe angeben, die die derzeitige Größe und Zusammensetzung des eingesetzten Verkaufspersonals rechtfertigen? Könnten Sie Ihre Position verteidigen, wenn Sie aufgefordert würden, 30 Prozent der Verkäufer zu entlassen? Wie würden Sie Ihre Position rechtfertigen? Welche Konsequenzen hätte eine 30prozentige Verringerung des Verkaufspersonals Ihrer Meinung nach?

5 Wie wird das Verkaufspersonal Ihrer eigenen Organisation eingesetzt? Ist das die beste Einsatzmöglichkeit? In welcher Weise ergänzen die Aktivitäten der Verkäufer andere Formen der Marketingkommunikation? Geben Sie andere Möglichkeiten an, wie die Aktivitäten des Verkaufspersonals Ihrer Meinung nach die gesamte Marketingkommunikation verbessern könnten.

6 Bewerten Sie kritisch den Verkaufsplan Ihres Unternehmens. Ergibt sich der Plan folgerichtig aus den Marketingzielen des Unternehmens?

9 DER PREISBILDUNGSPLAN

Zusammenfassung

Kapitel 9 beginnt mit einer Warnung davor, die Preisbildung auf der Grundlage »Kosten plus Gewinnzuschlag« vorzunehmen. Besprochen werden die Preisbildungsentscheidung im Kontext des Portfoliomanagements, die Analyse des Produktlebenszyklus und die Produktpositionierung. Die Kosten als Input für die Preispolitik und die Preisbildung als Input für Vertriebskanäle werden erforscht. In diesem Kapitel finden Sie einen Abschnitt darüber, wie Sie sich durch die Preisbildung nach dem wahrgenommenen Wert (value-in-use-pricing) einen Wettbewerbsvorteil sichern können. Schließlich erfahren Sie, wie ein Preisbildungsplan erstellt wird.

Einführung

Die erste wichtige Feststellung, die man über einen Preisbildungsplan treffen kann, ist die, daß ein Marketingplan nur sehr selten einen enthält!

Der Grund dafür ist naheliegend. Die Verkaufsförderung in all ihren verschiedenen Formen kann als gesonderte Untergruppe des Marketing-Mix gemanagt und gemessen werden. Dasselbe gilt für den Vertrieb. Das Produkt selbst, sein Preis, die Serviceelemente und die Kommunikationsstrategien sind alle Teil des »Angebots«, das dem Kunden gemacht wird, aber für den Preis selbst gilt dies in so hohem Maße, daß er sich nur selten vom Ganzen trennen und in einen eigenen Plan fassen läßt.

Schon eher findet man Ziele für eine bestimmte Produkt- oder Kundengruppe, verbunden mit einer detaillierten Preisbildungsstrategie, die angibt, was die Preispolitik bewirken soll, um der Firma bei der Erreichung ihrer Marketingziele zu helfen.

Wir haben uns jedoch dafür entschieden, uns mit der Frage der Preisbildung als separates Element des Marketing-Mix zu befassen, da dies der einzig vernünftige Weg ist,

alle Fragen zu besprechen, die mit der Preisbildung zu tun haben. Wir werden also hier immer von einem Preisbildungsplan sprechen, als ob wir die Absicht hätten, einen separaten Preisbildungsplan zu erstellen, obwohl er so strukturiert sein wird, daß die Elemente der Preisbildung je nach Erfordernis in die einzelnen Produkt- bzw. Segmentpläne integriert werden können.
Dasselbe könnte man natürlich über alle anderen Elemente des Marketing-Mix sagen, die in diesem Buch behandelt werden. Wie sie sich alle in einen Gesamtplan integrieren lassen, wird detailliert in Kapitel 12 beschrieben.

Preisbildung und Kostenrechner

Viele Leute kennen die Geschichte, die man sich über die Preisverhandlungen erzählt, die ein britischer Gastwirt mit seinem Kostenrechner führte. Der Gastwirt hatte sich entschlossen, am Ende der Theke einen Ständer mit Erdnußpäckchen aufzustellen. Im wesentlichen bestand der Plan darin, die Erdnüsse, deren Kosten bei 6 Pence pro Pakkung lagen, um 10 Pence zu verkaufen.
Leider bestand der Kostenrechnungsexperte darauf, daß der Wirt eine Reihe von Gemeinkosten in seine Erdnußkalkulation miteinbeziehen müsse, einschließlich Miete, Heizung, Beleuchtung, Ausrüstung, Abschreibung, Dekoration, Gehälter, den Lohn für den Koch, die Kosten für die Fensterreinigung, Putzmittel und so weiter. Diese zugerechneten Kosten plus die Miete für den erforderlichen Thekenplatz beliefen sich auf 1.563 Pfund pro Jahr, was unter Zugrundelegung eines Umsatzes von 50 Erdnußpäckchen pro Woche einen Betrag von 60 Pence pro Päckchen ausmachte. Das bedeutete, daß der Wirt bei einem Verkaufspreis von 10 Pence pro Päckchen jedesmal 50 Pence Verlust gehabt hätte!
Viele Leser werden sich vorstellen können, wie dem Wirt zumute war, und werden gern zustimmen, daß nirgends in einer Firma Zank und Hader so leicht ausbrechen können wie an der Schnittstelle zwischen Kostenrechnung und Marketing, besonders, wenn es um Preisbildungsfragen geht.
Kostenrechner verstehen oft die wichtige Rolle nicht, die das Marketing in einem Unternehmen spielt. Viele wissen eine ganze Menge über Unternehmertum im allgemeinen, aber nur sehr wenig über Marketing, und das wenige, das sie wissen, betrachten sie meist etwas skeptisch. Im Grunde glauben sie, daß Marketing nicht so viel wert sei wie Güter für die Gesellschaft zu produzieren. Die sichtbareren Marketingaktivitäten, wie Fernsehwerbung, werden nicht in ihrer Gesamtperspektive gesehen, und es ist nicht immer leicht, die schwierigen Entscheidungen in einem Bereich zu verstehen, der sich hauptsächlich mit menschlichem Verhalten und nicht mit Dingen beschäftigt, die sich gut zählen lassen. Aber die Schuld für diesen Mißstand liegt meist ebensosehr auf der Seite der Marketingfachleute.
Die Marketingleute, die weder verstehen, welche finanziellen Konsequenzen ihre Entscheidungen haben, noch wissen, welchen finanziellen Beschränkungen ihre Entschei-

dungsfindung unterliegt, sind selbst für die wilden Querelen verantwortlich, die durch eine solche Einstellung entstehen können.

Ein Bereich, in dem all diese Konflikte an die Oberfläche kommen, ist die Preisbildung. Wir werden hier die Preisbildung aus Marketingsicht erklären, sind uns jedoch der finanziellen Grenzen und Implikationen bewußt, denen sich die Kostenrechner gegenübersehen. Denn etwas ist sicher: Ein Team, in dem ein finanziell versierter Marketingfachmann und ein marketingorientierter Kostenrechner zusammenarbeiten, wird auf jedem Markt einfach unschlagbar sein. »Die Nachfrage existiert nur zu einem Preis«, also ist der Preis eine wichtige Determinante für die Menge, die von einem Produkt verkauft wird, obwohl er natürlich nicht der einzige relevante Faktor ist. In Anbetracht seiner Bedeutung sowohl als Element im allgemeinen Marketing-Mix als auch als wichtiger Faktor bei der Bestimmung der Rentabilität ist es ein bißchen überraschend zu beobachten, wie zufallsabhängig die Preisbildungspolitik vieler Unternehmen ist. Man könnte etwas mehr Differenziertheit erwarten.

Die Preisbildungsentscheidung ist aus zwei Hauptgründen wichtig: der Preis beeinflußt durch seine Wirkung auf die Erlöse nicht nur die Marge, sondern durch seinen Einfluß auf die Nachfrage auch die Verkaufsmenge. Kurz gesagt hat der Preis eine interaktive Wirkung auf die anderen Elemente des Marketing-Mix. Das heißt also, daß es wichtig ist, daß er Teil eines bewußten Marketingschemas mit klar definierten Zielen ist.

Obwohl die Preisbildung in einigen Teilen der Wirtschaft unter Umständen durch Kräfte entschieden wird, die größtenteils außerhalb der Kontrolle der Entscheidungsträger der Unternehmen liegen, sind die Marktpreise normalerweise das Ergebnis von Entscheidungen des Firmenmanagements. Wie sollte die Entscheidung jedoch ausfallen, wenn auf der einen Seite der Kostenrechner den Preis eines Produktes erhöhen will, um die Rentabilität zu maximieren, während auf der anderen Seite der Marketingmann den Nettoverkaufspreis halten oder sogar senken will, um den Marktanteil zu vergrößern? Die Antwort scheint einfach zu sein. Nehmen Sie Ihren Taschenrechner und rechnen Sie nach, welcher Vorschlag den höheren »Gewinn« bringt.

Aber vielleicht nagen Zweifel an Ihnen ob der wunderbaren Einfachheit dieses Ansatzes. Um solche Zweifel in strukturierter Form zu untersuchen, zitieren wir zuerst ein Statement der Boston Consulting Group über die fast nicht mehr existierende britische Motorradindustrie: »Das hervorstechendste Merkmal ist der Wert, der auf den Gewinn gelegt wird, den man von jedem einzelnen Modell erwartet. Während des gesamten Lebenszyklus wird es als wichtig betrachtet, daß jedes Modell auf jedem Markt, auf dem es verkauft wird, eine Gewinnspanne abwirft, die über den Unkosten liegen sollte, die dabei entstehen, daß man es auf den Markt bringt. Wenn dies das primäre Ziel ist, ergeben sich eine Reihe von untergeordneten Vorgangsweisen:

1 Produkte sollten sofort im Preis hinaufgesetzt oder vom Markt genommen werden, wenn sich in der Kostenrechnung zeigt, daß sie unrentabel sind. Leider basiert das Kostenrechnungssystem auf den bestehenden Produktionsmethoden und Vertriebskanälen und nicht auf den Kosten, die mit neuen Systemen und mit anderen Volumina erreicht werden könnten.

2 Die Preise werden auf Niveaus festgesetzt, die zur Erreichung der Rentabilität nötig sind und, falls erforderlich, weiter angehoben.
3 Die Kosten für ein effektives Marketingsystem sind nur in Märkten akzeptabel, in denen die Briten bereits etabliert sind und daher mit Gewinn arbeiten. Der Zugang zu neuen Märkten wird nur in dem Maße gesucht, in dem ihre Entwicklung keine signifikanten Vorlaufinvestitionen bei der Einführung von Verkaufs- und Distributionssystemen vor Verkaufsbeginn bedeutet.
4 Pläne und Zielsetzungen orientieren sich vor allem an der Erzielung eines Gewinnes aus diesen bestehenden Geschäften und Einrichtungen des Unternehmens und nicht an der langfristigen Entwicklung einer Position der Stärke in der Branche.«

Diese Art von Politik hat zu dem geringen und weiterhin sinkenden Anteil der britischen Motorradindustrie an den Weltmärkten und zu ihrer immer stärkeren Konzentration auf immer neue Ersatzmodelle geführt. Darüber hinaus ist die Rentabilität, das zentrale kurzfristige Ziel, das diese Politik zu erreichen versuchte, längerfristig tatsächlich auf ein Niveau zurückgegangen, das nun die Lebensfähigkeit der ganzen Industrie in Frage stellt.

Wir wissen nun natürlich, daß die britische Motorradindustrie in jeder Hinsicht tot ist und daß die zitierte Ansicht der Boston Consulting Group über Preisbildung und Gewinne zumindest als Einflußfaktor ernsthaft in Betracht zu ziehen ist. Diese Ansicht wird auch im *Quarterly Review* der National Westminster Bank vertreten, die schreibt: »Die katastrophalen wirtschaftlichen Leistungen der britischen Motorradindustrie sind dadurch entstanden, daß die strategischen Implikationen des Verhältnisses zwischen Herstellungsvolumen und relativer Kostenposition nicht verstanden wurden.«

Im Gegensatz dazu unternimmt die typische japanische Firma entschlossene Schritte, um ihren Marktanteil zu erhöhen, und erreicht dies auch oft, indem sie ihre Preise trotz der kurzfristigen Nachteile, die sie dafür zu gewärtigen hat, senkt. Mit anderen Worten, es werden in letzter Zeit immer öfter die langfristigen Vorteile erkannt, die man durch das Opfern einer kurzfristigen Rentabilität erzielen kann.

Dennoch verbleiben sogar über diesen Standpunkt einige Zweifel bestehen. Es ist eine bekannte Tatsache, daß Hersteller ebenso wie Einzelhändler begonnen haben, den Nutzen von Preissenkungen in Frage zu stellen; dies besonders angesichts der Tatsache, daß Studien vor einem Hintergrund sinkender Rentabilität gezeigt haben, daß die durchschnittliche Hausfrau, die weit davon entfernt ist, die Preise genau zu kennen, nur ein allgemeines Verständnis von Wert und Preis hat und ein gewisses Gefühl dafür besitzt.

Hinter einer Preissenkung steht natürlich die Absicht, die Verkaufsmenge zu erhöhen, wie in Abbildung 9.1 dargestellt. Ziel ist, daß Bereich B ($p_2 \times q_2$) größer als Bereich A ($p_1 \times q_1$) wird. Außerdem sollte ein erhöhtes Volumen theoretisch zu Kostensenkungen durch den Erfahrungseffekt (wird in Kapitel 5 erklärt) führen.

Es geschieht dennoch häufig, daß die Marktumsätze *nicht* stark genug steigen, um Erlöse und Kosten auszugleichen, was dazu führt, daß die Rentabilität sinkt. Dieses Ergebnis wird in Abbildung 9.2 gezeigt, wobei Bereich B kleiner ist als Bereich A. Auf andere Weise wird es in Abbildung 9.3 ausgedrückt.

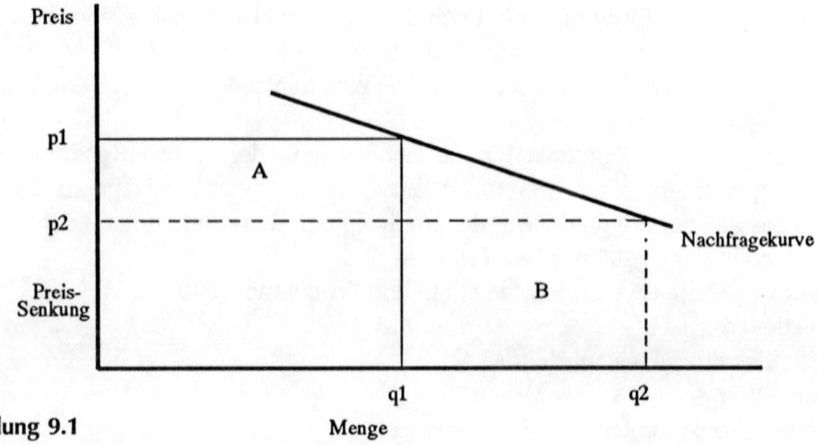

Abbildung 9.1

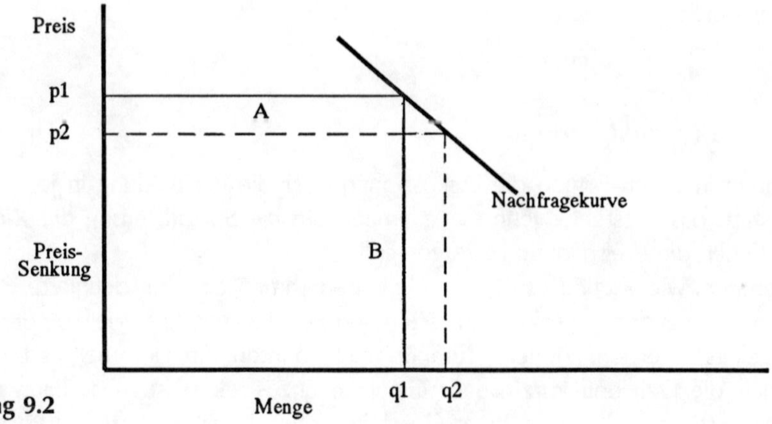

Abbildung 9.2

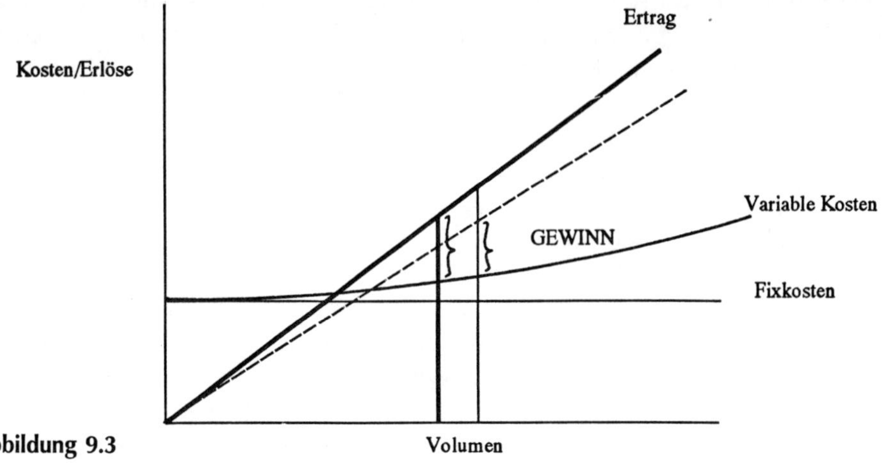

Abbildung 9.3

Das bringt uns auf die Frage der *Zeit*, denn die Form der Nachfragekurve verändert sich, abhängig von einer Reihe von Faktoren, mit der Zeit. Es kann wohl nicht sehr erstrebenswert sein, sowohl *kurzfristig* als auch *langfristig* eine Rentabilitätsverringerung in Kauf zu nehmen.

Nun ist der geeignete Zeitpunkt für die Einbeziehung der Faktoren gekommen, die berücksichtigt werden sollten, wenn man die vorhin aufgeworfene Frage zu klären versucht, ob das Ziel der Preisbildung in der Erhöhung der Rentabilität oder in der Erhöhung des Marktanteils liegen sollte. Diese Faktoren sind:

- Ziele (unternehmensweit und Marketing) und Produktportfolio
- Produktlebenszyklus
- Position des Produktes auf dem Markt
- Konkurrenten
- Potentielle Konkurrenten
- Kosten (eigene und die der Konkurrenz)
- Vertriebskanäle

Ziele und das Produktportfolio

Leider finden in vielen Firmen die Diskussionen über die Preisbildung in jener Art von Vakuum statt, das entsteht, wenn sich niemand um die Spezifizierung der *Ziele* kümmert, zu denen die Preisbildung beitragen soll.

Wir wissen nun, wie wichtig es ist, daß ein Unternehmen eine gut definierte Hierarchie von Zielen hat, aus der alle seine Aktivitäten und Handlungen einschließlich der Preisbildung abgeleitet werden können. Zum Beispiel könnten die Unternehmensziele verlangen, daß die Erzielung kurzfristiger Gewinne anzustreben ist. (Das kann aufgrund einer ganz bestimmten Position einer Geschäftseinheit in einer Matrix *im Vergleich zu* anderen Einheiten im selben Unternehmen der Fall sein. Zum Beispiel könnte eine Gruppenentscheidung darüber getroffen worden sein, daß in das Wachstum einer Geschäftseinheit stark zu investieren sei und daß dieses Wachstum durch eine der »Cash cows« finanziert werden müsse, die sich ebenfalls in ihrem Portfolio befinden.)

Das heißt, daß *Unternehmensziele* tatsächlich einen erheblichen Einfluß auf die *Marketingziele* haben, die in Kapitel 6 bereits genau besprochen wurden. Ebenso können die Marketingziele eines Unternehmens für ein bestimmtes Produkt eine kurzfristige Betonung des Gewinns anstatt des Marktanteils diktieren, was natürlich wiederum die Preisstrategie beeinflussen wird. Diese ergibt sich aus der Position des jeweiligen Produkts *gegenüber* anderen Produkten des Portfolios. Zum Beispiel kann es gut sein, daß ein Produkt eines der vielen »Question marks« ist und daß das Unternehmen beschlossen hat, in andere als in dieses spezielle zu investieren. Das würde natürlich zu dem Wunsch führen, mit diesem Produkt den größtmöglichen Deckungsbeitrag zu erzielen, und man würde versuchen, dies über die Preisstrategie zu erreichen. Das Festlegen von Marketingzielen für ein bestimmtes Produkt ist also ohne Zweifel der Ausgangspunkt für alle Überlegungen hinsichtlich der Preisbildung.

Produktlebenszyklus

Die Bedeutung, die dem Produktlebenszyklus bei der Festlegung der Marketingziele zukommt, wurde bereits betont. Wenn man zum Beispiel annimmt, daß sich ein Produkt im Reifestadium seines Lebenszyklus befindet, wäre es unklug, einen höheren Marktanteil als Marketingziel festzulegen. Der Deckungsbeitrag wäre wahrscheinlich ein angemesseneres Ziel, natürlich vorausgesetzt, daß der Marktanteil nicht unter einen Punkt abrutscht, unterhalb dessen die Fähigkeit der Firma, ein neues Produkt oder ein Ersatzprodukt zu präsentieren, beeinträchtigt wäre.

Andererseits kann es, wenn man der Meinung ist, daß ein Produkt noch ein langes Leben vor sich hat, oft sinnvoll sein, den Preis zu senken, um den Marktanteil aufrechtzuerhalten. Denken wir daran, daß wir, auch wenn der Markt das Sättigungsniveau erreicht hat, noch viele Jahre lang eine äußerst gewinnträchtige »Cash cow« in Händen haben können.

Mit deutlichem Nachdruck muß darauf hingewiesen werden, daß sich die Rolle der Preisbildung im Laufe des Lebenszyklus eines Produkts verändert. Zum Beispiel ist der Preis während der starken Wachstumsphase des Produktlebenszyklus meist nicht das wichtigste Kriterium des Kunden, da ja die Nachfrage rasch steigt und das Produkt immer noch relativ »neu« ist. Hier gibt es viele Möglichkeiten, Gewinne zu erzielen, die sorgfältig gegen die Marktanteilsüberlegungen abgewogen werden müssen.

Es ist also wichtig, daß man seine Preispolitik nicht »auf Steintafeln« festschreibt. Die Politik eines großen Einzelhändlers bestand darin, zu einem späteren Zeitpunkt im Produktlebenszyklus in einen Markt zu gehen, den Preis sehr niedrig anzusetzen und heftige Promotion zu betreiben. Eine Analyse des Lebenszyklus zeigte der Firma jedoch, daß sie unwissentlich einige Produkte in einem frühen Stadium des Lebenszyklus kaufte, *auf die sie genau dieselbe Preisstrategie* anwandte. Man kam rasch zu der Erkenntnis, daß man unnötigerweise Gewinne verschenkte, und begann von dort an, sorgfältiger an die Preisbildung heranzugehen und eine Preispolitik zu entwickeln, die auf die Fortschritte des Produktes über dessen gesamten Lebenszyklus hinweg abgestimmt war.

Produktpositionierung

Die Bedeutung des Begriffes »Produktpositionierung« wurde bereits in Kapitel 4 erklärt. Sie ist von großer Wichtigkeit für die Preisbildung. Es ist schlicht und einfach unsinnig, ein Produkt zum Beispiel als qualitativ hochwertig und exklusiv zu positionieren und seinen Preis dann zu niedrig anzusetzen. Der Preis ist eines der klarsten Signale; er zeigt dem Kunden den Wert des Angebots, das ihm die Firma macht. Daher muß zwischen Preis und Wert ein vernünftiges Verhältnis bestehen.

Drei einfache Beispiele werden das ausreichend illustrieren. Eine Firma führte ein neues reines Obstsaftprodukt auf dem Markt ein, nachdem Tests eine überwältigende Akzeptanz durch die Konsumenten ergeben hatten. Als die Umsätze weit hinter den Erwartungen zurückblieben, zeigten erneute Studien, daß die Konsumenten einfach nicht glaubten, daß die Behauptungen über das Produkt, die auf der Dose zu lesen waren, bei einem derartig niedrigen Preis wahr sein konnten. Also verdoppelte die Firma den Preis und versuchte das Ganze noch einmal – und nun war der Saft ein durchschlagender Erfolg.
Eine andere Firma führte in den 60er Jahren ein Luxusauto ein und setzte den Preis dafür auf der üblichen Basis von Kosten plus Gewinnzuschlag ein. Die Kunden kauften das Auto und verkauften es zu einem viel höheren Preis sofort weiter. Der *Wert* des Autos für die Kunden war also viel größer als der tatsächlich verlangte Preis.
In gleicher Weise behaupten einige Erwachsenenbildungsinstitute, daß ihre Kurse weltweit die besten seien, und verlangen dann niedrigere Preise als die Konkurrenz. Studien haben gezeigt, daß niedrige Preise bei Führungskräften aus der Industrie eher kontraproduktiv wirken, weil der Preis in diesem spezifischen Produktbereich als Qualitätsindikator betrachtet wird.
Die Produktpositionierung ist also ein weiterer wichtiger Faktor in der Preisentscheidung.

Konkurrenz und potentielle Konkurrenz

Trotz der Produktpositionierung haben die meisten Produkte Konkurrenten, und es versteht sich von selbst, daß diese sorgfältiger Beachtung bedürfen.
Es stimmt natürlich, daß man von Produkten, die abwertend »lächerliche kleine Ich-auch-Produkte« genannt werden, in den meisten Fällen keinen Erfolg erwarten kann, wenn sie mehr kosten als die Konkurrenzprodukte. Es stimmt auch, wenn der Preis eine wichtige Determinante für die Nachfrage ist; den Preis dann höher anzusetzen, ist wahrscheinlich nicht die richtige Strategie.
Das rückt die ganze Frage der Produktpositionierung und der Marktsegmentierung wieder in den Brennpunkt. Es ist klar, daß ein Unternehmen wo immer möglich versuchen sollte, die Bestandteile des Marketing-Mix so zu mischen, daß sich sein Angebot an den Kunden nicht direkt mit dem einer anderen Firma vergleichen läßt. Denn wenn sich zwei Angebote direkt vergleichen *lassen*, ist es klar, daß das billigere meistens gewinnen wird.
Trotzdem müssen Konkurrenzprodukte in all ihren Formen natürlich immer in die Preisentscheidung miteinbezogen werden; dies gilt auch für *potentielle* Konkurrenten.
Einige Firmen führen neue Produkte zu hohen Preisen ein, um ihre Investitionskosten wieder hereinzubekommen, und müssen feststellen, daß sie mit diesem »Preisschirm« die Konkurrenz dazu verlocken, ähnliche Produkte zu viel niedrigeren Preisen einzuführen, sich so viel schneller die Erfahrungskurve entlangzubewegen und dem Ersther-

steller dabei oft den Markt wegzunehmen. Ein niedrigerer Einführungspreis mit einer vielleicht rascheren Diffusions- und demnach einer größeren Erfahrungsrate wird es einem potentiellen Konkurrenten erschweren, mit Gewinn in diesen Markt hineinzugehen.

Kosten

Ein weiterer Schlüsselfaktor, der beachtet werden sollte, sind die Kosten – nicht nur unsere eigenen Kosten, sondern auch die unserer Konkurrenz. Es gibt viele Kostenkonzepte, aber wir wollen hier nicht ins Detail gehen. Die beiden bekanntesten Begriffe sind jedoch die *Grenzkostenrechnung* und *Vollkostenrechnung*.

Das konventionelle Gewinnmaximierungsmodell der Volkswirte besagt, daß ein Preis in einer Höhe angesetzt werden sollte, an dem die Grenzkosten dem Grenzertrag gleich sind, d. h., wo die zusätzlichen Kosten, die durch Produktion und Marketing einer zusätzlichen Einheit entstehen, den zusätzlichen Erlösen gleich sind, die sich aus ihrem Verkauf ergeben. Diese Theorie ist unbestreitbar, aber in der Praxis ist ihre Anwendung sehr schwierig, wenn nicht überhaupt unmöglich. Das ist vor allem deshalb der Fall, weil das volkswirtschaftliche Modell annimmt, daß der Preis die einzige Determinante der Nachfrage sei, während dies in der Realität nicht immer der Fall ist.

In der Praxis stellen die Herstellungskosten (oder die Kosten für die Erbringung einer Dienstleistung) die Grundlage für die meisten Preisbildungsentscheidungen dar, d. h. also die Methode »Kosten plus Gewinnzuschlag«. Aber wie das obige Beispiel zeigt, liegt das Problem bei dieser Methode darin, daß sie nur in sehr geringem Maße auszugleichen versucht, was der Kunde zu zahlen bereit ist und was es das Unternehmen kostet, im Geschäft zu sein und einen angemessenen ROI zu erzielen.

Ein Beispiel für die »kostenorientierte« Methode ist, daß ein Unternehmen ein bestimmtes Rentabilitätsniveau anstrebt, d. h., daß es sich bei einem bestimmten voraussichtlichen Umsatzvolumen ein Gewinnziel setzt. Diese Methode wird unter dem einfachen Namen »Break even-Analyse«, wie in Abbildung 9.4 dargestellt, zusammengefaßt. Im Diagramm werden die Fixkosten als waagrechte Linie dargestellt, und alle anderen Kosten werden auf Basis der Stückkosten angeordnet, wodurch sich eine ansteigende Kurve ergibt. Bei Punkt A deckt der Ertrag nur die Fixkosten ab. Bei Punkt B werden alle Kosten abgedeckt, und alle zusätzlichen Umsätze produzieren Nettoerträge. Bei Punkt X wird das Gewinnziel, Y%, erreicht. Natürlich ist das größte Problem an einer solchen Preisbildungsmethode die Annahme, daß bei einem gegebenen Preis eine gegebene Anzahl von Produkten verkauft wird, während die verkaufte Menge in der Realität in gewissem Maße vom verlangten Preis abhängig ist. Außerdem geht dieses Modell von einem Break even-*Punkt* aus, während sich in den meisten Unternehmen bestenfalls sagen läßt, daß es bei einem bestimmten Produktionsniveau einen Break even-*Bereich* gibt. Das Modell ist jedoch hilfreich für unser Verständnis der Beziehungen zwischen den einzelnen Kostenarten.

Die weitaus üblichste Art der Preisfestsetzung ist die Methode »Kosten plus Gewinnzu-

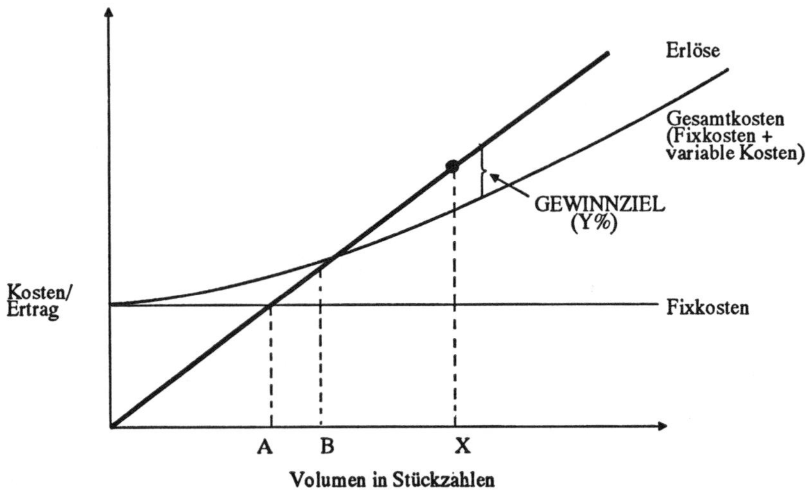

Abbildung 9.4

schlag«. Dabei kommt man auf einen Preis, der Spannen ergibt, die mit den erklärten Gewinnzielen übereinstimmen.

Wenn man eine Preisentscheidung trifft, sollte man eine Reihe von Kostenzurechnungsmethoden in Betracht ziehen, weil jede für sich irreführend sein kann, besonders diejenigen, die allen Produkten im Portfolio Fixkosten zuweisen. Oft kann man die Grundlage der Fixkostenallokation in Frage stellen. Einem gedankenlosen Marketingmann kann es leicht passieren, die Kosten als gegeben zu akzeptieren und die falsche Preisentscheidung zu treffen.

Beispielsweise werden in wirtschaftlich schwierigen Zeiten, wenn Kosteneinsparungen angestrebt werden, unrentable Produkte aus dem Sortiment genommen. Unrentable Produkte werden nach den Brutto- oder Nettospannen im letzten vollständigen Geschäftsjahr definiert sowie nach diesen geschätzten Spannen im Verhältnis zu Schätzungen der zukünftigen Umsätze. Da die konventionelle Kostenrechnung jedoch den hochvolumigen Produkten die höchsten Kosten zuordnet, weisen diese niedrigere Spannen auf und werden daher manchmal geopfert. Aber die Eliminierung von Produkten spart oft nur relativ geringe Einzelkosten ein, also müssen die verbleibenden Produkte höhere Kosten absorbieren, und die nächste Rentabilitätskrise tritt auf. Produkteliminierungen verringern auch den Umfang der Operationen und den Produkt-Mix. Es gibt also weniger Investitionsanreize, und das Unternehmen verliert an Wettbewerbsfähigkeit. Diese Vorgangsweise wird oft mehrmals und unter aufeinanderfolgenden Managementteams angewandt, und es kommt vor, daß sie ein Unternehmen in den Konkurs führt.

Der Autor verwendet für diesen Prozeß den Ausdruck »Anorexia industrialosa«, der den übermäßig starken Wunsch beschreibt, schlanker zu werden, um besser in Form zu kommen, was aber zur völligen Auszehrung und schließlich zum Tod führt!

Dies soll kein Angriff auf irgendeine Methode der Preisbildung auf Vollkostenbasis sein. Ich möchte hier nur zur Vorsicht raten und eine breitere Perspektive empfehlen, wenn man irgendein Kostenrechnungssystem als Grundlage für Preisbildungsentscheidungen verwendet.
Schließlich müssen wir auch noch an die Kosten unserer Konkurrenten denken und versuchen, die Grundlage ihrer Preisbildungspolitik zu verstehen. Denn es ist klar, daß alles, was bis jetzt über Preisbildung gesagt wurde, für sie in demselben Maße wie für uns gilt. Wie immer Ihr Preisbildungsproblem auch aussieht, Sie werden keine großen Fehler machen, wenn Sie sich mit Ihrem Kostenrechner zusammensetzen und alle diese Fragen mit ihm erörtern.

Vertriebskanäle

Die konventionelle Preisbildungstheorie ist nicht sehr hilfreich, wenn man eine Politik für Vertriebshändlermargen festsetzen soll. Die Mittler, die einen bestimmten Marketingkanal bilden, erfüllen für den Lieferanten eine Reihe von Funktionen, die die Austauschtransaktionen zwischen Produzent und Konsument ermöglichen. Als Gegenleistung für ihre Dienste wollen diese Mittler belohnt werden. Diese Belohnung ist die tatsächliche »Spanne« zwischen dem Preis für die Güter ab Fabrik und dem Preis, den der Konsument bezahlt. Diese gesamte Kanalspanne muß jedoch unter Umständen unter verschiedenen Mittlern aufgeteilt werden, und trotzdem muß das Produkt den Konsumenten zu einem wettbewerbsfähigen Preis erreichen. Mittler sind also auf Leben und Tod von der Wirtschaftlichkeit ihrer jeweiligen Operationen abhängig. Die ideale Belohnungsstruktur im Marketingkanal ist gegeben, wenn auf jeder Ebene ein akzeptabler ROI erreicht wird; das ist allerdings aufgrund der unterschiedlichen Verhandlungsstärke der Beteiligten nicht immer der Fall.
Es gibt eine Reihe von Instrumenten zur Belohnung von Mittlern, von denen die meisten die Form von Rabatten von einer Sollpreisliste haben. Das sind:

Handelsrabatt	Dies ist ein Rabatt von den Preisen der Preisliste, der für Dienstleistungen gewährt wird, die der Mittler erbringt, z. B. Lagerhaltung, Großeinkäufe, Weitervertrieb usw.
Mengenrabatt	Ein Mengenrabatt für Mittler, die große Mengen bestellen.
Verkaufsförderungsrabatt	Das ist der Rabatt, der einem Zwischenhändler gewährt wird, um ihn zu ermutigen, sich an der Verkaufsförderung für das betreffende Produkt/die betreffenden Produkte zu beteiligen.
Skonto	Um die prompte Bezahlung von Rechnungen zu fördern, wird bei kurzfristiger Bezahlung innerhalb festgesetzter Frist ein Barzahlungsrabatt in Höhe eines gewissen Prozentsatzes vom Rechnungsbetrag gewährt.

In einer Situation, in der es einen dynamischen Marketingkanal gibt, sind die Lieferanten einem ständigen Druck ausgesetzt, die Spannen zu erhöhen. Aufgrund dieses Druckes sollte die Frage der Handelsspannen sowohl auf strategischer als auch auf taktischer Ebene erörtert werden. Der ganze Bereich des Spannenmanagements kann als Serie von Abwägungen betrachtet werden, die darüber entscheiden, wie die Gesamtkanalspanne aufzuteilen ist. Das Konzept der Gesamtkanalspanne ist einfach. Es ist die Differenz zwischen dem Preisniveau, zu dem wir unser Produkt auf dem endgültigen Markt positionieren wollen, und den Kosten unseres Produktes ab Fabrik. Wer welchen Anteil dieser Differenz bekommt – darüber entscheidet das Spannenmanagement. Das Problem wird in Abbildung 9.5 dargestellt.

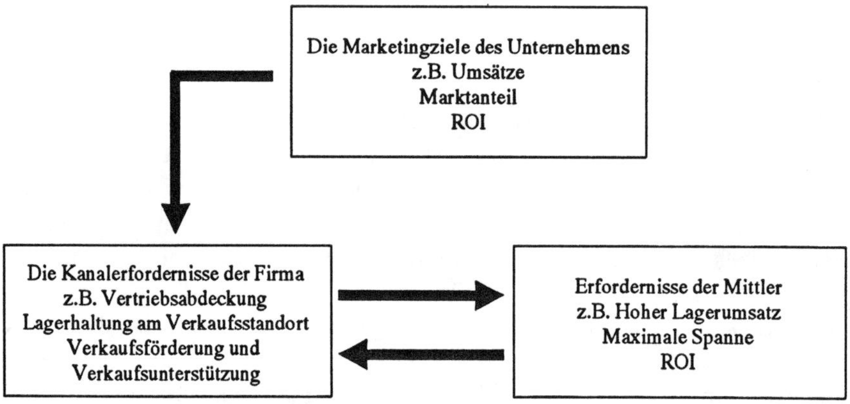

Abbildung 9.5

Hier sieht man, daß die Kanalerfordernisse der Firma nur erreicht werden, indem sie sie entweder selbst erfüllt oder indem sie sich bemüht, die Erfordernisse eines Mittlers zu erfüllen, der diese Funktionen für sie wahrnehmen kann. In dieser Hinsicht könnte das Ziel der Firma deshalb als der Wille bezeichnet werden, die Erreichung von Marketingzielen gegen eine Spanne einzutauschen. Eine solcher Zielkonflikt muß keine großen Rentabilitätseinbußen mit sich bringen; tatsächlich ist die Spanne, wie Abbildung 9.6 zeigt, nur ein Element für die Berechnung der Rentabilität, wobei diese als Eigenkapitalrentabilität definiert wird (Eigenkapital ist Grundkapital und Rücklagen).
Hier wird ersichtlich, daß es durch verbesserte Nutzung von Vermögenswerten (Kapitalmanagement) sowie durch Fremdkapitalerhöhung möglich ist, erfolgreich mit niedrigeren Spannen zu arbeiten, wenn dadurch Marketingziele effektiver erreicht werden können.
Daraus ergibt sich, daß die Frage der Handelsspannen (sowohl die von der Firma einbehaltenen als auch die damit implizierten, dem Vertriebshändler zufallenden Spannen) nicht ohne Berücksichtigung der weiteren Implikationen der allgemeinen Marketingstrategie, der Finanzpolitik und der Kapitalstruktur der Firma betrachtet werden kann.

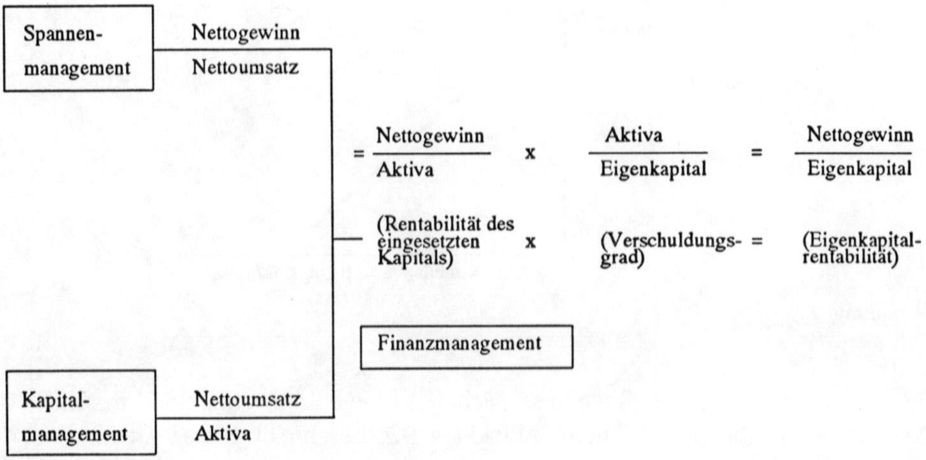

Abbildung 9.6

Die Erlangung eines Wettbewerbsvorteils durch den wahrgenommenen Wert (value-in-use)

Man kann die Preisbildung als strategisches Marketingwerkzeug zur Erlangung eines Wettbewerbsvorteils einsetzen. Dafür gelten folgende »Regeln«:

1 *Reduzieren Sie den Lebenszyklus/ändern Sie den Kosten-Mix* - Kunden sind oft bereit, für ein Produkt beim ursprünglichen Kauf einen wesentlich höheren Preis zu bezahlen, wenn seine Kosten nach dem Kauf niedriger liegen.

2 *Erhöhen Sie den Wert durch funktionale Neukonstruktion* – zum Beispiel:
- Ein Produkt, das die Produktionskapazität des Benutzers erhöht oder ihm die Bewältigung seiner Aufgaben erleichtert.
- Ein Produkt, das es dem Benutzer ermöglicht, die Zuverlässigkeit seines Endprodukts zu steigern.
- Ein Produkt, das die Endverbraucherflexibilität erhöht.
- Ein Produkt, das mehr Funktionen bietet oder zusätzliche Anwendungen gestattet.

3 *Erhöhen Sie den wahrgenommenen Wert durch die Entwicklung zugehöriger immaterieller Werte* – zum Beispiel Service, Finanzierung, »Prestige«.

Die Erstellung des Preisbildungsplans

Bisher haben wir einige der Hauptfragen untersucht, die für eine Entscheidung über die Preisbildung relevant sind. Nun können wir versuchen, alle diese Fragen zusammenzuziehen. Wiederholen wir jedoch zuvor eine wichtige Erkenntnis, die die Arbeit der Boston Consulting Group untermauert.

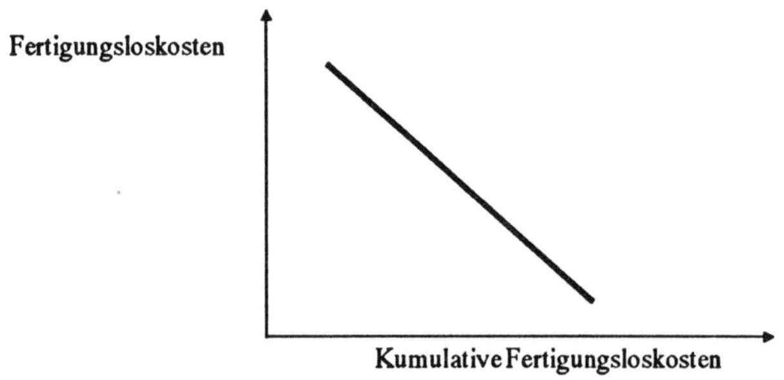

Abbildung 9.7

Sie werden sich erinnern, daß die tatsächlichen Kosten unter bestimmten Umständen die akkumulierte Erfahrung verringern. Abbildung 9.7 beschreibt diesen Effekt. Eine der Implikationen dieser Tatsache ist, daß eine Firma, wenn sie nicht im selben oder in einem höheren Maße Erfahrungen sammelt als der Markt im allgemeinen, schließlich mit ihren Kosten nicht mehr wettbewerbsfähig ist. Abbildung 9.8 zeigt dieses Faktum.

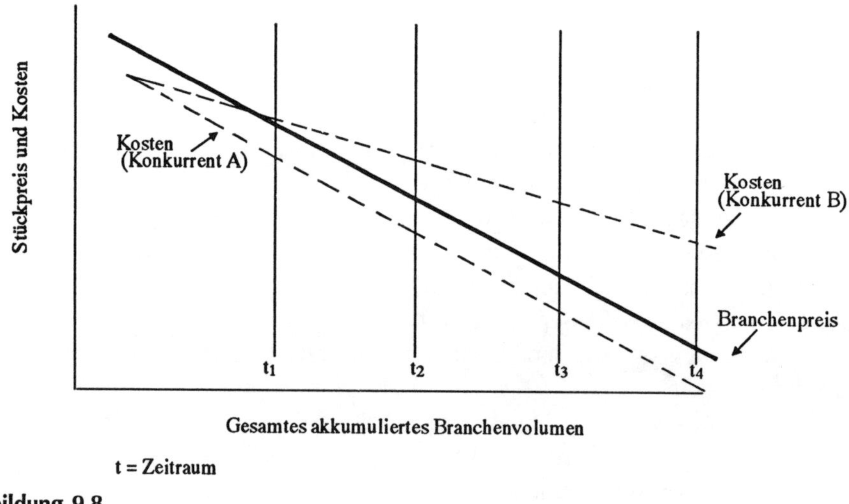

Abbildung 9.8

Es gibt viele verschiedene Arten der Preispolitik. Viele davon lassen sich jedoch vereinfachen und können unter den Begriffen *Abschöpfungspreispolitik* oder *Penetrationspreispolitik* zusammengefaßt werden. Diese Verfahren lassen sich am besten im Zusammenhang mit der Einführung neuer Produkte untersuchen. Im wesentlichen besteht die Abschöpfungspolitik in einem hohen Anfangspreis, der sich langsamer die Erfahrungskurve hinunterbewegt, während der Preis bei der Penetrationspolitik niedriger ist, was

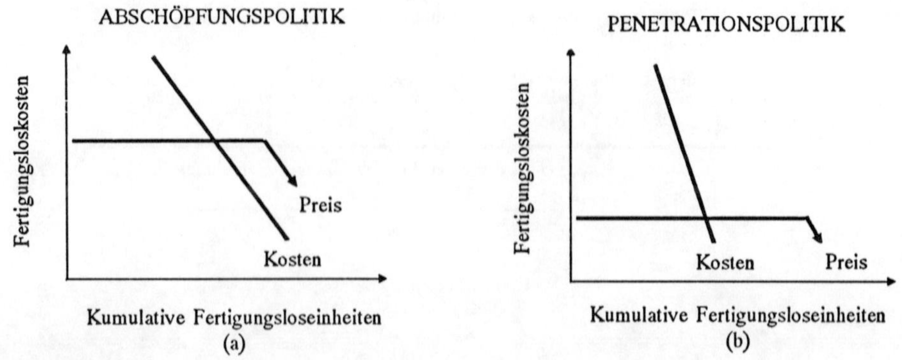

Abbildung 9.9

eine viel raschere Produktannahmerate und in der Folge eine steilere Erfahrungskurve bewirkt. Beide Verfahren sind in Abbildung 9.9 a und b zusammengefaßt.

Die Umstände, die eine Abschöpfungspolitik begünstigen, sind:

1 Die Nachfrage ist wahrscheinlich preisunelastisch.
2 Es gibt wahrscheinlich verschiedene Preis-Marktsegmente, die diejenigen Käufer zuerst ansprechen, die über eine größere Palette akzeptabler Preise verfügen.
3 Über die Kosten der Produktion und des Marketings des Produkts ist nur wenig bekannt.

Die Umstände, die eher für eine Penetrationspolitik sprechen, sind:

1 Die Nachfrage ist eher preiselastisch.
2 Die Konkurrenten treten eher rasch in den Markt ein.
3 Es gibt keine unterschiedlichen und separaten Preis-Markt-Segmente.
4 Es besteht die Möglichkeit großer Einsparungen bei Produktions- und Marketingkosten, wenn ein großes Umsatzvolumen erzeugt werden kann (der Erfahrungsfaktor).

Es ist jedoch, wie die Umstände auch sein mögen, große Vorsicht angebracht, und neben den hier besprochenen sollten auch alle anderen Faktoren miteinbezogen werden.

Zusammenfassend muß betont werden, daß der für das Produkt verlangte Preis die anderen Elemente des Marketing-Mix beeinflußt und von diesen beeinflußt wird. Häufig wird der Fehler begangen, entweder anzunehmen, daß Aufträge durch den niedrigsten Preis zustandekommen, oder daß auf der Basis »Kosten plus Gewinnzuschlag« ausreichende Mengen von unserem Produkt verkauft werden können, um den erforderlichen ROI zu erzielen.

In der Realität sollte die Preisbildungspolitik nach Berücksichtigung aller Faktoren, die auf die Preisentscheidung Einfluß haben, festgelegt werden. Diese sind in Abbildung 9.10 zusammengefaßt. Die erste Darstellung zeigt den Ermessensspielraum eines Unternehmens bei der Preisbildung. Die zweite zeigt die Faktoren, die wir beim Zustandekommen einer Entscheidung über die Preisbildung berücksichtigen sollten.

Preisbildungsalternativen für ein hypothetisches Unternehmen

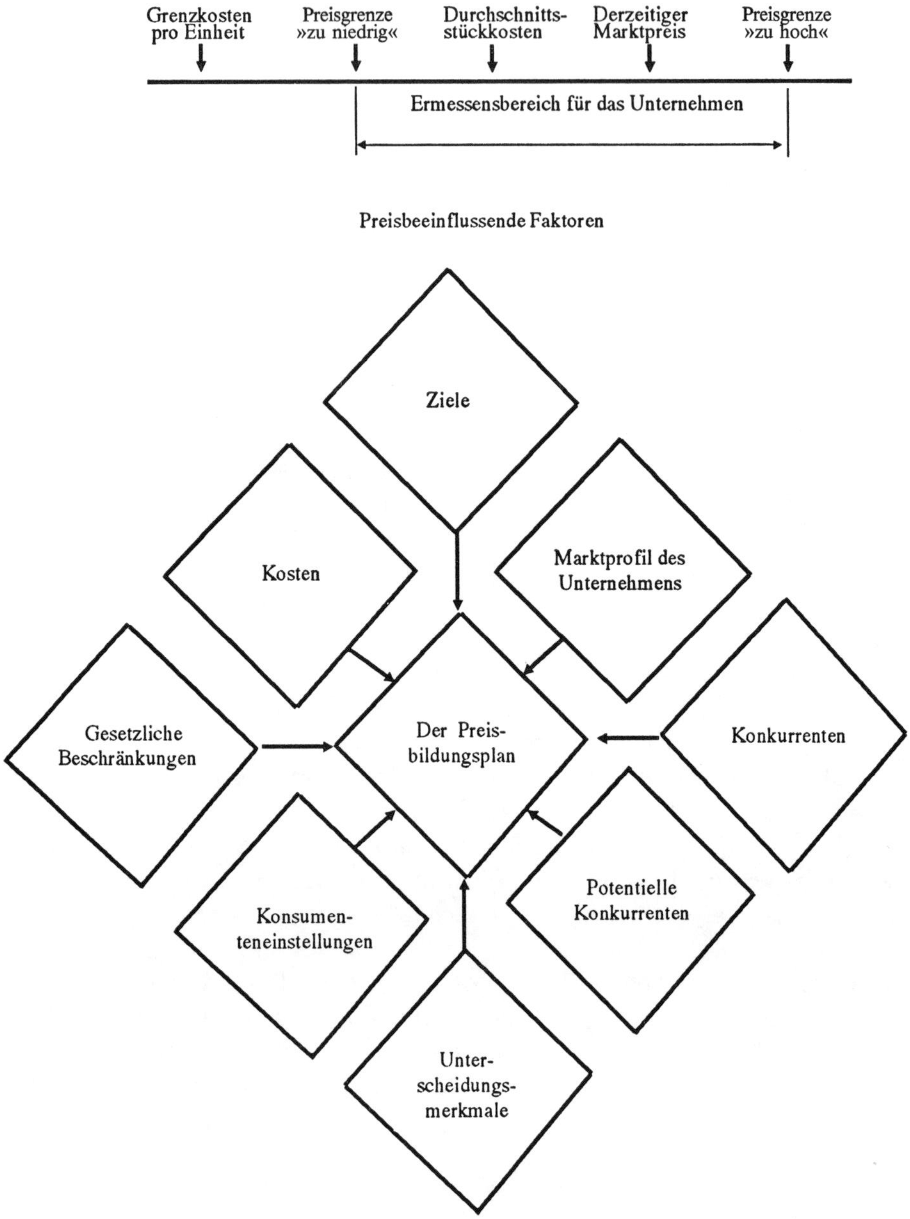

Abbildung 9.10

Anwendungsfragen

1 Wie wurde der Preis festgelegt, als Sie das letzte Mal mit einem neuen Produkt oder einer Dienstleistung auf den Markt kamen?
War die Preisbildungsentscheidung korrekt?
Welche zusätzlichen Informationen hätten Sie als Entscheidungshilfe verwenden können?
Was würden Sie unter denselben Umständen anders machen?

2 Beschreiben Sie Ihre Preisbildungsstrategie für eines Ihrer wichtigsten Produkte. Wie sieht sie im Vergleich zu der Strategie Ihrer Konkurrenz aus?

3 Beschreiben Sie, wie Sie die Preisbildung
(a) in Inflationszeiten
(b) in den einzelnen Phasen des Produktlebenszyklus handhaben.

4 Welche Trends sind im Laufe der letzten zehn Jahre in Ihrer Branche bei den Gewinnspannen aufgetreten? Sind diese Trends akzeptabel? Welche Politik hat Ihre Organisation in bezug auf diese Trends verfolgt?

5 Sind Handelsspannen gerechtfertigt? Wie sieht Ihre Politik für Handelsspannen aus?

10 DER DISTRIBUTIONSPLAN

Zusammenfassung

Kapitel 10 sollte den Leser dazu anregen, die Distribution in ihrem weitesten Sinn als entscheidenden Aspekt des Marketingmanagements und nicht nur als »physisches Distributionsmanagement« zu betrachten. Hier werden die verschiedenen Komponenten des Distributions-Mix erklärt. Es folgen eine Besprechung der Marketingkanäle und eine Methode zu ihrer Evaluierung. Die wichtigsten Komponenten des Kundendienstes werden beschrieben, und schließlich erfährt der Leser, wie man einen Distributionsplan erstellt.

Einführung

Einige Leser werden es leider überhaupt nicht der Mühe wert finden, dieses Kapitel zu lesen, weil sie meinen, daß die Distribution nicht dem Marketing zuzurechnen ist. Sie würden wahrscheinlich, ebenso wie viele Unternehmen, nur an die Logistik oder den Transport von Gütern denken und nicht an das, worum es bei der Distribution eigentlich geht. In diesem Kapitel werden wir zeigen, warum die Distribution den Marketingleuten am Herzen liegen sollte und was ein Distributionsplan beinhalten sollte.

Das Thema der Produktdistribution umfaßt drei wichtige Entscheidungsbereiche, die wir einzeln untersuchen wollen.

1 Wie ist die physische Bewegung unseres Produkts organisiert?
2 Durch welche Marketingkanäle erreichen wir unseren Kunden (oder welche Kanäle nutzt unser Kunde, um unsere Produkte zu erwerben)?
3 Welches Verfügbarkeitsniveau unseres Produkts wünscht der Kunde (und wie gut erfüllen wir diesen Wunsch)?

Logistik

Die Logistikfunktion einer Firma bietet die örtlichen und zeitlichen Dimensionen, aus denen sich das dritte Element des Marketing-Mix zusammensetzt. Das geht aus Abbildung 10.1 hervor, die auch das Verhältnis zu anderen nutzbringenden Elementen darstellt. Die Zahlen in diesem Diagramm dienen lediglich der Illustration, obwohl sie für einige Branchen auch realistisch sein können.

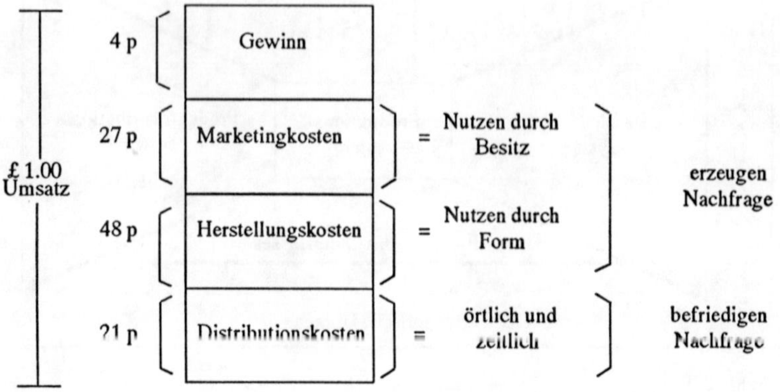

Abbildung 10.1

Wenn ein Produkt nicht verfügbar ist, wann und wo dies der Kunde wünscht, wird es sicherlich auf dem Markt versagen. Um nun diese wertsteigernde Funktion zu erfüllen, verfügen die Firmen im allgemeinen innerhalb ihrer organisatorischen Unternehmensstruktur über einen Distributionsbereich, der meist unter Namen wie Logistikmanagement (physical distribution management – PDM), Verkehrsmanagement, Marketinglogistik oder einfach Logistik bekannt ist. Ein generalisiertes Modell des gesamten Unternehmenskörpers findet sich in Abbildung 10.2; hier wird auch die Position der (Fertig-) Produktdistribution *im Vergleich zu* Marketing, Produktion, Beschaffungssystem und den Finanz/Buchhaltungssystemen dargestellt.
Die Bewegung aller Materialien, sowohl vor der Produktion (Rohstoffe, Montagegruppen, etc.) als auch danach (fertiges Produkt) stellt den gesamten logistischen Fluß innerhalb einer Firma dar. In diesem Kapitel wollen wir unsere Aufmerksamkeit jedoch auf die Phase nach der Produktion, also auf die Distribution des fertigen Produkts, konzentrieren.

Der Distributions-Mix

In einem typischen Herstellungsbetrieb mit einer vielschichtigen Distributionsstruktur ist die Verantwortung für distributionsbezogene Angelegenheiten auf die verschiedenen

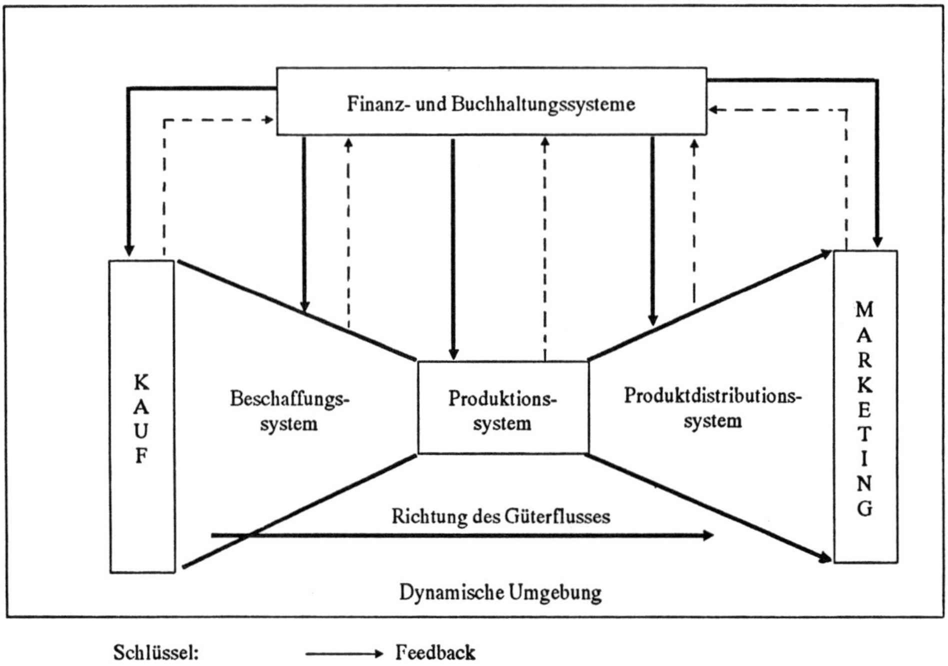

Abbildung 10.2

funktionalen Abteilungen aufgeteilt. Die Produktionsabteilung kann beispielsweise Lagerhaltung und Transport kontrollieren; die Marketingabteilung kann die Kanäle, die ein Produkt durchläuft, und das Kundendienstniveau, das dem Kunden geboten wird, kontrollieren und sie kann entscheiden, ob die Lagerbestände überaltert sind. Die Finanzabteilung kann Kommunikation, Datenverarbeitung und Lagerkosten kontrollieren. Eine solche Anordnung in Abteilungen führt dazu, daß jede Abteilung auf ihre eigenen Ziele hinarbeitet und ihre eigenen spezifischen Aktivitäten ohne Rücksicht auf andere oder das Wohl des gesamten Unternehmens zu optimieren versucht. Wenn in der organisatorischen Unternehmensstruktur eine formalisiertere Distributionsform eingeführt wird, wird damit zumindest sichergestellt, daß alle distributionsbezogenen Aktivitäten unter einem Dach organisiert sind und damit an Zielgenauigkeit gewinnen, wenn auch auf diese Weise nicht alle Reibungen unter den einzelnen Abteilungen beseitigt werden können. Damit ist die Basis eines Gesamtkonzepts für die Distribution gelegt, da es nun möglich wird, potentielle »Zielkonflikte« zu suchen, d. h., bewußt Kosten in einem Bereich in Kauf zu nehmen, um in einem anderen einen größeren Vorteil zu erlangen. Sollten zum Beispiel mehrere Außenlager gehalten werden oder würde eines, ergänzt von einem verbesserten LKW-Transportsystem, ausreichen? Natürlich belasten solche »Zielkonflikte« die Kostenberichtssysteme eines Unternehmens sehr stark.

Der professionelle Distributionsmanager hat also auf seiner Suche nach Abtauschmöglichkeiten mehrere Möglichkeiten zur Verfügung; diese bilden gemeinsam den Distributions-*Mix*. Wir werden sie nun kurz untersuchen.

Anlagen

Entscheidungen in diesem Bereich beschäftigen sich mit der Frage, wie viele Lagerhäuser und Werke errichtet werden sollten und wo. Natürlich müssen die meisten Unternehmen die Standorte bestehender Werke und Lagerhäuser kurzfristig als gegeben hinnehmen, aber die Frage ergibt sich längerfristig oder sobald die Errichtung neuer Werke oder Lagerhäuser in Betracht gezogen wird.
Die wichtigste Aufgabe des Marketing ist hier, Art, Größe und geographische Verteilung der Nachfrage zu prognostizieren. Eine Erhöhung der Anzahl der Außenlager führt zu einem Anstieg der LKW-Kosten, aber einer Verringerung der Einzelhandels-Distributionskosten. Eine weitere Aufgabe des Marketing besteht also darin, das wahrscheinlich erforderliche Kundendienstniveau festzulegen; dadurch wird eine Entscheidung über diesen spezifischen »Zielkonflikt« möglich.

Lagerhaltung

Ein wichtiges Element in den gesamten Distributionskosten jedes Unternehmens sind die Lagerhaltungskosten, die oft bis zu 30 Prozent des jährlichen Lagerwertes betragen. Sie entstehen durch Faktoren wie Zinsbelastungen, Wertminderung, Schwund, Versicherung, Verwaltung und so weiter. Die Entscheidung, wie groß die Lagerbestände sein sollen, wo sie gehalten und in welchen Mengen sie bestellt werden sollen usw. ist also sehr wichtig. Die Lagerbestände sind auch bedeutsam für die Bestimmung des Kundendienstniveaus, das das Unternehmen dem Kunden anbietet.

Transport

Die wichtigen Aspekte der Transportentscheidung betreffen z. B. die Frage, welche Transportmittel verwendet werden sollen, ob es eigene Fahrzeuge oder geleaste sein sollen, wie die Zustellungen zeitlich geplant werden sollen, wie oft zugestellt wird und so weiter. Von den fünf Distributionsvariablen ist es vielleicht der Transport, der in der Firma die meiste Aufmerksamkeit erhält. Mit Sicherheit ist er einer der wichtigsten Distributionsfaktoren.

Kommunikation

Man sollte immer daran denken, daß es bei der Distribution nicht nur darum geht, den Materialfluß durch den Distributionskanal zu lenken, sondern auch den Informationsfluß.

Hier sprechen wir über das Auftragsbearbeitungssystem, das Fakturierungssystem, das Nachfrageprognosesystem und so weiter. Ohne eine effektive Unterstützung durch die Kommunikation wird das Distributionssystem nie in der Lage sein, einen zufriedenstellenden Kundenservice zu akzeptablen Kosten zu bieten. Es ist von entscheidender Bedeutung zu erkennen, daß Ineffizienz in diesem Bereich zu einem Kostenanstieg in anderen Geschäftsbereichen führen kann, wie zum Beispiel durch Notfallieferungen oder permanente Umsatzverluste durch Kunden, die sich alternativen Versorgungsquellen zuwenden.

Einheitsladungen

Die Art und Weise, wie Produkte verpackt und in der Folge zu größeren Einheiten zusammengefügt werden (z. B. Paletten), kann starke Auswirkungen auf die Wirtschaftlichkeit der Distribution haben. Wenn man zum Beispiel in der Lage ist, Waren auf Paletten zu stapeln, die dann zur Einheitsladung für Transport und Lagerung werden, kann dies zu beträchtlichen Kosteneinsparungen bei Handling und Lagerhaltung führen. In ähnlicher Weise hat die Verwendung von Containern als Grundeinheit der Güterbewegung den internationalen Transport und bis zu einem gewissen Grad auch den Inlandstransport revolutioniert. Mobile Regalsysteme und Preiserfassung durch Scanner sind weitere vereinheitlichende Neuerungen, die drastische Auswirkungen auf die Art und Weise haben, wie Güter vermarktet werden.
Gemeinsam stellen diese fünf Bereiche die gesamten in einem Unternehmen anfallenden Distributionskosten dar.

Marketingkanäle

Die fundamentale Rolle der Distributionsfunktion eines Unternehmens liegt darin sicherzustellen, daß »das richtige Produkt zur richtigen Zeit verfügbar ist«. Dies impliziert ein bestimmtes Maß an Ressourcenorganisation in den Kanälen, durch die sich das Produkt zu den Kunden bewegt. Ein Marketingkanal kann daher als der Weg der Übertragung des Eigentums an einer Ware (die entweder ein Produkt oder eine Dienstleistung sein kann) von ihrer ursprünglichen Lieferquelle bis zu ihrem endgültigen Verbrauch verstanden werden. Wir müssen dabei sowohl den Austauschweg (und dessen administrative und finanzielle Kontrolle) als auch den Weg der physischen Bewegung des Produkts berücksichtigen, denn diese können unterschiedlich sein. Viele Unternehmen verwenden vielfältige Marketingkanäle, durch die sie ihre Kunden erreichen, wobei oft ein oder mehrere »Mittler« involviert sind. Diese haben die Aufgabe, die Mittel bereitzustellen, um eine größtmögliche Marktreichweite zu geringeren Stückkosten zu erreichen. Viele Mittler halten Lager und teilen damit das finanzielle Risiko des Auftraggebers (oder Lieferanten) bis zu einem gewissen Grad. Abbildung 10.3 zeigt, daß die Verwendung eines Mittlers Vorteile für den Hersteller hat, aber auch signifikante Kosten mit sich bringt,

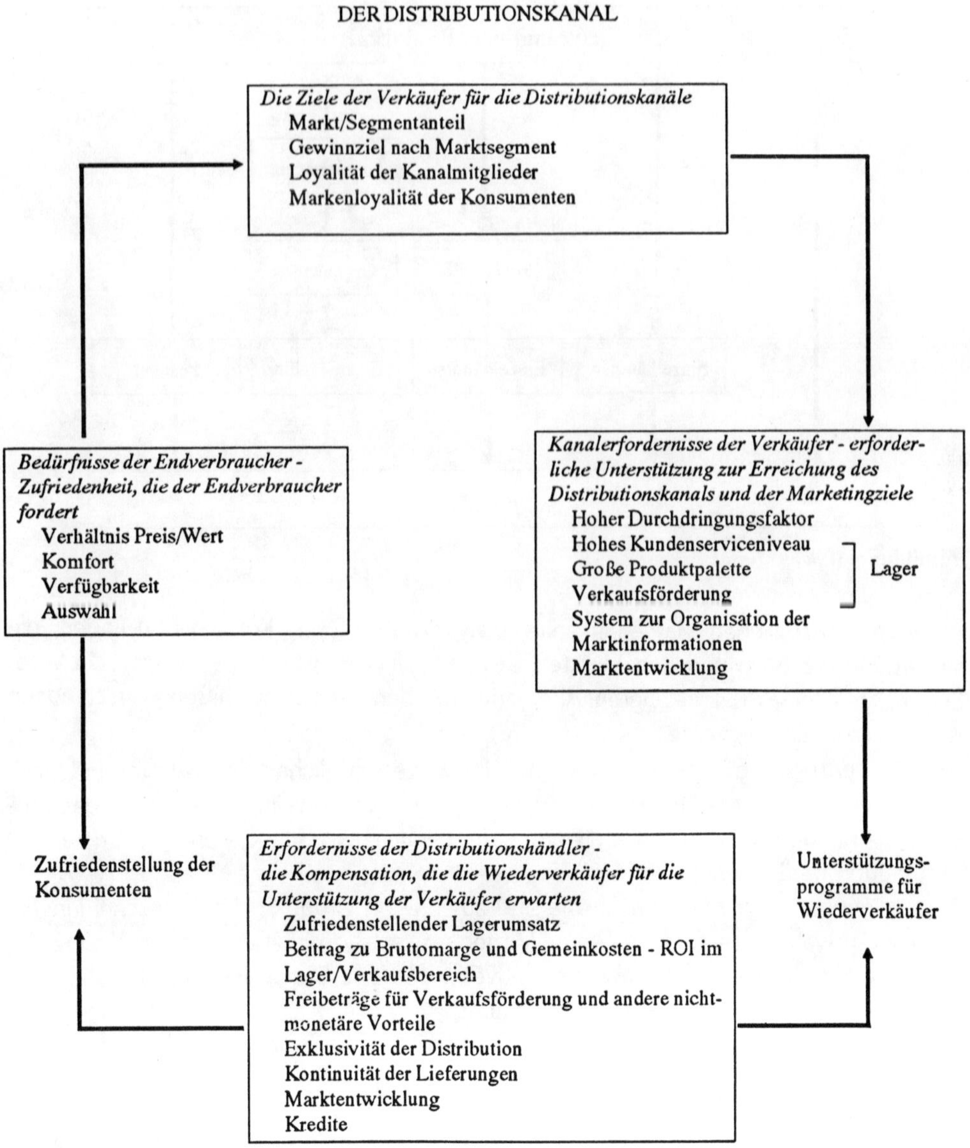

Abbildung 10.3

wobei die wichtigsten im Kontrollverlust bestehen, der mit einer solchen Strategie einhergeht.

Oft bestehen auch beträchtliche Diskrepanzen zwischen den jeweiligen Zielen des Lieferanten und denen seiner Distributionshändler; dies gibt Anlaß zu Konflikten und Mißtrauen in der Beziehung. Trotzdem muß ein Lieferant Kosten und Nutzen jedes ihm

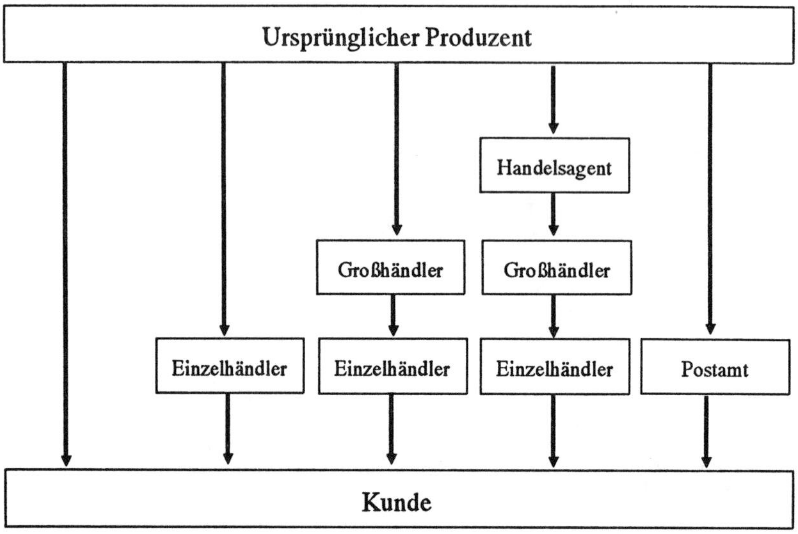

Abbildung 10.4

potentiell zugänglichen Marketingkanals analysieren und eine Kombination finden, die seinem Geschäftstyp und den Märkten, in denen er aktiv ist, am besten gerecht wird. Die in Abbildung 10.4 gezeigten Alternativen haben offensichtlich sehr verschiedene Kosten- bzw. Ertragsprofile.

Jede Bewertung von Kosten/Nutzen muß im weitestmöglichen Kontext stattfinden. Es müssen Fragen der Marktstrategie und der Eignung des jeweiligen Kanals für das Produkt, die Kundenwünsche sowie die Frage der vergleichsweisen Kosten von Verkauf und Distribution berücksichtigt werden.

Entscheidungen über Marketingkanäle sind aus diesem Grund Schlüsselentscheidungen, die die Auswahl eines oder mehrerer Mittler sowie eine detaillierte Untersuchung der Implikationen der Logistik für alle Alternativen erfordern. Die Evaluierung der Mittler ist aus diesem Grund von besonderer Bedeutung.

Evaluierungskriterien für Kanal-Mittler

Unabhängig von der Art der Mittler, mit denen man arbeitet, gibt es eine Reihe grundlegender Evaluierungskriterien, zum Beispiel:

- Verkaufen sie an unser Zielmarktsegment oder beabsichtigen sie dies?
- Haben sie genügend Außendienstmitarbeiter und sind diese ausreichend geschult, um unsere regionalen Umsatzprognosen zu erreichen?
- Ist ihr Standort in bezug auf die betreuten Einzelhandels- (und anderen) Verkaufsstandorte adäquat?
- Sind ihre Verkaufsförderungspolitik und Budget ausreichend?

- Erfüllen sie die Kundenserviceerfordernisse?
- Stimmt ihre Produktpolitik mit unserer eigenen überein?
- Führen sie Konkurrenzproduktgruppen?
- Wie sieht ihre Lagerhaltungspolitik in bezug auf Breite, Tiefe und Abdeckung aus?
- Sind sie kreditwürdig?
- Ist das Management des Verteilers aufgeschlossen, aggressiv und flexibel?

Alle obengenannten Faktoren müssen bei den spezifischen Entscheidungen über die Wahl von Mittlern berücksichtigt werden; diese Entscheidungen sind ihrerseits Teil der Gesamtfrage der Auswahl der Kanäle.

Kundenservice

Ganz einfach gesagt, besteht der Output der Distributionsaktivitäten einer Firma in der Verfügbarmachung von Produkten, um Kundenerfordernisse zu erfüllen, d. h. also im *Kundenservice*. Immer häufiger wird der Service von den Käufern von Gütern und Dienstleistungen über alles andere gestellt (auch über den Preis).

Wenn eine Firma ihren Kunden jedoch ein hohes Maß an Kundenservice in all seinen Varianten bietet, so bedeutet das für die Firma große finanzielle Belastungen. Tatsächlich ist nachweisbar, daß die damit verbundenen Kosten exponentiell steigen, sobald das Serviceniveau (das hier als der Prozentsatz aller Fälle definiert wird, in denen das Produkt dem Kunden zur Verfügung steht, wann und wo er es will) über die 70–80 Prozentmarke steigt. Abbildung 10.5 zeigt das typische Verhältnis zwischen dem Verfügbarkeits-

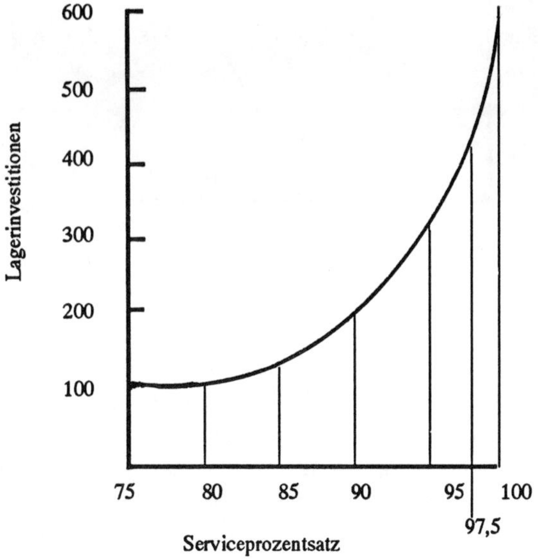

Abbildung 10.5

niveau und seinen Kosten. Aus diesem Diagramm ist ersichtlich, daß die Kosten für eine nur geringfügige Erhöhung des Serviceniveaus, also etwa von 95 auf 97,5 Prozent, zu einem scharfen Anstieg der Lagerhaltungskosten führen.
Die Implikationen dieses Kostenverhältnisses bedürfen einer näheren Untersuchung. Bezeichnenderweise scheinen sich die meisten Unternehmen des von ihnen gebotenen Serviceniveaus nicht bewußt zu sein, d. h., es gibt *keine* Kundenservicepolitik als solche. Auch wo es eine solche Politik gibt, wird das Niveau oft ganz willkürlich festgesetzt und ist nicht Ergebnis einer sorgfältigen Marktanalyse. Daraus ergibt sich die Frage: Welches Verfügbarkeitsniveau *sollte* geboten werden? Diese Frage läßt sich theoretisch relativ leicht beantworten, ist aber in der Praxis nur sehr schwierig zu quantifizieren und zu beantworten, da verschiedene Produktgruppen in verschiedenen Marktsegmenten unter Umständen verschiedene Kundenserviceniveaus erfordern können.
Zumindest theoretisch ist es möglich zu sagen, daß sich das Kundenserviceniveau weiter verbessern läßt, solange der sich daraus ergebende Marketingvorteil die zusätzlich anfallenden Kosten übertrifft. Man kann eine s-förmige Kurve zeichnen (siehe Abbildung 10.6), die zeigt, daß die Kunden bei einem sehr hohen Kundenserviceniveau nicht mehr in der Lage sind, kleine Veränderungen im angebotenen Service zu erkennen. Wenn sich eine Firma in diesem Bereich bewegt, nimmt sie höchstwahrscheinlich höhere Kosten in Kauf, als sie dies bei den erzielten Umsätzen müßte.

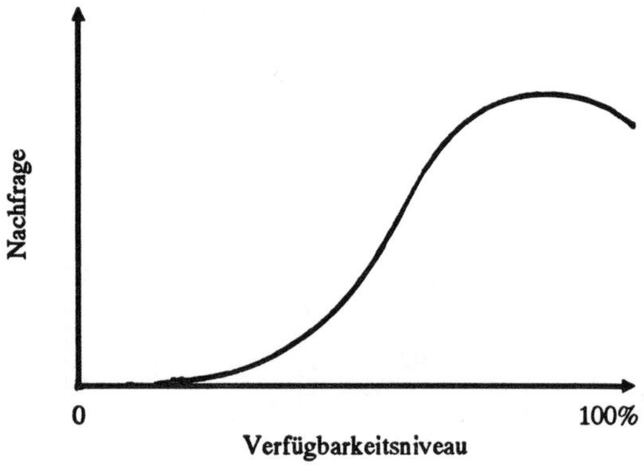

Abbildung 10.6

Beispielsweise schaden Marketing- und Verkaufsmanager wahrscheinlich ihrer Firma, wenn sie darauf bestehen, allen Kunden ein Maximum an Kundenservice zu bieten, gleichgültig, wieviel Gewinn diese Kunden bringen und wo sie ihre Standorte haben. Durch eine sorgfältige Überprüfung der Kundenservicepolitik, vielleicht sogar durch die Einführung verschiedener Kundenserviceniveaus für verschiedene Produkte oder für verschiedene Kunden (zumindest auf einer Trial-and-Error-Basis) kann Marketing einen größeren Beitrag zur Rentabilität des Unternehmens leisten.

Es ist also ein Mittelmaß zu suchen, das irgendwo zwischen den Kosten und den Vorteilen des Kundenservice liegt. Dieses wird dort zu finden sein, wo die zusätzlichen Erträge durch jede Verbesserung des Kundenservice genauso hoch sind wie die zusätzlichen Kosten, die damit verbunden waren. Wenn man versucht, diesen Ausgleichspunkt zu finden, braucht man verschiedene Informationen, zum Beispiel:

1 Wie profitabel ist das Produkt? Welche Deckungsbeiträge und Gewinne leistet es, und wie hoch ist sein Warenumsatz?
2 Welcher Art ist das Produkt? Ist es ein Produkt, das für den Kunden von entscheidender Bedeutung ist und bei dem Lagerausfälle am Verkaufsstandort zu einem Umsatzverlust führen würden? Besitzt das Produkt Merkmale, die hohe Lagerhaltungskosten bewirken?
3 Wie ist die Beschaffenheit des Marktes? Agiert das Unternehmen in einem Käufer- oder Verkäufermarkt? Wie oft wird das Produkt gekauft? Gibt es irgendwelche Ersatzprodukte? Wie sehen die Lagerhaltungspraktiken der Käufer aus? Welche Märkte und Kundengruppen wachsen und welche sind rückläufig?
4 Welcher Art ist der Wettbewerb? Wieviele Unternehmen sind eine alternative Lieferquelle für unseren Kunden? Welche Art von Kundenservice bieten sie an?
5 Welcher Art sind die Distributionskanäle, über die die Firma verkauft? Verkauft die Firma direkt an den Endverbraucher oder über Mittler? In welchem Maß kontrolliert sie die Kanäle und die Aktivitäten ihrer Mitglieder, wie zum Beispiel Lagerbestände und Auftragspolitik?

Diese grundlegenden Informationen sind das Rohmaterial für die Entscheidung über das Kundenserviceniveau. Um ein Beispiel zu nennen: Das Niveau des gebotenen Kundenservice wird geringere Auswirkungen auf den Umsatz haben, wenn die Firma der einzige Lieferant für das Produkt ist und wenn es keine Ersatzprodukte gibt. Das ist in manchen Industriemärkten der Fall; wenn man einen besseren Kundenservice, z. B. 90 anstatt 75 Prozent, anbieten würde, so würde dadurch wahrscheinlich die gesamte Rentabilität des Produkts in der kurzfristigen Perspektive verringert.

Die Entwicklung eines Servicepakets für den Kunden

Allgemein wird der Kundenservice als der Service definiert, den der Kunde von der Auftragserteilung bis hin zur Lieferung des Produkts erhält. In Wirklichkeit ist er viel mehr. Im Grunde genommen umfaßt er alle Aspekte der Beziehung zwischen einem Hersteller und seinen Distributionshändlern bzw. Kunden. Im Rahmen dieser Definition sind auch Preis, Handelsvertretungen, Kundenbetreuung, Produktpalette, Produktverfügbarkeit etc. Dimensionen des Kundenservice, d. h., die Gesamtaktivitäten, die die Bedienung des Kunden umfaßt.

Allerdings wird der Kundenservice traditionell im Distributionskontext gesehen. Unter dieser eingeschränkten Definition sind die Schlüsselelemente des Kundenservice die Produktverfügbarkeit, die gesamte Auftragszykluszeit und deren Abweichungen. Studien

haben gezeigt, daß viele Firmen aus einer Reihe von Gründen, z. B. aufgrund von unrichtigen Prognosen, Produktionsschwierigkeiten, inadäquaten Lagerkontrollen und ähnlichem eine schlechte Produktverfügbarkeit bieten.
Für Lieferanten ist es vor allem wichtig, ihr Kundenservicekonzept nicht nach ihrer eigenen Wahrnehmung der Kundenwünsche, sondern aufgrund des Studiums der tatsächlichen Wünsche zu erstellen und danach auszurichten. Die folgende Liste enthält die wichtigsten zu erforschenden Komponenten des Kundenservice:

- Lieferfrequenz
- Zeitraum zwischen Auftrag und Lieferung
- Zuverlässigkeit der Lieferungen
- Notfallieferungen, wo erforderlich
- Lagerverfügbarkeit und Lieferkontinuität
- Vollständig erfüllte Aufträge
- Benachrichtigung über Nichterhältlichkeit
- Komfort der Auftragserteilung
- Auftragsbestätigung
- Genauigkeit der Rechnungen
- Qualität der Handelsvertretung
- Regelmäßige Besuche durch die Handelsvertreter
- Überwachung der Lagerbestände des Einzelhandels durch den Hersteller
- Angebotene Kreditbedingungen
- Behandlung von Kundenbeschwerden
- Qualität der äußeren Verpackung
- Gut gestapelte Paletten
- Leicht lesbare Ablaufdaten auf Außenverpackugnen
- Qualität der inneren Verpackung für Handling und Display im Geschäft
- Beachtung neuer Produkt- bzw. Verpackungsentwicklungen
- Regelmäßige Überprüfung der Produktpalette
- Koordinierung zwischen Produktion, Distribution und Marketing

Das bedeutet mit ziemlicher Sicherheit, daß man für verschiedene Marktgruppen verschiedene Kundenservicepakete entwerfen muß. Derzeit machen sich nur sehr wenige Hersteller und Lieferanten diese Mühe. Im Grunde sind für diesen Prozeß sechs Schritte erforderlich:

1 Definition der wichtigsten Kundenserviceelemente (und Sub-Elemente)
2 Feststellung der Meinungen der Kunden darüber
3 Entwurf eines wettbewerbsfähigen Pakets (und verschiedener Varianten, falls erforderlich)
4 Entwicklung einer Verkaufsförderungskampagne zum »Verkauf« der Servicepaketidee
5 Pilottest eines bestimmten Pakets und der angewandten Verkaufsförderungskampagne
6 Einführung von Kontrollen zur Überwachung der verschiedenen Servicepakete

In vielen Branchen, besonders in den stark wettbewerbsorientierten, erkennt man zunehmend, daß es nach Ausprobieren und Ausschöpfen aller anderen Geschäftsbedingungen der Kundenservice ist, der letzten Endes darüber bestimmt, wer den Auftrag bekommt. So wichtig wird die Distributionsfunktion.

Die Entwicklung des Distributionsplans

Abbildung 10.7 zeigt die Wechselwirkung zwischen dem an anderer Stelle in diesem Buch beschriebenen Prozeß und der Distribution. Hier sehen wir, daß Produkt, Preisbildung und Verkaufsförderungsentscheidungen von der Distribution getrennt sind.
Vom organisatorischen Standpunkt aus ist es ein kluger Ansatz, das Marketing für die Distribution verantwortlich zu machen, weil es wahrscheinlich in der besten Position ist, die schwierige Abwägung zwischen einem sehr hohen Kundenserviceniveau und den hohen Lagerhaltungskosten vorzunehmen, die mit diesem Niveau einhergehen.

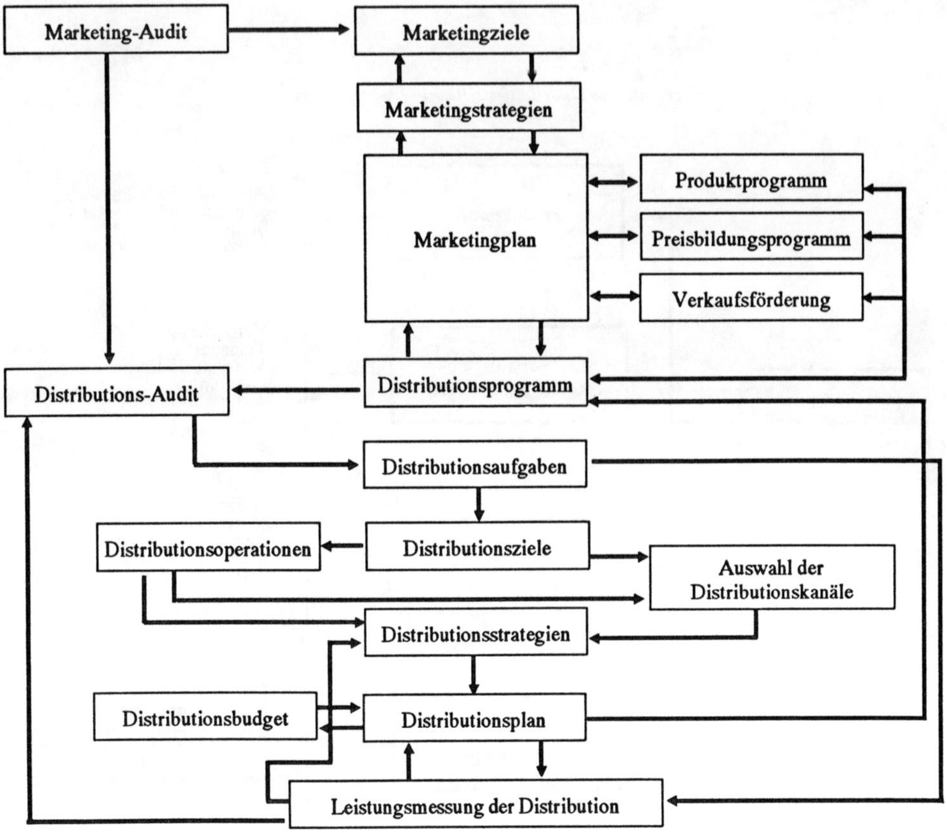

Abbildung 10.7

Andererseits verlangen Sozialpartnerbeziehungen, Lohnverhandlungen, die technischen Aspekte der Distribution usw. ebenfalls besondere Aufmerksamkeit, und es besteht die große Gefahr, daß solche Fragen die Aufmerksamkeit des Leiters der Marketingabteilung zu sehr von anderen Marketingfragen ablenken. Der Leiter der Logistikabteilung ist eine mögliche Lösung dieses Problems. Seine Rolle besteht darin, das gesamte Distributionssystem integrativ zu betrachten.

Was bedeutet integriertes Distributionsmanagement?

Das integrierte Distributionsmanagement ist eine Methode, um der grundlegenden Distributionsaufgabe der Firma nahezukommen, die eine oder mehrere Funktionen der Bewegung von Gütern von der Quelle bis zum Verbraucher integriert, welche für die Zwecke der Managementplanung, Implementierung und Kontrolle als ein untereinander verbundenes System oder Subsystem betrachtet werden. Wie immer die organisatorische Lösung jedoch aussieht, alle obigen Punkte sind relevant, und man muß wissen, wo man beginnen soll.

Elemente des Distributions-Audit - Interne Umgebung

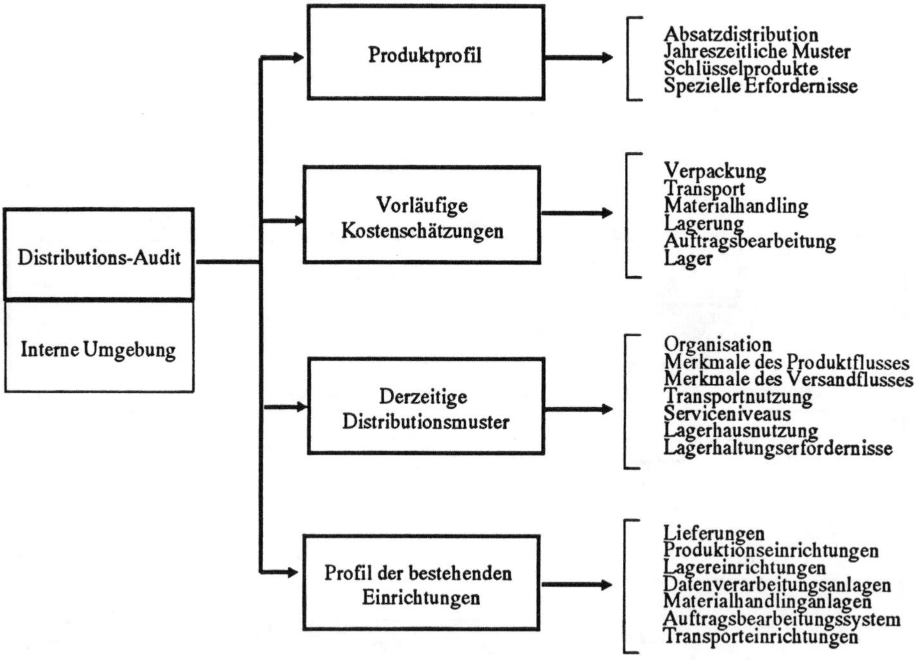

Abbildung 10.8 (a)

Wo beginnt man?

Der Distributions-Audit wurde bereits in Kapitel 2 besprochen. Wie der dort angeführte, allgemeinere Marketing-Audit hat er zwei Teile – den *internen* und den *externen*. Abbildung 10.8 a und b zeigen die wichtigen Komponenten des Distributions-Audit.

1 Durchdringung der Verkaufsstandorte nach Distributionstyp
2 Lagersortiment und aufrechtzuerhaltende Lagerbestände
3 Verkaufs- und Verkaufsförderungsaktivitäten des Vertriebshändlers
4 Andere spezifische Kundenentwicklungsprogramme, z. B. Anreize für Vertriebshändler

Wenn man versucht, ein integriertes Distributionsmanagement einzurichten, sollte man bedenken, daß es eine Reihe anderer Entscheidungen bzw. Zielkonflikte gibt, die in dem Plan spezifiziert werden müssen. Diese werden in Abbildung 10.9 dargestellt.

Elemente des Distributions-Audit - Externe Umgebung

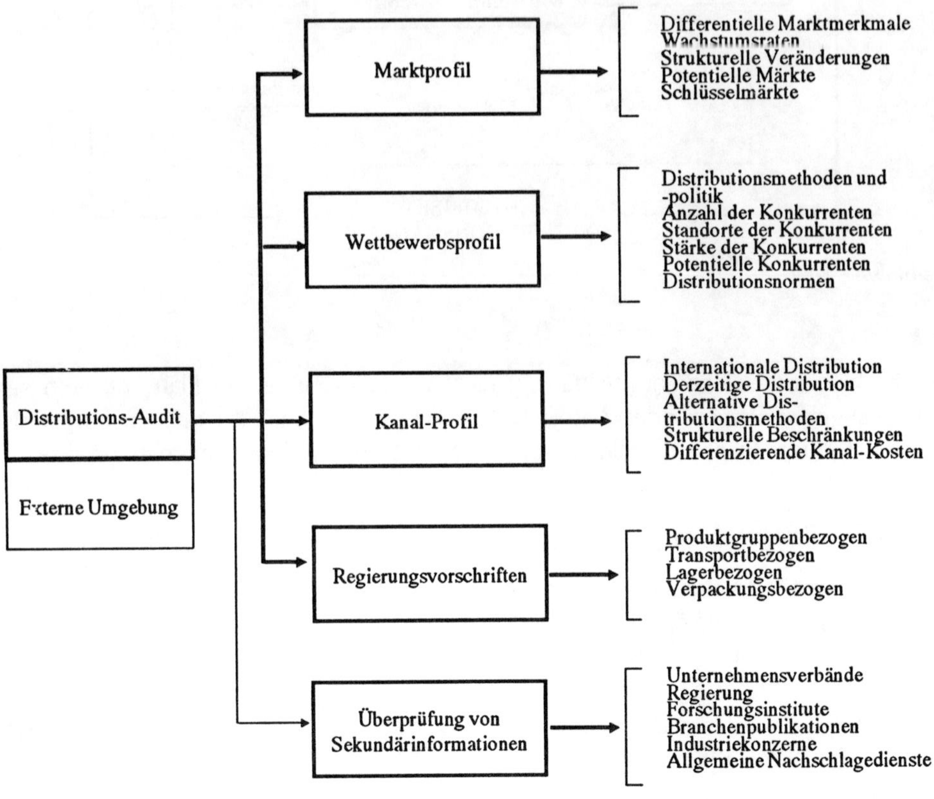

(b)

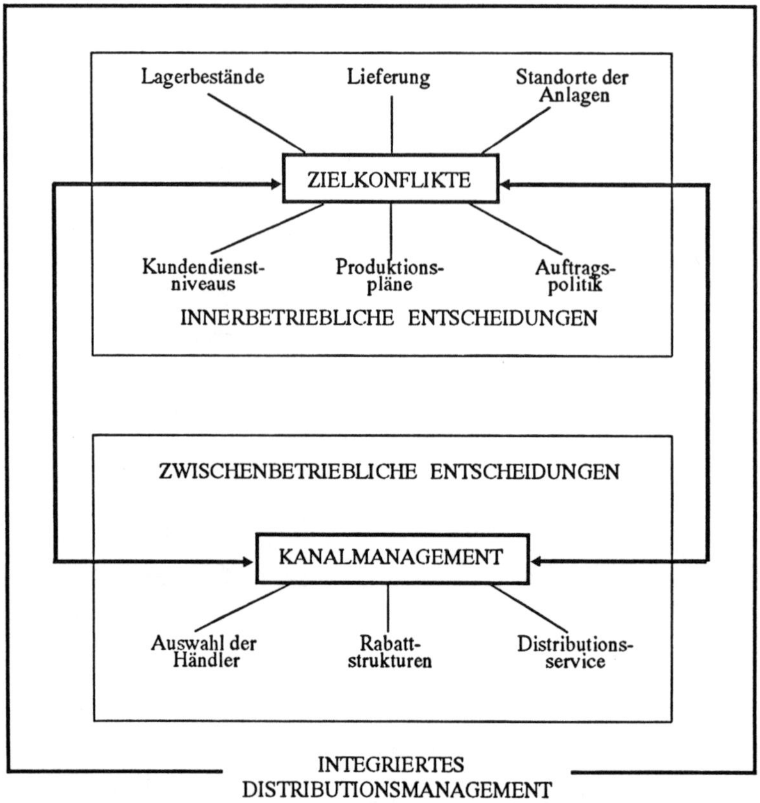

Abbildung 10.9

Natürlich müssen diese Entscheidungen nicht unbedingt in einem Plan enthalten sein oder von einer Person oder Abteilung erstellt werden, aber sie müssen klarerweise irgendwo in den Plänen des Unternehmens erstellt und niedergeschrieben werden.

Ansatz für die Distributionsplanung

1 Setzen Sie die Marketingziele fest.
2 Evaluieren Sie die veränderlichen Distributionsbedingungen aller Ebenen.
3 Legen Sie die Aufgabe der Distribution innerhalb der gesamten Marketingstrategie fest.
4 Legen Sie die Distributionspolitik nach Art, Anzahl und Niveau der zu verwendenden Verkaufsstandorte fest.
5 Setzen Sie Leistungsnormen für die Distributionsorganisation fest.
6 Beschaffen Sie sich Informationen über die Leistungen.

7 Vergleichen Sie die tatsächlichen mit den erwarteten Leistungen.
8 Nehmen Sie Anpassungen vor, wo dies erforderlich ist.

Anwendungsfragen

1 Welche Vor- und Nachteile haben die Kanäle, die Ihr Unternehmen derzeit benutzt?
2 Gibt es irgendwelche Fälle, in denen die verwendeten Kanäle vielleicht nicht die am besten geeigneten sind?
3 Wenn Ihr Unternehmen neu auf dem Markt wäre, welche Kanäle würden Sie benutzen?
Wie würden sich Ihre Empfehlungen von den bestehenden Arrangements unterscheiden?
Was hindert Sie daran, diese Änderungen vorzunehmen?
4 Ist die Logistik in Ihrer Organisation auf Vorstands- und zweiter Führungsebene ausreichend vertreten? Wie könnten Verbesserungen erzielt werden?
5 Welche Koordinierungsmaßnahmen finden zwischen dem Logistikmanagement und dem Marketingmanagement statt? Wie können eventuell auftretende Probleme minimiert werden?
6 Wie werden Entscheidungen über das Niveau des Kundenservice derzeit getroffen? Wie schneiden Sie im Vergleich zu Ihren Konkurrenten ab?
7 Können Sie irgendwelche Einsparungsmöglichkeiten in Ihrem Distributionssystem erkennen, ohne dadurch den Kundenservice reduzieren zu müssen?

11 MARKETINGINFORMATIONEN PROGNOSTIZIERUNG UND ORGANISATION FÜR DIE MARKETINGPLANUNG

Zusammenfassung

Der erste Teil von Kapitel 11 befaßt sich mit dem Unterschied zwischen Marktforschung und Marketingforschung, untersucht, wieviel man dafür ausgeben soll, welche verschiedenen Formen von Marketingforschung es gibt, was Informationswirtschafts-Systeme (Marketing Intelligence Systems – MIS) sind und wie man sie organisiert. Dann werden die Prognosetechniken kurz besprochen. Zum Schluß werden verschiedene Organisationsstrukturen für die Marketingplanung skizziert und besprochen, und wir betrachten die kulturellen Implikationen der Marketingplanung.

Einführung

Im folgenden Kapitel befassen wir uns mit einem der schwierigsten Aspekte der Marketingplanung – nämlich, sie mit Hilfe eines Systems innerhalb des Unternehmens in die Praxis umzusetzen. Dieser Aspekt wird von den meisten Kursen und Büchern schlicht und einfach übersehen. Aber eine Arbeit über Marketingplanung kann nicht als vollständig gelten, wenn sie keine detaillierte Anleitung beinhaltet, wie die in den früheren Kapiteln vorgestellten Strukturen und Rahmen in die Praxis umzusetzen sind.

Es stimmt natürlich, daß der tatsächliche *Prozeß* der Marketingplanung einfach strukturiert ist. In allen Büchern ist zu lesen, woraus er sich zusammensetzt: aus einer Situationsanalyse, Annahmen, Zielen, Strategien, Programmen sowie Messungen und einer Analyse. Was uns diese Bücher *nicht mitteilen*, ist jedoch, daß es eine Reihe von ebenfalls zu berücksichtigenden Kontextfragen gibt, welche die Marketingplanung zu einem der kniffligsten Marketingprobleme überhaupt machen.

Es folgen einige dieser Fragen:

- *Wann, wie oft, von wem* und *wie* sollte Marketingplanung durchgeführt werden?
- Ist sie in *Groß*- und *Klein*unternehmen unterschiedlich?
- Ist sie in *diversifizierten* und *nichtdiversifizierten* Unternehmen unterschiedlich?
- Ist sie in *internationalen* und *nationalen* Unternehmen unterschiedlich?
- Welche Rolle spielt der Unternehmens*leiter*?
- Welche Rolle spielt die *Planungsabteilung?*
- Sollte die Marketingplanung *von oben nach unten* oder *von unten nach oben* erfolgen?
- Wie sieht das Verhältnis zwischen *operationaler* (Einjahres-) und *strategischer* (längerfristiger) Planung aus?

Bevor Fragen wie diese geklärt sind, bleiben die anderen Kapitel dieses Buches nicht viel mehr als interessante Aspekte der Marketingplanung. Sinn und Zweck des letzten Kapitels ist es also, uns zu helfen, die einzelnen Teile des Puzzles zu einem Bild zusammenzufügen, das wir alle erkennen und verstehen können.
Zuerst müssen wir allerdings das Feld bereiten und vor allem einige Wissenslücken über Marketinginformationen sowie die organisatorische Seite des Marketing schließen. Unsere Forschungsarbeiten haben sehr klar gezeigt, wie wichtig es ist, von Anfang an zu erkennen, welche Beschränkungen bei der Einrichtung eines Marketingplanungssystems realistischerweise zu erwarten sind. Zwei dieser wichtigen Faktoren sind die Marketinginformationen und die organisatorische Form eines Unternehmens. Beide werden in diesem Kapitel behandelt. Im nächsten Kapitel werden wir dann zeigen, wie die Marketingplanung mit Hilfe eines Systems in die Praxis umgesetzt werden kann, weiters werden wir die Rolle von Unternehmensleiter und Planungsabteilung besprechen. In Kapitel 13 erstellen wir ein richtiges Marketingplanungssystem, das Ihnen die Umsetzung der in diesem Buch beschriebene Konzepte, Strukturen und Rahmen ermöglichen wird. Zum Schluß folgt ein Glossar der Fachbegriffe der Marketingplanung.
Dieses Kapitel besteht also aus zwei Teilen:

1 Marketinginformationen und Prognosen
2 Marketingorganisation.

Im letzten Kapitel werden wir uns mit Aufbau und Implementierung eines Marketingplanungssystems befassen.

Marketinginformationen und Prognosen für die Marketingplanung

Inzwischen ist klargeworden, daß es ohne entsprechende Informationen schwierig sein wird, die bisher besprochenen logisch erscheinenden Schritte zu unternehmen. Jeder Plan ist nur so gut wie die Informationen, auf denen er basiert, und deshalb haben wir dafür gesorgt, daß die richtigen Fragen gestellt werden, wie etwa: »Wer sind unsere Kunden?«, »Wie groß ist unser Marktanteil?« und so weiter. Durch das ganze Buch hindurch haben wir darauf hingewiesen, daß die profitable Entwicklung eines Unternehmens nur durch das kontinuierliche Streben zustande kommen kann, seine Fähigkeiten mit den Kundenwünschen in Einklang zu bringen. Um dem Unternehmen die Sicherheit zu geben, daß dieser Abstimmungsprozeß erfolgreich verläuft, müssen wir irgendeine Art von Informationsfluß zwischen Kunden und Unternehmen herstellen. Dies ist die Aufgabe der Marketingforschung.

Der Unterschied zwischen Marktforschung und Marketingforschung

Sehr einfach ausgedrückt befaßt sich die Marktforschung in spezifischer Weise mit der Erforschung der Märkte, während es bei der Marketingforschung um die Erforschung der Marketingprozesse geht. Wir befassen uns hier mit der Marketingforschung, die von der American Marketing Association als die systematische Sammlung, Aufzeichung und Analyse von Daten über Probleme definiert wurde, die mit der Vermarktung von Gütern und Dienstleistungen zu tun haben.

Der Wortlaut dieser Definition ist wichtig. Der Prozeß muß systematisch verlaufen, weil ein strukturiertes Interaktionssystem zwischen Menschen, Maschinen und Verfahren aufgebaut werden muß, um einen geordneten Fluß kontinuierlicher Informationen aus Quellen innerhalb, aber auch außerhalb des Unternehmens zu erzeugen, der dann in spezifizierten Verantwortungsbereichen des Marketingmanagements als Entscheidungsgrundlage zum Tragen kommt.

Es wird unmittelbar sichtbar, daß Daten (wie Worte, Zahlen, Bilder, Töne usw.) für sich allein von geringem Wert sind, wenn sie nicht zielgerichtet kombiniert und damit zu Informationen werden. Wenn aber kein bestimmter Zweck verfolgt wird oder wenn kein Marketingproblem zu lösen ist, sind auch Informationen von geringem Wert. Studien haben gezeigt, daß eines der größten Probleme, mit denen Manager heute konfrontiert sind, nicht in einem Mangel, sondern in einem *Überfluß* von Daten und Informationen besteht. Das bringt uns zu unserer Definition eines *Informationswirtschaftssystems*; unserer Definition nach ist dies die Zurverfügungstellung von Informationen, die das Management gebrauchen kann, um Unsicherheit in Risiko umzuwandeln.

Unsicherheit besteht natürlich, wenn jedes Ergebnis gleichermaßen möglich scheint. Wenn man bei bestimmten Ergebnissen von einer Wahrscheinlichkeit ihres Eintretens ausgehen kann, sprechen wir von *Risiko*, das nichts anderes ist als quantifizierte Unsicherheit. Der Leiter der Marketingabteilung könnte zum Beispiel der Meinung sein, daß ein bestimmtes Produkt eine 90prozentige Chance hat, im ersten Jahr einen Marktanteil von 30 Prozent zu erreichen. Klarerweise verbessert sich unsere Fähigkeit, eine erfolgreiche Entscheidung zu treffen, wenn wir unter den Bedingungen eines bekannten Risikos anstatt in Unsicherheit agieren.

Die Verwandlung von Unsicherheit in Risiko und die Risikominimierung sind die vielleicht wichtigsten Aufgaben der Marketingleitung, und in diesem Prozeß ist die Rolle der Marketingforschung von überragender Bedeutung.

Wieviel wollen wir für die Marketingforschung ausgeben?

Bevor wir nun einen Blick auf die verschiedenen Forschungsmöglichkeiten werfen, die dem Marketingmanager zur Verfügung stehen, sollte ein Buch über Marketingplanung natürlich die Frage des Marketingforschungsbudgets behandeln.

Marketinginformationen müssen produziert, gelagert und verteilt werden, aber ihre Lebensdauer ist begrenzt – sie sind vergänglich. Wie andere Ressourcen besitzen Informationen einen wahrgenommenen Wert (value in use). Je weniger ein Manager über ein Marketingproblem weiß und je größer das Risiko bei einer falschen Entscheidung ist, desto wertvoller werden die Informationen. Dies impliziert die Notwendigkeit einer Kosten/Nutzenrechnung aller Marketinginformationsquellen, denn es ist wenig sinnvoll, mehr in solche Informationen zu investieren, als das von ihnen zu erwartende Ergebnis rechtfertigen würde. Aber während die Kosten leicht festzustellen sind, lassen sich die Vorteile weniger leicht definieren. Sie lassen sich am besten als zusätzliche Gewinne ausdrücken, die sich dadurch erzielen lassen, daß Marktchancen identifiziert und Fehler, die ohne solche Informationen passieren könnten, vermieden werden.

Ich möchte jedoch darauf hinweisen, daß die Entscheidung, wie viel man für Marketinginformationen ausgeben möchte, nicht leicht zu treffen ist. Einerseits wäre es schlicht gesagt dumm, völlig ohne Informationen auskommen zu wollen, andererseits sind die Kosten für lückenlose Information einfach zu hoch. Eine Art der Ausgabenschätzung basiert auf der Wahrscheinlichkeitstheorie und dem erwarteten Wert. Wenn durch die Markteinführung eines Produktes beispielsweise Entwicklungskosten in Höhe von 1 Mio £ anfallen und Sie der Meinung sind, daß die Wahrscheinlichkeit eines Versagens dieses Produktes bei 10 Prozent liegt, würde die maximale *Verlusterwartung* 100.000 £ (d. h., 1 Mio £ × 0,1) betragen.

Daraus ergibt sich, daß sich zur Vermeidung eines solchen Versagens ein Kostenaufwand von bis zu 100.000 £ für die Informationsbeschaffung lohnen würde. Da aber perfekte Informationen kaum zur Verfügung stehen, ist es sinnvoll, eine kleine Summe für Marketingforschung zu veranschlagen, die der wahrscheinlichen Ungenauigkeit dieser Informationen effizient entgegenwirkt. Diese Methode kann ein wertvolles Instrument für die Berechnung des Wertes der Marketingforschung im Managementkontext darstellen.

Die verschiedenen Formen der Marketingforschung

Der immer effizientere Umgang mit den Techniken, die dem Forscher zur Verfügung stehen, vor allem im Umgang mit multivariablen Daten und deren Analyse, hat die Marketingforschung zu einer spezialisierten Funktion im Bereich des Marketingmanagements gemacht. Trotzdem sollte jedes Unternehmen, gleichgültig, ob es eine Marketingabteilung besitzt oder nicht, einige der verfügbaren Werkzeuge kennen und wissen, wo man sie anwendet.

Die Marketingforschung kann entweder als *extern* oder *intern* klassifiziert werden. Erstere Forschungsaktivität wird im wettbewerbsorientieren Umfeld außerhalb der Firma

durchgeführt, während von internen Marketinganalysen eine Menge wertvoller Informationen in der Form von Umsatztrends, Änderungen des Marketing-Mix wie Preis, Werbeintensität und so weiter kommen können. Die Sammlung externer Marketinginformationen sollte immer als Ergänzung solcher internen Informationen betrachtet werden.
Abgesehen davon gibt es eine weitere grundlegende Einteilung in *reaktive* und *nichtreaktive* Marketingforschung. Nichtreaktive Methoden basieren auf der Interpretation beobachteter Phänomene oder vorhandener Daten, während die reaktive Forschung irgendeine Art vorausschauender Beurteilung des Marktes miteinbezieht.
Die am häufigsten verwendete Methode der reaktiven Marktforschung ist die *Umfrage anhand von Fragebogenstudien*, eine vielseitige und überaus flexible Methode. Sie läßt sich durch einen Interviewer, am Telefon oder per Post durchführen.
All diese Methoden haben ihre Vor- und Nachteile, und alle bringen unterschiedliche Kosten mit sich. Beispielsweise erhält man ein Maximum an Kontrolle über die Qualität der Antworten, indem man einen Forscher mit der persönlichen Bearbeitung jedes einzelnen Fragebogens beauftragt, allerdings ist das sehr teuer und zeitintensiv. Telefonische Interviews sind zeitsparend und relativ kostengünstig, aber die technischen Informationen, die sich auf diese Weise beschaffen lassen, sind mehr als beschränkt. Der per Post versandte Fragebogen erfreut sich großer Beliebtheit, aber hier ist große Vorsicht angebracht, um Stichprobenmängel zu vermeiden. Haben die Leute, die einen solchen Fragebogen zurücksenden, vielleicht irgendwelche Besonderheiten (und sind sie daher nicht repräsentativ für die Bevölkerung)?
Aber ohne Zweifel liegen die größten Schwachstellen eines Fragebogens in seiner Zusammenstellung. Jedermann kennt die »tendenziösen« Fragen oder die Gefahr der Zweideutigkeit, aber das ist nicht immer leicht erkennbar. Tatsächlich kann sogar die Reihenfolge der Fragen einen Verzerrungseffekt auf die Antworten haben.
Einige dieser Fallen lassen sich umgehen, indem man eine *Pilotumfrage* durchführt, mit anderen Worten also einen Testlauf an einer Untergruppe der vorgesehenen Gruppe durchführt, um eventuell entstehende Probleme zu erkennen.
Manchmal ist es besser, sich die Informationen nicht durch großangelegte, sondern durch kleinere, detailliertere Studien zu beschaffen, die qualitative Einblicke anstatt quantitativer Schlußfolgerungen bieten. *Ausführliche* Interviews mit Testgruppen können solche Einblicke gewähren. Dabei handelt es sich um locker strukturierte Gespräche mit einer Gruppe, die die Bevölkerungsgruppe, an der der Forscher interessiert ist, im großen und ganzen repräsentiert und in der ein Gruppenleiter versucht, die Einstellung der Gruppe zu dem in Diskussion stehenden Thema zu erforschen. Solche Testgruppeninterviews können auch mit Einzelpersonen geführt werden, eine Methode, die sich besonderer Beliebtheit erfreut, wenn Informationen über spezialisierte Produkte oder Märkte benötigt werden.
Experimentieren ist eine weitere Art reaktiver Marketingforschung, die eine wertvolle Informationsquelle über die voraussichtlichen Marktleistungen neuer Produkte oder die wahrscheinlichen Auswirkungen von Änderungen des Marketing-Mix darstellen kann. So

können verschiedene Produktzusammensetzungen, verschiedene Intensitäten der Verkaufsförderung und so weiter auf dem Markt getestet werden, um die möglichen Auswirkungen abschätzen zu können.
Manchmal finden die Marktexperimente unter Laborbedingungen statt, besonders im Falle von Werbung. Stichprobengruppen des Zielpublikums wird die Werbung vorgeführt, und ihre Reaktionen werden aufgezeichnet. Augenkameras, Lügendetektoren und Tachistoskope sind nur einige der Apparate, die zur Aufzeichnung der physischen Reaktionen auf Marketingreize verwendet werden können.
Im Gegensatz zu solchen Methoden stehen diejenigen, die insofern als *nichtreaktiv* bezeichnet werden, da sie sich nicht auf Daten stützen, die direkt von der Versuchsperson stammen. Am besten bekannt sind die *Einzelhandels-Audits* und die *Verbrauchergruppen,* die in Unternehmen der Konsumgüterindustrie weit verbreitet sind. Einzelhandels-Audits umfassen die regelmäßige Überwachung einer repräsentativen Gruppe von Fachhändlern. Der Forscher besucht diese Fachhändler in regelmäßigen Abständen und verzeichnet die aktuellen Lagerbestände der Produktgruppe, die überprüft wird, und die Lieferscheine für alle Waren dieser Gruppe, die seit seinem letzten Besuch ausgeliefert wurden. Mit den Informationen über die Lagerbestände bei seinem letzten Besuch ist es nun ganz einfach, die Umsätze der überprüften Artikel festzustellen, d. h. Anfangsbestand + Lieferungen zwischen den Besuchen – Schlußbestand = Umsatz für diesen Zeitraum.
Die Verbrauchergruppe ist einfach eine repräsentative Gruppe von Konsumenten, die ihre Käufe und ihren Konsum über einen bestimmten Zeitraum hinweg in einem Tagebuch verzeichnen. Diese Technik wird sowohl in Industrie- als auch in Konsumgütermärkten verwendet und kann kontinuierliche Daten über Verbrauchsmuster sowie viele andere nützliche Daten liefern.
Die letzte und in vielerlei Hinsicht wichtigste aller Marketingforschungsmethoden ist die Verwendung vorhandenen Materials, besonders durch *Sekundärforschung,* die für jedes Marketingforschungsprogramm immer der Ausgangspunkt sein sollte. Oft lassen sich aus veröffentlichten Informationen wie Regierungsstatistiken, Veröffentlichungen von OECD oder EG, der UNO, von Zeitungen, Fachzeitschriften, veröffentlichten Marktstudien und ähnlichem eine Vielzahl von Informationen gewinnen. Zwei oder drei Tage Sekundärforschung bringen fast immer positive Überraschungen für eine Firma, die der Meinung ist, sie verfüge über keine Informationen über ihre Märkte. Wenn man solche Informationen mit internen Verkaufsinformationen kombiniert, kann dies die vorteilhafteste Forschungsmethode sein, die sich einem Unternehmen bietet.

Marketing-Informationswirtschafts-Systeme (MIS)

Angesichts der Bedeutung, die Informationen im Marketing-Entscheidungsfindungsprozeß haben, ist es verständlich, daß die Zeit, die man auf eine solide Organisation der Informationsflüsse verwendet, eine gute Investition darstellt. Eine solche Organisation

wird oft *Marketing-Informationswirtschafts-System (MIS)* genannt. In diesem Bereich wurden viele Studien durchgeführt, die gezeigt haben, daß hier trotz Computerisierung einer der am schlechtesten organisierten Managementbereiche liegt. Es hat sich gezeigt, daß dies größtenteils ein Ergebnis der Unfähigkeit des Managements ist, die nötigen Entscheidungen und die Informationen, die zur Entscheidungsfindung notwendig sind, zu erkennen.
Natürlich ist die Definition der Informationsbedürfnisse des Managements für die erfolgreiche Installation eines MIS von zentraler Bedeutung, aber dieser entscheidende Schritt wird nur selten vollständig ausgeführt. Dies größtenteils deshalb, weil die Führungskräfte die Schlüsseldeterminanten des Erfolges nicht klar herausgearbeitet haben. Sie mißverstehen zum Beispiel Bedeutung und Signifikanz des Marktanteils, sie über- oder unterschätzen die Bedeutung des Kundenserviceniveaus etc. Das führt unweigerlich zu einer Art »Überflußarbeit«, die in unzähligen Firmen vorkommt. Daten und Informationen brechen regelmäßig in solchen Mengen über die Mitarbeiter herein, daß es für diese unmöglich wird herauszufiltern, was wichtig ist und was nicht. In der Folge wird der Output solcher Systeme kaum verwendet, und das Management stützt sich weiterhin hauptsächlich auf Intuition und Vermutung. Das Modell in Abbildung 11.1 ist für die Erstellung eines MIS eine hilfreiche Richtlinie.

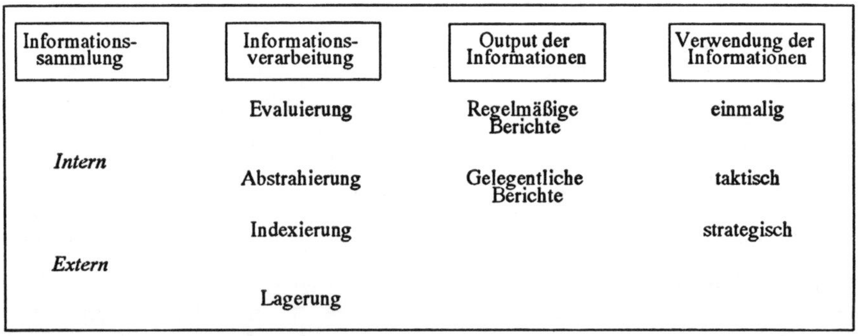

Abbildung 11.1

Es gibt vier Schritte, die für die erfolgreiche Erstellung eines MIS von grundlegender Bedeutung sind. Machen Sie erstens eine detaillierte Liste aller Daten und Informationen, die derzeit produziert werden.
Zweitens veranlassen Sie jeden einzelnen Manager, die Entscheidungen, die er zu treffen hat, zusammen mit den Informationen, die diesen Entscheidungen zugrundeliegen, aufzulisten.
Drittens kombinieren Sie diese beiden auf möglichst logische Weise, denn es wird bei den Informationserfordernissen viele Redundanzen geben. Wenn man intern erstellte Umsatzdaten als Beispiel nimmt, sollte es möglich sein, eine Liste aller möglichen Kombi-

nationen des folgenden zu erstellen: Produktgruppen, Zusammenfassungen der Produktgruppen, Handelskategorien, geographische Gebiete, Zeitmaßstäbe, Vergleichswerte, Kaufmuster etc.

All diese Informationen lassen sich in Codeform in einer Matrix kombinieren. Während Sie die vielen Kombinationen einzeln betrachten, schreiben Sie auf, für welchen Zweck die einzelnen Berichte benötigt werden. Bei einer regelmäßig produzierten Produktgruppe wäre ihr wichtigster Zweck wahrscheinlich, definitive Leistungsinformationen über einfache Produktgruppen innerhalb definierter geographischer Gebiete zu liefern. Folglich könnten die Ziele eines monatlichen Berichtes, in dem die Umsätze der einzelnen Produktgruppen nach Handelskategorie aufgelistet sind, wie folgt aussehen:

1 Feststellung der proportionalen Ausdehnung und Durchdringung der einzelnen Produktgruppen nach Handelskategorie. Dies ist wichtig, wenn das Unternehmen versucht, Marktsegmentierung zu betreiben, indem es Marken in spezifischen Marktsektoren etabliert.
2 Einschätzung der Verkaufsstandortdurchdringung neuer Produkte
3 Einschätzung von Umsatzverlusten an Verkaufsstandorten
4 Erleichterung der Festsetzung von Konsumenten- und Verkaufsstandort-Zielgruppen
5 Erleichterung der Evaluierung von Verkaufsförderungsaktivitäten der Verkaufsstandorte
6 Erleichterung des Vergleichs von tatsächlichen und potentiellen Umsätzen etc.

Schließlich stehen wir vor der schwierigen Aufgabe, das System zu organisieren. Nach der Ausarbeitung des »idealen« MIS müssen wir die Kosten evaluieren, denn während die Idee verlockend ist, ein vollintegriertes MIS aufgrund der ersten Zielsetzungen zu errichten, rät uns die Erfahrung, daß es besser ist, »im gesamten« zu denken, aber »stückweise« zu planen.

Mit Hilfe einer Bausteinmethode, bei der jeder Block ein Subsystem für die Befriedigung eines bestimmten Informationsbedürfnisses darstellt, können wir schließlich ein vollintegriertes und ausgereiftes System entwickeln, das mit den Bedürfnissen und Erfahrungen der Anwender übereinstimmt. Während jedoch die Vorteile der Sammlung und Lagerung der in ihre Bestandteile zerlegten Daten auf der Hand liegen, haben wir das Problem, daß die Erhaltung zergliederter Dateneinheiten kostspielig ist, und das Management muß diese zusätzlichen Kosten gegen die Möglichkeit abwägen, daß zukünftige Marktentwicklungen Systemmodifikationen erfordern könnten, die nicht durchgeführt werden können, wenn die Daten im gesamten gesammelt wurden.

Organisatorische Aspekte des MIS

Da das MIS Teil der unternehmensweiten Informationswirtschaft ist, könnte man argumentieren, daß es innerhalb eines zentralen Informationsbüros des Unternehmens angesiedelt sein sollte, so daß die Integration, die in der Marketingfunktion so wünschenswert ist, auch auf unternehmensweiter Basis stattfinden kann. Die Hauptfrage ist jedoch

nicht so sehr, wo in einem Unternehmen die Informationsfunktion beheimatet sein sollte, sondern wie sie unter Berücksichtigung der Beschränkungen des bestehenden organisatorischen Aufbaus der Marketingfunktion (der ein Ergebnis der hauptsächlich vom Markt diktierten Bedürfnisse sein wird) den vertikalen sowie den horizontalen Informationsfluß sowohl in die Informationseinheit hinein als auch aus ihr heraus erleichtern kann. Das heißt, daß eigentlich eine zentrale MIS-Einheit der Firma oder eine Einheit innerhalb der Marketingabteilung ausreichen würden, aber das Problem liegt in der Institutionalisierung der Verfahren durch Systeme, die den Informationsfluß erleichtern und das Management in der Verwendung dieser Informationen schulen. Die Inputs würden über systematisierte Verfahren aus allen Managementebenen kommen, entweder als Informationen oder als Informationsersuchen. Die Informationseinheit würde die Informationen sieben und überprüfen, analysieren, entscheiden, wo in der Organisation sie von Nutzen sein könnten, und sie an potentielle Verwender weiterleiten oder zur weiteren Verwendung speichern.
Auf diese Weise kann das MIS von einer Gruppe innerhalb der Marketingabteilung oder als Teil eines allgemeinen Unternehmenssystems gemanagt werden.

Prognosen

Prognosen sind eines der am stärksten emotional besetzten Themen im gesamten Managementbereich. Die meisten Manager halten sich für Experten, oder sie halten zumindest nicht mit ihrer Meinung über ein Thema hinter dem Berg, und der Marketingfachmann steht meistens am Marterpfahl – denn es gibt etwas, das er unweigerlich falsch macht, und das ist die Prognose.
Es ist in einem Buch dieser Art nicht möglich, zu sehr ins Detail zu gehen. Aber es könnte sich als Fehler erweisen, nicht zu versuchen, dieses Thema in eine bessere Perspektive zu rücken, als dies derzeit der Fall ist.

Warum sind Prognosen so schwierig?

In allen Arten von Unternehmen haben Größe und Komplexität der Marketingaufgabe in den letzten Jahren erheblich zugenommen.
Die wachsende Diversität der Kundenbedürfnisse in einer sich rapide verändernden Umwelt hat zu kürzeren Produktlebenszyklen geführt, die schwieriger rentabel zu managen sind. Die Vertriebsmuster haben sich in den meisten Märkten drastisch verändert, und der Wettbewerbsdruck hat sich mit der geographischen Ausbreitung und der wachsenden Internationalisierung der Unternehmen, deren Manager infolge der steigenden Professionalität der Ausbildungsstellen kompetenter geworden sind, intensiviert. Das soziokulturelle, gesetzliche und politische Umfeld, in dem die Manager agieren, ist unbeständiger geworden und rascheren Veränderungen unterworfen. Der Umfang der verfügbaren Daten und Informationen hat sich vervielfacht, und die Verarbeitungsnetz-

werke sind ausgereifter geworden, während gleichzeitig die Verfügbarkeit quantitativer Techniken für die Marketingleitung rascher vorangeschritten ist als die Fähigkeit, diese effizient zu nutzen. Hinzu kommt noch die allgegenwärtige Schwierigkeit der Messung von Verhaltensaspekten im Marketing, also etwa sozialer, kultureller und psychologischer Faktoren.

Das Ergebnis all dessen ist, daß es immer schwieriger wird, gewinnträchtige Märkte zu finden und zu entwickeln; dazu kommt die Unmöglichkeit, auch nur annähernd so genaue Prognosen zu treffen wie zu jener Zeit, als die Märkte noch stabiler waren. Trotzdem müssen Prognosen gemacht werden, und sie müssen gut gemacht werden, denn die Konsequenzen von Irrtümern können für ein Unternehmen schwerwiegend sein.

Wir wollen hier keine detaillierte Beschreibung der vielen Prognosetechniken anbieten, die einem Unternehmen zur Verfügung stehen. Es wäre aber vielleicht nützlich, den grundlegenden Rahmen für Prognosen, wie in Abbildung 11.2 dargestellt, kurz zu besprechen.

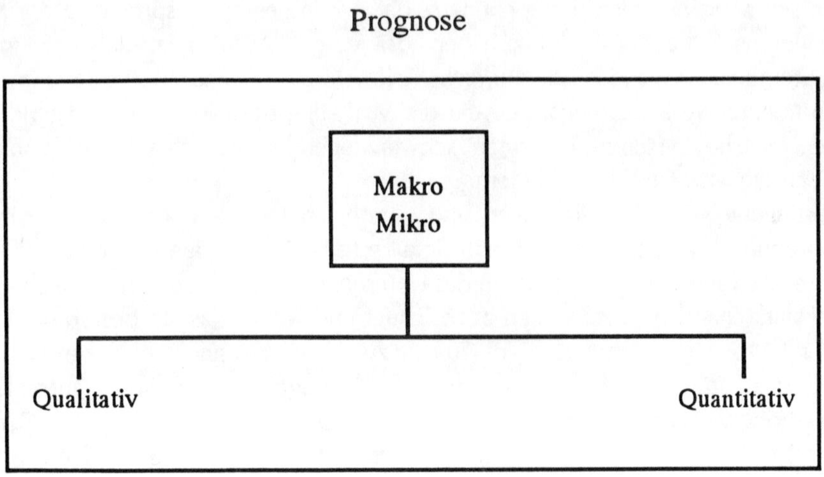

Abbildung 11.2

Daraus ist ersichtlich, daß es zwei grundlegende Prognosemethoden gibt, die sich grob als *Makro*- und *Mikro*prognosen beschreiben lassen. Die Auswahl der geeigneten Technik hängt von vier Hauptfaktoren ab, von denen der erste der Grad der erforderlichen Genauigkeit ist. Es ist klar, daß die erforderliche Genauigkeit, und damit die Kosten, um so größer sein werden, je höher das Risiko der Entscheidung ist, die von der Prognose abhängt. Zweitens hängt die Methode von der Verfügbarkeit der Daten und Informationen ab. Drittens ist der zeitliche Horizont eine Schlüsseldeterminante für die Prognosemethode.

Prognostizieren wir beispielsweise die Umsätze für die nächste Zeit – dann wäre eine quantitative Hochrechnungsmethode angebracht –, oder sagen wir voraus, was mit unserem wichtigsten Markt im Laufe der nächsten fünf Jahre geschehen wird und brauchen daher eine qualitative Methode? Schließlich ist auch die Position eines Produktes in seinem Lebenszyklus eine Schlüsseldeterminate für die Prognosemethode. Zum Beispiel werden im Einführungsstadium des Lebenszyklus eines Produktes weniger Daten und Informationen zur Verfügung stehen als im Reifestadium, wo sich die Zeitreihe als nützliches Prognoseinstrument erweisen kann.

Daraus wird unmittelbar ersichtlich, daß wir genau zwischen Makro- und Mikroprognosen unterscheiden müssen. Makroprognosen befassen sich im wesentlichen mit der Prognose über Märkte in ihrer Gesamtheit, während sich die Mikroprognostik stärker mit Prognosen für detaillierte Einheiten befaßt. Die Beschreibung des Marketingplanungsprozesses in Kapitel 2 macht sehr deutlich, daß Budgets und Pläne, die sich auf nicht viel mehr stützen als auf die Hochrechnung von Trends, langfristig kaum erfolgreich sein können, da die strategischen Schlüsselfragen, die sich auf Produkte und Märkte beziehen, in einem solchen Prozeß kaum ausreichend berücksichtigt werden. Sie werden sich vielleicht auch daran erinnern, daß wir in unserer Besprechung der Marktsegmentierung in Kapitel 4 betont haben, daß es gefährlich ist, ausgefeilte Budgetierungssysteme zu verwenden, die auf nicht viel mehr basieren als auf groben Hochrechnungen früherer Verkaufstrends, und die die Marketingstrategien stillschweigend gleich belassen. Solche Systeme führen zu schwerwiegenden wirtschaftlichen Problemen, wenn sich die Marktstrukturen ändern.

Der Festlegung von Marketingzielen und -strategien muß also irgendeine Form der Makroprognostik vorangehen, während detaillierte Einheitenprognosen oder Mikroprognosen erst erfolgen sollten, nachdem das Unternehmen entschieden hat, welche spezifischen Marktchancen es zu nutzen beabsichtigt und wie es das am besten tun kann.

Abbildung 11.2 zeigt auch, daß es im Grunde zwei Hauptprognosetechniken gibt, nämlich eine *qualitative* und eine *quantitative*. Es wäre ungewöhnlich, würde ausschließlich eine Methode verwendet werden, vor allem deshalb, weil jede Methode ihre Gefahren in sich trägt. Worum es tatsächlich geht, ist die Notwendigkeit, ein rein intuitives Vorgehen mit einem mathematischen zu verbinden.

Es ist zum Beispiel vergleichsweise einfach, eine Gleichung aufzustellen, die die Weltbevölkerung statistisch bis etwa zum Jahr 2000 hochrechnet. Das Problem an einer solchen Methode ist jedoch, daß sie Trendänderungen, die in der Vergangenheit stattgefunden haben, nicht berücksichtigt. Es wäre einfach, eine ganze Serie möglicher Ereignisse aufzuzählen, die Einfluß auf die Weltbevölkerung haben könnten, und dann die Wahrscheinlichkeit des Eintretens dieser Ereignisse abzuschätzen.

Das wichtigste Argument, das wir hier vorbringen, ist, daß es Aufgabe des Managements ist, alle verfügbaren relevanten Daten für eine Prognostizierung der Zukunft heranzuziehen, dafür alle geeigneten quantitativen Methoden zu verwenden, dann aber auch qualitative wie Expertenmeinungen, Marktforschung, Analogien und so weiter, um die wahrscheinlichen *Diskontinuitäten* der Zeitreihe zu prognostizieren. Nur durch eine vernünftige Anwendung der verfügbaren Werkzeuge wird das Management langsam zu verstehen beginnen, was geschehen muß, um seine eigenen Fähigkeiten auf die sorgfältig erforschten Bedürfnisse des Marktes abzustimmen. Ohne ein solches Verständnis besteht die Gefahr, daß jede Form der Prognose zu einer fruchtlosen Übung wird.

Organisation für die Marketingplanung

Der Zweck dieses kurzen Abschnitts liegt nicht darin, die Komplexitäten organisatorischer Formen tiefschürfend zu erforschen, sondern den schwierigen Prozeß der Marketingplanung in den Kontext der jeweiligen Umwelt, in dem er stattfindet, zu stellen. Wichtig ist, daß Sie dort beginnen, wo Sie *sind*, und nicht dort, wo Sie gern sein möchten, denn es ist ein Faktum des Geschäftslebens, daß Marketing unter verschiedenen Umständen Verschiedenes bedeuten kann. Es liegt nicht in unserer Absicht, hier irgendeine spezifische Organisationsform vorzuschlagen, sondern wir wollen uns mit den naheliegenderen organisatorischen Fragen und ihren wahrscheinlichen Auswirkungen auf die Art und Weise, wie Marketingplanung durchgeführt wird, befassen.
Infolge der endlos scheinenden Debatte über Organisationsformen führte der Autor in den Jahren 1987 bis 1989 eine zweijährige Studie durch und war dabei sehr darauf bedacht, die Literatur über Marketingplanung zu lesen. Interessanterweise ergab sich, daß sich die meisten Theorien über dieses Thema beinahe ausschließlich auf die »Medizin« selbst konzentrierten und sich relativ wenig um den »Patienten« kümmerten (wenn das Unternehmen wirklich als krank zu bezeichnen war und »ärztliche« Hilfe benötigte). Eine solche Einstellung macht etwa so viel Sinn wie die eines Arztes, der jedem seiner Patienten dieselbe Medizin verabreicht, gleichgültig, unter welchen Symptomen er leidet. Natürlich kann ein Teil der Patienten auf die Behandlung ansprechen, aber für die meisten Patienten wird sie keine Veränderung oder sogar eine Verschlechterung ihres Zustandes zur Folge haben.

Im Falle derjenigen, die eine »Marketingplanung nostrum« propagieren, ist festzustellen, daß das Produkt ironischerweise irgendwie wichtiger geworden ist als der Kunde. Was ist mit all den guten Ratschlägen passiert, sich auf den Kunden und seine Situation zu konzentrieren?

Wir müssen uns der Tatsache bewußt werden, daß es eine symbiotische Beziehung zwischen Patient und Therapie geben muß. Durch die Zusammenarbeit der beiden ergibt sich der Erfolg. In ähnlicher Weise muß der Arzt – wenn man einen außenstehenden Berater als solchen bezeichnen kann – bereit sein, die Situation ganzheitlich zu sehen. Anstatt sofort ein Rezept auszustellen, muß er zuerst mehr über seinen Patienten herausfinden.

Da die oben erwähnte Forschungsstudie darauf abzielte zu untersuchen, wie sich Marketingplanung besser in Organisationen integrieren läßt, werden wir nun, wie ein guter Arzt, versuchen, mehr über unseren Patienten zu erfahren.

Organisationslebensphasen

Auf den ersten Blick scheint jede Organisation sehr verschieden von allen anderen zu sein, und sie ist es natürlich auch in vielerlei Hinsicht. Ihr Personal und ihre Einrichtungen können in derselben Form in keiner anderen Organisation existieren, ihre Produkte, Dienstleistungen, ihre Geschichte und ihre Gebräuche spielen ebenfalls eine Rolle bei der Entstehung dieser besonderen Einheit.

Aber man kann eine Organisation auch aus einem anderen Blickwinkel betrachten und zu dem Schluß kommen, daß es auch Ähnlichkeiten gibt.

Was haben also alle Organisationen gemeinsam? Wenn Unternehmen wachsen und reifen, machen sie anscheinend *alle* eine bestimmte Anzahl von Lebensphasen durch. Unsere Forschungsarbeiten haben uns davon überzeugt, daß Manager, sobald ihnen die einzelnen Lebensphasen erklärt worden sind, ihr Unternehmen sofort nach dessen Position im Lebenszyklus einordnen können.

Die Bedeutung dieser Tatsache liegt darin, daß die Führungskräfte so in die Lage versetzt werden, die Natur der zunehmenden Schmerzen ihres Unternehmens zu verstehen und zu erkennen, wie diese zu den derzeitigen operationalen Problemen und sogar zu einer bestimmten Unternehmenskultur beitragen. Darüber hinaus ist diese Kultur manchmal sehr empfänglich für Marketingplanung, manchmal weniger. Ebenso muß der Marketingplanungsprozeß selbst oft modifiziert werden, um sich besser in eine vorgegebene Unternehmenskultur einzufügen.

Hier wollen wir uns jedoch darauf beschränken zu untersuchen, wie ein Unternehmen wächst und sich entwickelt.

Erstens durchläuft eine Firma, deren Umsätze steigen, meistens einen organisatorischen Entwicklungsprozeß. Abbildung 11.3 zeigt, wie eine Firma von ihrer Gründung an über einen Zeitraum im Umsatz wächst. Wenn eine Firma gegründet wird, ist sie oft ausschließlich rund um ihren Eigentümer organisiert, der meist mehr über seine Kunden und Produkte weiß als irgend jemand anders in der Firma.

Diese Organisationsform, bei der sich alle Entscheidungen und Kommunikationsvorgänge um eine Person drehen, kann wie in Abbildung 11.4 dargestellt werden. Hier geht es darum, daß eine formalisierte Marketingplanung mit Systemen und schriftlich festgelegten Verfahren in einer solchen Firma von geringerer Bedeutung sein wird als etwa in einer multinationalen Gesellschaft.

Wenn diese Firma jedoch durch das Hinzukommen neuer Produkte und Märkte an Größe und Komplexität gewinnt, beginnt ihre Organisationsform zusammenzubrechen, und die erste Krise tritt auf. Diese läßt sich auf zwei Arten lösen: Entweder verkauft der Eigentümer bzw. Unternehmer seine Firma, geht in Pension oder beginnt von vorn, oder er geht zu einer traditionelleren Organisationsform über, die die meisten von uns kennen (Abbildung 11.5) und in der Einzelpersonen mit verschiedenen funktionellen Pflichten betraut werden, die von eigenen spezialisierten Abteilungen wahrgenommen werden. Man wird einige Aspekte der Arbeit delegieren und Systeme und Verfahren ent-

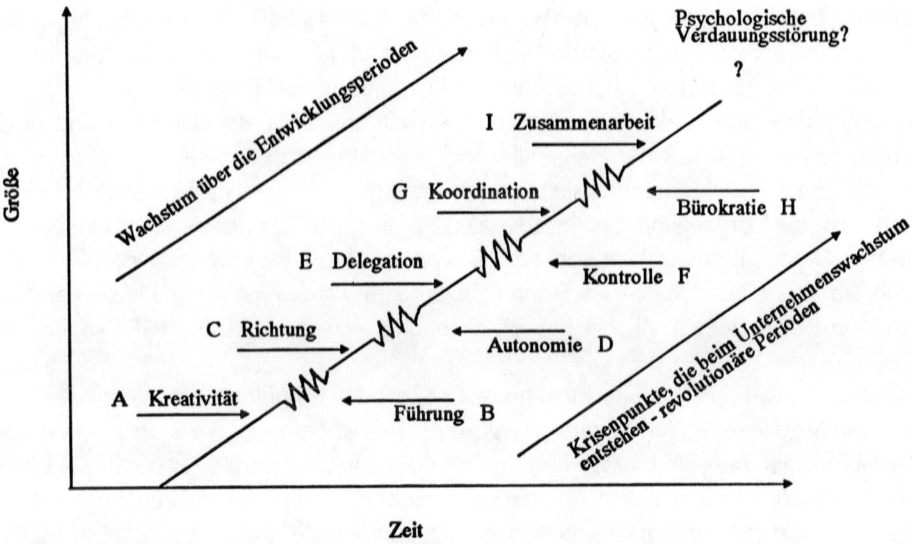

Abbildung 11.3

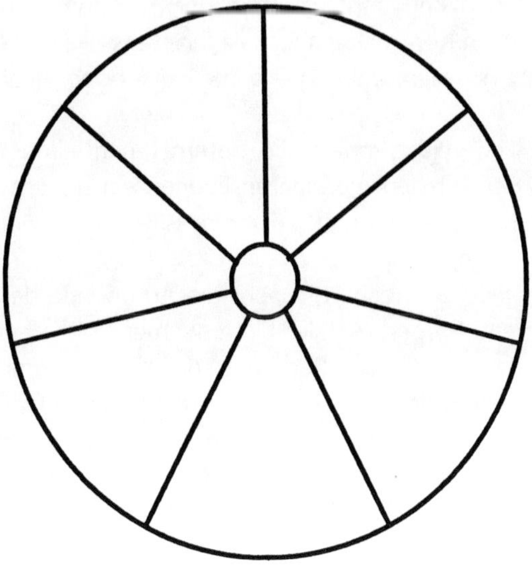

Abbildung 11.4

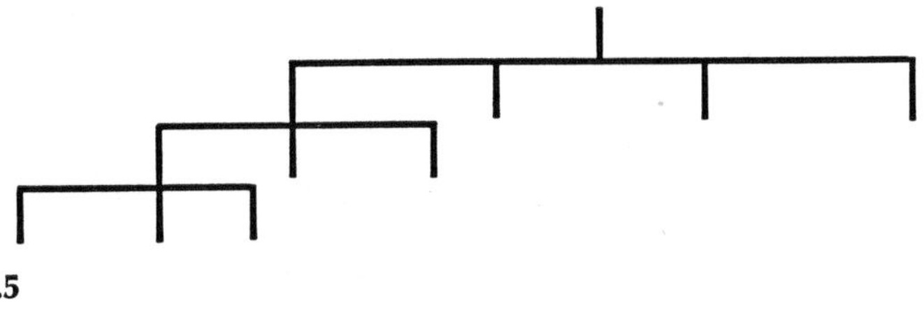

Abbildung 11.5

wickeln müssen, um die Ad-hoc-Methoden der Anfangsphase zu ersetzen. Vor allem aber muß mit der organisatorischen Unordnung Schluß gemacht und in den Mitarbeitern ein neues Gefühl der Sinnhaftigkeit und der Richtung geweckt werden.
Das heißt, daß eine starke Führungspersönlichkeit die Firma aus der Krise und in die nächste, ruhige Periode einer zielgerichteten Entwicklung führen muß.
Hier dirigiert der Unternehmensleiter, der möglicherweise nicht länger der Firmengründer ist, die Vorgänge von einer zentralen Position aus. Er oder sie steht einer hierarchischen Organisationsstruktur vor, die die von ihm bzw. ihr vorgegebenen Ziele verwirklichen soll. Diese Phase des Firmenlebens kann wieder mit einer Phase ständigen Wachstums einhergehen, bis ein neuer Krisenpunkt erreicht ist. Das ist die sogenannte Autonomiekrise.
Schließlich wird die Firma eine bestimmte Größe oder Komplexität erreicht haben, für die autoritäre Führung nicht länger geeignet ist. Einzelpersonen, die in ihren jeweiligen Arbeitsbereichen tätig sind, wissen mehr über diese als die zentrale Autorität. Sie lehnen es nicht nur ab, von jemandem Anweisungen zu bekommen, der in ihren Augen »keine direkte Verbindung« zu den Geschehnissen hat, sondern sie streben ein höheres Maß an persönlicher Autonomie an, um Politik und Operationen ihres Unternehmens beeinflussen zu können. Der Machtkampf während der Autonomiekrise geht oft mit einer Verschärfung der zentralen Kontrolle einher, die ihrerseits das Problem noch intensiviert, indem sie eine niedrige Arbeitsmoral und eventuell eine hohe Mitarbeiterfluktuation verursacht.
Die Krise wird schließlich gelöst, indem die Unternehmensleitung einen delegierenden Führungsstil einführt, der auf den niedrigeren Ebenen ein höheres Maß an Autonomie bewirkt. Auf die Einführung dieses neuen Führungsstils folgt wieder eine störungsfreie, entwicklungsbetonte Wachstumsphase.
Wenn das Wachstum jedoch andauert, macht die Autonomie der unteren Ebenen der Firmenleitung zunehmend Sorgen. An der Unternehmensspitze entsteht ein Gefühl der Machtlosigkeit, und sie verspürt das Bedürfnis, die Kontrolle zurückzuerobern. Diese Krise kann zu einer weiteren destabilisierenden Phase in der Entwicklung des Unternehmens führen. Wie verständlich es auch sein mag, daß die Unternehmensleitung ein Gefühl der Machtlosigkeit empfindet, ist es doch sehr schwierig, die Uhren zurückzudrehen und wieder einen autoritären Führungsstil einzuführen. Zu viel ist in den dazwischenliegenden Jahren geschehen.
Die Lösung dieser Kontrollverlustkrise scheint in einem Programm für eine bessere Koordination zwischen den verschiedenen Teilen der Organisation zu liegen. Diese verbesserte Koordination läßt sich oft erreichen, indem man Mechanismen wie formelle Planungsverfahren oder die Zentralisierung einiger technischer Funktionen einführt, jedoch die Entscheidungen über die tagtäglichen Operationen den unteren Ebenen beläßt, indem man spezielle Projekte startet, an denen auch die Mitarbeiter niedrigerer Ebenen beteiligt sind. Dadurch beginnt mit der koordinierten evolutionären Entwicklungsphase eine weitere Periode relativer Ruhe.

Bei fortwährendem Wachstum verstärkt sich die Tendenz, die Koordinierungsmaßnahmen zu institutionalisieren, was eine Ritualisierung der Planungsverfahren mit sich bringt. Sonderprojekte werden dadurch zu unnützen Belastungen, und allzuviele Entscheidungen scheinen von Firmenregeln und -vorschriften beeinflußt zu sein. Eine neuer Krisenpunkt ist erreicht – die bürokratische oder die »Amtsschimmel«-Krise. Die Verfahren scheinen wichtiger geworden zu sein als die Lösung der Probleme.
Die einzige Abhilfe besteht wahrscheinlich darin, daß das Unternehmen versucht, eine neue Phase der Zusammenarbeit anzustreben, in der die Beiträge von einzelnen und Teams wieder gleich viel oder mehr gelten als Systeme oder Verfahren. Eine gemeinsame Anstrengung zur Reorganisation und Repersonalisierung der Handlungsabläufe ist nun erforderlich. Es muß wieder mehr Wert auf Teamarbeit, Spontaneität und Kreativität gelegt werden.
Wenn ein Unternehmen sich zur Zusammenarbeitsphase seiner Entwicklung reformieren kann, ist als Belohnung wieder eine Zeit relativ störungsfreien Wachstums zu erwarten. Wie wir jedoch gesehen haben, scheint sich dieses Muster eines evolutionären Wachstums, das von einer Krise gefolgt wird, fortlaufend zu wiederholen. Jede Lösung eines organisatorischen Entwicklungsproblems trägt bereits den Samen der nächsten kritischen Phase in sich. Auf diese Weise endet wahrscheinlich die Entwicklungskrise der Zusammenarbeit, wenn ein Übermaß an Integrationsmechanismen erreicht ist und die Mitarbeiter vielleicht langsam die Fähigkeit verlieren, selbständig vorzugehen.
Dieser letzte Punkt ist eine reine Mutmaßung, weil nicht sehr viele Unternehmen weit genug auf ihrer biographischen Lebenslinie fortgeschritten sind, als daß dies zu einem Thema werden könnte. Aber in den Studien, die wir über eine Reihe von Unternehmen durchgeführt haben, hat uns dieses Konzept der Lebensphasen eines Unternehmens geholfen, die operativen Probleme unserer Klienten besser zu verstehen und zu erkennen, wie wir besser helfen können.
In dieser zweiten Wachstumsphase gibt es im wesentlichen zwei Arten der Organisation, eine *zentralisierte* und eine *dezentralisierte*, wobei unterschiedliche Kombinationen innerhalb der Extreme auftreten.
Betrachten wir zunächst die Dezentralisierung. Sie läßt sich, wie in Abbildung 11.6* gezeigt, in einem Diagramm darstellen. Der dunkle Bereich des Dreiecks stellt das strategische Spitzenmanagement der Firma dar. Aus diesem Diagramm wird ersichtlich, daß die zentralen Dienstleistungen wie Marktforschung und Public Relations auf der Ebene der Tochtergesellschaften wiederholt werden. Außerdem sieht man, daß es im untergeordneten Bereich eine strategische Managementebene gibt, wobei der Litmustest darin besteht, ob das Topmanagement des untergeordneten Unternehmens/Bereichs in der Lage ist, neue Produkte einzuführen, ohne sich an die Zentrale wenden zu müssen.
Das Problem an dieser Art der dezentralisierten Organisationsstruktur ist, daß sie unwei-

* Dieser Abschnitt hat der eigenständigen Arbeit und Denkweise Simon Majaros viel zu verdanken.

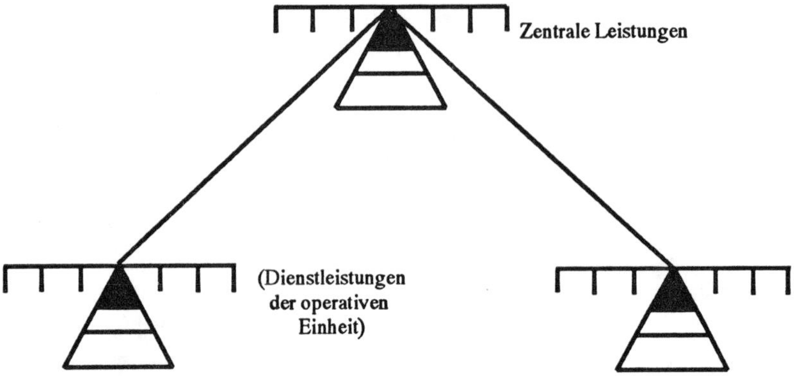

Abbildung 11.6

gerlich zu einer Verdoppelung der Anstrengungen und einer Differenzierung der Strategien führt, mit allen daraus resultierenden Problemen, wenn nicht versucht wird, mit Hilfe eines unternehmensweiten Planungssystems ein Mindestmaß an Synergie zwischen den verschiedenen Systemen zu erreichen. Eine Telekommunikationsfirma hatte eine Palette von 1500 Produkten, wobei es von einem dieser Produkte 1300 Varianten gab. Das war das Ergebnis einer völlig dezentralisierten, marketingorientierten Methode der Tochtergesellschaften. Es überrascht also nicht, daß man bei der Produktion keine vernünftige Kostendegression erreichen konnte, was wiederum dazu führte, daß die Firma tief in die roten Zahlen rutschte. Dieselben Probleme treten in den Bereichen Marketingforschung, Werbung, Preisgestaltung, Vertrieb und in anderen Unternehmensbereichen auf. Wenn sich jemand die Mühe macht, der Sache auf den Grund zu gehen, ist es oft heilsam, die Reaktion der leitenden Manager in der Zentrale zu beobachten, wenn ihnen beispielsweise mitgeteilt wird, daß genau dasselbe Marktproblem weltweit in vielen Ländern erforscht wird, und überall zu enormen Kosten.

Diese Art von Organisationsstruktur verlangt mehr als alle anderen eine starke zentrale Koordinierung durch ein wie immer geartetes Planungssystem; andernfalls verschwenden alle Beteiligten in ihrem Versuch, ihren eigenen kleinen Geschäftsbereich zu maximieren, viele Unternehmensressourcen. Wenn sich jedoch ein System findet, durch das sich aus all dieser Energie Synergie gewinnen läßt, sind die Vorteile wirklich überwältigend. Worauf wir hinaus wollen, ist also, daß Marketing in dieser Art von System anders funktioniert als in anderen Systemen, und es schadet nichts, wenn wir uns das von Anfang an bewußt machen.

Ein zentral kontrolliertes Unternehmen sieht meist so aus wie in Abbildung 11.7 gezeigt. Hier sehen wir, daß es in den Tochtergesellschaften keine *strategische* Managementebene gibt, besonders, was die Einführung neuer Produkte anbelangt. Diese Organisationsform führt meist zu standardisierten Strategien, besonders beim Produktmanagement. Wenn zum Beispiel ein neues Produkt eingeführt wird, wird es meist von Anfang

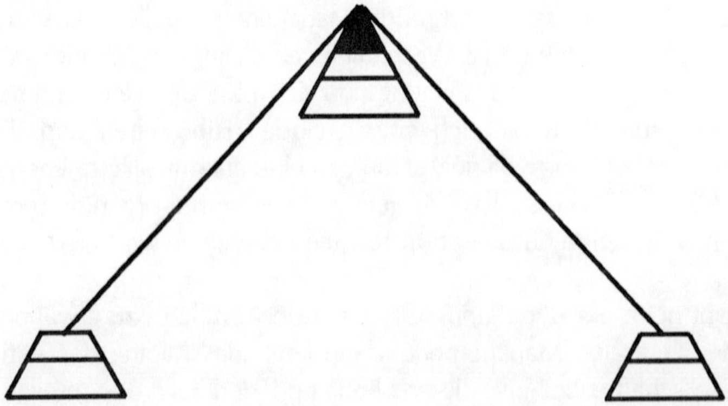

Abbildung 11.7

an so ausgelegt, daß es für so viele Märkte wie möglich geeignet ist, während die Vorteile aus der Marktforschung in einem Bereich auf andere Bereiche übertragen werden und so weiter.

Das Problem ist hier natürlich, daß die untergeordneten Einheiten, wenn nicht sehr vorsichtig vorgegangen wird, leicht an Sensibilität für die Bedürfnisse der individuellen Märkte und in der Folge auch an Flexibilität in ihrer Reaktion auf die Schritte der Konkurrenz verlieren können. Der springende Punkt ist hier wiederum, daß Marketing in einem solchen System anders funktioniert als in dem oben beschriebenen.

Es gibt einen Unterschied zwischen finanziellen Entscheidungen und Unternehmensmanagement, was die Rolle der Zentrale anbelangt. Es besteht ein Unterschied zwischen einem Unternehmen und seinen einzelnen Teilen, und oft herrscht Verwirrung darüber, welche Planungsarbeiten die Manager der einzelnen Organisationsebenen durchführen sollten; eine solche Verwirrung kann entstehen, wenn der Unternehmensleiter nicht klargemacht hat, welcher Art von Unternehmen er vorsteht.

Wir haben nun einen kurzen Blick auf zwei wesentliche Organisationsformen geworfen, die beide im Grunde aus einem Zentralbüro und verschiedenen dezentralisierten Geschäftssparten bestehen, jede mit ihren eigenen Produkten, Prozessen und Märkten, die die anderen der Gruppe ergänzen. In Unternehmen dieser Art bezieht sich die Planung innerhalb der Geschäftssparten auf die Erforschung von Märkten und eine verbesserte Effizienz innerhalb der von der Zentrale festgelegten Grenzen. Durch die Probleme und Chancen, die diese Methode beinhaltet, wird die Rolle der Zentrale oft so gesehen, daß sie die Grenzen für das Unternehmen als ganzes in bezug auf neue Produkte und Märkte definiert, die nicht in den Bereich einer der Sparten fallen.

In dieser Art von Organisation müssen die Manager von Konzernunternehmen meist eine Ertragshöhe erzielen, die vom Management der Zentrale innerhalb der ihnen gesetzten Grenzen vorgeschrieben wird; solche Unternehmen sind gezwungen, diesen Prozeß zu institutionalisieren, indem sie eine formelle Struktur der Konzepte und

Systeme erstellen, so daß das ausführende Management weiß, was von ihm erwartet wird und ob es das Richtige tut. Das Wesentliche an dieser Organisationsform scheint zu sein, daß irgendeine Methode zur Planung und Kontrolle des Unternehmenswachstums gefunden werden *muß*, um die sich entwickelnden Fähigkeiten und die wachsende Reputation der Firma wirkungsvoll nutzen und so eine unkontrollierte Energievergeudung vermeiden zu können. Das läßt sich vielleicht in einer zentral organisierten Firma leichter bewerkstelligen, aber beide Organisationsformen haben, wie wir bereits gesehen haben, ihre Nachteile.
Schließlich bleibt noch die *»Treuhand«*-Organisationsform kurz zu erwähnen, bei der die Hauptsorge des zentralen Managements darin liegt, das Kapital der Aktionäre in verschiedene Gesellschaften zu investieren. Kauf und Verkauf von Anteilen an verschiedenen Firmen werden eher wegen des lockenden Kapitalgewinns als im Hinblick auf den Aufbau eines eigenständigen Unternehmens durchgeführt. Die Planung bei dieser Art von Operationen erfordert andere Kenntnisse und Fähigkeiten und muß mit anderen Problemen fertig werden als in den beiden oben beschriebenen Organisationsformen.
Bevor wir nun mit der Beschreibung von Marketingplanungssystemen beginnen, sollten wir auf zwei weitere Punkte hinweisen, die für die Marketingorganisation von Bedeutung sind. Der erste ist, daß dort, wo Marketing und Verkauf bereits auf Vorstandsebene getrennt werden, die Marketingplanung ganz anders verlaufen wird als in einer Situation, wo beide Funktionen auf Vorstandsebene koordiniert werden. Abbildung 11.8 zeigt diese beiden verschiedenen Situationen.

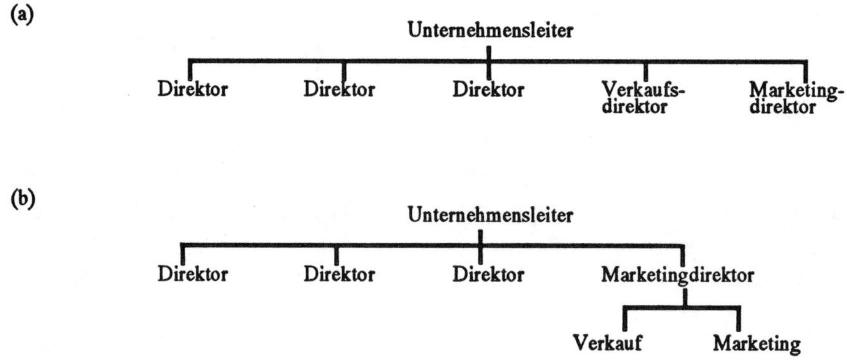

Abbildung 11.8

In der ersten dieser Organisationsformen ist Marketing in hohem Maße eine Stabsfunktion, während die wirkliche Macht bei der Verkaufsorganisation liegt. Während ein starker Unternehmensleiter dafür sorgen kann, daß die beiden Funktionen auf vernünftige Weise koordiniert werden, geschieht dies in der Realität leider selten, weil er oft zu sehr mit Produktion, Vertrieb, Personal und finanziellen Fragen beschäftigt ist, um noch Zeit für Marketing und Verkauf zu finden. Der springende Punkt ist hier, daß das Verkaufspersonal recht daran tut, sich mit den Produkten, Problemen, Kunden usw. *von heute* zu befassen, während ein Marketingmanager eher an die *Zukunft* denken sollte. Außerdem befaßt sich das Verkaufspersonal richtigerweise mit *individuellen* Produkten, Problemen und Kunden, während ein Marketingmanager in *Gruppen* von Produkten und Kunden (Portfoliomanagement und Marktsegmentierung) denken muß. Die beiden Jobs stehen in engem Zusammenhang miteinander, sind aber fundamental verschieden, und man muß sehr sorgfältig vorgehen, um sicherzustellen, daß das, was die Marketingabteilung *plant*, dasselbe ist wie das, was das Verkaufspersonal dann tatsächlich *tut*. Allzuoft ist dies nicht der Fall.

Die zweite Art der Organisationsform erleichtert es meist sicherzustellen, daß eine vernünftige Koordination zwischen Planung und Ausführung stattfindet.

Der zweite und letzte Teil dieser Untersuchung über die Formen der Marketingorganisationen ist die Feststellung, daß es eine Reihe von Punkten gibt, die *alle* Firmen betreffen. Das sind:

- Funktionen (wie Werbung, Marktforschung, Preisgestaltung und so weiter)
- Produkte
- Märkte
- Geographische Standorte
- Kanäle.

Die meisten Firmen sind sich sicher darin einig, daß in den meisten Fällen *Produkte* und *Märkte* die zentralen Punkte sind; deshalb gibt es in den meisten Firmen auch »Produktmanager« oder »Marktmanager«. Es gibt keine richtige oder falsche Antwort auf die Frage, welcher davon der wichtigere ist, und der gesunde Menschenverstand wird uns sagen, daß es ausschließlich die Marktumstände sind, die bestimmen, welcher für jedes einzelne Unternehmen der am besten geeignete ist.

Jedes System hat seine Stärken und Schwächen. Ein produktmanagerorientiertes System wird zwar eine gute, starke Produktorientierung sicherstellen, kann aber auch leicht zu einer nur oberflächlichen Marktkenntnis führen. Vielen Firmen wurden bereits geringfügige Veränderungen ihrer verschiedenen Märkte, durch die ein Produkt praktisch überflüssig wurde, zum Verhängnis. Viele Konsumgüterunternehmen beginnen beispielsweise zuzugeben, daß es durch ihr rigides Produkt- bzw. Markenmanagementsystem wichtigen Kunden ermöglicht wurde, die Initiative zu ergreifen, und viele wechseln nun mit Verspätung auf ein System über, in dem sich die Marketingaktivitäten auf wichtige Kunden- bzw. Marktgruppen konzentrieren und nicht auf einzelne Produkte.

Andererseits kann ein marktmanagerorientiertes System leicht zu unnötiger Produktdifferenzierung und einer schwachen *allgemeinen* Produktentwicklung führen.

Welche Organisationsform man auch immer wählt, die beiden zentralen Fragen der Produkte und Märkte sollten stets angesprochen werden. Dieses Problem läßt sich in der folgenden kurzen Fallstudie zusammenfassen.

Northern Sealants Limited stellt eine Palette von Klebstoffen her, die sich in zwei Hauptkategorien unterteilen lassen: Versiegelungsstoffe und Dichtungsmasse. Die Firma liefert diese Produkte an eine große Zahl von Märkten. Die wichtigsten Anwender kommen jedoch aus vier Branchengruppen: Gas-, Öl- und petrochemische Raffinerien; Automobilindustrie; Elektroindustrie und Fabrikabnehmer. Beraten Sie die Firma hinsichtlich der Organisation der Marketingfunktion.

Abbildung 11.9 stellt diesen Fall in einem Diagramm in der Form einer sogenannten *Matrix*organisation dar. Abbildung 11.10 bezieht die Struktur auf diese spezielle Firma. Hier sehen wir, daß Northern Sealants von einem organisatorischen Gesichtspunkt aus sowohl eine Produktmanagement- als auch eine Marktmanagementstruktur aufweist. Die grundlegende Aufgabe des Produktmanagers ist es sicherzustellen, daß die Produktaspekte solide gemanagt werden, während die des Marketingmanagers darin liegt, besonders auf die Bedürfnisse des Marktes zu achten. Offensichtlich ist eine enge Verbindung zwischen beidem nötig, und ein grundlegendes Prinzip dieser Organisationsart ist, daß die endgültige Entscheidungsgewalt entweder beim einen oder anderen liegen *muß*. Auch wenn das der Fall ist, kann die Kommunikation immer noch schwierig sein, und man muß sehr sorgfältig darauf achten, daß einseitige Interessen nicht die realen Produkt- oder Marktfragen dominieren.
Zusammenfassend ist zu sagen, daß keine spezifische Organisationsform empfehlenswert ist, sondern daß man die endgültige Entscheidungen mit dem praktischen Hausverstand und gemäß den Marktbedürfnissen treffen sollte. Die folgenden Faktoren müssen jedoch *immer* berücksichtigt werden:
- Marketing-»Schwerpunkte«
- Schnittstellenbereiche (z. B. derzeit/zukünftig; Verkäufer/Zentrale; etc.)
- Autorität und Verantwortung
- Einfachheit der Kommunikation
- Koordinierung

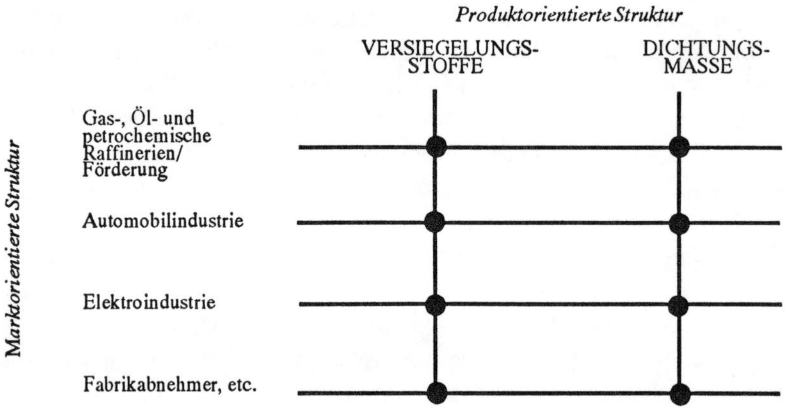

Abbildung 11.9

NORTHERN SEALANTS LIMITED

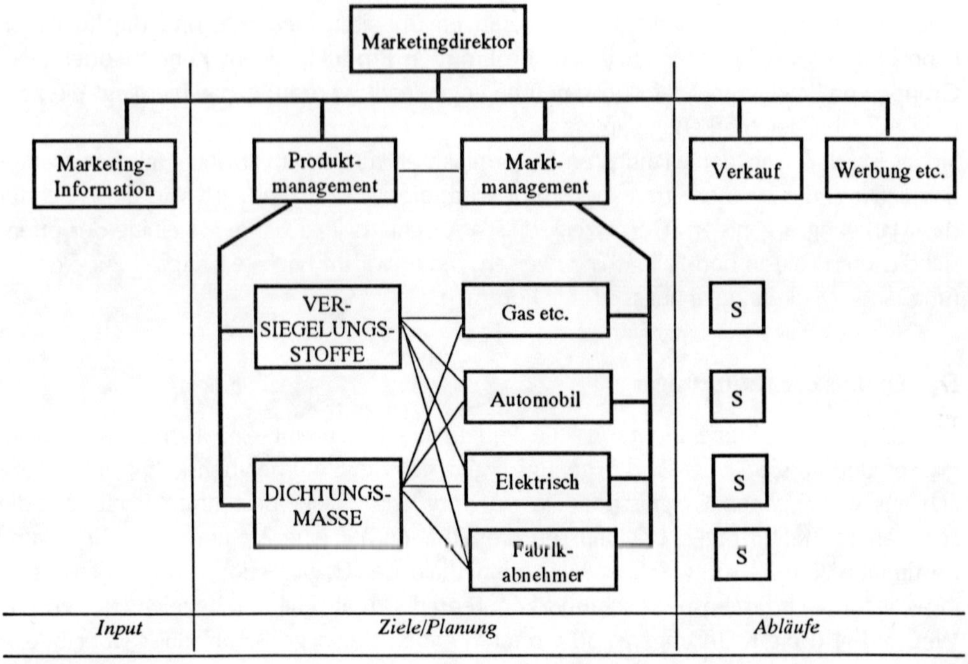

Abbildung 11.10

- Flexibilität
- Menschliche Faktoren.

Wo immer praktikabel, erscheint eine Organisation rund um Kundengruppen oder Märkte und nicht um Produkte, Funktionen oder Standorte vernünftig. Zunehmend organisieren sich Firmen um die Kunden herum. Computerfirmen organisieren sich beispielsweise rund um Endverbrauchermärkte und stellen Spezialistenteams aus verschiedenen Disziplinen zusammen, um sich auf die spezifischen Bedürfnisse dieser Märkte konzentrieren zu können. Das führt zu einer Personal-, Rechnungswesens-, Produktions-, Distributions- und Verkaufspolitik, die in spezifischer Weise auf ganz bestimmte Marktbedürfnisse zugeschnitten ist.

Durch diese Methode der Teambildung wurde zwar diese Art der organisatorischen Barrieren weitgehend überwunden, viel wichtiger ist es aber, die strategischen Geschäftseinheiten (SGE) richtig zu definieren.

Eine SGE hat folgende Merkmale:

- sie hat für die meisten ihrer Produkte gemeinsame Segmente und Konkurrenten.
- sie ist ein Marktteilnehmer in einem externen Markt.
- sie ist eine unterscheidbare, separate und identifizierbare Einheit.

- sie hat einen Manager, der die meisten für den Erfolg entscheidenden Bereiche kontrolliert.

Aber SGE sind nicht unbedingt mit operativen Einheiten identisch, und die Definition kann und soll bis hinunter zu einem bestimmten Produkt, einem Kunden oder einer Gruppe von Produkten oder Konsumenten angewandt werden; genau hier liegt die zentrale Aufgabe der Marketingplanung.

Sicher ist, daß eine der wichtigsten Determinanten für die Effektivität jeglicher Marketingplanung, die in einer Firma angestrebt wird, die Art und Weise ist, wie diese sich für das Marketing organisiert. Der Zweck dieses Abschnitts liegt darin, auf einige der offensichtlicheren Fakten und Fallen hinzuweisen, bevor wir im nächsten Kapitel zur Skizzierung eines Marketingplanungssystems kommen.

Der Einfluß der Kulturträger

Die eben beschriebene biographische Lebenslinie beschreibt eine Firmensituation im großen und ganzen, aber ist das genug? Ergibt sich die Unternehmenskultur ausschließlich aus vergangenen Ereignissen? Die Antwort lautet nein. Bestimmte Personen, die sogenannten Kulturträger, beeinflussen die Situation auf eine Art und Weise, die ganz bestimmte Verhaltensmuster und Werte innerhalb der Organisation fördert. Diese sind ihrer Natur nach firmenspezifisch und könnten an sich als kulturell bezeichnet werden.

Wer sind also die Kulturträger, und wodurch haben sie so großen Einfluß? Über beeinflussendes Verhalten ist schon viel geschrieben worden, aber es gibt überzeugende Beweismittel, die erklären, wie Kulturträger agieren, um Kultur zu vermitteln und zu verankern.

Primärmechanismen

Hier sind die am stärksten beeinflussenden Verhaltensweisen, die Kultur signalisieren und verstärken:

1 Wie eine Führungsperson in einer Krise oder auf entscheidende Ereignisse reagiert
2 Die Kriterien, die er oder sie für die Zuweisung von Belohnungen und Status festlegt
3 Die Bereiche, auf die die Führungsperson achtet, Maßnahmen und Kontrollen einführt
4 Die Kriterien, die er oder sie für Einstellung, Auswahl, Beförderung, Pensionierung und Entlassung festlegt
5 Das Rollenmodell, das die Führungsperson gegenüber anderen darstellt, indem sie ein bestimmtes Verhalten an den Tag legt oder sogar, indem sie Untergebene schult oder unterrichtet.

Die Sekundärmechanismen

1 Organisatorische Systeme und Verfahren
2 Organisationsdesign und -struktur

3 Gestaltung des physischen Raumes, der Fassaden und die Gebäudeform
4 Formelle Erklärungen über die Organisationsphilosophie, Überzeugungen und Satzungen
5 Geschichten, Legenden, Mythen und Parabeln über wichtige Personen und Ereignisse.

Eine der wichtigsten Folgen der Handlungen von Kulturträgern besteht darin, daß sie bestimmen können, auf welchem Niveau Marketingplanung innerhalb der Organisation behandelt wird. Warum sie das tun, scheint davon abzuhängen, in welchem Maße sie ihre Machtpositionen und ihren Einfluß für den persönlichen Aufstieg oder für das Wohl der Firma einsetzen.

Auf dieser Grundlage haben wir vier Stufen der Akzeptanz von Marketingplanung festgestellt.

- *Stufe 1* – Marketingplanung wird mit Absicht ignoriert.
- *Stufe 2* – Die Marketingplanung wird gedankenlos wie eine Formel behandelt, und die Firma legt nur Lippenbekenntnisse zum Endresultat ab.
- *Stufe 3* – Die Marketingplanung wird einigermaßen ernst genommen, und es wird anerkannt, daß dem Prozeß Ressourcen zugeteilt werden müssen, wenn Ergebnisse sichtbar werden sollen.
- *Stufe 4* – Die Marketingplanung wird sehr ernst genommen, und es wird anerkannt, daß nicht nur Ressourcen zugeteilt werden müssen, sondern auch, daß der Plan Richtung und Natur der Geschäfte (und damit auch die bestehende Machtstruktur im Unternehmen!) grundlegend verändern kann.

Daraus wird ersichtlich, daß man Marketingplanung nicht nur als irgendeinen wirtschaftlichen Prozeß wahrnehmen sollte, der dazu dienen soll, Ressourcen besser einzusetzen, sondern auch als Veränderungsmechanismus mit »politischen« Untertönen. Natürlich steht das Ausmaß, in dem Marketingplanung vom Unternehmen akzeptiert wird, in Beziehung zur Höhe des Risikos oder der Bereitschaft zu Veränderungen, die den Kulturträgern tragbar erscheinen.

Abbildung 11.11 versucht, diese Punkte zu veranschaulichen.

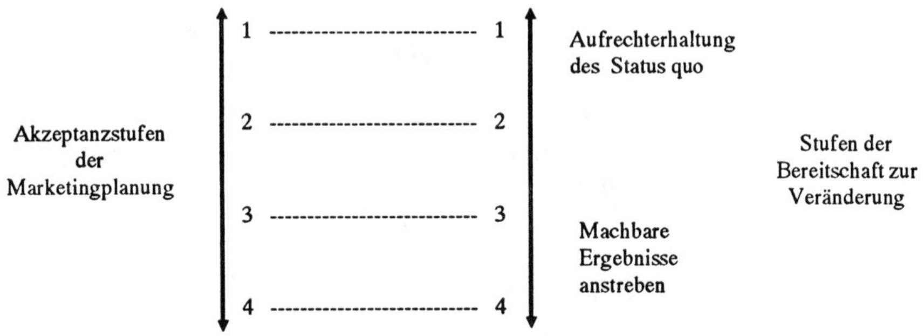

Abbildung 11.11

In ähnlicher Weise läßt sich auch zeigen, wie sich die Marketingplanung auf das Unternehmen auswirkt (Abbildung 11.12). Stufe 1 wird aus offensichtlichen Gründen übersprungen.

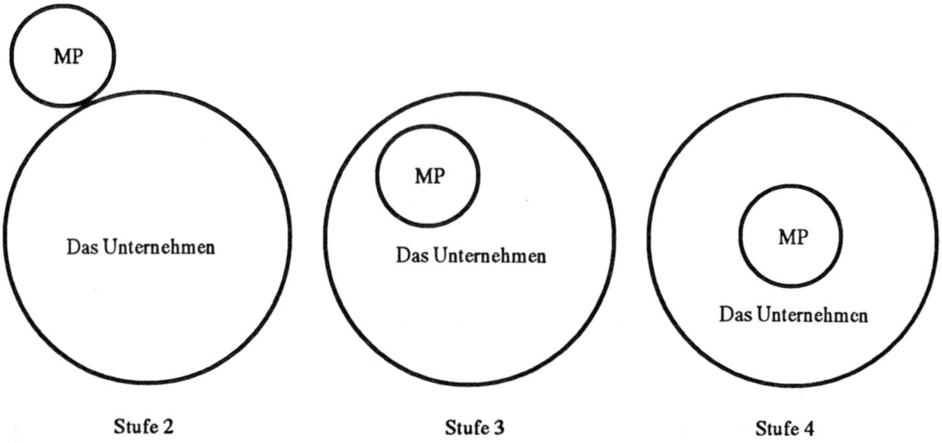

Abbildung 11.12

Je ernster die Marketingplanung genommen wird, desto zentraler wird die Bedeutung, die sie für das operationale Leben der Firma hat. Während man argumentieren könnte, daß die Akzeptanzstufen der Marketingplanung nur ein kognitives Problem darstellen und die Stufen das Verständnis widerspiegeln, stimmt dies nicht mit unseren Erfahrungen überein. Die Akzeptanz der Marketingplanung scheint eher ein Problem der Einstellung zu sein und davon abzuhängen, ob man bereit ist, sich den in einem vollständigen Planungsprozeß inhärenten Werten zu verschreiben.

Wenn wir von Marketingplanung sprechen, beschreiben wir einen Prozeß, der eine Akzeptanzstufe von 3 oder 4 auf unserer Skala erfordert. Jede niedrigere Stufe ist unserer Meinung nach eine reine Zeitverschwendung für alle Betroffenen, gleichgültig, ob es sich dabei um Ausbilder oder um Firmenpersonal handelt.

Marketingplanungsprozeß und Unternehmenskultur

Wenn wir davon ausgehen, daß die Marketingplanung auf einer tiefgreifenderen Ebene als auf einer rein kosmetischen akzeptabel ist, wird es möglich zu erkennen, wie dieser Prozeß die verschiedenen Phasen der Lebenslinie des Unternehmens begleitet.

Die kreative Entwicklungsphase

In unserer Forschungsarbeit konnten wir keinen einzigen Marketingplaner auf dieser Entwicklungsstufe finden. Die meisten Firmen waren erst dabei, ihre Geschäftsideen zu formulieren, und die Führungskraft (der Kulturträger) stand in engem Kontakt zu seinen Kunden und Mitarbeitern. Die Organisation war von einem hohen Maß an Flexibilität gekennzeichnet, um auf Veränderungen der Kundenbedürfnisse reagieren zu können. Viele Unternehmen, die wir in unseren Studien untersuchten, wiesen hohe Wachstumsraten auf, und die Einführung von Marketingplanung schien keine zusätzlichen Vorteile zu bieten.

Wir müssen zur Kenntnis nehmen, daß einige Unternehmen über keine ausreichend guten Produkte oder Dienstleistungen verfügen, um sich auf ihrem Lebensweg lang genug entwickeln zu können. Die »Säuglingssterblichkeit« bei Unternehmen ist sehr hoch.

Wenn die Firma diese anfängliche Phase jedoch erfolgreich überwindet, erreicht sie schließlich das Stadium der Führungskrise. Wie wir gesehen haben, wird eine starke Führungsperson benötigt, die genügend Energie aufbringt und richtungsweisend wirkt, damit das Unternehmen in die nächste Entwicklungsphase eintreten kann.

Die gelenkte Entwicklung

Unternehmen, die sich in dieser Entwicklungsphase befinden, lassen sich grundsätzlich in zwei Kategorien unterteilen. Natürlich ist der dem Marketingplanungsprozeß zugrundeliegende Stil in jedem Fall autoritär, aber Auswirkungen und Effektivität waren bei jedem Typ völlig unterschiedlich.

Den ersten Typ haben wir »Gelenkte Marketingplanung Typ 1« genannt. Hier übernahm der Unternehmensleiter die Verantwortung oder delegierte die Aufgabe, einen Marketingplan zu erstellen. Diese Person analysierte dann normalerweise Daten und führte eine Situationsanalyse durch, bis sie schließlich und endlich ein Dokument in Händen hielt. Im allgemeinen war in diesen Prozeß ein Genehmigungsmechanismus eingebaut, beispielsweise mußte der Vorstand den Marketingplan auf Herz und Nieren prüfen, bevor er endgültig herausgegeben wurde, aber im großen und ganzen fungiert der Plan danach als Anleitung für die Organisation.

Der zweite Typus, »Gelenkte Marketingplanung Typ 2«, war dadurch gekennzeichnet, daß den jeweiligen Mitarbeitern gesagt wurde, welche Informationen sie über ihre Arbeitsbereiche liefern sollten, welche Form diese Informationen haben sollten, und ähnliches mehr.

In diesem Fall wird der Prozeß sorgfältig ausformuliert, statt daß der Plan von oben gelenkt wird. Die daraus resultierenden Informationen werden auf höherer Ebene gesammelt, das sich daraus ergebende Planungsdokument wird wie oben erstellt.

Obwohl in beiden Fällen das gesamte kreative Denken und die Kontrolle auf oberster Ebene stattfinden, verspricht die zweite Methode eine größere Menge nützlicher Daten, ohne daß die autoritäre, auf Macht basierende Kultur geopfert werden müßte.

Delegierte Entwicklung

Wenn der autoritäre Führungsstil nicht länger geeignet ist, wird in vielen Unternehmen zunehmend delegiert, um zu einer Lösung der Autonomiekrise zu kommen.
Ein Problem für die Marketingplanung in solchen Unternehmen war, daß von den Personen »an vorderster Front« oder von operativen Einheiten großer Unternehmen erwartet wurde, Marketingpläne zu produzieren, ohne daß sie dabei ausreichend geführt worden wären. Ein Unternehmen mußte seine Marketingpläne beispielsweise in die Zentrale senden, wo sie genau überprüft wurden und dann grünes Licht bekamen oder auch nicht. Nur durch einen Prozeß der Genehmigung oder Ablehnung fügten sich die Kriterien für »gute« Pläne schließlich zu einem Bild.
Unsere Schlußfolgerung war, daß eine delegierte Form der Marketingplanung manchmal zu qualitativ sehr hochwertigen Inputs und natürlich zu großem Engagement seitens der Betroffenen führen kann. Aber letztendlich scheinen die ausschließlich von unten nach oben orientierten Planungsverfahren schwer integrierbar zu sein und können für die Betroffenen demotivierend wirken. Irgendwie ist die Summe der Teile weniger positiv, als sie es eigentlich sein sollte.

Koordinierte Entwicklung

In diesem Stadium scheinen die Lektionen der gelenkten und delegierten Phasen begriffen worden zu sein. Nun wird großer Wert auf einen Plan für die Planung und auf ein Mittel gelegt, die Führung »von oben nach unten« und die Qualität »von unten nach oben« in den Plan zu integrieren.
Ebenso versetzt eine koordinierte Methode das Unternehmen in die Lage, seine speziellen Ressourcen bestmöglich zu nützen und das Engagement der Mitarbeiter zu fördern.
Die Marketingplanungsprozesse, die in Lehrbüchern und ähnlichem beschrieben werden, sind in vielerlei Hinsicht am besten für Unternehmen geeignet, die sich in diesem Entwicklungsstadium befinden. Wie wir gesehen haben, ist es jedoch möglich, daß der Planungsprozeß von einem hauptsächlich problemlösungsorientierten Prozeß zu einem ziemlich bedeutungslosen, bürokratischen Ritual verkommt. In diesem Stadium wird der Planungsprozeß kontraproduktiv.

Entwicklung durch Zusammenarbeit

Hier muß die Bürokratie wieder den eigentlichen Problemlösungsstrategien Platz machen. Derzeit wissen wir noch nicht genau, was das in der Praxis bedeutet. Aber wir können spekulieren, daß unter Umständen neue Marketingplanungsverfahren entwickelt werden müssen, da sich das geschäftliche Umfeld immer rascher verändert.

Diagnoseinstrumente

Wir haben es für nötig erachtet, diagnostische Werkzeuge oder Instrumente zu entwikkeln, um feststellen zu können, in welcher Lebensphase sich das Unternehmen befindet und in welcher Weise der Managementstil die derzeitige Unternehmenskultur repräsentiert.

Obwohl sich diese Instrumente in einem relativ frühen Entwicklungsstadium befinden, sind sowohl wir als auch Kundenfirmen der Meinung, daß die Informationen, die sie liefern, zu einem besseren Verständnis der Situation des Unternehmens *gegenüber* der Marketingplanung beitragen.

Schlußfolgerungen

In diesem Kapitel haben wir gezeigt, in welchem Maße die Akzeptanz der Marketingplanung von der Entwicklungsstufe der Organisation und dem Verhalten der Kulturträger des Unternehmens beeinflußt wird. So läßt sich erklären, warum in verschiedenen Lebensphasen des Unternehmens verschiedene Arten der Marketingplanung geeignet sind.

Während der Marketingplanungsprozeß selbst immer mehr oder weniger konsistent bleibt, muß die Art und Weise, *wie* dieser Prozeß gemanagt wird, auf die aktuelle Organisationskultur des Unternehmens abgestimmt werden. Die Alternative dazu wäre, Schritte zu ergreifen, um die Unternehmenskultur zu verändern und sie einem bestimmten Planungsprozeß anzupassen.

Da die Unternehmenskultur dazu tendiert, die bestehenden Machtstrukturen und den Status quo aufrechtzuerhalten, sollte man erkennen, daß Marketingplanungsinterventionen in einem Unternehmen eine »politische« Dimension haben und nicht rein erzieherisch wirken. Die Frage, ob der Managementstil eines Unternehmens sich ausreichend anpassen kann, damit der Marketingplanungsprozeß die Früchte tragen kann, die er verspricht, ist eine der entscheidenden politischen Fragen.

Kann ein Manager, der ein Unternehmen auf einen bestimmten Weg geführt hat, plötzlich neue Wege gehen? Oder kann sich, um es anders auszudrücken, ein Frosch in einen Prinz verwandeln? Die ikonoklastischen Bücher würden behaupten, daß er es kann, weil sich mit dieser optimistischen Botschaft mehr Exemplare verkaufen lassen. Wer jedoch ernsthafte Studien durchgeführt hat oder ein erfahrener Unternehmensberater ist, würde hier einige Vorbehalte äußern.

Wir bleiben dieser Frage gegenüber offen und sind der Meinung, daß, wenn der geschäftliche Druck auf ein Unternehmen stark genug ist, intelligentes Verhalten die Oberhand behalten wird. Wir könnten natürlich unrecht haben, aber einstweilen bietet dieses Kapitel wichtige Anhaltspunkte für Marketingberater und Führungskräfte.

Obwohl wir unsere Forschungsarbeiten als wichtigen Schritt hin zu einer effizienten Marketingplanung betrachten, sind wir auch realistisch genug zu erkennen, daß noch ein weiter Weg vor uns liegt.

Anwendungsfragen

1 Über welche Zeiträume erstrecken sich Prognosen in Ihrem Unternehmen? Sind diese Zeiträume richtig bemessen? Haben alle wichtigen Manager die Chance, einen Beitrag zu leisten? Wenn nicht, beschreiben Sie, wie sie einbezogen werden könnten.
2 Bestehen manchmal signifikante Diskrepanzen zwischen Prognosen und Umsatz? Wenn ja, wie erklären Sie sich das?
3 Welche zusätzlichen Informationen würden Ihnen dabei helfen, genauere Prognosen zu treffen? Wie könnten Sie sich solche Informationen beschaffen? Warum haben Sie das in der Vergangenheit nicht getan?
4 Beschreiben Sie irgendein Marketingforschungsergebnis, das Ihrer Ansicht nach wichtige Auswirkungen auf die Geschäftstätigkeit Ihres Unternehmens hatte.
5 Beschreiben Sie allfällige wichtige Entscheidungen, für die Ihrer Ansicht nach vorher Marketingforschung erforderlich gewesen wären.
6 Beschreiben Sie, welche Probleme Ihr Unternehmen beim Einsatz von Marketingforschung hat.
7 Wenn Sie die Aufgabe hätten, ein neues Marketinginformationssystem für Ihr Unternehmen zu erstellen, beschreiben Sie, was darin enthalten wäre. Wie unterscheidet es sich von Ihrem derzeitigen System, und wie könnte es organisiert und verwirklicht werden?

12 IMPLEMENTATIONSFRAGEN DER MARKETINGPLANUNG

Zusammenfassung

Kapitel 12 beginnt mit einer Erläuterung, welche Auswirkungen Größe und Diversität der Geschäftstätigkeit auf die Marketingplanung haben. Darauf folgt eine Zusammenfassung der wichtigsten Elemente des Marketingplanungsprozesses. Wir besprechen die Rolle des Unternehmensleiters und der Planungsabteilung, und wir machen uns Gedanken über den Marketingplanungszyklus und den Planungshorizont. Schließlich werden wir uns damit befassen, wie der Marketingplanungsprozeß funktioniert.

Einführung

In Kapitel 3 haben wir mit einigen Mythen aufgeräumt, die sich um die Marketingplanung ranken, und festgestellt, welche Bedingungen erfüllt werden müssen, damit ein Unternehmen ein effektives Marketingplanungssystem haben kann:

1 Jedes in sich geschlossene Marketingplanungssystem (vor allem aber eines, das ein Prognose- und Budgetierungssystem ist) führt zu einer Entropie von Marketing und Kreativität. Aus diesem Grund muß es irgendeinen Mechanismus geben, der verhindert, daß durch Überbürokratisierung des Systems Trägheit entsteht.

2 Eine Marketingplanung, die auf der funktionalen Marketingebene stattfindet, ohne daß ein Instrument für die Integration in andere funktionale Geschäftsbereiche auf der allgemeinen Managementebene vorhanden ist, wird größtenteils wirkungslos bleiben.

3 Die Trennung der Verantwortung für operationale und strategische Marketingplanung führt zu einer Divergenz zwischen der kurzfristigen Schubkraft eines Unternehmens auf operationaler Ebene und den langfristigen Zielen des Unternehmens in seiner Gesamtheit. Das führt dazu, daß man sich auf der operationalen Ebene eher mit den

kurzfristigen Ergebnissen befaßt, wodurch eine Firma langfristig normalerweise weniger effektiv arbeitet.

4 Wenn der Unternehmensleiter kein Verständnis für die Marketingplanung aufbringt oder keine aktive Rolle darin übernimmt, wird das System niemals effektiv sein können.

5 Für die erfolgreiche Einführung eines effektiven Marketingplanunssystems sind (besonders in großen Firmen) bis zu drei Jahre notwendig.

Wie komplex Marketingplanung unter Umständen sein kann, ist aus Abbildung 12.1 ersichtlich. Sogar aus einem verallgemeinerten Modell wie diesem geht hervor, daß in einer großen, diversifizierten Gruppe, die auf vielen Auslandsmärkten aktiv ist, eine komplexe Kombination von Produkt-, Markt- und Funktionsplänen möglich ist. So unterscheiden sich beispielsweise die Erfordernisse auf regionaler Ebene von denen der Zentrale, wobei klar ist, daß sich der gesamte Unternehmensplan aus den indivuellen Bauteilen zusammensetzen muß. Außerdem kann die Marketingfunktion selbst für Planungs-

Makro-Unternehmensplan, alle Funktionen, Unternehmen, Regionen gemeinsam mit den konstituierenden Bausteinen

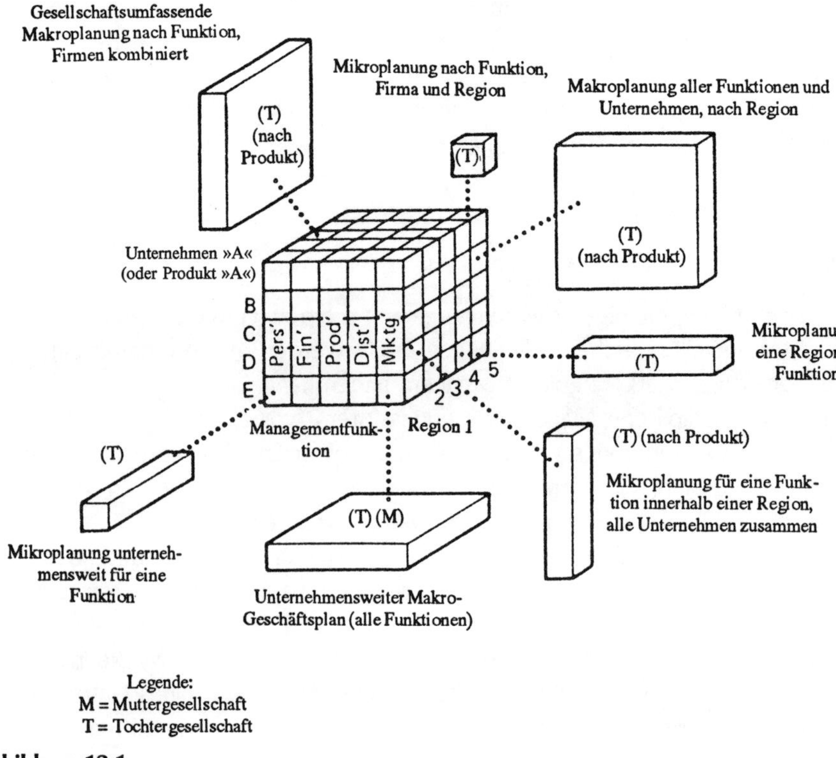

Abbildung 12.1

zwecke wie Marktforschung, Werbung, Verkauf, Distribution, Absatzförderung und so weiter funktionalisiert werden, während man unter Umständen für verschiedene Kundengruppen separate Pläne erstellen muß.

Bezüglich der erforderlichen Planungslevels sollten wir dogmatisch sein. Erstens ist es ziemlich unwahrscheinlich, daß, abgesehen von diesen organisatorischen Fragen, in einer großen, diversifizierten Gruppe etwas anderes als eine systematische Methode, die einem formalisierten Marketingplanungssystem sehr nahe kommt, die nötige Kontrolle über die Unternehmensidentität gewährleisten kann.

Zweitens können unnötige Planungsarbeiten oder Überplanung oft daher kommen, daß die tatsächlichen Planungsbedürfnisse auf verschiedenen Ebenen der hierarchischen Kette nicht richtig oder ohne Konzept eingeschätzt wurden.

Drittens muß sich mit zunehmender Größe und Diversität auch das Maß der Formalisierung des Marketingplanungsprozesses erhöhen. Dies läßt sich in Form einer Matrix (Abbildung 12.2) vereinfacht darstellen.

Der Grad der Formalisierung muß mit der steigenden Größe und Diversität der Geschäftstätigkeit wachsen. Während sich der Grad der Formalisierung jedoch verändert, gilt dies nicht für das Bedürfnis nach einem vollständigen Marketingplanungssystem. Die Probleme, unter denen die Unternehmen leiden, hängen dann entweder von dem Maß ab, in dem sie über ein erforderliches Marketingplanungssystem verfügen, oder von dem Maß, in dem die Formalisierung ihrer Systeme mit der situationsbedingten Komplexität wächst, die ihrerseits mit Größe und Diversität der Geschäftstätigkeit zusammenhängt.

Markt/Produktdiversität \ *Unternehmensgröße*	groß	mittel	klein
niedrig	Hoher Formalisierungsgrad	Hoher/mittlerer Formalisierungsgrad	Mittlerer Formalisierungsgrad
mittel	Hoher/mittlerer Formalisierungsgrad	Mittlerer Formalisierungsgrad	Niedriger Formalisierungsgrad
hoch	Mittlerer Formalisierungsgrad	Niedriger Formalisierungsgrad	Hoher Formalisierungsgrad

Abbildung 12.2

Wir haben bereits betont, daß für den Erfolg eines Unternehmens immer der Prozeß der Zielsetzung ausschlaggebend ist. Damit verbunden ist die Frage der Konzeption des Planungssystems und insbesondere des Problems, wer sich wie womit befassen soll.
Von wem und auf welcher Ebene sollten beispielsweise eine Situationsanalyse erstellt, die Annahmen festgelegt, Marketingziele und -strategien definiert und das Planungs- und Kalkulationsprogramm durchgeführt werden?
Diese komplexen Fragen drehen sich im allgemeinen um zwei Faktoren – die Größe des Unternehmens und das Ausmaß der geschäftlichen Diversität. Es gibt natürlich noch viele andere Fragen, zum Beispiel, ob ein Unternehmen über Tochtergesellschaften oder über Agenten handelt, aber diese kann man nur vor dem Hintergrund der beiden bedeutenden Faktoren Größe und Diversität betrachten.

Größe

Von diesen beiden Faktoren ist der Umfang der Geschäftsaktivitäten ohne Zweifel die wichtigere Determinante für die Art des zu verwendenden Marketingplanungssystems.
In kleinen Unternehmen sind meist weder Produkte noch Märkte stark diversifiziert, und die Topmanager verfügen über profundes Wissen über die Schlüsseldeterminanten für Erfolg und Mißerfolg. Normalerweise herrscht sowohl über die Technologie als auch über den Markt ein hoher Wissensstand. In solchen Unternehmen sind Umsatzprognose und Budget die zentralen Kontrollmechanismen, und die Manager können die logischen Grundlagen für die Ziffern erklären, haben einen klaren Überblick über ihre vergleichsweisen Stärken und Schwächen und sind in der Lage, die Marketingstrategie des Unternehmens ohne Schwierigkeiten zu erklären. Dieses Verständnis und die Vertrautheit mit der Strategie teilen sie durch den persönlichen Dialog über das ganze Jahr hinweg mit ihren wichtigsten ausführenden Mitarbeitern. Diese Mitarbeiter arbeiten innerhalb eines stringenten Konzeptrahmens, den sie verstehen. Top- und mittleres Management haben tiefgehende Kenntnisse über die Branche und die vorherrschenden Geschäftsbedingungen. Da der Eigentümer oder ein Direktor in solchen Fällen meist auch mit dem tagtäglichen Firmenmanagement befaßt ist, muß er sich weit weniger auf Informationen von Untergebenen stützen, als dies in größeren Unternehmen der Fall ist.
Folglich besteht weniger Bedarf an schriftlich festgelegten Verfahren über Marketing-Audits, SWOT-Analysen, Annahmen und Marketingziele und -strategien, da diese vom Topmanagement erstellt werden, und zwar oft informell in Meetings und in persönlichen Gesprächen mit Mitarbeitern, deren Ergebnis oft die Grundlage für Prognosen und Budgets bildet. Schriftliche Dokumente über Preise, Werbung, Verkauf und so weiter sind äußerst kurz, aber die für diese Geschäftsaspekte verantwortlichen Manager wissen, welche Rolle von ihnen beim Versuch, die Ziele des Unternehmens zu erreichen, erwartet wird. Solche Unternehmen arbeiten demgemäß mit einem Grundgerüst strukturierter Verfahren, und sie bringen die verschiedenen Abschnitte des Marketingplanungsprozesses auf relativ informelle Weise hinter sich.

Andererseits leiden viele kleine Unternehmen, die den Begriff des Marketing nur unzureichend verstehen und deren Topmanager seine Strategie im dunklen läßt, unter schwerwiegenden operationalen Problemen.
Diese operationalen Probleme werden immer gravierender, je weiter das Unternehmen wächst. Mit steigender Anzahl und wachsendem Niveau des Managements wird es für die Unternehmensführung immer schwieriger, fundierte Kenntnisse über Branche und Geschäftsbedingungen durch informelle, rein persönliche Information aufrechtzuerhalten. Wenn schriftlich festgelegte Verfahren und ein strukturierter Rahmen fehlen, fällt es dem operativen Management der verschiedenen Ebenen immer schwerer, auf den tagtäglichen Druck in rationaler Weise zu reagieren. Straffe Budgetkontrollsysteme sind ohne die in diesem Buch skizzierten Verfahren im großen und ganzen nur unter ausgezeichneten Handelsbedingungen erfolgreich; sie sind oft die Ursache für große Frustration unter den Managern und gelten in den Fällen, wo schließlich der Niedergang beginnt, als wichtiger Einflußfaktor.
Allgemein gilt, daß standardisierte, formalisierte Verfahren für die einzelnen Schritte des Marketingplanungsprozesses um so häufiger zu finden sind, je größer die Unternehmen sind.

Diversität der Operationen

Vom Gesichtspunkt der Managementkontrolle aus betrachtet, ist das am wenigsten komplexe Umfeld, in dem man arbeiten kann, eine nicht diversifizierte Firma. Für Diskussionszwecke bedeutet »nicht diversifiziert« ein Unternehmen mit beschränkten Produktlinien oder homogenen Kundengruppen. Beispielsweise könnten hydraulische Schläuche auf vielen verschiedenen Märkten verkauft werden, oder eine Palette unterschiedlicher Produkte könnte auf einem einzigen Markt, wie beispielsweise in der Motorindustrie, verkauft werden. Beide Unternehmenstypen könnte man als »nicht diversifiziert« einstufen.
In solchen Fällen wächst der Bedarf an institutionalisierten Marketingplanungssystemen mit der Größe des Unternehmens, und es besteht ein enger Zusammenhang zwischen Größe und Komplexität der Managementaufgabe, abgesehen von jeder offensichtlichen Diversität. Eine Ölgesellschaft wird beispielsweise mit Hilfe vieler verschiedener Marketingsysteme und bei unterschiedlichen Wachstums- und Marktanteilsraten weltweit auf verschiedenen Märkten tätig sein. Bezüglich der meisten Probleme gestaltet sich die Kontrollfunktion aus diesem Grunde genauso schwierig und komplex wie in einem großen, diversifizierten Konzern. Der wichtigste Unterschied liegt im besseren und tiefgreifenderen Wissen des Topmanagements über die Schlüsseldeterminanten des Erfolgs oder Mißerfolgs, die für das Produkt oder den Markt aufgrund seiner Homogenität weltweit gelten.
Durch die Homogenität des Produktes oder des Marktes ist es der Zentrale normalerweise möglich, den operativen Einheiten weltweit die Politik für Dinge wie Werbung,

Public Relations, Verpackung, Preisbildung, Warenzeichen, Produktentwicklung und so weiter vorzuschreiben, während Richtlinien dieser Art für die Zentrale eines diversifizierten Unternehmens im allgemeinen unpraktisch und bedeutungslos sind.

Eine häufig anzutreffende Ansicht ist, daß eine allgemeine Planung in Unternehmen, die aus mehreren heterogenen Einheiten bestehen, wenig Vorteile bringt und eher verwirrt, als daß sie das Verständnis zwischen den operativen Einheiten und der Zentrale verbessert. Die Wahrheit ist allerdings, daß Konzerne oft aus verschiedenen kleineren Multis bestehen, von denen einige diversifiziert sind und andere nicht, und daß das eigentliche Marketingrisiko in einer solchen Organisation bei der niedrigsten, für die Gewinne verantwortlichen allgemeinen Managementebene liegt. Prognose- und Budgetierungssysteme selbst ermutigen kaum zu etwas anderem als einer kurzfristigen, engstirnigen Sicht der Geschäfte dieser Ebenen, und wenn es keine Marketingplanungsverfahren gibt, wie sie in diesem Buch beschrieben sind, verfügen die höheren Managementebenen nicht über eine ausreichend rationale Basis, auf der sie langfristige Marketingziele aufbauen können.

Genau dieselben Prinzipien gelten für die verschiedenen Kontrollebenen in einem diversifizierten multinationalen Konzern, in dem es auf der höchsten Kontrollebene irgendeine rationale Basis geben muß, auf der Entscheidungen über das Investitionsportfolio getroffen werden können; in unseren Studien waren diejenigen Unternehmen am erfolgreichsten, die zur Unterstützung dieses Prozesses über standardisierte Marketingplanungsverfahren verfügten. In solchen Unternehmen gibt es eine Hierarchie von Audits, SWOT-Analysen, Annahmen, Strategien und Programmen, wobei für die Verfahren auf den untersten Ebenen der Organisation eine zunehmende Menge von Details erforderlich ist. Die genauen Einzelheiten jedes Schrittes variieren je nach den Umständen, aber der tatsächliche Output des Prozesses hat eine im großen und ganzen konsistente Form. Die Grundlage, auf der das gesamte System beruht, sind die Erfordernisse an Informationsinput auf der höchsten Befehlsebene. Marketingziele und -strategien werden häufig auf der nächsten, für die Gewinne verantwortlichen allgemeinen Managementebene zu einem multidisziplinären Unternehmensplan verschmolzen, bis der Unternehmensplan auf der höchsten Befehlsebene schließlich aus finanziellen Informationen und Zusammenfassungen der wichtigsten Unternehmensaktivitäten besteht. Das ist ein wichtiger Punkt, da es in den meisten Konzernzentralen keinen konsolidierten operationalen Marketingplan gibt. Dieser ist oft nur auf der niedrigsten Ebene des für Gewinne verantwortlichen allgemeinen Managements vorhanden, und sogar hier ist er oft in den Unternehmensplan integriert, besonders in Investitionsgüterunternehmen, wo Engineering-, Produktions- und technische Dienstleistungen wichtige Faktoren für den wirtschaftlichen Erfolg sind.

Hier muß man zwischen kurzfristigen operationalen und langfristigen strategischen Plänen unterscheiden, die beide Ergebnisse desselben Prozesses sind. Konzernzentralen interessieren sich besonders für die Fortschritte in den und die Aussichten für die wichtigsten Bereiche operationaler Aktivitäten, und während sie natürlich auf die Sicherung einer zufriedenstellenden Gewinnspanne bedacht sind, interessieren sie sich weniger für detaillierte, kurzfristige Planung und Kalkulation von Aktivitäten, die zur Erreichung dieser Ziele erforderlich sind. Dies ist allerdings auf der untersten Ebene des für die Gewinne verantwortlichen allgemeinen Managements eine wichtige Sorge.

Zusammenfassend ist zu sagen, daß die Verfahren der Marketingplanung um so informeller und persönlicher sein können, je kleiner eine Firma ist. Sobald die Firma wächst und diversifiziert, wird auch das Bedürfnis nach institutionalisierten Verfahren größer.

Entscheidend in jedem System ist das Ausmaß, in dem dieses System eine *Kontrolle* über die Schlüsseldeterminanten von Erfolg und Mißerfolg gestattet. Die in der Literatur oft behandelte Frage, an welcher Stelle eines internationalen Unternehmens die Verantwortung für die Festlegung von Marketingzielen und -strategien liegen sollte, ist zu einem Gutteil ein kleines Ablenkungsmanöver. Natürlich können in einem diversifizierten multinationalen Konzern nicht in London detaillierte Marketingziele und -strategien für irgendein entferntes Land festgelegt werden. Genau darum geht es – nämlich um das richtige Gleichgewicht zwischen der Flexibilität der operativen Einheiten, damit sie auf die Veränderungen der örtlichen Marktbedingungen reagieren können, und der zentralisierten Kontrolle, die ein formell festgelegtes System auszuüben versucht. Diejenigen Firmen, die mit den hier beschriebenen Rahmenbedingungen übereinstimmen, haben Systeme, die durch ihre Hierarchie der Verhandlungsprozesse von unten nach oben bzw. von oben nach unten ein gutes Gleichgewicht zwischen der Notwendigkeit einer detaillierten Kontrolle auf unterster Betriebsebene und der einer zentralisierten Kontrolle erreichen. Die wichtigste Rolle der Zentrale besteht darin, die Stärken des Unternehmens weltweit richtig einzusetzen und sicherzustellen, daß Entscheidungen, die auf niedrigerer Ebene getroffen wurden, keine Probleme in anderen Bereichen verursachen und zu verschwenderischen Doppelaktivitäten führen.

Abbildung 12.3 erforscht drei der wichtigsten Ergebnisse, die die Marketingplanung bewirken kann. Daraus geht hervor, daß die Systeme I, III und IV – in denen die Einzelperson völlig einem formalisierten System unterworfen ist oder wo Einzelpersonen tun können, was sie wollen, weil es kein System gibt, oder wo es weder System noch Kreativität gibt – weniger erfolgreich sind als System II, in dem der einzelne innerhalb des Gesamtsystems unternehmerisch agieren kann.

System II ist also ein effektives Marketingplanungssystem, aber eines, in dem das Ausmaß der Formalisierung Unternehmensgröße und Diversität widerspiegelt.

Die Kreativität kann sich in einem in sich geschlossenen, formalisierten System nicht entfalten. Kaum jemand wird bestreiten, daß in der heutigen aggressiven, turbulenten und stark wettbewerbsorientierten Umwelt diejenigen Firmen langfristig Erfolg haben, denen es gelingt, aus Systemen, die notgedrungen, aber in akzeptabler Weise formalisiert sind, unternehmerische Ideen und kreative Marketingprogramme abzuleiten. Viel innovatives Flair kann allzuleicht durch Systeme gelähmt werden.

Sicher gibt es viele Beispiele internationaler Unternehmen mit hochformalisierten Systemen, die steife und sich wiederholende Pläne produzieren, welche sich von Jahr zu

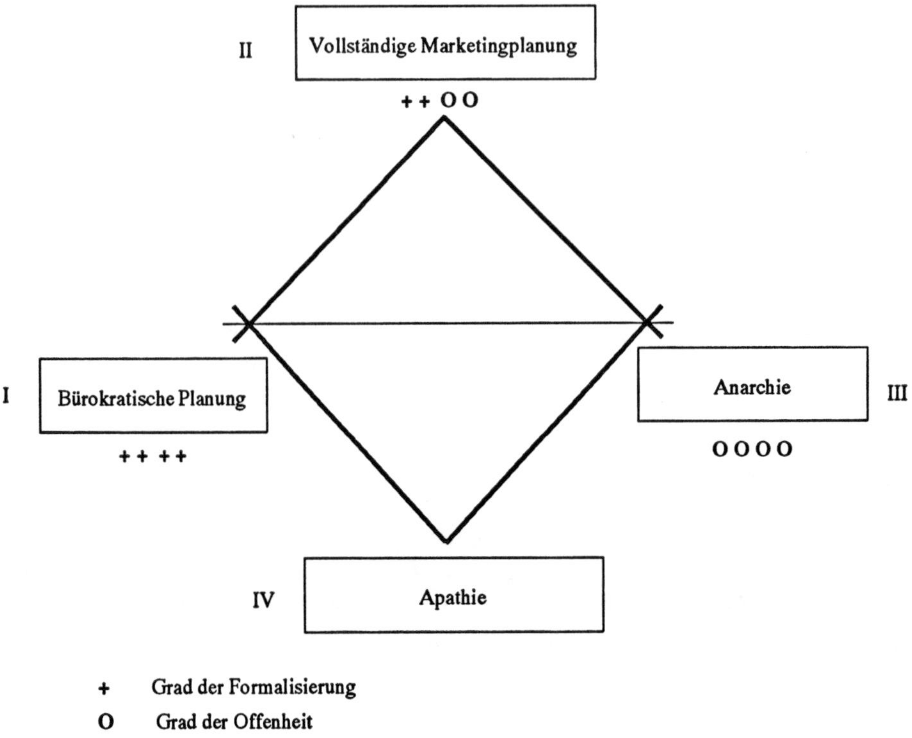

Abbildung 12.3

Jahr kaum ändern und infolgedessen nicht die wirklich wichtigen strategischen Fragen aufzeigen. Die skandalöse Verschwendung, die ein solches Vorgehen bewirkt, beruht großteils auf mangelnden *persönlichen Interventionen der Schlüsselmanager in den ersten Stadien des Planungszyklus.*

Es liegt deshalb auf der Hand, daß ein Weg gefunden werden muß, wie sich der Planungszyklus ständig erneuern läßt. In Unternehmen mit effektiven Marketingplanungssystemen erfolgt die entscheidende Intervention leitender Manger, vom Unternehmensleiter die Hierarchie hinab, bereits im Audit-Stadium, gleichgültig, ob solche Systeme formalisiert sind oder nicht. Was eigentlich stattfindet, ist eine personalisierte Präsentation der Audit-Ergebnisse gemeinsam mit den vorgeschlagenen Marketingzielen und -strategien und den Budgetprognosen für die strategische Planungsperiode. Sie werden besprochen, wo nötig ergänzt und auf den hierarchischen Ebenen der Organisation in verschiedenen synthetisierten Formaten verabschiedet, *bevor* irgendwelche detaillierten operationalen Planungsarbeiten einsetzen. Bei solchen Meetings werden Manager aufgefordert, ihre Ansichten zu rechtfertigen, was sie meist dazu zwingt, kühner und kreativer zu agieren, als wenn sie nur ihre Vorschläge einsenden müßten. Natürlich hängt auch hier viel davon ab, wie häufig Manager einen eigenständigen Standpunkt einnehmen; das kommt viel öfter vor, wenn sich der Unternehmensleiter selbst aktiv an dem Prozeß beteiligt. *Jede Stunde, die der Unternehmensleiter in diesem Stadium erübrigt, hat für den gesamten verbleibenden Prozeß einen Multiplikatoreffekt.* Und denken Sie bitte daran, daß wir zu diesem Zeitpunkt ausschließlich – ich wiederhole: ausschließlich! – von Budgets sprechen, die sich in der Entwurfsform befinden.

Bis vor kurzem glaubte man, daß es durchaus fundamentale Unterschiede zwischen den einzelnen Methoden der Marketingplanung geben könne, abhängig von Faktoren wie beispielsweise der Art der jeweiligen industriellen Güter und Märkte, der Firmengröße, dem Grad der Abhängigkeit von Überseegeschäften und den für die Vermarktung im Ausland verwendeten Methoden. Das heißt, daß die vieldiskutierte Rolle des zentralen Managements im Marketingplanungsprozeß oft als potentielle Ursache großer Schwierigkeiten gesehen wird.

Eines der positivsten Ergebnisse unserer Studien war, daß die Theorie der Marketingplanung universell anwendbar ist und daß solche Fragen größtenteils irrelevant sind. Während die Planungsaufgabe in kleinen, undiversifizierten Unternehmen weniger kompliziert und die Notwendigkeit für formalisierte Verfahren geringer ist als in großen, diversifizierten Unternehmen, steht doch fest, daß unter allen Bedingungen genau derselbe Rahmen zur Anwendung kommen sollte und daß diese Methode allen Beteiligten ähnliche Vorteile bringt.

In einem multinationalen Konzern ist das zentrale Management in der Lage, die wichtigsten Trends bei Produkten und Märkten auf der ganzen Welt zu bewerten, und kann demgemäß auf weltweiter Basis Strategien für Investitionen, Expansion, Diversifikation und Produkteliminierung entwickeln. Das untergeordnete Management kann seinerseits mit Einsatz und Engagement die geeigneten Strategien für die Erreichung kohärenter Allgemeinziele entwickeln.

Dies läßt sich mit Hilfe eines synthetisierten Informationsflusses von unten nach oben erreichen, der einen nutzbringenden Vergleich der Leistungen auf internationaler Ebene und die Verbreitung wertvoller Informationen, Fähigkeiten, Erfahrungen und Systeme von oben nach unten erleichtert. Die besonderen Vorteile für Unternehmen, die mit solchen Systemen arbeiten, lassen sich unter den wichtigsten Stichworten der Marketingmix-Elemente wie folgt zusammenfassen:

- *Marketinginformation* – es gibt auf internationaler Ebene einen Wissenstransfer, eine Weitergabe des Fachwissens und eine Optimierung der Anstrengungen.
- *Produkt* – über die Produktpalette wird Kontrolle ausgeübt. Eine maximale Effektivität läßt sich durch die Konzentration auf bestimmte Produkte in bestimmten Märkten erreichen, basierend auf weltweit gesammelten Erfahrungen.
- *Preis* – die Preispolitik ist flexibel genug, um dem lokalen Management effektive Operationen zu ermöglichen, während die schädlichen Auswirkungen der Interaktion beträchtlich verringert werden.
- *Ort* – durch die Rationalisierung der Logistikfunktion werden substantielle Gewinne erzielt.

- *Verkaufsförderung* – Verdoppelung der Anstrengungen und eine Vielzahl verschiedener Plattformen. Unternehmensbilder werden verbessert. Bemühungen in einem Teil der Welt verstärken die in anderen.

Die Verfahren, die die Bereitstellung solcher Informationen und Wissenstransfers erleichtern, ermutigen das operationale Management auch dazu, in den eigenen Bereichen strategisch zu denken, anstatt nur kurzfristig zu agieren.

Es liegt auf der Hand, daß sich diese Vorteile durch ein Marketingplanungssystem und durch Planungsfähigkeiten erreichen lassen und daß Diskussionen wie die über den Standardisierungs*prozeß* großteils irrelevant sind. Jede mögliche Standardisierung wird nur dann klar, wenn ein Unternehmen erfolgreich ein System zur Identifizierung der Bedürfnisse jedes einzelnen Marktes und jedes Segments entwickelt, in denen es aktiv ist, und ein System zur Verwaltung der Ressourcen, um diese Bedürfnisse in einer Weise zu befriedigen, die weltweit eine optimale Nutzung dieser Ressourcen gewährleistet.

Eine Zusammenfassung des Marketingplanungsprozesses

Der Zweck dieses Abschnitts ist es, die vorhergehenden Kapitel zusammenzufassen und sicherzustellen, daß die vielen Fäden, die wir gesponnen haben, in ihrem korrekten Zusammenhang innerhalb des Marketingplanungsprozesses gesehen werden.

Es gibt eine Vielzahl von Checklisten für die Dinge, die Sie im Zuge der Marketingplanung tun müssen. Aber von Ziffern und »Marketingprosa« überquellende Seiten, schön geschrieben, elegant gebunden und übersichtlich gestaltet, ändern nicht viel. Sie machen einen gewissen Unterschied, weil die Aufgabe, einen Plan zu erstellen, tiefgehendes Nachdenken erfordert. Es ist jedoch von entscheidender Bedeutung, daß Unternehmen immer auf der Suche nach dem *erforderlichen Marketingplanungslevel* sind, so wie man in der Technik oft nach der erforderlichen Vielfalt der angebotenen Produkte oder Dienstleistungen sucht.

Man sollte sich jedoch vor allem daran erinnern, worin der *Zweck* der Marketingplanung besteht. Die folgenden Unterabschnitte sollen die wichtigsten Barrieren für die Marketingplanung aufzeigen, die wichtigsten Punkte eines unbedingt erforderlichen Marketingplanungssystems zusammenfassen und die Grundlage für die Erstellung eines für jedwedes Geschäft geeigneten Systems schaffen.

Der Prozeß selbst

»Wie gut sollten wir unter den derzeitigen Handelsbedingungen abschneiden?« Die Antwort auf diese Frage erfordert ein beträchtliches Maß an Analysen inner- und außerhalb des Unternehmens. Es reicht nicht aus, einfach auf die Zeile unter dem Strich zu blicken und zu sagen: »Budget erfüllt.« Es ist leicht möglich, das Budget zu erfüllen und trotzdem an Marktanteil zu verlieren – wenn das Budget nicht *von vornherein* auf der Grundlage einer geeigneten qualitativen Bewertung des Marktes entwickelt wurde.

Die Kernfrage, die wir uns stellen sollten, lautet: *»Welchen Umsatz bzw. welche Bruttoerträge sollten wir unter den derzeit vorherrschenden Geschäftsbedingungen erzielen?«* Um die obigen Fragen zu beantworten, müssen wir innerhalb der Organisation über ein gut ausgearbeitetes »allgemeines Format« verfügen, d. h., einen Marketingplan.

Marktingplanung ist wie »der Versuch, einen Pudding an die Wand zu nageln«. Der Prozeß, der da mit der Zeit entsteht, ist ziemlich unübersichtlich. Tatsächlich versuchen Sie, die Zukunft zu »kontrollieren«, indem Sie entscheiden, *wie Sie mit den verschiedenen möglichen Handelsumfeldern umgehen sollen.* Wenn Sie Marketingplanung machen, stoßen Sie in die Ränge derjenigen vor, die im Unternehmen »das Sagen haben«. Die Alternative ist, im Meer des Wettbewerbs wie ein Korken umhergestoßen zu werden.

Beim Marketingplanungsprozeß geht es darum, die verschiedenen Geister innerhalb der Firma, der Gruppe oder der Abteilung zusammenzubringen, und es geht um eine »Koordinierung« der schwierigen Fragen. Per definitionem beginnt der Marketingplanungsprozeß jedes Jahr beim »Nullpunkt«; das 10-Prozent-Syndrom muß auf alle Fälle vermieden werden.

Der Marketingplanungsprozeß erleichtert die interaktive Kommunikation innerhalb der gesamten Organisation und hängt auch von dieser ab. Wenn das nicht geschieht, sind alle Ergebnisse lediglich Prognosen, die aus der Geschichte heraus projiziert werden, und keine Entwicklung echter Ziele, die auf den tatsächlichen Ereignissen inner- und außerhalb des Unternehmens basieren.

Denken Sie daran, daß der Planungsprozeß zuallererst dazu da ist, Ihnen selbst zu helfen. Sie sollten sich nicht nur daran beteiligen, um Ihren Vorgesetzten einen Gefallen zu tun.

Manchmal ist es für die höheren Ränge einer Organisaton schwierig, die SWOTs niedrigerer Ebenen zu synthetisieren und zu analysieren. Die Aufgabe wird jedoch leichter, wenn die Abteilungen beispielsweise so gruppiert sind, daß sie die Struktur des externen Marktes widerspiegeln.

Sobald sich der Marketingplanungsprozeß bis zur Vereinbarung eines detaillierten einjährigen operationalen Planes entwickelt hat und sobald das Budget vereinbart ist, muß der Einsatz total sein. Wenn die Leistung jedoch im Laufe des darauffolgenden Geschäftsjahres unter das Budget abzufallen beginnt, ist es ganz legitim, alle beliebigen Elemente des Marketingplanes zu modifizieren, um das Defizit auszugleichen. Das heißt, daß die Art und Weise, wie die Elemente des Planes verändert und abgewandelt werden können, flexibel ist; das Budget jedoch ist feststehend.

Der Marketing-Audit

Der Marketingplanungsprozeß beginnt mit einem *Audit* der Betriebsleistung und des Unternehmensumfelds. Der Marketing-Audit ist im wesentlichen eine *Datenbasis* aller marktbezogenen Fragen, mit denen das Unternehmen befaßt ist. Die darauffolgende SWOT-Analyse verleiht dem Audit Struktur, um weitergehende Planungsaktivitäten zu erleichtern.

Das Unternehmen hat eine Liste detaillierter Fragen zu erstellen, die jeder Manager in seinem Verantwortungsbereich in seine Überlegungen miteinbeziehen muß. Jeder Manager, der seinen Audit durchführt, wird Verkaufsdaten und Marketinginformationssystem des Unternehmens für seinen Audit verwenden. Wenn das Unternehmen einen Marketingforschungsmanager beschäftigt, ist es in diesem Stadium nützlich, wenn er allen Managern eine Marktübersicht übergeben kann, in der die wichtigsten Märkte und Produkttrends usw. erfaßt sind.

Es wird unter Umständen nötig sein, den Inhalt der Audit-Checkliste individuell auf die Ebene der Organisation, an die sie gerichtet ist, zuzuschneiden. Auf diese Weise gewinnt jede einzelne Checkliste an Wert. Einige kurze, erläuternde Definitionen können ebenfalls erforderlich sein.

Für den Audit werden unweigerlich mehr Daten aufbereitet werden müssen, als dann im Marketingplan enthalten sind. Aus diesem Grund sollten Manager versuchen, während des Jahres eine »Produkt«- bzw. »Marktbibel« zu erstellen, die auch bei mündlichen Präsentationen von Vorschlägen etc. als Referenzquelle dienlich sein kann. Das bedeutet, daß der Marketing-Audit auf einer *kontinuierlichen* (dynamischen) Basis und nicht zu irgendeinem bestimmten Zeitpunkt erstellt werden sollte. Auf diese Weise wird er zu einer wertvollen Informationsquelle, auf die man sich beim Entscheidungsfindungsprozeß das ganze Jahr über stützen kann.

Versuchen Sie nicht, sich im Audit hinter vagen Aussagen wie etwa »schlechte wirtschaftliche Bedingungen« zu verstecken. Sogar in allgemein statischen oder rückläufigen Märkten gibt es »Wachstums«-Punkte. Suchen Sie diese und entscheiden Sie, ob Sie Ihre Bemühungen darauf konzentrieren wollen oder nicht.

Nehmen Sie Produktlebenszyklen und Portfolio-Matrizen als integralen Bestandteil in Ihren Audit auf. Die Diagramme und die entsprechenden Worte sollten übereinstimmen. Wir schlagen vor, daß der Manager einen Produktlebenszyklus für jedes seiner wichtigen Produkte erstellt und die Informationen des Audit dazu verwendet, den zukünftigen Verlauf des Lebenszyklus zu prognostizieren. Wir schlagen außerdem vor, daß der Manager seine Produkte auf einer Portfolio-Matrix darstellt und die Informationen aus dem Audit dazu verwendet, die für die Zukunft gewünschte Position seiner Produkte aufzuzeigen (z. B. fünf Jahre im voraus, wenn das sein Planungshorizont ist. In der Matrix müssen aus diesem Grund unter Umständen einige neue Produkte enthalten sein, die sich derzeit noch nicht in der Produktpalette befinden.)

Der Audit kann eine nützliche »Übergangsvorrichtung« sein, wenn ein Manager den Job wechselt und ein anderer an seine Stelle tritt; der neue Manager kann so beispielsweise rasch zu einem Verständnis der Geschäfte der Abteilung gelangen.

SWOT-Analyse

Man sollte daran denken, daß nur die SWOT-Analyse, *nicht* der Audit, tatsächlich im Marketingplan aufscheint. Die Zusammenfassung des Audit sollte, wenn möglich, nicht mehr als vier oder fünf Seiten Kommentar enthalten, die sich nur auf die *Schlüsselfaktoren* konzentrieren. Sie sollte interne *differenzierende* Stärken und Schwächen im Vergleich zu Konkurrenten sowie externe Schlüsselchancen und -bedrohungen auflisten. Eine SWOT-Analyse sollte für alle Segmente oder Produkte erstellt werden, die für die Zukunft der Firma von entscheidender Bedeutung sind.

Die SWOT-Analyse sollte interessant zu lesen sein, nur präzise Aussagen, relevante und wichtige Daten enthalten und größeres Gewicht auf die kreative Analyse legen.

Um echte Marktteilnehmer zu sein, müssen wir uns von unserer Konkurrenz unterscheiden. Die SWOT-Analyse ist ein Instrument, das uns dabei hilft.

Eine gut gemachte SWOT-Analyse hilft uns dabei, die echten Fragen ausfindig zu machen, die in Zukunft primär behandelt werden sollten. Allzuoft ist die SWOT-Zusammenfassung nicht mehr als ein »Smorgasbord« von scheinbar nicht miteinander in Verbindung stehenden Punkten (in diesem Falle lassen sich die zugrundeliegenden Themen nur schwer voneinander unterscheiden).

Nachdem Sie jemandem bei der Präsentation einer SWOT-Analyse zugehört haben, sollten Sie die Hauptstoßrichtung Ihres Unternehmens klar verstanden haben. Wenn eine SWOT-Analyse gut gemacht ist, sollte eine außenstehende Person in der Lage sein, die Ziele zu umreißen, die sich logisch daraus ergeben. Die SWOT-Aussage sollte klare Indikatoren der Schlüsseldeterminanten des Erfolges im Unternehmen, der Gruppe oder der Abteilung enthalten; dann können wir auf diesen Indikatoren aufbauen.

Die SWOT-Aussage sollte unsere tatsächliche Wahrnehmung des Marktes widerspiegeln, unsere Tätigkeiten zusammenzufassen versuchen und auf erforderliche zukünftige Maßnahmen aufmerksam machen. Wenn wir diese Methode konsequent anwenden, werden aus Konkurrenten Nachahmer werden.

Die SWOT-Analyse ist per definitionem eine Zusammenfassung der Schlüsselthemen, die sich aus dem Marketing-Audit ergeben; sie entsteht aus firmeninternen Debatten und gibt nicht nur die Meinung einer Person wieder. Die SWOT-Analyse sollte Antworten auf Fragen bieten wie:

- Was brauchen die Kunden?
- Wie kaufen sie?
- Was macht unsere Konkurrenz?

Im allgemeinen sollte die SWOT-Analyse oder zumindest die (internen) Teile S (Stärken) und W (Schwächen) differenzierend sein. Die (externen) Teile O (Chancen) und T (Bedrohungen) der SWOT-Analyse sind im allgemeinen nicht differenzierend, als Beispiel sei die Bedrohung durch eine neue Verkaufssteuer angeführt. Wir müssen die Auswirkungen einer solchen Bedrohung (sollte sie Wirklichkeit werden) früher als unsere Konkurrenz bewerten und die erforderlichen Vorbereitungen früher treffen, damit wir einen Vorsprung gewinnen.

Wenn wir nun jede einzelne Frage in unserer SWOT-Zusammenfassung festhalten, sollten wir gleich die Frage stellen, die sich daraus implizit ergibt: »Was bedeutet, daß . . .?« Auf diese Weise werden wir dazu gezwungen, über die Implikationen der Frage selbst nachzudenken.

Schließlich müssen beschlossene Budgets (die am Ende des Prozesses stehen) die interne Konsistenz mit den in der ursprünglichen SWOT-Analyse aufgeworfenen Fragen widerspiegeln. Oftmals ist diese interne Konsistenz nicht gleich ersichtlich, weil die Budgets eher am Anfang als am Schluß erstellt werden und der qualitative Inhalt eher am Schluß als am Anfang kommt (in welchem Falle er rein rhetorischen Wert hat).

Es ist schwierig, mit einer von einer anderen Person erstellten SWOT-Analyse zu arbeiten, es sei denn, man war an der ursprünglichen Debatte beteiligt. Die Qualität einer SWOT-Analyse kann leiden, wenn:

1 alle Punkte bzw. Fragen zu stark verkürzt sind,

2 wenn sich der Autor auf Mikro- und nicht auf Makro-Fragen konzentriert.

Bedenken Sie, daß es einige Selbstdisziplin erfordert, um eine gute und straffe, aber umfassende SWOT-Analyse zu erstellen.

Annahmen

Diese sollten ebenfalls im Marketingplan aufscheinen. Listen Sie die wichtigsten Annahmen auf, auf denen der Plan basiert. Wenn der Plan unabhängig von allen Annahmen verwirklicht werden kann, dann ist die Annahme unnötig. Es sollten nur wenige und zentrale Annahmen enthalten sein.

Marketingziele

Auch diese sollten im Marketingplan enthalten sein. Marketingziele haben ausschließlich mit Produkten und Märkten zu tun (*nicht* mit Werbung usw.). Die verwendeten *Worte* sollten widerspiegeln, was im Produktlebenszyklus und in der Portfolio-Matrix geschieht. Alle verwendeten Zahlen (wie Volumen, Wert usw.) sollten dies ebenfalls reflektieren. Bitte beachten Sie, daß in Kapitel 13 eine detaillierte Erklärung dieses Punkts folgt.

Denken Sie daran, daß der Dreijahres-Marketingplan, wenn es etwa einen Planungshorizont von drei Jahren gibt, die allgemeinen Marketingziele mit groben Ertrags- und Kostenprognosen für den vollen Fünfjahreszeitraum enthalten sollte. Dieser Plan wird für den langfristigen Unternehmensplan gebraucht. Der Einjahres-Marketingplan sollte dieselben allgemeinen Marketingziele sowie die spezifischen Ziele für das erste Jahr des Planungszyklus enthalten. Danach sollte sich der detaillierte Einjahres-Marketingplan nur auf das nächste Geschäftsjahr erstrecken. Idealerweise sollten der Einjahres- und der Fünfjahresplan separat erstellt werden, das ist aber nicht unbedingt nötig.

In einem frühen Stadium des Planungsprozesses müssen die Manager ihre wichtigsten Ziele wohl vor der endgültigen Genehmigung mit ihrem Vorgesetzten besprechen, weil dieser wahrscheinlich ein besseres Verständnis für die breiteren Unternehmensziele hat. Es ist notwendig, Ziele festzulegen, um deutlich zu artikulieren, wozu wir uns eigentlich verpflichten, und damit wir gezwungen werden, über die jeweiligen Auswirkungen für die Ressourcen nachzudenken. Marketingziele ergeben sich aus der SWOT-Analyse und sollten mit den in der SWOT-Analyse identifizierten Schlüsselfragen identisch sein. Marketingziele sollten für den Zweck der Leistungsüberwachung quantifizierbar und meßbar sein. Vermeiden Sie nicht meßbare Ausdrücke wie »verbessern«, »erhöhen«, »erweitern« etc. Es wird durch die ganze Organisation hindurch eine Hierarchie von Marketingzielen geben. Versuchen Sie, für die von Ihnen ausgewählten Marketingziele Prioritäten festzulegen.

Viele sogenannte Marketingziele sind in Wirklichkeit Marketingstrategien – bringen Sie das nicht durcheinander. Marketingziele sind das, *was* wir erreichen wollen, und Marketingstrategien befassen sich damit, *wie* wir unsere Ziele erreichen können.

Manchmal werden Marketingstrategien und detaillierte Marketing*maßnahmen* verwechselt. Maßnahmen sind die Liste der kurzfristigen Aktivitäten, die nach einem Plan durchgeführt werden und die insgesamt eine bestimmte Strategie ausmachen.

Marketingstrategien

Diese müssen ebenfalls im Marketingplan enthalten sein. Eine Strategie ist das Mittel zur Erreichung von Zielen:

- *Produkt*politik, umfaßt Funktionen, Design, Größe, Verpackung und so weiter.
- *Preisbildung*spolitik muß für Produktgruppen in Marktsegmenten eingehalten werden.
- *Orts*politik (place) gilt für Kanäle und Serviceniveaus.
- *Verkaufsförderungs*politik (promotion) für die Kommunikation mit den Kunden unter den relevanten Titeln wie Werbung, Direktverkauf, Verkaufsförderung etc.

Programme

Detaillierte Programme (manchmal »Bereichsbudgets« genannt) sollten nur im detaillierten, betrieblichen Einjahres-Marketingplan enthalten sein. Für den strategischen Dreijahres-Marketingplan sind nur die finanziellen Implikationen (Budget) der vereinbarten Strategien erforderlich. In einem detaillierten Einjahres-Marketingplan müssen spezifische Sub-Ziele für Produkte und Märkte enthalten sein, unterstützt von detaillierten Strategie- und Maßnahmenstatements, z. B. was, wo, wann, Kosten etc. Nehmen Sie hier *Budgets* und *Prognosen* und natürlich ein *konsolidiertes Budget* auf. Budgets und Umsatzprognosen *müssen* die Marketingziele reflektieren. Die Ziele, Strategien und Programme *müssen* ihrerseits die vereinbarten Budgets und Verkaufsprognosen beinhalten.

Prognosen (anstelle von Zielen) erhält man, indem man einfach bereits gemachte Erfah-

rungen hochrechnet. Statt dessen sollten wir die derzeitige und zukünftige Umwelt von einer »Nullbasis« aus betrachten, um zu einer erreichbaren Gruppe von Zielen zu gelangen. Prognosen für die Einheiten folgen.
Die oben angeführte, auf Null-Basis erstellte Analyse (in der Form eines Marketing-Audit und der zugehörigen SWOT-Analyse) wird benötigt, um eventuelle Diskontinuitäten in unserer zukünftigen Geschäftsumwelt feststellen zu können; eine einfache Hochrechnung der historischen Daten ignoriert die Möglichkeit (oder Tatsache) des Auftretens einer Diskontinuität.
Prognosen (und die zugehörigen Budgets, die auf solchen Prognosen basieren) können selbsterfüllende Prophezeiungen sein, d. h., daß Verkäufer die Produkte, die sie mögen, an Kunden verkaufen, die ihnen sympathisch sind. Wenn wir die daraus resultierenden Ziffern mit Hilfe einer Prognose projizieren, spiegeln wir *nicht* die reale Marktsituation wider.
Es ist eine etwas tiefergehende Wahrnehmung des Marktes erforderlich, um gangbare Marketingziele und -strategien zu überprüfen und aufzudecken, die mit der distinktiven Kompetenz des Unternehmens übereinstimmen. Die einzelnen Budgetpunkte müssen eindeutig auf Punkte zurückverfolgbar sein, die in der ursprünglichen SWOT-Analyse aufscheinen. Wenn Sie also die Leistung messen, versuchen Sie immer, sich sowohl auf die externen Märkte als auch auf Ihr internes Budget zu beziehen.

Marketingpläne

Das Ergebnis des Marketingplanungsprozesses ist ein schriftlicher Marketingplan (oder Pläne). Ein solcher Plan ist im wesentlichen ein Geschäftsvorschlag, der Maßnahmenvorschläge enthält, die ihrerseits Auswirkungen auf die Ressourcen haben.
Schriftliche Marketingpläne verbalisieren (und formalisieren) unser intuitives Modell jener Marktumwelt, in der wir agieren. Schriftliche Marketingpläne tragen dazu bei, daß die Dinge geschehen.
Die Feuerprobe jedweder Marketingplanpräsentation besteht darin, sich zu fragen: »Würde ich meine gesamten Ersparnisse in den Plan stecken, so wie er hier liegt?« Wenn die Antwort »Nein« ist, müssen Sie Ihre Ideen noch weiter ausarbeiten.
Eine gute Methode zur Erstellung »intern konsistenter« Marketingpläne ist das folgende Zusammenfassungsformat:

SWOT-Themen → Ziel → Strategie → Spezifische Maßnahmen und Timing

Die Rolle des Unternehmensleiters in der Marketingplanung

Unsere Studien haben gezeigt, daß nur wenige Führungskräfte eine klare Vorstellung über folgende Faktoren haben:

- Planungszweck und -methoden
- Richtige Zuweisung von Planungsverantwortung innerhalb der gesamten Organisation
- Richtige Strukturen und Personalausstattung der Planungsabteilung
- Talente und Fähigkeiten, die für eine effiziente Planungsabteilung erforderlich sind.

Die Rolle des Unternehmensleiters umfaßt im allgemeinen:

- die Definition der organisatorischen Rahmenbedingungen
- sicherzustellen, daß die strategische Analyse auch kritische Faktoren abdeckt
- die Aufrechterhaltung des Gleichgewichts zwischen kurz- und langfristigen Ergebnissen
- zu zeigen, daß er sich der Planung verpflichtet fühlt
- die Schaffung einer unternehmerischen Dynamik zur Überwindung der Bürokratie
- die Übertragung dieser Dynamik auf die Planungsoperation (Motivation).

In bezug auf die Planung liegt seine wichtigste Rolle darin, die Planungsschleife mittels persönlicher Intervention zu öffnen. Der Hauptzweck liegt darin, daß der Unternehmensleiter als Katalysator für die unternehmerische Dynamik innerhalb seiner Organisation, die so leicht durch Bürokratisierung Schaden nehmen kann, fungieren soll. Dieser Punkt wird in der Literatur nicht genügend berücksichtigt.

Wenn wir dieses Thema im Kontext der Gründe für das Versagen von Marketingplanungssystemen betrachten, wird klar, daß der Unternehmensleiter mit Planungstechniken und -methoden vertraut sein muß, damit ein System effektiv sein kann, und daß er sich für den Marketingplanungsprozeß einsetzen und sich daran beteiligen muß.

Die Rolle der Planungsabteilung in der Marketingplanung

Dies wirft die wichtige Frage auf, welche Rolle die Planungsabteilung spielt. Ihre Aufgabe ist es:

- die Planungsstruktur und die Systeme festzulegen
- die rasche Organisation der gesammelten Daten sicherzustellen
- eine Katalysatorfunktion bei der Beschaffung von Inputs von den operativen Abteilungen auszuüben
- Planungsbrücken über betriebliche Abteilungen hinweg, z. B. Forschung und Entwicklung und Marketing, zu errichten
- Pläne vor dem Hintergrund der vom Unternehmensleiter formulierten Strategie zu evaluieren
- die vereinbarten Pläne zu überwachen.

Der Planer fungiert als Koordinator, der darauf achtet, daß die Planung durchgeführt wird – er formuliert keine Ziele und Strategien. Die Verantwortung des Planers hat drei grundlegende Dimensionen. Dies sind:

1 die direktive
2 die unterstützende
3 die administrative.

In seiner *direktiven* Rolle agiert der Leiter der Planungsabteilung im Namen des Topmanagements, um die Planungsverfahren zu überwachen, damit eine ordentliche und disziplinierte Ausführung des Planungsprozesses gewährleistet ist. Diese Funktion kann nur dann gut ausgefüllt werden, wenn die Manager sowohl dazu *fähig* als auch *gewillt* sind. Der Leiter der Planungsabteilung kann wahrscheinlich in einer *unterstützenden* Rolle besser agieren als in einer *direktiven*.

Eine *unterstützende Rolle* gibt dem Leiter der Planungsabteilung auch eine Rolle als interner Berater. In dieser Rolle

- berät er die Linienmanager bezüglich der Anwendung der Planungsprinzipien,
- stellt er Hintergrundinformationen zusammen, um Einblicke in die Wirtschaft, Branchen, Märkte, Investitionsalternativen etc. zu gewähren, die für den jeweiligen Geschäftsbereich, den er berät, relevant sind,
- erstellt er Prognosen über Wirtschaft, Branchen und Endverbrauchermärkte oder unterstützt sie,
- hilft er bei der Installierung von Fortschrittüberwachungssystemen und der Interpretation ihrer Ergebnisse,
- hilft er Linienmanagern bei der Anwendung moderner Techniken und Verfahren,
- bietet er Linienmanagern bei der Erstellung ihrer Pläne und der Überwachung von deren Fortschritten andere interne Hilfestellungen und Beratungsdienste.

In der *administrativen Rolle* sorgen die Planer dafür, daß die Planungsverfahren zeitgerecht implementiert werden und daß die Kommunikation genau und rasch funktioniert. Wir schlagen vor, daß ihre Funktion in dieser Rolle beschränkt sein soll. Sie können Koordinierungs- und Kommunikationsdienste leisten, aber diese nicht durchsetzen. Wenn sich das Linienmanagement nicht freiwillig beteiligt, muß jemand anders, der dazu befugt ist, mit korrektiven oder disziplinären Maßnahmen eingreifen.

Wenn man dies im Kontext des Versagens von Marketingplanungssystemen betrachtet, zeigt sich wieder, daß es von entscheidender Bedeutung für den Erfolg der Planung ist, eine klare Sicht der Rolle der Planungsabteilung zu haben.

Der Marketingplanungszyklus

Im Zeitplan sollte vorgesehen sein, daß die plangemäßen Arbeiten für das nächste Jahr früh genug im laufenden Jahr beginnen, damit für die Marktforschung, die Analyse von Schlüsseldaten und Markttrends genügend Zeit bleibt. Außerdem sollte der Plan eine frühzeitige Entwicklung eines strategischen Planes vorsehen, der im Prinzip genehmigt oder geändert werden kann.

Ein Schlüsselfaktor bei der Festlegung des Planungszyklus ist wahrscheinlich das Ausmaß, in dem es praktikabel ist, Umsatz- und Marktdaten hochzurechnen, aber im allgemeinen beginnen erfolgreiche Planungsunternehmen mit dem Planungsyzyklus formell irgendwo zwischen sechs und neun Monaten vor Beginn des nächsten Geschäftsjahrs.

Es ist nicht nötig, die Arbeiten auf den Zeitraum innerhalb des Geschäftsjahres zu beschränken; es ist gut möglich, einen separaten Plan für die Marketingplanung zu haben, falls dies angebracht erscheint, und einfach eine gemeinsame Vorlage der Ergebnisse zu dem vom Finanzkontrolleur der Firma verlangten Zeitpunkt zu organisieren.

Planungshorizonte

Natürlich sind ein- bis fünfjährige Planungszeiträume am weitesten verbreitet, obwohl sich für strategische Pläne vor allem aufgrund der immer rasanteren Umweltveränderungen ein dreijähriger Planungszeitraum durchgesetzt hat. Die Vorlaufzeit bei der Einführung wichtiger Produktinnovationen, die erforderliche Amortisationszeit, die dauerhafte Verfügbarkeit von Kunden und Rohmaterialien sowie Größe und Verwendbarkeit der bestehenden Anlagen und Gebäude sind die am häufigsten genannten Gründe für einen fünfjährigen Planungshorizont. Diese Fünfjahrespläne nehmen jedoch in letzter Zeit immer häufiger die Form von »Szenarien« an und haben wenig mit dem in diesem Buch vorgestellten detaillierten strategischen Plan gemeinsam.

Viele Firmen denken allerdings nicht genügend darüber nach, welcher Planungshorizont für ihre speziellen Umstände am besten geeignet wäre. Fünf Jahre sind natürlich für manche Firmen zu lang, besonders für solche, die mit sehr vielseitiger Maschinerie in sehr flüchtigen, modeorientierten Märkten operieren. Das bewirkt, daß die strategischen Pläne an der Realität vorbeigehen. Der Fünfjahreszeitraum wird oft hauptsächlich deswegen gewählt, weil man sich bereits an ihn gewöhnt hat. Zweitens wird von kleinen Tochtergesellschaften großer Konzerne oft verlangt, Prognosen für sieben, zehn oder manchmal sogar fünfzehn Jahre im voraus abzugeben, was jedoch bewirkt, daß diese Prognosen zu bedeutungslosen Übungen verkommen. Während es beispielsweise für einen Glasproduzenten aufgrund der besonders hohen Vorlaufzeit, die für das Setzen eines neuen Ofens erforderlich ist, durchaus sinnvoll sein kann, Zwölfjahrespläne (oder Szenarien) zu erstellen, macht es keinen Sinn, denselben Zeitmaßstab auf die Planung einer kleinen Tochtergesellschaft anzuwenden, die auf völlig anderen Märkten tätig ist, auch wenn sie in derselben Gruppe operiert. Das erlegt dem Betriebsmanagement unnötige Belastungen auf und führt dazu, daß der gesamte Prozeß der strategischen Planung seiner Glaubwürdigkeit beraubt wird.

Daraus ist der Schluß zu ziehen, daß es einen natürlichen Punkt am Zukunftshorizont gibt, über den hinauszublicken sinnlos ist. Dieser Punkt ergibt sich aus der relativen Größe eines Unternehmens. Kleinunternehmen sind aufgrund ihrer geringeren Größe und der Art und Weise, wie sie auf Turbulenzen in ihrer Umwelt kurzfristig reagieren können, vergleichsweise flexibel. Große Unternehmen benötigen im Gegensatz dazu eine viel längere Vorlaufzeit, wenn eine Richtungsänderung bevorsteht. Daher tendieren sie dazu, weiter in die Zukunft zu blicken und zu diesem Zweck formalisierte Systeme zu benutzen, damit die Manager innerhalb der gesamten Organisation ein gemeinsames Kommunikationsmittel haben.

Es ist noch ein weiterer wichtiger Aspekt zu berücksichtigen, nämlich, wo die Marketingplanungsaktivitäten innerhalb eines Unternehmens angesiedelt werden müssen. Die Antwort ist einfach. Die Marketingplanung sollte zunächst so nahe am Markt wie möglich stattfinden, aber die Pläne sollten dann auf höheren Ebenen der Organisation daraufhin überprüft werden, welche Fragen übersehen wurden.

Es wurde vorgeschlagen, daß jeder Manager innerhalb der Organisation für seinen eigenen Verantwortungsbereich einen Audit und eine SWOT-Analyse erstellen sollte. Die einzige Möglichkeit, wie das in der Praxis funktionieren kann, ist eine Audit-*Hierarchie*. Das Prinzip wird in vereinfachter Form in Abbildung 12.4 dargestellt.

Diese zeigt das Prinzip des Auditing auf den verschiedenen Ebenen einer Organisation. Das Format des Marketing-Audit ist universell anwendbar. Es sind nur die *Details*, die von Ebene zu Ebene und von Firma zu Firma innerhalb derselben Grupppe unterschiedlich sind. Zum Beispiel kann jede einzelne Firma ohne allzugroße Schwierigkeiten die genauen Titel angeben, unter denen Informationen gesucht werden sollen. Im Falle einer Firma, die industrielle Schmierstoffe herstellt, waren für eine Bewertung der Marktumwelt Informationen und Kommentare über Investitionskapitalpläne, ausländische Investitionen, Wirtschaftswachstumsraten, Gesundheits- und Sicherheitsbestimmungen (in diesem Markt natürlich von großer Bedeutung), Inflationsraten, Tarifregelungen etc. sowie eine Bewertung der Auswirkungen dieser Faktoren auf den Schmierstoffmarkt erforderlich.

Unter dem Titel »Markt« wurden Schlüsselproduktgruppen und Schlüsselmarktsektoren definiert (in diesem Falle wurde das British Standard Industrial Classification System verwendet). Den Tochtergesellschaften war es überlassen zu spezifizieren, was in ihren speziellen Gebieten die jeweiligen Schlüsselbranchen waren. Zu diesem Zweck wurden Datenblätter bereitgestellt.

Im Fall des Wettbewerbs- und des internen Audits wurde jede Betriebseinheit gebeten, einfach die Stärken und Schwächen jedes wichtigen eigenen Produkts und die der Konkurrenzprodukte anzugeben; dasselbe galt für Chancen und Bedrohungen. Um diesen Prozeß zu unterstützen, wurde eine Checkliste beigelegt, die *inter alia* internationale Genehmigungen von Originalausrüstungsherstellern, die Einhaltung von Gesundheits- und Sicherheitsbestimmungen und so weiter umfaßte. Einige Datenblätter wurden zur Marktanteilsanalyse beigelegt, sortiert nach Schlüsselindustrie, Preisbildung gegenüber Konkurrenzprodukten etc..

Diese Art von Informationen läßt sich auf jeder Betriebsebene mittels der in Abbildung 12.4 gezeigten Audit-Hierarchie sammeln, wobei jeder Manager einen Audit für seinen Verantwortungsbereich erstellt. Während das allgemeine Format für eine große und diversifizierte Gruppe universell gehalten sein kann, ist nur bei Einheiten, die sich mit ähnlichen Aktivitäten befassen, eine gleiche Form erforderlich. Die Vorteile, die sich daraus für die verschiedenen Ebenen der Zentrale in bezug auf die Messung des internationalen Potentials für Produkte und Marktsegmente ergeben, sind beträchtlich.

Audit-Hierarchie

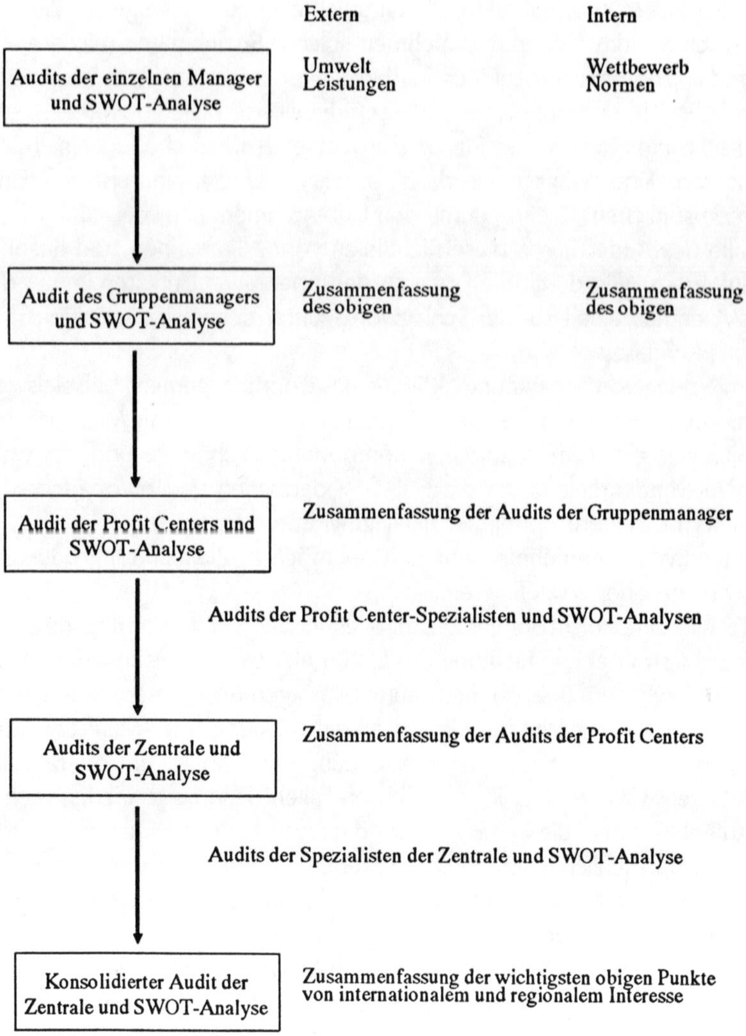

Abbildung 12.4

Ohne ein solches Vehikel zur Informationssammlung ist es schwierig, irgendeinen allgemeinen strategischen Ausblick zu formulieren.

Man sollte sich bewußt machen, daß Informationen und Daten in der erforderlichen Form in manchen Teilen der Welt nicht immer leicht verfügbar sind. Aber unter der Voraussetzung, daß Schulungen geboten werden, Ressourcen vorhanden sind und zwischen Zentrale und Einheiten Verständnis herrscht, ist es überraschend, wie leicht sich Informationsverbindungen herstellen lassen, die für beide Seiten von unschätzbarem Wert sind. Dasselbe gilt für Handelsvertreter und Distributionshändler, die durch die Bereitstellung von auditbezogenen Informationen, die natürlich auch für ihre eigenen Geschäfte wertvoll sind, rasch auf das Geben und Nehmen solcher Beziehungen reagieren.

Da es für das Topmanagement nur in den kleinsten der nicht diversifizierten Unternehmen möglich ist, den operativen Einheiten detaillierte Ziele vorzugeben, schlagen wir vor, daß in diesem Stadium des Planungsprozesses strategische Richtlinien ausgegeben werden sollten. Eine Möglichkeit dafür ist ein *Strategieplanungsbrief*. Eine weitere besteht in persönlichem Briefing durch den Unternehmensleiter bei »Kick-off«-Meetings. Wie im Falle des Audit führen diese Richtlinien vom Allgemeinen zum Besonderen und werden auf ihrem Weg durch die Firma zu den operativen Einheiten immer detaillierter. Tabelle 12.1 enthält eine Liste der Schlagworte, unter denen sich strategische Richtlinien zusammenfassen lassen.

Unter dem Schlagwort »Marketing« könnte das Topmanagement beispielsweise darauf hinweisen, daß Themen wie den technischen Auswirkungen von Mikroprozessoren auf Geräte mit einer elektromechanischen Komponente, Führungs- und Innovationsstrategien, der Verwundbarkeit durch die Flut an japanischen und europäischen Produkten und so weiter besondere Aufmerksamkeit gewidmet werden soll.

Auf der operativen Unternehmensebene ist es möglich, Zielmärkte, Produktentwicklung und ähnliches genauer zu definieren.

Man sollte allerdings nicht vergessen, daß es in der Verantwortung des Topmanagements liegt, die strategische Richtung des Unternehmens zu bestimmen und über Fragen zu entscheiden wie zum Beispiel die, wann etwas »gemolken« werden soll, wo zur Erzielung langfristiger Gewinne intensiv in Produktentwicklung oder Markterweiterung investiert werden soll etc. Wenn diese Entscheidung zur Gänze dem operativen Management überlassen wird, wird es in den meisten Fällen dazu neigen, zugunsten von Maßnahmen zu entscheiden, die im Grunde auf die *aktuellen* Produkte und Märkte abzielen, weil sie ja hauptsächlich nach diesen Kriterien beurteilt werden. Viele haben auch Schwierigkeiten, den größeren, unternehmensweiten Kontext zu sehen.

Dennoch zeigt der eben beschriebene Prozeß sehr deutlich, daß zwischen Topmanagement und der niedrigsten Ebene des operativen Managements sowie zwischen der niedrigsten Ebene des operativen Managements und dem Strategiefestlegungsprozeß eine starke wechselseitige Abhängigkeit besteht. Wenn es in einem sehr großen Unternehmen keine Verfahren für die Abwicklung dieses Prozesses gibt, wird die Kontrolle unweigerlich schwächer, und die Verwundbarkeit gegenüber raschen Veränderungen im internationalen geschäftlichen Umfeld wächst. Diese Interdependenz im Oben-Unten/Unten-Oben-Prozeß wird in den Abbildungen 12.5 und 12.6 illustriert, die in bezug auf die Festlegung von Zielen und Strategien eine ähnliche Hierarchie zeigen wie in bezug auf die Audits.

Nachdem wir die Argumente für die *erforderliche* Marketingplanung sorgfältig erläutert haben, machen diese Abbildungen auch die Prinzipien deutlich, nach denen der Marke-

Finanziell	*Operationen*
Ausgaben	Grundstücke
• Dividenden	Gebäude
• Lizenzgebühren	Anlagen
Bruttomarge %	Modifikationen
Betriebsgewinn	Instandhaltung
Ertrag des eingesetzten Kapitals	Systeme
Schuldner	Rohmaterialien
Gläubiger	• Lieferungen
Bankkredite	• Einkauf
Investitionen	Distribution
Kapitalaufwand	• Lager und Kontrolle
Kontrolle des Cash-flow	• Transport
	• Lagerhaltung
Arbeitskräfte und Organisation	
Management	*Marketing*
Training	Zielmärkte
Industrielle Beziehungen	Marktsegmente
Organisation	Marken
Gehälter und Pensionen	Volumina
	Marktanteile
	Preisbildung
	Image
	Verkaufsförderung
	Marktforschung
	Qualitätskontrolle
	Service

Tabelle 12.1 Strategieplanungspapier des Unternehmensleiters (mögliche Bereiche, für welche Ziele und Strategien oder strategische Richtlinien aufgestellt werden)

tingplanungsprozeß in allen Firmen verwirklicht werden sollte, gleichgültig, ob es sich um ein kleines Exportunternehmen oder einen großen Multi handelt. Im wesentlichen zeigen diese Darstellungen eine *Hierarchie* der Audits, SWOT-Analysen, Ziele, Strategien und Programme.

Abbildung 12.7 zeigt den gesamten strategischen und Planungsprozeß eines Unternehmens aus einem anderen Blickwinkel. Diesmal kommt allerdings ein zeitliches Element hinzu, und die Beziehung zwischen Streategieplanungspapieren, langfristigen Unternehmensplänen und kurzfristigen operationalen Plänen wird geklärt.

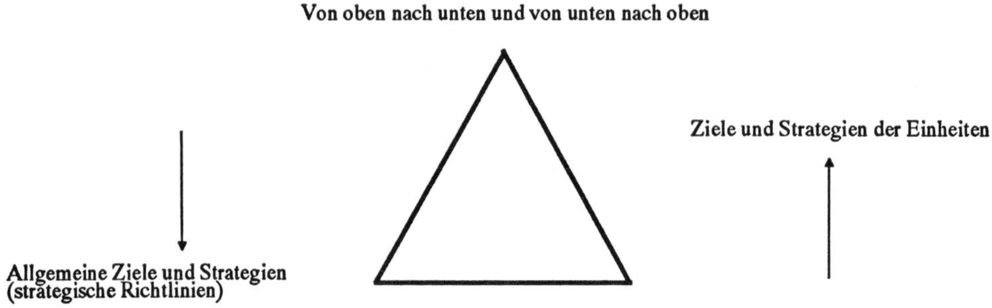

Abbildung 12.5

Hier ist zu sagen, daß es in diesem letzten Diagramm zwei »offene Schleifenpunkte« gibt. Dabei handelt es sich um die Schlüsselzeitpunkte des Planungsprozesses, wenn die Ansichten und Erkenntnisse eines Mitarbeiters einer möglichst genauen Überprüfung durch dessen Vorgesetzten unterzogen werden sollten. Wenn man diese Chancen nützt, kann sich Marketingplanung als überaus wichtiger und kreativer Prozeß entfalten und ist nicht das dumpfe, sich ewig wiederholende Ritual, als das sie sich sonst oft präsentiert. Diese Abbildungen sollten als eine Gruppe von Illustrationen gesehen werden, die zeigen, wie sich der Marketingplanungsprozeß in den breiteren Kontext der Unternehmensplanung einfügt.

Abschließende Gedanken

Zusammenfassend ist hervorzuheben, daß es so etwas wie ein Marketingplanungssystem »von der Stange« nicht gibt. Aber sowohl unsere Studien als auch unsere Erfahrungen haben gezeigt, daß die Marketingplanung eine der letzten Bastionen der Unwissenheit des Managements ist, was größtenteils auf die Komplexität des Prozesses und die Vielfältigkeit seiner organisatorischen, politischen und kulturellen Auswirkungen zurückzuführen ist. Aus diesem Grund, und weil so viele Leser der ersten Ausgabe dieses Buches darum gebeten haben, fügen wir ein abschließendes Kapitel an, das nicht nur eine knappe Zusammenfassung der wichtigsten in diesem Buch beschriebenen Punkte umfaßt, sondern auch ein einfaches Schritt-für-Schritt-System, das als Grundlage für Ihren eigenen Planungsprozeß dienen könnte.

Das dargestellte System hat sich in verschiedensten Unternehmen bewährt, von großen internationalen Industrieunternehmen bis hin zu kleinen inländischen Dienstleistungsbetrieben.

Letzten Endes ergibt sich der Erfolg der Marketingplanung aus einem unbegrenzten

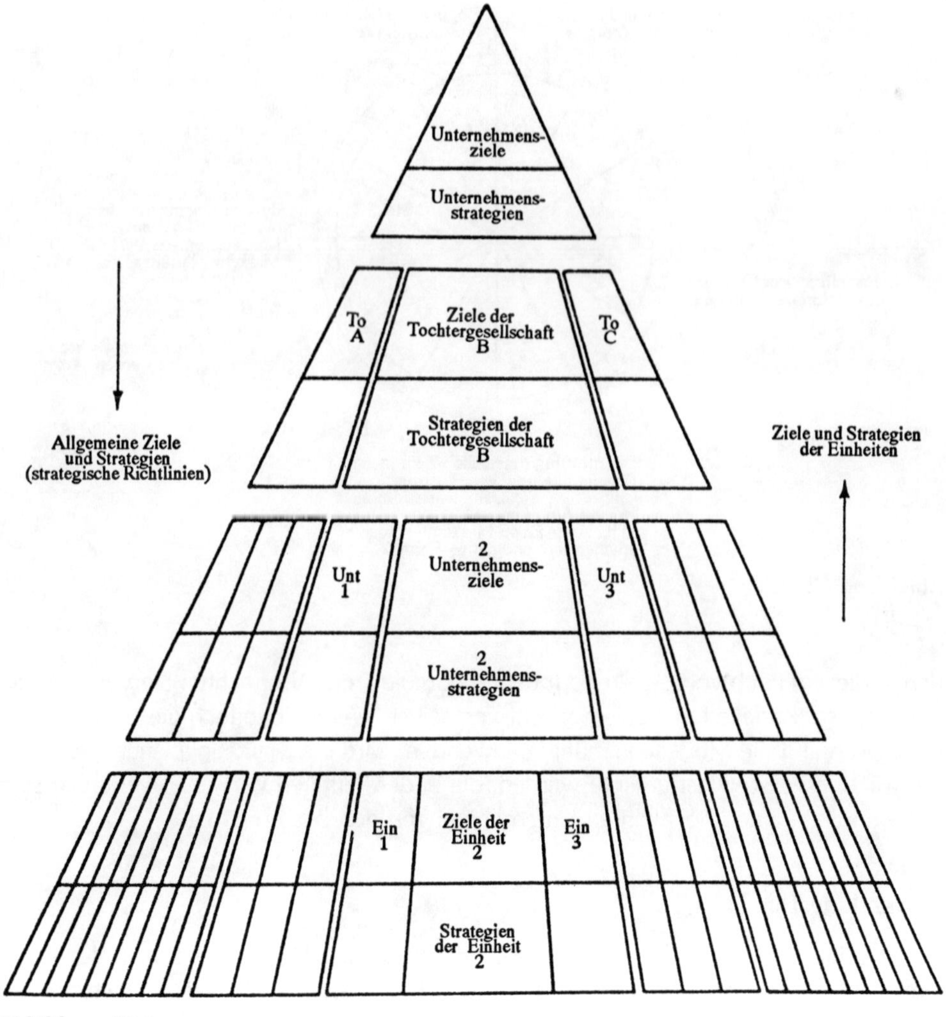

Abbildung 12.6

Willen zu lernen und aus der Fähigkeit, das System auf unsere Menschen und unsere eigenen Umstände anzuwenden. Aber er ist auch ein Ergebnis des tiefen Verständnisses für die *Natur* der Marketingplanung, und dies ist etwas, was sich in der endgültigen Analyse nicht lehren läßt.

Erfolg kommt durch *Erfahrung*. Erfahrungen macht man durch Fehler. Diese können wir jedoch minimieren, wenn wir unseren *praktischen Verstand* und die *liebe Vernunft* mit

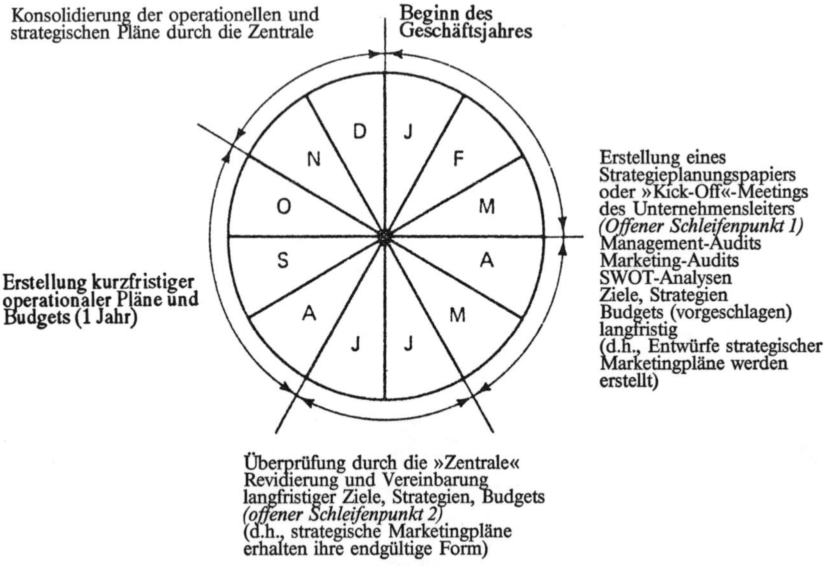

Abbildung 12.7

den in diesem Buch vorgestellten *Modellen* kombinieren. Aber achten Sie vor allem auf *eines*: Diese Modelle funktionieren nicht von selbst. Wenn Sie jedoch dieses Buch sorgfältig lesen und die Modelle vernünftig anwenden, wird die Marketingplanung zu einem der wirkungsvollsten Instrumente werden, die in der heutigen Wirtschaft verfügbar sind. Wir wünschen Ihnen bei all Ihren Unternehmungen den besten Erfolg.

Anwendungsfragen

1 Gilt in Ihrer Firma ein hierarchisches Prinzip für Audits, SWOT-Analysen, Ziele, Strategien und Programme? Wenn nicht, beschreiben Sie, wie mit diesen Fragen umgegangen wird.
2 Wenn ja, beschreiben Sie, in welcher Hinsicht es sich von den hier beschriebenen Prinzipien unterscheidet.
3 Konstruieren Sie ein einfaches System für Ihre Firma oder beschreiben Sie, in welcher Hinsicht Ihr bestehendes System verbessert werden könnte.

13 EIN MARKETINGPLANUNGSSYSTEM – SCHRITT FÜR SCHRITT

Zusammenfassung

Dieses Kapitel ist in zwei Teile unterteilt. Im ersten findet sich eine kurze Zusammenfassung der wichtigsten Punkte der Marketingplanung. Der zweite Teil ist ein richtiges Marketingplanungssystem, das alle in diesem Buch vorgestellten Konzepte, Strukturen und Rahmenbedingungen in Form einer Schritt-für-Schritt-Anleitung zunächst in die Erstellung eines strategischen, danach eines operationalen Marketingplanes umsetzt. Schließlich finden Sie Formblätter für Führungskräfte der Zentrale, die die Aufgabe haben, die unterschiedlichen Marketingpläne der strategischen Geschäftseinheiten zu einem einzigen, konsolidierten Dokument zusammenzufassen.

Teil 1 Zusammenfassung der Marketingplanung

Der Zweck der Marketingplanung

Marketing hat im allgemeinen den Zweck und das Bestreben, Wettbewerbsvorteile aufzuspüren oder zu schaffen.

Was ist Marketingplanung?

Marketingplanung ist einfach eine logische Sequenz und Serie von Aktivitäten, die zur Formulierung von Marketingzielen und der Formulierung von Plänen führen, wie man diese Ziele erreichen kann.

Warum ist Marketingplanung notwendig?

- Zunehmende Turbulenzen, Komplexität, steigender Wettbewerb
- Rasche technologische Veränderungen
- Für *Sie*
  - um Ihnen beim Aufspüren möglicher Wettbewerbsvorteile zu helfen
  - um ein organisiertes Vorgehen zu erzwingen
  - um spezifische Möglichkeiten zu entwickeln
  - um kontinuierliche Beziehungen zu sichern
- Für *Vorgesetzte*
  - um zu informieren
- Für *Nicht-Marketingfunktionen*
  - um zu unterstützen
- Für *Untergebene*
  - um Ressourcen zugeteilt zu bekommen
  - um Engagement zu bewirken
  - um Ziele und Strategien festzulegen

Zehn Barrieren für die Marketingplanung

In diesem Buch wurde eine Reihe von Hindernissen beschrieben, die eine wirkungsvolle Marketingplanung stören können. Die zehn wichtigsten davon sind:

1 Verwechslung von Marketingtaktik und -strategie
2 Isolierung der Marketingfunktion von den operativen Tätigkeiten
3 Verwechslung von Marketingfunktion und Marketingkonzept
4 Organisatorische Barrieren – die »Stammesmentalität«, wenn z. B. verabsäumt wird, die strategischen Geschäftseinheiten (SGE) korrekt zu definieren.
5 Fehlen von tiefgreifenden Analysen
6 Verwechslung von Prozeß und Output
7 Mangel an Wissen und Fähigkeiten
8 Fehlen einer systematischen Marketingplanungsmethode
9 Fehlen von Zielprioritäten
10 Feindliche Unternehmenskultur.

Die »zehn S« zur Überwindung dieser Barrieren

Abbildung 13.1 faßt die vom Autor entwickelte »Zehn S«-Methode zusammen, mit der alle diese Barrieren überwunden werden können. Die folgenden Abschnitte befassen sich kurz mit jedem einzelnen »S«. Es werden zehn grundlegende Prinzipien der Marketingplanung vorgestellt.

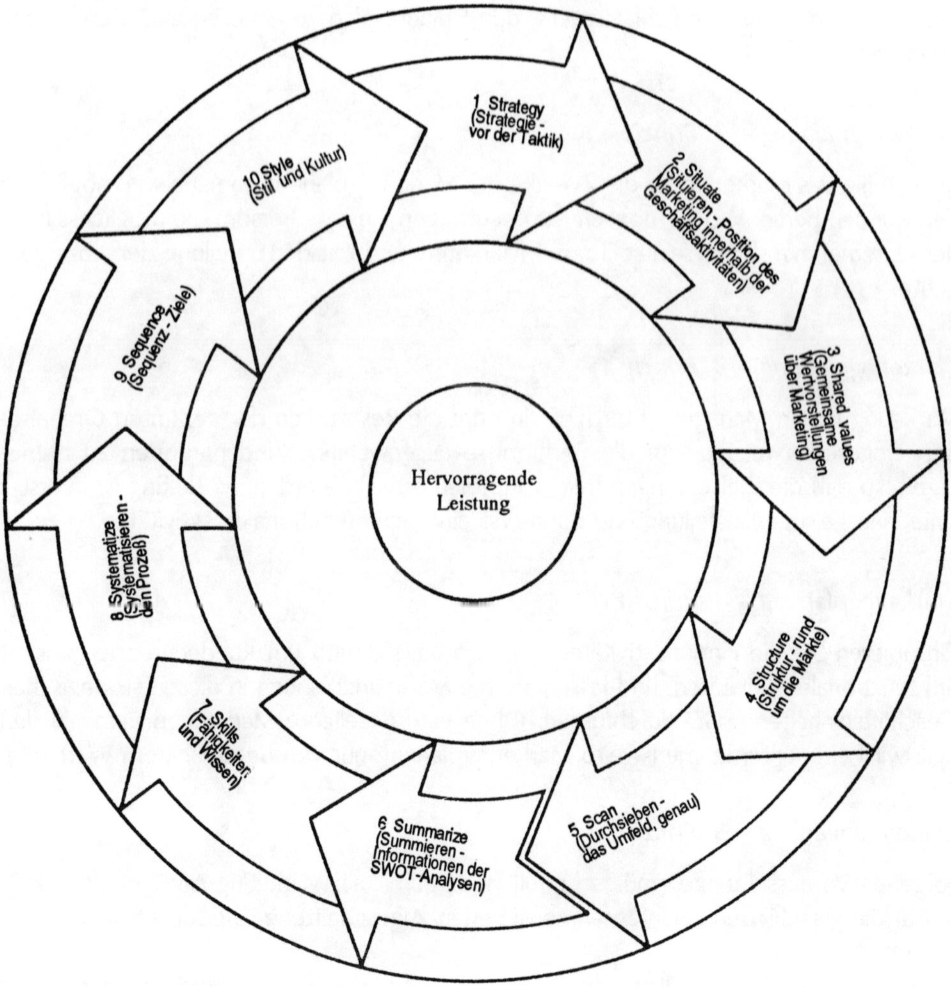

Abbildung 13.1 Marketingplanung für Wettbewerbsvorteile

Marketingplanung – 1. Prinzip

Entwickeln Sie zuerst den strategischen Marketingplan. Dieser legt größeren Wert auf das Durchsieben der externen Umwelt. Die frühzeitige Entdeckung von Kräften, die von dieser Umwelt ausgehen und die Entwicklung der geeigneten strategischen Reaktionen beziehen alle Managementebenen in den Prozeß ein.

Ein strategischer Plan könnte einen Zeitraum zwischen drei und fünf Jahren umfassen, und erst nach seiner Entwicklung und Genehmigung sollte der operationale Einjahres-Marketingplan entwickelt werden.

Machen Sie *niemals* den Fehler, zuerst den Einjahresplan zu erstellen und diesen dann zu extrapolieren.

Marketingplanung – 2. Prinzip

Rücken Sie das Marketing für die Zwecke der Marketingplanung so nahe wie möglich an den Kunden heran. Wo es möglich ist, beauftragen Sie eine Person, die möglichst nicht der Unternehmensleiter sein sollte, mit Marketing und mit der Erstellung der Absatzberichte.

Marketingplanung – 3. Prinzip

Marketing ist ein Managementprozeß, in dem die Ressourcen der gesamten Organisation eingesetzt werden, um die Bedürfnisse ausgewählter Kundengruppen zu befriedigen, so daß die Zielsetzungen beider Parteien erreicht werden. Marketing ist in erster Linie eine geistige Einstellung und dann erst eine Serie funktionaler Aktivitäten.

Marketingplanung – 4. Prinzip

Gruppieren Sie die Firmenaktivitäten, wenn möglich, rund um Kundengruppen anstatt um funktionale Aktivitäten, und lassen Sie die Marketingplanung in diesen strategischen Geschäftseinheiten (SGE) durchführen. Ohne eine exzellente Marketingplanung in den SGE wird eine unternehmensweite Marketingplanung nur von beschränktem Wert sein.

Marketingplanung – 5. Prinzip

Folgende Voraussetzungen müssen erfüllt sein, damit ein Marketing-Audit effektiv ist:

- Auf die verschiedenen Unternehmensebenen zugeschnittene Checklisten sollten vereinbart werden.
- Diese sollten die Grundlage des MIS (Marketing-Informationswirtschaftssystem) der Organisation bilden.
- Der Marketing-Audit sollte eine *Pflicht*aktivität sein.
- Den Managern sollte es nicht gestattet sein, sich hinter vagen Ausdrücken wie »schlechte wirtschaftliche Bedingungen« zu verstecken.
- Die Manager sollten ermutigt werden, in ihre Audits die Instrumente des Marketing wie z. B. Produktlebenszyklen, Portfolios usw. zu integrieren.

Marketingplanung – 6. Prinzip (1)

Eine SWOT-Analyse sollte:

- sich auf jedes einzelne Segment konzentrieren, das für die Zukunft des Unternehmens von entscheidender Bedeutung ist.

- eine Zusammenfassung des Marketing-Audit darstellen.
- kurz, interessant und präzise gehalten sein.
- sich nur auf die *Schlüsselfaktoren* konzentrieren.
- *differenzierende* Stärken und Schwächen *im Vergleich zu* denen der Konkurrenz anführen, mit Schwerpunkt auf dem Wettbewerbsvorteil.
- ausschließlich externe *Schlüssel*chancen und -bedrohungen anführen.
- die *wirklichen* Fragen ermitteln und auf den Punkt bringen. Sie sollte *keine* Liste von Punkten sein, die nicht miteinander in Beziehung stehen.
- den Leser in die Lage versetzen, die Hauptstoßrichtung des Unternehmens sofort zu erfassen und sogar Marketingziele angeben zu können.
- der impliziten Frage folgen: »was bedeutet, daß . . .?«, damit die tatsächlichen Implikationen klar werden.
- nicht zu sehr verkürzen.

Marketingplanung – 6. Prinzip (2)

Informationen sind die Grundlage, auf der ein Marketingplan basiert. Aus Informationen (intern und extern) läßt sich ein MIS-System aufbauen.
Informationswirtschaft beschreibt den *Marketingplan*, der die Intellektualisierung dessen darstellt, wie die Manager ihre eigene Position in ihren Märkten im Vergleich zu der ihrer Konkurrenten sehen (wobei der Wettbewerbsvorteil genau definiert sein muß – z. B. Kostenführer, Differenzierung, Marktnische), welche Ziele sie innerhalb eines bestimmten Zeitraums verwirklichen wollen, wie sie diese zu erreichen beabsichtigen (Strategien), welche Ressourcen erforderlich sind und mit welchen Ergebnissen (Budget) das geschehen soll.

Marketingplanung – 7. Prinzip

Vergewissern Sie sich, daß die in den SGE für die Marketingplanung zuständigen Personen die nötigen Fähigkeiten und Kenntnisse mitbringen. Achten Sie besonders darauf, daß sie wissen und verstehen, wie die wichtigsten Instrumente des Marketing einzusetzen sind, zum Beispiel:

- Informationen
  - wie man an sie herankommt
  - wie man sie verwendet
- Positionierung
  - Marktsegmentierung
  - Ansoff
  - Porter
- Analyse des Produktlebenszyklus
  - Gap-Analyse
- Portfoliomanagement
  - BCG-Matrix
  - Politikausrichtungs-Matrix

- Management der 4 Ps:
  - Produkt
  - Preis
  - Ort (place)
  - Verkaufsförderung (promotion)

Außerdem muß das Marketingpersonal über gute Kommunikations- und zwischenmenschliche Fähigkeiten verfügen.

Marketingplanung – 8. Prinzip

Für die Marketingplanung sind schriftlich festgelegte Verfahren und ein gut argumentiertes, allgemeines Format unerläßlich. Der Zweck eines solchen Systems ist es,

1 sicherzustellen, daß alle Schlüsselfragen in systematischer Weise erfaßt wurden,

2 die wesentlichen Elemente der strategischen Planung für jede SGE kontinuierlich zusammenzuziehen,

3 dem Firmenmanagement dabei zu helfen, die unterschiedlichen Geschäftsaktivitäten zu vergleichen und die allgemeine Lage sowie die Zukunftsaussichten für die Organisation zu verstehen.

Marketingplanung – 9. Prinzip

Achten Sie darauf, daß alle Ziele gemäß ihren Auswirkungen auf die Organisation und ihrer Dringlichkeit nach Prioritäten geordnet sind und daß die Ressourcenallokation in adäquater Weise erfolgt.
Ein Vorschlag für eine Prioritätenmethode findet sich in Abbildung 13.2.

Marketingplanung – 10. Prinzip

Marketingplanung wird ohne aktive Unterstützung und Beteiligung der Kulturträger nicht effektiv sein. Aber sogar mit ihrer Unterstützung muß die Art und Weise der Marketingplanung für die Lebensphase der Organisation geeignet sein. Diese Phase sollte festgestellt werden, bevor versucht wird, Marketingplanung einzuführen.

Schlußfolgerung

Eine Zusammenfassung des Inhalts eines strategischen Marketingplans und eine Liste der wichtigsten Marketingwerkzeuge, Techniken, Strukturen und Rahmenbedingungen für jeden einzelnen Schritt finden Sie in Abbildung 13.3.
Aus dem oben Gesagten wird ersichtlich, daß Marketingplanung niemals der einfache Schritt-für-Schritt-Vorgang war, der in den meisten Anleitungen und Kursen so begeistert beschrieben wird. In dem Augenblick, in dem eine Organisation den Planungsweg beschreitet, muß sie mit einer Reihe komplexer Probleme organisatorischer, einstel-

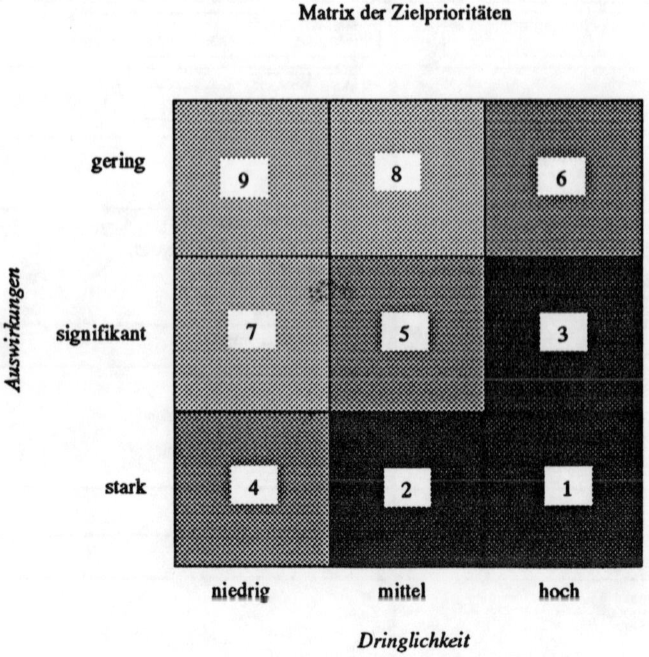

Schlüssel:
Mögliche Allokation von Zeit/Ressourcen (%)

1-30	4-12	7-8
2-15	5-10	8-4
3-12	6-8	9-1
57	30	13

Abbildung 13.2

lungsbedingter, prozeßimmanenter und kognitiver Natur rechnen, die die Fortschritte voraussichtlich blockieren werden.

Wenn man vor diesen Barrieren bereits gewarnt ist, besteht eine gute Chance, daß man das in Teil 2 dieses Kapitels folgende Schritt-für-Schritt-Marketingplanungssystem erfolgreich verwenden und eine exzellente Marketingplanung durchführen kann, die die versprochenen Vorteile bringt; dazu gehören signifikante Auswirkungen auf das Betriebsergebnis durch die Erlangung eines Wettbewerbsvorteils. Wenn man diese Barrieren allerdings ignoriert, wird die Marketingplanung immer das Aschenputtel der Unternehmensführung bleiben.

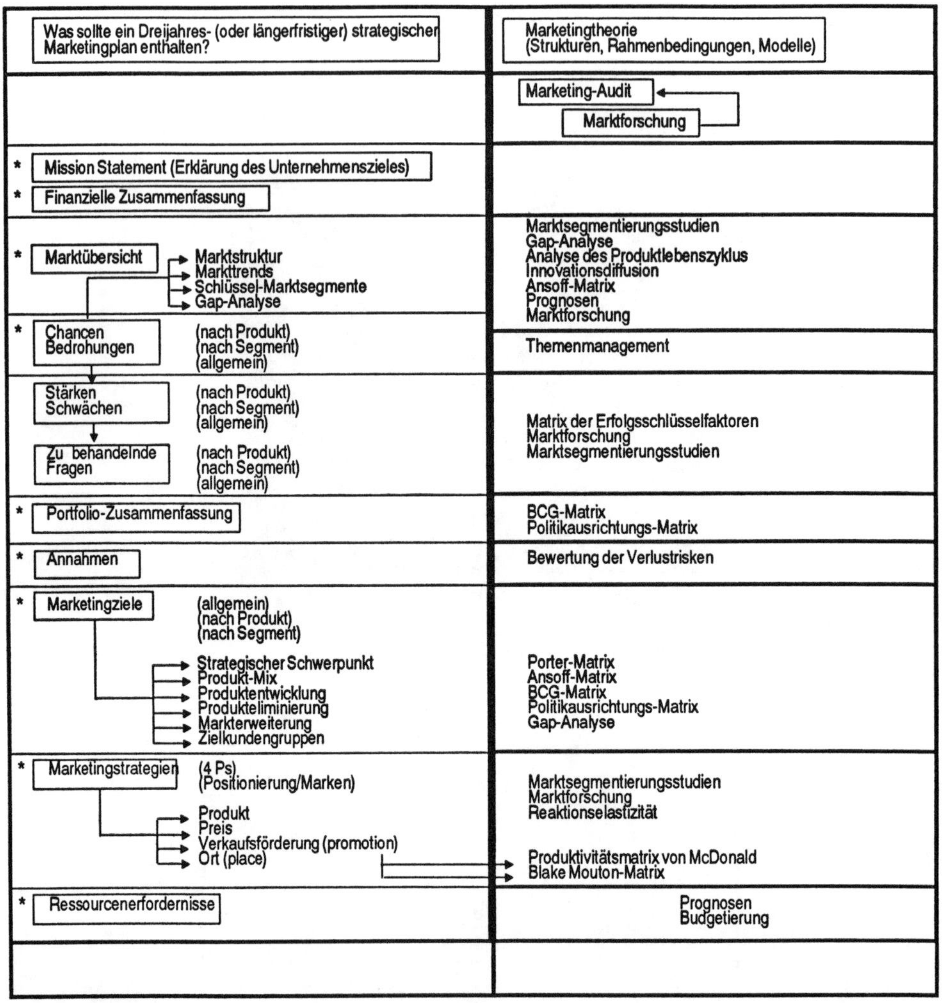

Abbildung 13.3

Teil 2 Ein Marketingplanungssystem

Einführung

Dieses Marketingplanungssystem ist in zwei Abschnitte gegliedert. Abschnitt A führt Sie schrittweise in die Erstellung eines strategischen Marketingplanes ein. *Was tatsächlich im Marketingplan enthalten ist, folgt in Abschnitt B unter der Überschrift »Dokumentation des strategischen Marketingplans«.*

Abschnitt A führt Sie auch durch die Erstellung eines Einjahres-Marketingplans. Was tatsächlich in einem solchen Plan enthalten ist, finden Sie in Abschnitt B unter der Überschrift »Dokumentation des Einjahres-Marketingplans«. Am Ende von Abschnitt A wird die Notwendigkeit eines von der Zentrale konsolidierten Plans der strategischen Marketingpläne der verschiedenen SGE behandelt. Ein Formatvorschlag findet sich in B unter der Überschrift »Formatbeispiel für einen von der Zentrale konsolidierten strategischen Plan«.

Abschnitt A

Es gibt vier Hauptschritte im Planungsprozeß (in Diagrammform in Abbildung 13.4 dargestellt), die von allen an Erhaltung und Ausbau ihrer Geschäfte interessierten strategischen Geschäftseinheiten* durchgeführt werden müssen:

1 *Analyse* – die SGE muß sowohl ihren Markt als auch ihre eigene Position darin im Vergleich zur Konkurrenz analysieren.
2 *Ziele* - sie muß aus dieser Analyse ein realistisches Set quantitativer Finanz- und Marketingziele konstruieren, die mit den von der Organisation festgesetzten Zielen übereinstimmen.
3 *Strategie* – sie muß in groben Zügen die Strategie festlegen, die diese Ziele in Übereinstimmung mit der Unternehmensstrategie der Organisation verwirklicht.
4 *Taktik* – sie muß die Analysen, Ziele und die Strategie zusammenziehen und als Grundlage für detaillierte taktische Aktionspläne benutzen, die sich dazu eignen, die Strategie umzusetzen und die vereinbarten Ziele zu erreichen.

Dieser Prozeß ist formal in zwei Marketingplänen ausgedrückt, dem strategischen und dem taktischen; diese sollten gemäß dem in diesem System bereitgestellten Format erstellt werden. Es ist für strategische Geschäftseinheiten (SGE) ausgelegt, damit sie bei ihrer Erfolgsplanung logisch und konstruktiv vorgehen können.

Einführend sollten zwei Dinge erwähnt werden, die für den Marketingplan von besonderer Bedeutung sind:

1 *Die Bedeutung der verschiedenen Abschnitte* – Letzten Endes ist der strategische Marketingplan ein Aktionsplan, und das sollte sich auch im endgültigen Dokument niederschlagen. Der Implementationsteil des strategischen Plans wird durch den nachfolgenden Einjahres-Marketingplan repräsentiert.

* Eine strategische Geschäftseinheit:

- hat für die meisten ihrer Produkte gemeinsame Segmente und Konkurrenten,
- ist ein Konkurrent in einem externen Markt,
- ist eine unterscheidbare und identifizierbare Einheit,
- hat einen Manager, der die meisten erfolgsentscheidenden Bereiche kontrolliert. SGE sind nicht unbedingt mit operativen Einheiten identisch, und die Definition kann und sollte, falls nötig, bis hin zu einem bestimmten Produkt, einem Konsumenten oder einer Gruppe von Produkten und Konsumenten angewandt werden.

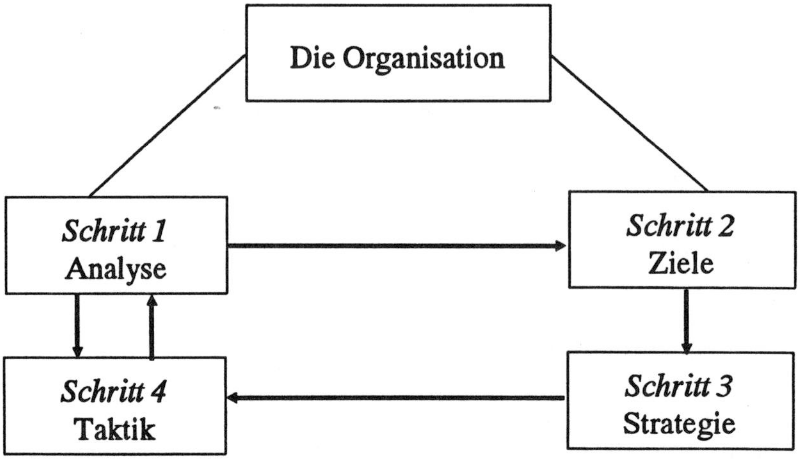

Abbildung 13.4

2 *Länge des analytischen Teils* – Wenn man einen aktionsorientierten strategischen Marketingplan erstellen will, muß man eine beträchtliche Menge an Hintergrundinformationen und Statistiken sammeln, kombinieren und analysieren. Die Formblätter bieten einen analytischen Rahmen; dieser ist im Datenbasisabschnitt der »Dokumentation des strategischen Marketingplans« enthalten, den jede SGE ausfüllen sollte. Der Kommentar im strategischen Marketingplan sollte jedoch anstatt einer Menge von Rohdaten die wichtigsten Erkenntnisse der Analyse enthalten. Er sollte die Aufmerksamkeit nur auf das Wesentliche lenken. Der Analyseteil sollte aus diesem Grund nur einen knapp gehaltenen Hintergrund darstellen.

Die Grundlage des Systems

Die einzelnen Geschäftseinheiten innerhalb der Organisation haben abhängig vom jeweiligen Wirtschaftsklima unterschiedlich große Chancen. Sie müssen aus diesem Grund so geführt werden, wie es ihren jeweiligen Gegebenheiten entspricht. Gleichzeitig muß jedoch der Leiter der SGE jede Chance bekommen, zu kontrollieren, ob die einzelnen SGE gemäß den allgemeinen strategischen Zielen der Organisation gemanagt werden.

Dieses System beschreibt die Verfahren, die, wenn sie eingehalten werden, bei der Erreichung dieser Ziele helfen.

Abschnitt A beschreibt das allgemeine Format der Marketingplanung und erklärt, wie die einzelnen Planungsstufen durchzuführen sind. Es wird einfach und präzise erklärt, was zu welcher Zeit im Dreijahres-Marketingplan und im operationalen Einjahresplan präsentiert werden sollte.

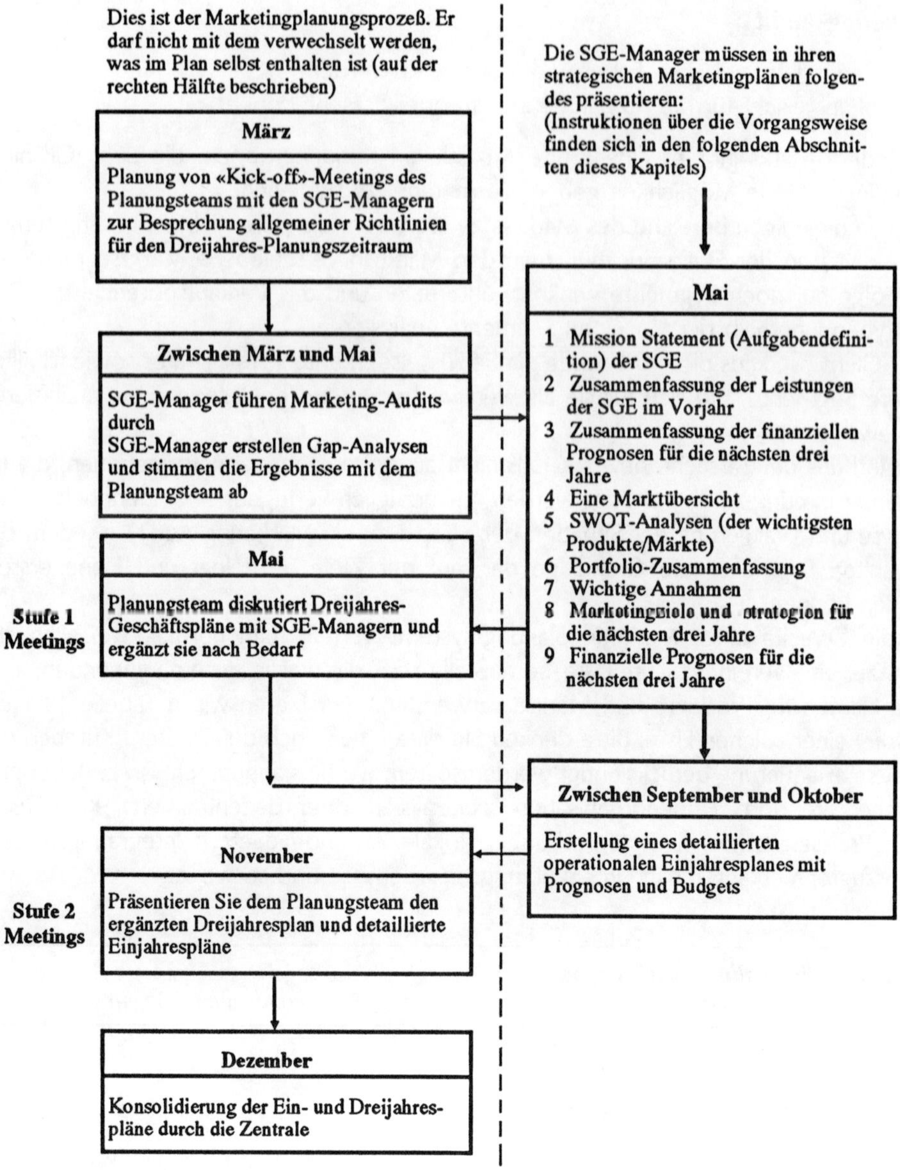

Abbildung 13.5

Ein Glossar der Planungsterminologie findet sich am Ende des Buches. Das allgemeine Marketingplanungsformat wird in Abbildung 13.5 beschrieben. (Bitte haben Sie Verständnis dafür, daß der Einfachheit halber angenommen wurde, daß das Geschäftsjahr der Organisation von Januar bis Dezember dauert.) In den folgenden Abschnitten wird erklärt, wie die einzelnen Schritte des Planungsprozesses durchzuführen sind.

Marketing-Audit

(sollte jedes Jahr zwischen Feber und Mai erstellt werden)
(Anmerkung: nicht für die Aufnahme in Plan oder Präsentationen)

Auf jedem Markt gibt es eine große Anzahl von Kundengruppen, die den SGE nicht unbedingt alle die Möglichkeit geben, sie rentabel zu bedienen.
Um nun diejenigen Bereiche des Marktes zu studieren, die potentiell am günstigsten für die Aktivitäten der SGE sind, muß man den Markt in verschiedene *Marktsegmente* (in der Folge nur noch Segmente genannt) unterteilen und das Verkaufspotential der Produkttypen innerhalb der einzelnen Segmente analysieren.
Alle SGE müssen aus diesem Grunde die Schlüsselsegmente ihres Marktes sowie allfällige andere Segmente, die sich für sie als weniger bedeutend erwiesen haben, analysieren und evaluieren.
Wir sind uns der Tatsache bewußt, daß nicht alle grundlegenden Informationen, die für diesen Marketing-Audit benötigt werden, unverzüglich verfügbar sind. Dennoch stellen Analyse und Evaluierung der Situation der SGE, d. h. ein Marketing-Audit, in jedem der gewählten Segmente die Grundlage dar, auf der Ziele festgelegt und Pläne erstellt werden können.
Für die Zwecke eines Marketingplanungssystems verteilt man normalerweise an alle Benutzer eine vereinheitlichte Liste, so daß alle SGE, die dieses System verwenden, ähnliche Namen für Produkte und Märkte verwenden. Hier bieten wir in Tabelle 13.1 ein *Beispiel* einer solchen Liste. Bitte denken Sie daran, daß auch detailliertere Kriterien der Marktsegmentierung berücksichtigt werden sollten, wo dies angebracht ist, z. B. geographischer Standort, Firmenorganisation (zentralisiert oder dezentralisiert), Kaufmuster (z. B. Preissensibilität, fixes Jahresbudget, lokale Autonomie etc.); Integrationsniveau, bevorzugter Verkaufskanal, Unterstützungserfordernisse und so weiter.

Industrielle Schlüsselmarktsegmente

Marktsegmente	*Erklärende Anmerkungen*
Primäre Metallverarbeitung	
Herstellung von Transportausrüstung	
Allgemeines mechanisches Engineering/ Metallprodukte	
Glas und Keramik	Glas, Glaswaren, Schamotte- und keramische Waren
Straßenpassagier- und Frachttransport (Spezialisten)	
Vertriebshändler für LKWs und Bauausrüstung	
Bau und Konstruktion	
Wald und Holz	
Bergbau und Steinbrüche	

Nahrungsmittel, Getränke, Tabakverarbeitung und Herstellung	
Öl und Gas	Gewinnung und Verarbeitung von Mineralöl und Erdgas, ausgenommen Offshore, welches unter »See« fällt
Elektrizität: Stromerzeugung und Übertragung	
Ziegel und Zement	Herstellung nichtmetallischer Mineralprodukte, ausgenommen Glas und Keramik
Textilien	Textilindustrie und Produktion von Kunstfasern
Leder	
Zellstoff und Papier	
Nationale Verteidigung	
Zentrale und lokale Regierungen	Nationale Verteidigung ausnommen
Luftfahrt	Militärluftfahrt und Flugzeugherstellungsindustrie ausgenommen
Industrieller Vertriebshändler	Großvertrieb industrieller Maschinen, industrieller Ersatzteile und Werkzeuge, etc.
Gummi, Chemikalien, Kunststoffe	Ausgenommen Gummiplantagen
Kosmetika und Pharmazeutika	

Schlüssel-Seemarktsegmente

Internationale Schiffe, größer als 4.000 BRT

- Öltanker
- Flüssiggas- und Chemietanker
- Container
- Allgemeine Frachtschiffe
- UBC-Schiffe
- Fähren und Autofähren
- Verschiedene Schiffe

Küsten-/internationale Schiffe, weniger als 4.000 BRT

- Öltanker
- Flüssiggas- und Chemietanker
- Container
- Allgemeine Frachtschiffe
- UBC-Schiffe
- Fähren und Autofähren
- Verschiedene Schiffe

Fischerei

Offshore-Industrie

- Bohrinseln
- Tauchfahrzeuge
- Werkstätteneinheiten etc.

Verschiedenes
- Hafenfahrzeuge
- Binnenwasserfahrzeuge
- Schwimmbagger
- Militär etc.

Industrielle Produktgruppen

Automobilprodukte
Motoröle
Getriebeflüssigkeiten und -öle
Bremsflüssigkeiten
Antifreeze/Kühler
Schmierstoffe
Verschiedene »andere«

Produkte der Metallverarbeitung
Schneideöle (löslich)
Schneideöle (unverdünnt)
Walzöle
Wärmebehandlung

Produkte der Oberflächenbehandlung
Rostschutzmittel (einschließlich DWF)
Nicht-destruktive Testmaterialien
Industrielle Reinigungschemikalien

Allgemeine industrielle Schmierstoffe
Hydraulisch
- feuerbeständig
- andere

Getriebeöle
Turbinenöle
Wärmeübertragungsöle
Kompressoröle (einschließlich Kühlschränke)
Schmierstoffe
Umlauföle
Andere (z. B. Drahtseilschmierstoffe)

Luftfahrtschmierstoffe
Motoröle
Getriebeöle
Hydraulische Öle
Schmierstoffe
Andere

Andere Produkte
Weißöle
Elektroöle
Prozeßöle

Textilöle
Lederchemikalien
Wäscherei- und Trockenreinigungschemikalien
Trennmittel
Rohvaseline
Antischaummittel

Tabelle 13.1 Beispiel für industrielle und Seemarktsegmente und industrielle Produktgruppen

Jeder Manager, der seinen Audit durchführt, sollte dafür interne Verkaufsdaten und das Marketingsystem der SGE verwenden. In diesem Stadium ist es von Vorteil, wenn die verschiedenen SGE-Manager ihren mit dem Audit befaßten Mitarbeitern eine Marktübersicht vorlegen können, die die wichtigsten Branchen- und Markttrends enthält. Für den Audit müssen unweigerlich viel mehr Daten vorbereitet werden, als dann im Marketingplan selbst aufscheinen. Aus diesem Grunde sollten alle Manager im Laufe des Jahres eine *Referenzmappe* für ihr Verantwortungsgebiet anlegen, die auch als kontinuierliche Referenzquelle dient und für die verbale Präsentation von Vorschlägen herangezogen werden kann.

Es sollte hervorgehoben werden, daß der Audit, der auf der Referenzmappe basiert, *kein Marketingplan ist; unter keinen Umständen dürfen voluminöse Dokumente, die mit dem Audit zusammenhängen, in irgendwelchen Unternehmensplänen aufscheinen.*

Die folgenden Abschnitte (1–9) beschreiben, was in Marketingplänen präsentiert werden sollte. Diese sollten jedes Jahr bis Ende Mai vorliegen.

Diese Abschnitte enthalten Instruktionen. Die Dokumentation für den Marketingplan findet sich in Abschnitt B.

1 Das Mission Statement (Aufgabendefinition) der SGE

Dies ist der erste Punkt des Marketingplans. Der Zweck dieses Mission Statement liegt darin sicherzustellen, daß der Daseinszweck der SGE klar definiert wird. Es sollten kurze Statements abgegeben werden, die die folgenden Punkte umfassen:

1 *Rolle oder Beitrag der SGE* – zum Beispiel: Gewinnerzeuger, Serviceabteilung, Chancensucher.
2 *Definition der Geschäfte* – zum Beispiel: die Bedürfnisse, die Sie befriedigen, oder die Vorteile, die Sie bieten. Seien Sie nicht zu spezifisch (z. B. wir verkaufen Melksysteme) oder zu allgemein (z. B. wir sind im technischen Bereich tätig).
3 *Distinktive Kompetenz* – das sollte ein kurzes Statement sein, das sich ausschließlich auf Ihre spezifische SGE bezieht. Ein Statement, das ebenso auf irgendeinen Konkurrenten angewendet werden könnte, ist unbefriedigend.
4 *Hinweise auf die zukünftige Ausrichtung* – ein kurzes Statement über ernsthaft zu überlegende Schritte (z. B. Vordringen in ein neues Marktsegment).

Anmerkung: In der strategischen Marketingplanungsdokumentation ist dies Formblatt 1.

2 *Zusammenfassung der Leistungen der SGE*

Dieser einleitende Abschnitt soll die gesamten Marketingaktivitäten der SGE aus der Vogelperspektive beleuchten.
Zusätzlich zu der in Tabelle 13.2 gezeigten quantitativen Leistungsübersicht sollten die SGE-Manager auch eine Zusammenfassung der Gründe für gute oder schlechte Leistungen liefern.
Verwenden Sie den *konstanten Erlös* (t – 1), damit die Vergleiche sinnvoll sind. Achten Sie darauf, daß Sie allen Prognosen, die Sie weiter hinten in diesem System finden, dieselben Jahreswerte zugrundelegen.

	Vor drei Jahren	*Vor zwei Jahren*	*Vorjahr*
Volumen/Umsatz			
Bruttogewinn (%)			
Bruttomarge			

Anmerkung: In der strategischen Marketingplandokumentation ist dies Formblatt 2.

Tabelle 13.2

3 *Zusammenfassung der Finanzprognosen*
Dies ist der dritte Punkt, der im Marketingplan enthalten sein muß

Der Zweck dieser Zusammenfassung liegt darin, für die Person, die den Plan liest, die finanziellen Implikationen für den vollen Dreijahreszeitraum zusammenzufassen. Die Zusammenfassung sollte als einfaches Diagramm, etwa wie in Abbildung 13.6, präsentiert werden. Ein kurzer Kommentar sollte folgen. Zum Beispiel:
»Dieser Einjahres-Geschäftsplan weist eine Ertragssteigerung von £ 700.000 auf £ 900.000 und eine Deckungsbeitragssteigerung von £ 100.000 auf £ 400.000 auf. Dieser Marketingplan soll zeigen, wie sich diese Steigerungen erreichen lassen.«
Anmerkung: Dafür steht in der Dokumentation des strategischen Marketingplanes das Formblatt 3 zur Verfügung. Damit Sie mit diesem Formblatt zurechtkommen, empfehlen wir dringend, zuerst das Formblatt für die strategische Planung (Gap-Analyse) auszufüllen, das folgende in der Dokumentation für den strategischen Marketingplan. Bitte denken Sie daran, daß der Punkt »Ziele« zumindest so gestaltet sein sollte, daß er Ihnen die Erreichung der für die SGE festgelegten Unternehmensziele ermöglicht. *Im Idealfall sollte dieser Punkt jedoch so gestaltet sein, daß er diese spezielle SGE zur stärksten und besten unter allen vergleichbaren, konkurrierenden SGE macht.* Achtung: dafür steht in der Dokumentation des strategischen Marketingplans das Formblatt 4 zur Verfügung.

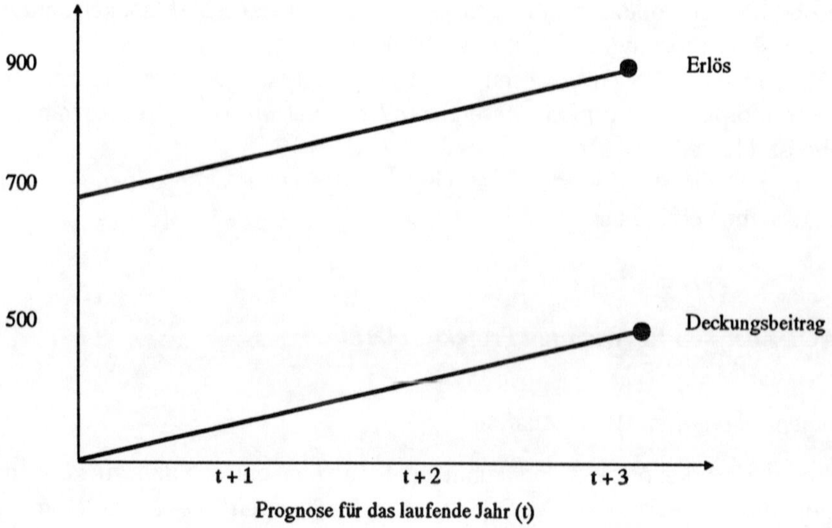

Abbildung 13.6

4 *Marktübersicht*

Dieser Abschnitt soll den Markt kurz skizzieren, bevor man sich auf die jeweiligen Details bestimmter Marktsegmente, die den Kern des Marketingplans bilden, einläßt.

Dieses System basiert auf der Markt*segmentierung* und unterteilt die Märkte in homogene Kundengruppen; diese Gruppen verfügen über gemeinsame Merkmale, die sich vom Marketingstandpunkt aus nutzen lassen. *Wir haben diesen Ansatz gewählt, weil er sich am besten dafür eignet, den SGE-Managern die Entwicklung ihrer Märkte zu ermöglichen.* Die Alternative, ein produktorientierter Ansatz, eignet sich aufgrund der unterschiedlichen Kundengruppen in den Märkten, in denen sich die meisten Unternehmen bewegen, nur selten.

Der Marktsegmentierungsansatz trägt eher zur Aufdeckung der Schwächen und Entwicklungschancen bei als ein ausschließlich produktorientierter Ansatz.

Es ist zwar schwierig, genaue Instruktionen darüber zu erteilen, wie dieser Teil des Marketingplans präsentiert werden soll, aber es sollte (nach der Erstellung des Marketing-Audit) möglich sein, eine Marktübersicht zu erstellen, die zusammenfaßt, welche wichtigen Veränderungen nach Meinung der Manager auf ihren Märkten eingetreten sind.

Bei der Realisierung dieses Abschnitts sollten SGE-Manager folgendes beachten:

1 Welche unserer wichtigen Produkte, Märkte (oder Segmente) werden am ehesten in der Lage sein, unserem Unternehmen die ihm angemessenen Geschäftschancen zu bieten?

2 Wie verändern sich diese – d. h., welche wachsen, welche sind rückläufig?

Dieser Abschnitt sollte kurz sein und einen Kommentar der SGE-Manager darüber enthalten, was ihrer Meinung nach auf ihren Märkten vorgeht.
Es hat sich als sehr nützlich erwiesen, wenn die SGE-Manager einen möglichst großen Teil dieser Informationen optisch präsentieren (d. h. Balken- oder Kreisdiagramme, Produktlebenszyklen etc).
Anmerkung: Dafür steht in der strategischen Marketingplanungsdokumentation das Formblatt 5 zur Verfügung.

5 SWOT-Analysen für wichtige Projekte/Märkte

Zusammenstellung der SWOT-Analyse

Um über die Marketingziele und künftigen Strategien entscheiden zu können, muß zuerst die *derzeitige* Position der SGE in ihrem Markt/ihren Märkten zusammengefaßt werden. Dies ist bereits im vorhergehenden Abschnitt erfolgt.
Der Marketing-Audit muß nun bezüglich der wichtigen Produkte und Märkte (Segmente), über die wir im vorhergehenden Abschnitt gesprochen haben, in Form einer Reihe von SWOT-Analysen zusammengefaßt werden. Der Begriff SWOT ergibt sich aus den Anfangsbuchstaben der Worte *strengths, weaknesses, opportunities* und *threats* (Stärken, Schwächen, Chancen und Bedrohungen). Einfach gesagt:

- Wo liegen die Chancen?
- Was sind die derzeitigen und zukünftigen Bedrohungen der Aktivitäten der SGE in jedem einzelnen der Segmente, die als wichtig erkannt wurden?
- Wo liegen die differenzierenden Stärken und Schwächen *im Vergleich zur* Konkurrenz? In anderen Worten, warum sollten potentielle Kunden der Zielmärkte lieber mit Ihnen als mit Ihrer Konkurrenz Geschäfte machen?

Richtlinien für die Erstellung einer SWOT-Analyse

In der Marktübersicht in Abschnitt 4 haben sich die Schlüsselprodukte und -märkte herauskristallisiert, auf die Sie Ihre Bemühungen konzentrieren sollten. Für Präsentationszwecke ist es nützlich, wenn Sie für jeden Schlüsselmarkt/jedes Schlüsselprodukt eine kurze SWOT-Analyse vorlegen können. Die Analysen sollten kurz und interessant zu lesen sein. Erstellen Sie SWOT-Analysen nur für die Schlüsselsegmente.
Abschnitt I behandelt *Stärken* und *Schwächen.* Der darauffolgende Abschnitt II soll zeigen, wie der Teil *Chancen und Bedrohungen* der SWOT-Analyse erstellt werden sollte. Abschnitt III faßt die *zu behandelnden Schlüsselfragen* zusammen. In Abschnitt IV wird beschrieben, wie man für die einzelnen Produkte/Marktsegmente Annahmen, Ziele und Strategien entwickelt. Abschnitt V faßt die Position der Konkurrenz zusammen.

I Einige wichtige Erfolgsfaktoren für diese Aktivitäten
(Critical Success Factors – Entscheidende Erfolgsfaktoren)

Wie geht ein Unternehmer vor, der seinen Produkten in diesem Segment den Erfolg sichern will? Die Anzahl der Faktoren, die letztlich für den Erfolg bestimmend sind, ist immer relativ gering. Faktoren wie Produktleistung, Umfang und Geschwindigkeit der Dienstleistungen, niedrige Kosten und so weiter sind oft die wichtigsten Erfolgsfaktoren. Geben Sie nun eine kurze Erklärung der *Stärken und Schwächen* Ihrer Organisation in bezug auf diese wichtigsten Faktoren, die Sie festgestellt haben. Zum Vergleich werden Sie vielleicht andere Lieferanten im selben Segment heranziehen, um feststellen zu können, warum Sie glauben, daß Ihr Unternehmen Erfolg haben kann, und welche Schwächen in der dreijährigen Planungsperiode in Angriff genommen werden müssen. Diese Faktoren werden entscheidende Erfolgsfaktoren (Critical Success Factors – CSF) genannt. Dabei ist ein Schema wie das in Abbildung 13.7 gezeigte nützlich. Gewichten Sie dann die Bedeutung jedes Faktors zwischen 1 und 100 (z. B. CSF 1 = 60; CSF 2 = 25; CSF 3 = 10; CSF 4 = 5). Wir schlagen vor, daß Sie sich selbst und jeden Konkurrenten bei jedem der CSFs zwischen 1 und 10 bewerten. Dann multiplizieren Sie jede Punktezahl mit der Gewichtung. Dadurch erhalten Sie eine genaue Angabe Ihrer Position in jedem Segment *im Vergleich zu* Ihrer Konkurrenz.

Konkurrenz / Entscheidende Erfolgsfaktoren	Gewichtungsfaktor	Ihre Organisation	Konkurrent A	Konkurrent B	Konkurrent C
CSF 1					
CSF 2					
CSF 3					
CSF 4					
Gewichteter Gesamtwert	100				

Abbildung 13.7

Auf diese Weise können Sie auch erkennen, welche *Schlüsselfragen* im Laufe der Dreijahres-Planungsperiode *behandelt* werden sollten.

II Zusammenfassung der Einflüsse von außen und ihrer Implikationen (Chancen und Bedrohungen)

Hier sollte eine kurze Erklärung darüber gegeben werden, in welchem Ausmaß Außeneinflüsse wie Technologie, Regierungspolitik und Bestimmungen, wirtschaftliche Lage und ähnliches Einfluß auf dieses Segment haben. Es liegt auf der Hand, daß es Chancen, aber auch Bedrohungen geben wird.

III Zu behandelnde Schlüsselfragen

Aus I und II oben werden sich eine Reihe von Schlüsselfragen ergeben, die zu behandeln sind.

IV Annahmen, Marketingziele, Marketingstrategien

Nun können Annahmen gemacht und Ziele und Strategien festgelegt werden. An dieser Stelle ist hervorzuheben, daß solche Annahmen, Ziele und Strategien sich nur auf das jeweilige Produkt, den Markt oder das Segment beziehen, der/das gerade betrachtet wird. Diese speziellen Annahmen, Ziele und Strategien werden Ihr Denken leiten, wenn Sie später allgemeine Annahmen, Marketingziele und -strategien vor sich haben. (Siehe folgenden Abschnitt.)
Anmerkung: Dafür steht in dieser Marketingplandokumentation das Formblatt 6 zur Verfügung. In diesem Formblatt sind alle Punkte aus I, II, III und IV oben zusammengefaßt, und es sollte für alle untersuchten Produkte, Märkte und Segmente ausgefüllt werden.

V Konkurrenzanalyse

Hier sollten Sie die Erkenntnisse des Audit ausschließlich in bezug auf *wichtige Konkurrenten* zusammenfassen. Bei jedem Konkurrenten sollte der Umsatz für das jeweilige Produkt/Marktsegment, der derzeitige *und der in drei Jahren erwartete Anteil* verzeichnet werden. Je größer der Einfluß eines Konkurrenten auf andere ist, desto eher kann er seine eigenen unabhängigen Strategien einsetzen und desto erfolgreicher ist er. Wir schlagen vor, daß Sie alle Ihre Hauptkonkurrenten auch nach einer der Klassifikationen des Leitfadens für die Klassifizierung der Wettbewerbsposition (Guide to Competitive Position Classification) klassifizieren, d. h., Führerschaft, stark, günstig, kann sich behaupten, schwach.
Führen Sie auch ihre wichtigsten Produkte oder Dienstleistungen an. Als nächstes listen Sie Unternehmensrichtung und -strategien als Richtlinien auf. *Diese sollten nicht wortwörtlich zitiert werden,* da sie nur Richtlinien darstellen. Als nächstes führen Sie ihre wichtigsten Stärken und Schwächen an.
Das Muster von Abbildung 13.8 hat sich als nützlich erwiesen.

Konkurrenzanalyse					
Haupt-konkurrent	**Produkte/ Märkte**	**Geschäfts-richtung sowie aktuelle Ziele und Strategie**	**Stärken**	**Schwächen**	**Wettbewerbs-position**

Abbildung 13.8

Anmerkung: Dafür steht in der strategischen Marketingplandokumentation das Formblatt 7 zur Verfügung.

Leitfaden zur Klassifikation der Wettbewerbsposition

Führerschaft Stark	• hat starken Einfluß auf Leistung oder Verhalten anderer • verfügt über eine breite Palette an Strategien • kann eine unabhängige Strategie anwenden, ohne kurzfristig seine Position aufs Spiel zu setzen • ist kaum verwundbar durch Aktionen der Konkurrenz
Günstig	• Nützt spezifische Wettbewerbsstärke, oft in einer Marktnische • Hat mehr als durchschnittliche Chance, seine Position zu verbessern; verschiedene Strategien verfügbar
Kann sich behaupten	• Leistungen rechtfertigen Verbleiben im Geschäft
Schwach	• Kontinuierlich nicht zufriedenstellende Leistungen; signifikante Wettbewerbsschwäche • Naturgemäß kurzfristiger Zustand; muß sich verbessern oder zurückziehen

Die folgende Liste enthält fünf Geschäftsstoßrichtungen, die sich für beinahe jedes Geschäft eignen. Wählen Sie diejenigen, die die Strategie der Konkurrenz am besten zusammenfassen.

Geschäftsstoßrichtungen

1 *Eintritt* – Ressourcen werden einem neuen Geschäftsbereich zugeordnet. Es sollte erwogen werden, auf bestehenden Stärken des Unternehmens oder der Sparte aufzubauen, mit diesen im Zusammenhang stehende Chancen zu nutzen und gegen erkannte Bedrohungen zu verteidigen. Kann zur Schaffung eines neuen Geschäftszweigs führen.
2 *Verbesserung* – praktische Anwendung der Strategien, von denen eine signifikante Verbesserung der Wettbewerbsposition des Unternehmens erwartet wird. Oft ist eine sorgfältige Produkt- bzw. Marktsegmentierung erforderlich.
3 *Aufrechterhaltung* – Aufrechterhaltung der Wettbewerbsposition. Aggressive Strategien können erforderlich sein, obwohl man auch eine defensive Haltung einnehmen kann. Produkt- und Marktsituation werden aufrechterhalten, oft in einer Nische.
4 *Ernte* – willentliche Aufgabe einer Wettbewerbsposition, Schwergewicht auf kurzfristigen Gewinnen und Cash-flow, aber nicht unbedingt mit dem Risiko, das Geschäft kurzfristig zu verlieren. Zieht oft Konsolidierung oder Beschneidung verschiedener Unternehmensaspekte nach sich, damit die verbleibenden Teile eine höhere Leistung bringen.
5 *Abgang* – Auflösung eines Geschäftszweigs aufgrund seiner schwachen Wettbewerbsposition, oder weil es zu teuer ist, im Geschäft zu bleiben, und weil das Risiko, das mit einer Verbesserung der Position verbunden ist, zu hoch ist.

6 Zusammenfassung des Portfolios (Zusammenfassung der SWOT-Analysen)

Es bleibt uns nur noch, jede dieser SWOT-Analysen in einem Format zusammenzufassen, in dem die allgemeine Position und relative Bedeutung jedes einzelnen dieser Segmente für die Organisation auf einen Blick zu erkennen ist.
Dies kann durch ein Diagramm in der Form einer Vierfeld-Matrix erfolgen, die alle vorher besprochenen, wichtigen Produkte/Marktsegmente enthält. In Abbildung 13.9 wird eine solche Matrix gezeigt. Es folgen einige einfache Instruktionen, wie man eine solche Matrix erstellt. In Kapitel 5 finden Sie detailliertere Instruktionen.
Die Portfolio-Matrix (in Kapitel 5 Politikausrichtungs-Matrix genannt) ermöglicht Ihnen eine Einschätzung, welche Produkte und Dienstleistungen oder welche Kundengruppen bzw. Segmente die besten Möglichkeiten für einen kommerziellen Erfolg bieten. Sie unterstützt auch die Entscheidungsfindung, bei welchen Produkten oder Dienstleistungen (oder Marktsegmenten) sich Investitionen lohnen, und zwar sowohl in finanzieller Hinsicht als auch managementbezogen.

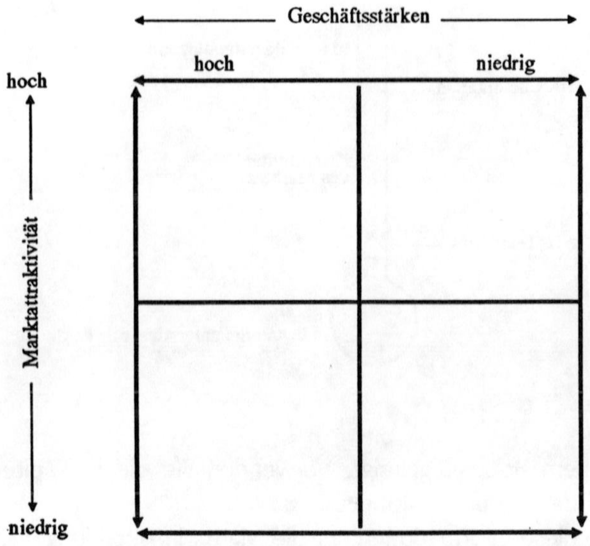

Abbildung 13.9

In diesem Beispiel werden Marktsegmente verwendet, obwohl es auch möglich ist, Produkte oder Dienstleistungen zu verwenden. Wir schlagen vor, daß Sie den unten aufgelisteten Instruktionen folgen.

So erstellen Sie eine Portfolio-Matrix für Ihre SGE:

1 Erstellen Sie auf einem separaten Blatt Papier eine Liste Ihrer Marktsegmente und stellen Sie fest, welche die attraktivsten sind. (Bitte denken Sie daran, daß diese »Segmente« Länder, Abteilungen, Märkte, Vertriebshändler, Kunden und ähnliches sein können.) Um zu diesen Entscheidungen zu gelangen, werden Sie ohne Zweifel unterschiedliche Faktoren in Betracht ziehen müssen:

- die Größe der Märkte
- deren derzeitiges oder voraussichtliches Wachstum
- die Preise, die Sie verlangen können
- die Ertragschancen
- die unterschiedlichen Bedürfnisse (die Sie erfüllen können)
- die Stärke des Wettbewerbs in bezug auf Qualität und Quantität
- das wirtschaftliche Klima
- technische Entwicklungen etc.

Stellen Sie sich vor, Sie hätten ein Meßinstrument, etwas ähnliches wie ein Thermometer, das jedoch nicht die Temperatur, sondern die Attraktivität des Marktes mißt. Je höher der abgelesene Wert, desto attraktiver der Markt. Dieses Instrument ist in Abbildung 13.10 dargestellt. Schätzen Sie, welchen Wert auf der Skala *jeder* Ihrer Märkte erreichen würde (würde es ein solches Instrument geben), und notieren Sie

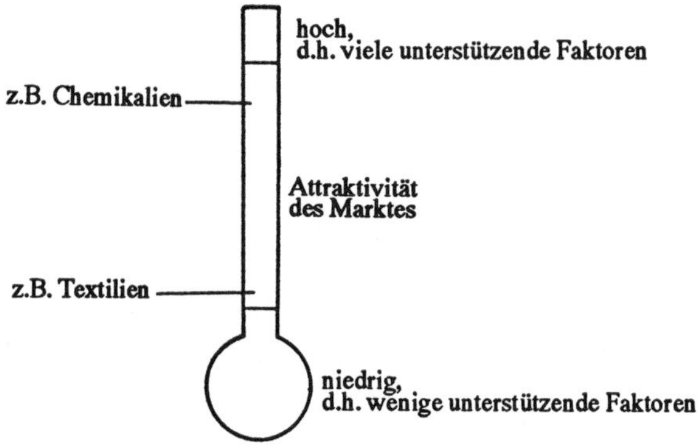

Abbildung 13.10

es, wie in obigem Beispiel gezeigt. Verwenden Sie die in Kapitel 5 vorgestellten Methoden und das Beispiel in Tabelle 5.3.
2 Übertragen Sie diese Informationen auf die Matrix in Abbildung 13.9, wobei Sie die Märkte in die linke Seite der Matrix eintragen.
3 Ziehen Sie, immer noch auf der Matrix, eine horizontale, gestrichelte Linie vom linken oberen Markt aus, wie in Abbildung 13.11 gezeigt.

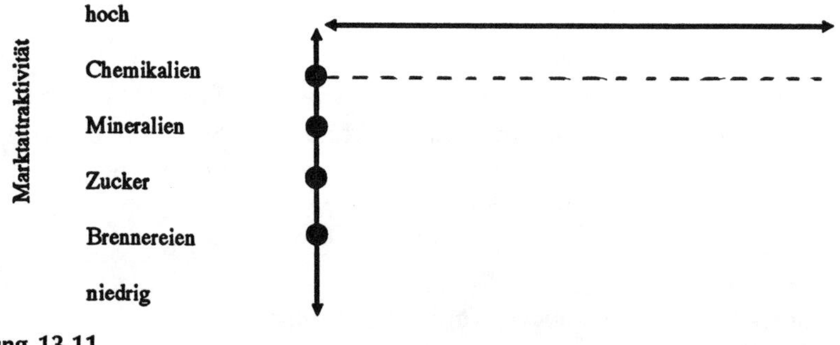

Abbildung 13.11

4 Nun fragen Sie sich, wie gut Ihre SGE für diesen attraktivsten Markt ausgerüstet ist. Es muß eine ganze Reihe von Fragen gestellt werden, damit man die geschäftlichen Stärken des Unternehmens bestimmen kann, zum Beispiel:
- Sind wir groß genug?
- Können wir wachsen?
- Wie groß ist unser Marktanteil?
- Haben wir die richtigen Produkte?
- Wie gut sind wir auf diesem Markt bekannt?
- Welches Image haben wir?

- Verfügen wir über die richtigen technischen Fähigkeiten?
- Können wir uns Veränderungen anpassen?
- Haben wir genügend Kapazitäten?
- Wie nahe sind wir an diesem Markt?
- Wie schneiden wir im Vergleich zur Konkurrenz ab?

Aus dem Ergebnis einer solchen Analyse können Sie schließen, wie »fit« Ihr Unternehmen ist, und Sie werden auf der horizontalen Achse der Matrix einen Punkt wählen können, der diese Position repräsentiert. Der linke Bereich der Skala steht für viele, die rechte für wenige Stärken der Einheit. Bitte beachten Sie, daß die im vorhergehenden Kapitel erstellte Analyse (Abschnitt 5 über SWOT-Analysen) als Material für diese Übung verwendet werden sollte, sofern Sie die dafür nötige Quantifizierung bereits vorgenommen haben. Ziehen Sie eine vertikale Linie von diesem Punkt der Skala aus, wie in Abbildung 13.12 gezeigt, so daß sie die horizontale kreuzt. (Verwenden Sie dafür jedoch die in Kapitel 5 beschriebene quantitative Methode.)

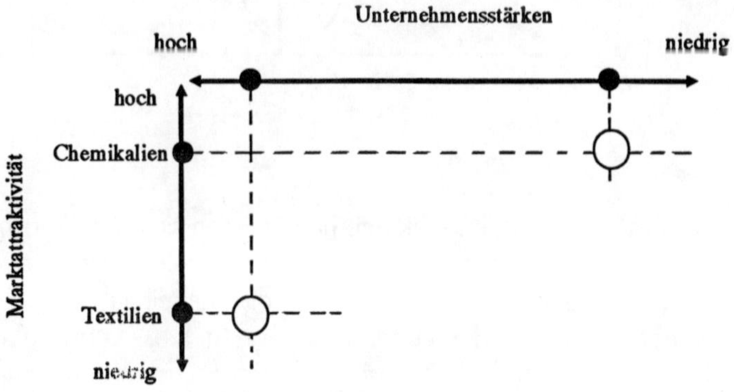

Abbildung 13.12

5 Nun zeichnen Sie *nochmals* die Kreise, so daß der Durchmesser dieses Mal dem Anteil des spezifischen Segments an Ihrem gesamten Verkaufsumsatz entspricht. (Bitte denken Sie daran, daß Sie, um technisch korrekt vorzugehen, die Quadratwurzel des Volumens nehmen müssen.)

6 Nun geben Sie an, wo sich diese Kreise in drei Jahren befinden und welche Größe sie voraussichtlich haben werden. (Aus diesem Grund müssen vielleicht Segmente in die Matrix aufgenommen werden, die derzeit noch nicht bedient werden.) Bitte beachten Sie, daß es dafür zwei Möglichkeiten gibt. Die erste besteht darin, daß Sie bei der Entscheidung über die Attraktivität von Markt oder Segment annehmen können, daß Sie sich bei t.0 (d. h. heute) befinden und daß sich Ihre Attraktivitätsprognose auf die nächsten drei Jahre (d. h. t + 3) erstreckt.

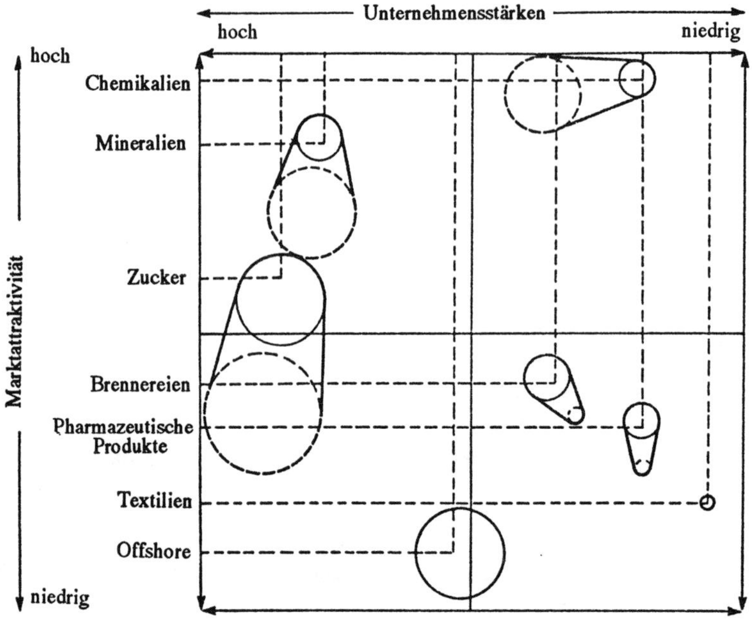

Abbildung 13.13

Wenn Sie sich für diese Methode entschieden haben, kann sich *der Kreis natürlich nur horizontal auf der Achse bewegen*, da das einzige, was sich verändert, Ihr relativer Wettbewerbsvorteil ist. Die zweite Methode zeigt die derzeitige Attraktivitätsposition auf der vertikalen Achse auf Basis der letzten drei Jahre (d. h. t – 3 bis t.0) und prognostiziert dann, wie sich diese Attraktivitätsposition in den nächsten drei Jahren verändern wird (d. h. t.0 auf t + 3). In diesem Fall können sich die Kreise sowohl vertikal als auch horizontal bewegen. Dies ist die im gezeigten Beispiel (Abbildung 13.13) verwendete Methode, aber es bleibt ausschließlich Ihnen überlassen, welche Methode Sie verwenden. Wichtig ist, daß Sie die Matrix kreativ einsetzen. Sie sollten bereit sein, die Namen auf den Achsen zu ändern und sowohl mit Produkten als auch mit Märkten zu experimentieren.
Anmerkung: Dafür steht in der strategischen Marketingplandokumentation das Formblatt 8 zur Verfügung.

7 Annahmen

Jede SGE muß die Annahmen, die für die Erfüllung der geplanten Marketingziele und -strategien von entscheidender Bedeutung sind, besonders hervorheben.
Die wichtigsten Planungsannahmen beziehen sich im allgemeinen auf äußere Faktoren

und zu erwartende Veränderungen, die auf die Erreichung der Marketingziele einen signifikanten Einfluß haben würden. Darunter könnten Faktoren wie die Marktwachstumsrate, die Kosten Ihrer Organisation, Investitionsausgaben und so weiter sein.
Es sollten nur wenige Annahmen erstellt werden, und diese wenigen sollten sich ausschließlich auf Schlüsselfragen beziehen, z. B. solche, die in der SWOT-Analyse behandelt werden. Ist es möglich, einen Plan ohne Berücksichtigung der Annahmen zu implementieren, dann sind diese Annahmen überflüssig und sollten eliminiert werden.
Sie werden wahrscheinlich zu der Erkenntnis gelangen, daß es Ihnen um so leichter fallen wird, über Makroannahmen zu entscheiden, je mehr detaillierte Annahmenlisten über die einzelnen im SWOT-Stadium (Abschnitt 5) analysierten Produkte bzw. Marktsegmente erstellt wurden.
Anmerkung: Dafür steht in der strategischen Marketingplandokumentation das Formblatt 9 zur Verfügung.

8 Festlegen von Zielen und Strategien

Marketingziele

Nachdem die entscheidenden Stärken, Schwächen, Chancen und Bedrohungen erkannt und festgehalten wurden und eine ausdrückliche Erklärung über die Annahmen bezüglich der Bedingungen, die die Geschäfte beeinflussen, vorliegt, wird es leichter, Marketingziele festzusetzen, da sie nun eine realistische Erklärung dessen darstellen, was die SGE durch eine marktzentrierte Analyse erreichen will.
Wie bei der Festlegung der Ziele für andere funktionale Geschäftsbereiche ist dies der wichtigste Schritt im gesamten Prozeß, da er eine SGE-weite Festlegung auf eine bestimmte Vorgangsweise bedeutet, die die zeitliche Planung und Kalkulation der darauffolgenden Maßnahmen bestimmt.
Ein *Ziel* ist das, was die SGE erreichen will. Eine *Strategie* ist die Art und Weise, wie dieses Ziel erreicht werden soll. Das heißt, daß es auf allen Marketingebenen Ziele und Strategien gibt, also z. B. Werbeziele und -strategien, Preisziele und -strategien und so weiter.
Entscheidend an den Marketingzielen ist jedoch, daß sie sich ausschließlich mit Produkten und Märkten befassen sollten, da sich die finanziellen Ziele der SGE nur erreichen lassen, wenn etwas an jemanden verkauft wird. Werbung, Preisbildung und andere Elemente des Marketing-Mix sind andere Mittel (Strategien), durch die die SGE diese Ziele erreichen kann. Das heißt, daß Preisziele, Verkaufsförderungsziele, Werbeziele und so weiter *nicht* mit Marketingzielen verwechselt werden dürfen.
Wenn Gewinne und Cash-flow maximiert werden sollen, muß jede SGE sorgfältig überlegen, in welcher Weise sich die derzeitigen Bedürfnisse ihrer Kunden verändern und wie sich die von ihr angebotenen Produkte demgemäß verändern müssen. Da Wandel unausweichlich ist, ist es notwendig, daß die SGE die beiden wichtigsten Dimensionen

des wirtschaftlichen Wachstums, nämlich Produktentwicklung und Marktentwicklung, beachten.

Marketingziele befassen sich mit:
- dem Verkauf bestehender Produkte an bestehende Segmente
- der Entwicklung neuer Produkte für bestehende Segmente
- der Ausweitung bestehender Produkte auf neue Segmente
- der Entwicklung neuer Produkte für neue Segmente.

Marketingziele sollten *quantitativ* sein und womöglich in Form von *Werten, Volumina* und *Marktanteilen* ausgedrückt werden. Allgemeine, nicht meßbare Ausdrücke wie »maximieren«, »minimieren«, oder »durchdringen« sollten vermieden werden, es sei denn, die Quantifizierung ist eingeschlossen.

Die Marketingziele sollten sich auf den vollen Dreijahres-Planungshorizont beziehen und von breitangelegten Strategien (im folgenden Abschnitt behandelt) sowie groben Gewinn- und Kostenprognosen für diesen vollen Zeitraum unterstützt werden.

Der Einjahres-Marketingplan sollte spezifische Ziele für das erste Jahr des Dreijahres-Planungszyklus und die entsprechenden Strategien enthalten, mit denen sich diese Ziele erreichen lassen. *Der Einjahres- und der Dreijahresplan sollten separate Dokumente sein. Im gegenwärtigen Stadium ist ein detaillierter Einjahresplan nicht erforderlich.*

An dieser Stelle ist hervorzuheben, daß das Schlüsseldokument der alljährlichen Planungsrunde der strategische Dreijahresplan ist. Der Einjahresplan repräsentiert die spezifischen Maßnahmen, die im ersten Jahr des strategischen Planes gesetzt werden sollten.

Marketingstrategien

Marketingstrategien sollten grob darstellen, *wie* die Marketingziele erreicht werden sollen, etwa:
- die spezifische Produktpolitik (Palette, technische Spezifikationen, Zusätze, Streichungen etc.)
- die Preisbildungspolitik, die für Produktgruppen in bestimmten Marktsegmenten verfolgt werden soll
- das Kundenserviceniveau, das in spezifischen Marktsegmenten geboten werden soll (z. B. Wartung)
- die Politik für die Kundenkommunikation unter jeder der Hauptüberschriften wie Verkaufspersonal, Werbung, Verkaufsförderung etc., je nach Gegebenheit.

Richtlinien für die Festlegung für Marketingziele und -strategien werden in Kapitel 6 angeboten. Hier folgt jedoch eine Zusammenfassung einiger Marketingziele und -strategien, die den SGE-Managern zur Verfügung stehen.

Ziele

1 Marktdurchdringung
2 Einführung neuer Produkte in bestehenden Märkten

3 Einführung bestehender Produkte in neuen Märkten (Inland)
4 Einführung bestehender Produkte in neuen Märkten (international)
5 Einführung neuer Produkte in neuen Märkten

Strategien

1 Veränderung von Produktdesign, Leistung, Qualität oder Merkmalen
2 Veränderung von Werbung oder Verkaufsförderung
3 Änderung des Stückpreises
4 Veränderung von Lieferung oder Distribution
5 Veränderung des Kundenserviceniveaus
6 Verbesserung der Herstellungsproduktivität
7 Verbesserung der Marketingproduktivität (z. B. Verbesserung des Verkaufs-Mix)
8 Verbesserung der administrativen Produktivität
9 Konsolidierung der Produktlinie
10 Rückzug aus Märkten
11 Konsolidierung der Distribution
12 Standardisierung des Designs, Konsolidierung der Produktion, Neuorientierung der Logistik
13 Erschließung von Märkten, Produkten, Einrichtungen

Richtlinien für die Festsetzung von Marketingzielen und -strategien

Durch die Erstellung einer Portfolio-Matrix für jedes wichtige Produkt bzw. Marktsegment innerhalb jeder Einheit (wie Sie das in Abschnitt 7 gemacht haben) werden die Geschäftsmerkmale in sichtbare und leicht verständliche Positionen *im Vergleich zueinander* gesetzt.
Außerdem läßt die Position jedes Produktes bzw. Marktsegmentes in der Matrix auf weitgefaßte Ziele schließen, die normalerweise für Geschäfte in dieser Position geeignet sind, obwohl die Manager der einzelnen SGE je nach den zum jeweiligen Zeitpunkt vorherrschenden Bedingungen auch alternative Ziele ins Auge fassen sollten.
Die vier Kategorien der Matrix sind:

- Star
- Cash cow
- Dog
- Wildcat/Problem child/Question mark

Das sind die originalen, von der Boston Consulting Group geprägten Begriffe, die hier für die Politikausrichtungs-Matrix beibehalten wurden. Vielleicht wollen Sie Ihre eigenen Ausdrücke verwenden, aber wir möchten darauf hinweisen, daß es nicht nötig ist, jedem der Quadranten einen eigenen Namen zu geben. Wir betrachten sie nun der Reihe nach.

Star

Produkte dieser Kategorie zeichnen sich dadurch aus, daß ihre Wettbewerbspositionen in Märkten bzw. Segmenten durch hohe Wachstumsraten gekennzeichnet sind; sie versprechen dauerhafte Attraktivität. Das klare Ziel für solche Produkte ist die Aufrechterhaltung der Wachstumsraten zumindest in der Höhe der Marktwachstumsrate, das heißt, daß Marktanteil und Marktführerschaft beibehalten werden. Oder sie sollen rascher wachsen als der Markt und so den Marktanteil erhöhen.

Drei wichtige Faktoren sind zu berücksichtigen:

1 die Möglichkeit geographischer Ausdehnung

2 die Möglichkeit einer Ausweitung der Produktlinie

3 die Möglichkeit einer Differenzierung der Produktlinie.

Dies läßt sich durch interne Entwicklung, Akquisitionen oder Joint Ventures erreichen. Das Wesentliche ist, daß in einer derartig attraktiven Marketingsituation *eine aggressive Marketinghaltung*, kombiniert mit einem überaus straffen Budgetierungs- und Kontrollprozeß erforderlich ist, um einen effizienten Einsatz der Kapitalressourcen sicherzustellen.

Cash cow

Produkte dieser Kategorie nehmen Wettbewerbspositionen in Märkten bzw. Segmenten ein, die als langfristig nicht attraktiv gelten. Hier sollte man danach streben, eine rentable Position beizubehalten und mehr Gewicht auf die aktuellen Erträge anstatt auf aggressives Wachstum legen.

Die erfolgreichsten Produktlinien sollten beibehalten werden, während weniger erfolgreiche eventuell aufgegeben werden sollten. Die Marketingbemühungen sollten sich darauf konzentrieren, Produkte zu differenzieren, um den Anteil an den Schlüsselsegmenten des Markts aufrechtzuerhalten. Die Marketing-Ermessensausgaben sollten eingeschränkt werden, besonders, wenn sie nicht von der Konkurrenz herausgefordert werden oder wenn Produkte in das Reifestadium eingetreten sind. Die Vergleichspreise sollten stabilisiert werden, es sei denn, zur Aufrechterhaltung des Marktanteils wäre ein aggressives Auftreten erforderlich.

Dogs

Produkte dieser Kategorie haben eine schwache Position auf unattraktiven Märkten. »Schlecht« sind diese Produkte nur dann, wenn die Ziele sich nicht mit der Position des Unternehmens in dem jeweiligen Marktsegment vereinbaren lassen. Im allgemeinen sollten solche Produkte dort, wo eine sofortige Eliminierung nicht ratsam ist, auf Cash gemanagt werden.

Die Produktlinien sollten bei einer gleichzeitigen Minimierung der Marketingausgaben aggressiv beschnitten werden, während die Preise gleich bleiben oder, wenn möglich, erhöht werden.

Man sollte jedoch zwischen den verschiedenen Typen von »Dogs« unterscheiden. Die beiden Hauptkategorien sind:

- Echte »Dogs«
- »Cash Dogs«

Echte »Dogs« sollten im allgemeinen wie oben beschrieben gemanagt werden. »Cash dogs« (d. h. Produkte, die nahe am Quadrant Cash cow liegen), sollten im allgemeinen anders gemanagt werden. Beispielsweise sollte die Realität eines verlangsamten Wachstums anerkannt werden, und man sollte der Versuchung widerstehen, die früheren hohen Wachstumsraten dieses Produktes zu verlangen. Das sollte nicht als »Marketingproblem« betrachtet werden, weil es wahrscheinlich zu hohen Werbe-, Verkaufsförderungs- und Lagerkosten sowie zu einer verringerten Produktivität führen würde. Wo möglich, sollten Wachstumssegmente erkannt und genutzt werden. Die Produktqualität sollte betont werden, um einen »Wettbewerb der Waren« zu vermeiden. Die Produktivität sollte systematisch verbessert werden.

Wildcats, Problem children und Question marks

Hier muß entschieden werden, ob man in diesen attraktiven Märkten bzw. Segmenten im Hinblick auf zukünftige Marktführerschaft investieren oder die Produkte mit dem Ziel aktueller Gewinne managen soll. Beide Ziele sind erreichbar, aber Sie sollten daran denken, daß es normalerweise nicht mit einem Wachstum des Marktanteils vereinbar ist, diese Produkte im Hinblick auf kurzfristige Gewinne zu managen, sondern daß es im allgemeinen nötig ist, die vielversprechendsten Wildcats auszuwählen und nur in diese zu investieren.

Weitere Marketing- und funktionale Richtlinien

Weitere Marketing- und funktionale Richtlinien, die die Manager der operationalen Einheiten bei der Festlegung von Marketingzielen und den zugehörigen Strategien berücksichtigen sollten, finden sich in Kapitel 6.

Es ist jedoch hervorzuheben, daß es keine *automatische Politik* für ein bestimmtes Produkt oder einen Markt gibt und daß die SGE-Manager drei oder mehr Optionen erwägen sollten, bevor sie entscheiden, welche sie als »die beste« empfehlen. Vor allem ist es Aufgabe der SGE-Manager, die attraktivsten Möglichkeiten zu evaluieren und die Erfolgschancen so realistisch wie möglich zu bewerten. Normalerweise ist zu erwarten, daß neue Geschäftsmöglichkeiten auf bestehenden Stärken aufbauen, insbesondere im Marketing, das in der Folge erweitert oder ergänzt werden kann.

Datenbasis und Zusammenfassung der Marketingziele

Die in der Datenbasis enthaltenen Formblätter bieten sowohl einen analytischen Rahmen als auch eine Zusammenfassung der Marketingziele, die für die Manager aller strategischen Geschäftseinheiten relevant sind. Diese Zusammenfassung stellt eine wichtige Information zur Untermauerung des Marketingplans dar.

Die in der Datenbasis enthaltenen Formblätter:

Formblatt 10 (Seite 311): *Umsatzwerte der Marktsegmente*, die über einen Zeitraum von fünf Jahren hinweg die gesamte Nachfrage des Markts, die eigenen Umsätze der SGE und den Marktanteil zeigen, die diese Umsätze für die verschiedenen Marktsegmente repräsentieren.

Formblatt 11 (Seite 312): *Die Bruttogewinne des Marktsegments*, die über einen Zeitraum von fünf Jahren hinweg die Umsatzwerte der SGE, den Bruttogewinn und die Bruttomargen für die verschiedenen Marktsegmente zeigen.

Formblatt 12 (Seite 313): *Produktgruppenanalyse*, die über einen Zeitraum von fünf Jahren hinweg die Umsatzwerte der SGE, den Bruttogewinn und die Bruttomarge für die verschiedenen Produktgruppen zeigt.

Formblatt 13 (Seite 314): Zusammenfassung (in Worten) der wichtigsten Marketingziele und -strategien.

Finanzprognosen über drei Jahre

Schlußendlich sollten die SGE-Manager unter allen wichtigen Standardertrags- und Kostenheadlines, wie sie von ihrer Organisation spezifiziert werden, finanzielle Prognosen für den vollen Dreijahres-Planungszeitraum abgeben.

Einjahres-Marketingplan

(Dieser sollte getrennt vom strategischen Dreijahresplan gehalten und erst dann erstellt werden, wenn das Planungsteam den strategischen Plan im Mai jedes Jahres genehmigt hat.)

Der taktische Einjahres-Marketingplan

Nun sollte man spezifische Subziele für Produkte und Segmente, unterstützt von detaillierteren Strategie- und Maßnahmenstatements, entwickeln. Dazu gehören die *Budgets* und *Zielsetzungen* sowie ein *konsolidiertes Budget*. Diese müssen die Marketingziele und -strategien widerspiegeln, und umgekehrt *müssen* die Ziele, Strategien und Programme ihrerseits die vereinbarten Budgets und Umsatzprognosen widerspiegeln. Ihr Hauptzweck ist es, die wichtigsten für die Implementierung erforderlichen Schritte zu

skizzieren, die Verantwortung für die wichtigsten Entscheidungen zuzuweisen und die erforderliche Ressourcenallokation sowie deren Timing zu spezifizieren.
Wenn man sich an die in diesem System festgelegten Verfahren hält, wird eine Hierarchie von *Zielen* in einer Weise aufgebaut, die es gestattet, jeden budgetierten Ausgabenposten direkt auf die ursprünglichen finanziellen Ziele zurückzuverfolgen (dieser Vorgang ist als »task related budgeting« bekannt).
Das heißt, wenn beispielsweise die Werbung als Mittel zur Erreichung eines Ziels auf einem bestimmten Markt gewählt wurde (d. h., Werbung ist eine Strategie, die eingesetzt werden soll), können alle Werbeausgaben für im Budget aufscheinende Punkte in spezifischer Weise auf ein größeres Ziel zurückverfolgt werden. Das Wichtigste daran ist, daß die Budgets sowohl im Hinblick auf die allgemeinen Marketingziele als auch auf die Sub-Ziele jedes einzelnen Elements des Marketing-Mix erstellt werden.
Der Hauptvorteil dieser Methode ist, daß sie es den operativen Einheiten erlaubt, sich ein zunehmend klares Bild von ihren Märkten zu verschaffen und dieses zu präsentieren. Diese Budgetierungsmethode ermöglicht es auch, daß jeder Ausgabenposten in voller Höhe einem Ziel zugeordnet werden kann. So wird auch sichergestellt, daß Veränderungen, die sich im Laufe des Planungszeitraums ergeben, so erfolgen können, daß den langfristigen Zielen der SGE möglichst wenig Schaden zugefügt wird.

Krisenplan

Es ist wichtig, in den Einjahres-Marketingplan auch einen Krisenplan aufzunehmen. Anmerkungen dazu folgen unten.

Richtlinien für die Erstellung eines Einjahres-Marketingplans

Aufgrund der unterschiedlichen Struktur der strategischen Geschäftseinheiten ist es nicht möglich, ein Standardformat für alle SGE zu geben. Es gibt jedoch ein Mindestmaß an Information, die die finanzielle Dokumentation zwischen September und Oktober begleiten sollten. Hintergrundinformationen über den Markt sind hierfür nicht nötig; sie sollten im strategischen Dreijahresplan enthalten sein.

Formatvorschlag für den Einjahres-Marketingplan

1 (a) *Allgemeine Ziele (siehe Formblätter 1 und 2 in der Einjahres-Marketingplandokumentation)* – diese sollten folgendes umfassen:

Volumen oder Wert	Vorjahr	Schätzung für das laufende Jahr	Budget für das nächste Jahr
Bruttomargen	Vorjahr	Schätzung für aktuelles Jahr	Budget für das nächste Jahr

Unter jeder Überschrift sollten kurze Kommentare oder Erklärungen stehen.

1 (b) *Gesamtstrategien* – z. B. neue Kunden, neue Produkte, Werbung, Verkaufsförderung, Verkauf, Kundenservice, Preisbildung. Eine Liste der Marketingstrategien finden Sie in Kapitel 6.

2 (a) *Sub-Ziele (siehe Formblatt 3 der Einjahres-Marketingplandokumentation)* – detailliertere Ziele für Produkte, Märkte, Segmente oder wichtige Kunden sollten je nach Gegebenheit festgelegt werden.
(b) *Strategien* – die Mittel, durch die die Sub-Ziele erreicht werden sollen, sind anzugeben.
(c) *Aktionen/Taktiken* – Details, Timing, Verantwortung und Kosten sollten ebenfalls angegeben werden.

3 *Zusammenfassung der Marketingaktivitäten und Kosten (siehe Formblatt 4 der Einjahres-Marketingplandokumentation)*

4 *Krisenplan (siehe Formblatt 5 der Einjahres-Marketingplandokumentation)* – man sollte unbedingt einen Krisenplan vorsehen, der die folgenden Fragen behandeln muß:
(a) Welche sind die entscheidenden Annahmen, auf denen der Einjahresplan basiert?
(b) Was wären die finanziellen Konsequenzen (d. h. die Auswirkungen auf die betrieblichen Erträge), wenn diese Annahmen sich nicht bestätigen würden? Wenn eine Ertragsprognose beispielsweise auf der Annahme basiert, daß ein wichtiger Kunde die Entscheidung zum Kauf neuer Anlagen treffen wird, welche Auswirkungen hätte dann eine gegenteilige Entscheidung?
(c) Wie wird mit diesen Annahmen umgegangen?
(d) Welche Maßnahmen werden Sie ergreifen, um sicherzustellen, daß negative finanzielle Auswirkungen nicht eingetretener Annahmen minimiert werden, so daß Sie zu Jahresende den prognostizierten Ertrag haben?
Um das Risiko abschätzen zu können, bewerten Sie die negativen Möglichkeiten, fragen Sie sich, was mit jeder Annahme, die das Ergebnis verändert, schieflaufen kann. Wenn beispielsweise eine Marktwachstumsrate von 5 Prozent eine Schlüsselannahme ist, wie niedrig müßte die tatsächliche Wachstumsrate sein, bevor eine erheblich andere Managemententscheidung fallen würde? Bei einem Investitionsprojekt wäre das der Punkt, an dem das Projekt nicht länger wirtschaftlich wäre.

5 *Betriebsergebnis und finanzielle Verhältnisse (siehe Formblatt 6 in der Dokumentation des Einjahres-Marketingplans)*
Anmerkung: Dieses Formblatt stellt nur ein Beispiel dar, da natürlich alle Organisationen ihr eigenes Format haben werden – darin sollte folgendes enthalten sein:
- Nettoertrag
- Bruttogewinnspanne
- Anpassungen
- Marketingkosten
- Verwaltungskosten
- Zinsen
- Betriebsergebnis
- Umsatzrendite
- Kapitalrendite

6 *Planer für Schlüsselaktivitäten (siehe Formblatt 7 der Einjahres-Marketingplandokumentation)* – zum Schluß sollten Sie die Schlüsselaktivitäten zusammenfassen und deren Beginn und Ende angeben. Das sollte Ihnen helfen, die Fortschritte Ihres Jahresplanes zu überwachen.
7 *Anderes* – es gibt vielleicht noch andere Informationen, die Sie aufnehmen wollen, wie beispielsweise Verkaufskontaktpläne.

Konsolidierung verschiedener strategischer SGE-Marketingpläne durch die Zentrale

Der Autor wird oft gefragt, wie die unterschiedlichen strategischen Marketingpläne der SGE durch das leitende Marketingpersonal der Zentrale konsolidiert werden sollten. Abschnitt B bietet unter dem Titel »Formatbeispiel für einen von der Zentrale konsolidierten Plan« ein Format für diese Aufgabe an.

Zeitplan

Auf den folgenden Seiten werden die wichtigen Schritte und das Timing für die jährliche strategische und operationale Planung beschrieben. Der Planungsprozeß erfolgt in zwei separaten Schritten, die miteinander in Zusammenhang stehen, um vor der detaillierten Quantifizierung der Pläne eine Überprüfungsmöglichkeit vorzusehen. »Schritt eins« umfaßt die Angabe der Schlüssel- und der entscheidenden Ziele für die gesamte Dreijahres-Planungsperiode, die in »Schritt zwei« vor der detaillierteren Quantifizierung des taktischen Einjahresplanes bis zum 30. November überprüft werden müssen, damit sie in der Folge in den Firmenplänen konsolidiert werden können.

»Kick-off«-Meetings der Planungsteams (müssen bis 31. März abgeschlossen sein)

Bei einem solchen Meeting legt das Planungsteam seine Erwartungen für den folgenden Planungszyklus dar. Der Zweck dieser Meetings besteht darin, dem Planungsteam die Möglichkeit zu geben, die Unternehmenspolitik zu erläutern, über die Fortschritte während des vergangenen Planungszyklus zu berichten und in groben Zügen festzulegen, was von den einzelnen SGE im nächsten Zyklus erwartet wird. Die Analyse des Planungsteams umfaßt eine allgemeine Einschätzung der Leistungen gemessen am Plan sowie eine Analyse der Abweichungen. Das Briefing bietet Richtlinien für einige der unten angeführten Bereiche (wie angemessen):
1 *Finanziell*
- Bruttogewinnspannen
- Betriebsgewinne

- Schulden
- Gläubiger
- Cash-flow

2 *Arbeitskräfte und Organisation*
- Organisation
- Nachfolge
- Schulungen
- Entlohnung

3 *Exportstrategie*

4 *Marketing*
- Produktentwicklung
- Zielmärkte
- Volumina
- Marktanteile
- Preisbildung
- Verkaufsförderung
- Marktforschung
- Qualitätskontrolle
- Kundenservice.

Dies ist ein wichtiges Meeting vor Beginn der hauptsächlichen Planungsaktivitäten, mit denen sich die SGE in der Folge befassen werden. Dieses Meeting dient in erster Linie dazu sicherzustellen, daß sich die Pläne nicht durch Überbürokratisierung wiederholen oder unübersichtlich werden.

Planung von »oben nach unten« und »von unten nach oben«

Ein Eckpfeiler der Marketingplanungsphilosophie besagt, daß für die anzustrebenden Schlüsselziele und die wichtigsten Mittel zu ihrer Erreichung auf allen Ebenen der Organisation weitgehendes Verständnis herrschen sollte. So werden die Handlungen und Entscheidungen der Manager von klaren, logisch zusammenhängenden Zielsetzungen geleitet, die Teil eines rationalen, allgemeinen Zwecks sind. Die einzige Möglichkeit, dahin zu gelangen, ist ein Planungssystem, das fest in marktzentrierten Analysen verankert ist und das von den SGE selbst ausgeht. Aus diesem Grund sollten nach den »Kickoff«-Meetings des Planungsteams von allen Managern Audits in den SGE bis hinunter zu einer Ebene durchgeführt werden, die von den SGE-Managern bestimmt wird. Jeder Manager führt auch eine SWOT-Analyse durch und fixiert vorläufige Ziele und Strategien sowie Budgetvorschläge für eine erste Begutachtung durch den jeweiligen Vorgesetzten. Auf diese Weise ist jeder Vorgesetzte für die Synthese der Arbeiten der Manager verantwortlich, die ihm ihre Berichte abliefern.

Die wichtigsten Schritte im jährlichen Planungszyklus sind unten aufgelistet und werden in Abbildung 13.14 schematisch dargestellt.

Abbildung 13.14 Strategischer und operationaler Planungszyklus

Aktivität	*Frist*
• »Kick-off«-Meetings des Planungsteams mit den SGE-Managern zwecks Besprechung der allgemeinen Richtlinien für den Dreijahres-Planungszeitraum	31. März
• Vorbereitung von Marketing-Audits, SWOT-Analysen, Vorschlägen für Marketingziele, -strategien und -budgets (für den vollen Dreijahres-Planungszeitraum)	31. Mai
• »Schritt eins«-Meetings: werden dem Planungsteam zur Überprüfung präsentiert	31. Mai
• Vorbereitung kurzfristiger operationaler (Einjahres-) Pläne und Budgets, und der endgültigen konsolidierten Dreijahres-Marketingpläne der SGE-Manager	31. Oktober
• »Schritt zwei«-Meetings: werden dem Planungsteam präsentiert	30. November
• Endgültige Konsolidierung der Marketingpläne	31. Dezember

Formblatt 1

Mission Statement (Aufgabendefinition) der SGE

Dies ist der erste Bestandteil, der im Geschäftsplan erscheinen muß.

Der Zweck des Mission Statement liegt darin sicherzustellen, daß der Daseinszweck der SGE klar zum Ausdruck kommt. Kurze Stellungnahmen zu folgenden Themen sollten abgegeben werden:

1 *Rolle oder Beitrag der Einheit*
z. B. Gewinnerzeuger
Serviceabteilung
Chancensucher

2 *Geschäftsdefinition*
z. B. die Bedürfnisse, die Sie mit den von Ihnen gebotenen Vorteilen befriedigen. Seien Sie nicht zu spezifisch (z. B. »Wir verkaufen Melkmaschinen«) oder zu allgemein (»Wir sind im technischen Bereich tätig«).

3 *Distinktive Kompetenz*
Hier sollte ein kurzes Statement folgen, das ausschließlich etwas über Ihre spezifische Einheit aussagt. Ein Statement, das in ebensolcher Weise für irgendeinen Konkurrenten gelten könnte, ist unzureichend.

4 *Hinweise auf die zukünftige Ausrichtung*
Ein kurzes Statement über die prinzipiellen Dinge, denen Sie vorrangige Beachtung schenken würden (z. B. Hineingehen in ein neues Segment)

Formblatt 2

Zusammenfassung der Leistungen der SGE

Dieser erste Abschnitt soll die gesamten Marketingaktivitäten der SGE aus der Vogelperspektive darstellen.

Zusätzlich zu einer quantitativen Leistungszusammenfassung, wie folgt, sollten die SGE-Manager eine Zusammenfassung der Gründe für gute oder schlechte Leistungen liefern.

Verwenden Sie den *konstanten Erlös*, damit ein Vergleich sinnvoll ist.

Achten Sie darauf, daß Sie für alle Prognosen in den nachfolgenden Abschnitten dieses Systems dieselben Jahreswerte zugrundelegen.

	vor 3 Jahren	*vor 2 Jahren*	*im Vorjahr*
Volumen/Umsatz			
Bruttogewinnspanne (%)			
Bruttogewinn (Betrag)			

Zusammenfassung der Gründe für gute oder schlechte Leistungen:

Formblatt 3

Zusammenfassung der Finanzprognosen

Dies ist der dritte Bestandteil des Marketingplans

Der Zweck dieses Teiles ist es, für die Person, die den Plan liest, die finanziellen Ergebnisse für den gesamten Dreijahres-Planungszeitraums zusammenzufassen.

Er sollte als einfaches Diagramm etwa nach dem folgenden Schema präsentiert werden:

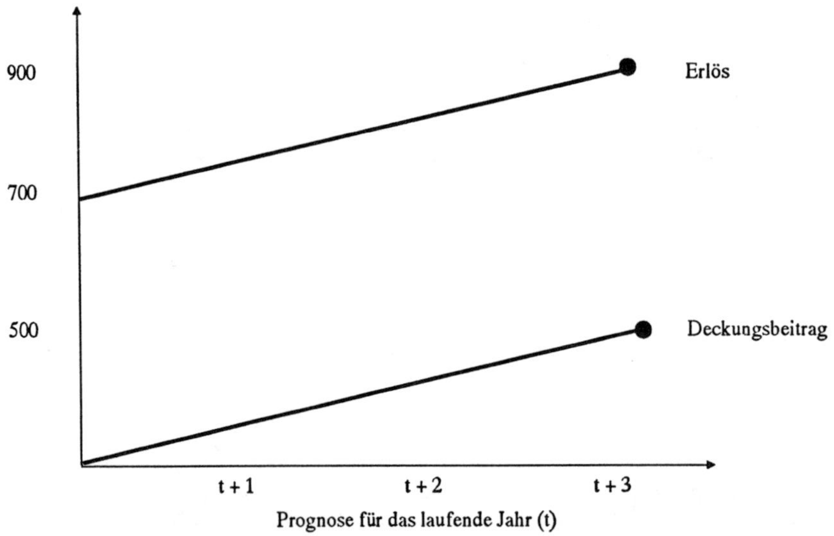

Dem sollte ein kurzer Kommentar folgen.

Zum Beispiel:
»Aus diesem Dreijahres-Geschäftsplan geht eine Erlössteigerung von £ 700.000 auf £ 900.000 sowie eine Deckungsbeitragssteigerung von £ 100.000 auf £ 400.000 hervor. Die Aufgabe dieses Geschäftsplans besteht darin zu zeigen, wie diese Steigerungen erreicht werden sollen.«

Formblatt 4

Strategische Planungsübung (Gap-Analyse)

1 *Ziel*
(a) Beginnen Sie, indem Sie den Umsatz eintragen, den Sie bis zum Ende des Planungszeitraums, Punkt E, erreichen wollen.
(b) Tragen Sie Prognose ein (Punkt A).

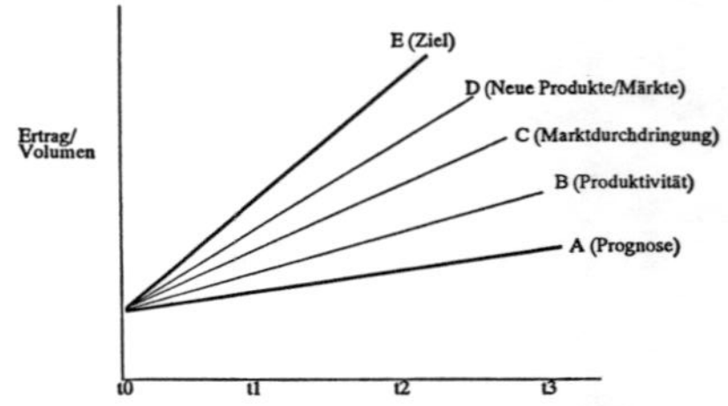

2 *Gap-Analyse (1)*
Gibt es irgendwelche Maßnahmen, die Sie ergreifen können, um die Lücke unter den folgenden Titeln zu schließen? Tragen Sie den Gesamtwert dieser Maßnahmen auf der linken Seite der Gap-Analysengraphik, Punkt B, ein (diese repräsentieren einen Schwerpunkt auf Cash und Margen). Nun gehen Sie zu 3 unten über.

(Produktivität)	Wert/Volumen
Besserer Produkt-Mix	
Mehr Verkaufsbesuche/Anrufe	
Qualitativ bessere Vertreterbesuche	
Kostenreduktion	
Preissteigerung	
Verringerung von Diskonten	
Bessere Nutzung der Vermögenswerte	
Anderes	
GESAMT	

5 *Gap-Analyse (4)*
Führen Sie nun den Wert jedes neuen Produktes an, das Sie eventuell für neue Märkte entwickeln werden, bis Punkt E erreicht ist.
(Die Schritte 3, 4 und 5 legen einen Schwerpunkt auf den Umsatzzuwachs.)

6 Wenn keine dieser Maßnahmen zu dem erforderlichen ROI führt, ziehen Sie eine Änderung der Vermögensstruktur in Betracht. Dies könnten
(a) Investitionen
(b) Abstoßungen
sein.
(Schritt 6 legt einen Schwerpunkt auf Kapitalnutzung.)

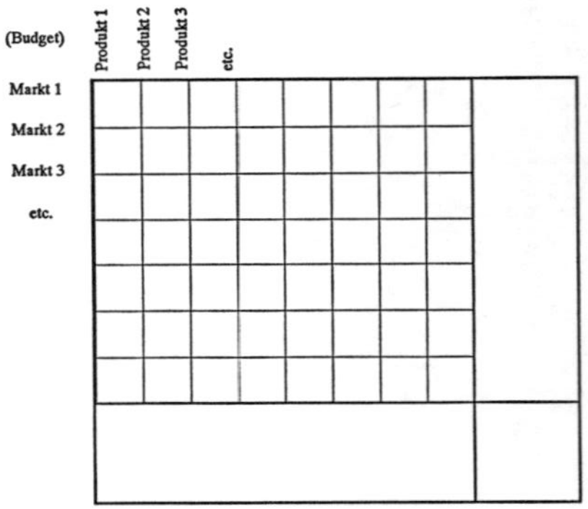

3 *Gap-Analyse (2)*
Ansoff-Matrix (Marktdurchdringung)
(a) Tragen Sie auf der horizontalen Achse die wichtigsten Produkte und auf der vertikalen Achse die wichtigsten Märkte ein; tragen Sie in den kleineren Feldern die derzeitigen und die innerhalb des Planungszeitraums erreichbaren Umsätze ein.
(b) Tragen Sie nun die Marktdurchdringungsposition, Punkt C, ein. Dieser Punkt ist die Gesamtzahl aller Werte der rechten Hälfte der kleinen Felder der Ansoff-Matrix. Wenn es eine Lücke gibt, gehen Sie weiter zu 4 unten.

4 *Gap-Analyse (3)*
Ansoff-Matrix (neue Produkte/neue Märkte)
Führen Sie als nächstes den Wert sämtlicher neuer Produkte an, die Sie vielleicht entwickeln und an bestehende Märkte verkaufen werden. Eine zweite Möglichkeit besteht darin, falls nötig, den Wert irgendeines bestehenden Produktes, das Sie eventuell an neue Märkte verkaufen werden, anzuführen. Sie können aber auch beides tun. Tragen Sie den Gesamtwert dieser Produkte auf der obigen Gap-Analysegraphik, Punkt D, ein. Wenn noch immer eine Lücke besteht, gehen Sie auf 5 über.

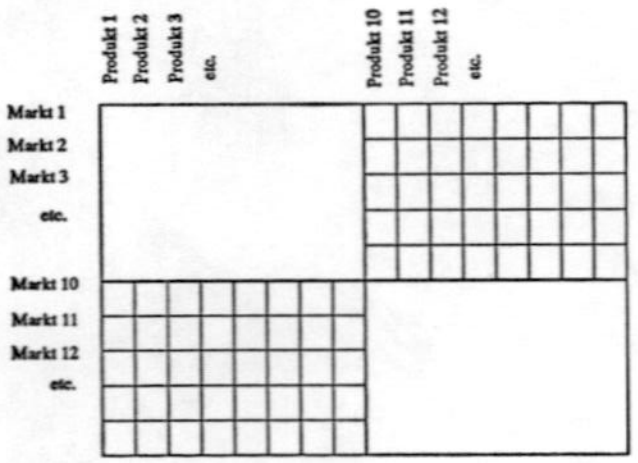

Formblatt 5

Marktübersicht

Formblatt 6

Strategische Planungsübung (SWOT-Analyse)
(Anmerkung: Dieses Formblatt sollte für jedes in Betracht kommende Produkt/Marktsegment ausgefüllt werden.)

1 ***SGE-Beschreibung***
Beschreiben Sie hier den Markt, für den die SWOT-Analyse durchgeführt wird.

2 ***Entscheidende Erfolgsfaktoren (critical success factors - CSF)***
Was sind aus der Sicht des Kunden die wenigen entscheidenden Dinge, die ein Unternehmer richtig machen muß, um Erfolg zu haben?

1	
2	
3	
4	
5	

3 ***Gewichtung***
Wie wichtig ist jeder dieser CSFs?
(Punktezahl bis 100)
Gesamt 100

Gesamt 100

4 ***Stärken/Schwächenanalysen***
Geben Sie sich und jedem Ihrer Hauptkonkurrenten für jeden der CSFs Punkte von 1 bis 10. Dann multiplizieren Sie die Punktezahl mit der Gewichtung.

CSF / Konk.	Sie	Firma A	Firma B	Firma C	Firma D
1					
2					
3					
4					
5					
Gesamt (Punkte x Gewichtung)					

5 ***Chancen/Bedrohungen***
Welches sind die wenigen Schlüsselfaktoren außerhalb Ihrer direkten Kontrolle, die Auswirkungen auf Ihre Geschäfte haben oder in Zukunft haben werden?

	Chancen	*Bedrohungen*
1		
2		
3		
4		
5		

6 ***Schlüsselfragen, die behandelt werden müssen***

7 ***Schlüsselannahmen für die Planungsperiode***

1	
2	
3	
4	
5	
6	
7	

8 ***Schlüsselziele***

9 ***Schlüsselstrategien***

Finanzielle Konsequenzen

Formblatt 7

Anmerkung: **Dieses Formblatt sollte für alle untersuchten Produkte, Märkte und Segmente ausgefüllt werden.**

Hauptkonkurrent	*Produkte/ Märkte und derzeitige Ziele und Strategien*	*Unternehmensausrichtung*	*Stärken*	*Schwächen*	*Wettbewerbsposition*

Formblatt 8

Portfolio-Zusammenfassung

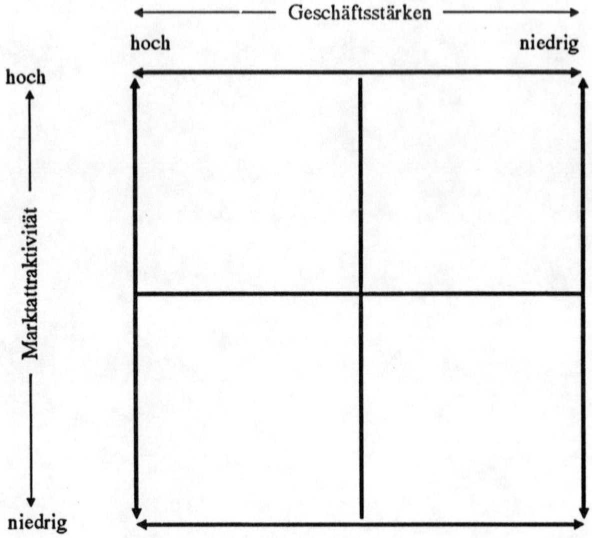

Formblatt 9

Annahmen

Formblatt 10

Datenbasis und Zusammenfassung der Marketingziele Umsatzwerte in Marktsegmenten					
Verkaufswerte	*Vorjahr* (*t - 1*)	*Laufendes Jahr* (*t + 0*)	*Nächstes Jahr* (*t + 1*)	(*t + 2*)	(*t + 3*)
Schlüsselmärkte Segmente (anführen)	Gesamt-unternehmen Marktsegment Umsatzanteil	Gesamt-unternehmen Marktsegment Umsatzanteil	Gesamt-unternehmen Marktsegment Umsatzanteil	Gesamt-unternehmen Marktsegment Umsatzanteil	Gesamt-unternehmen Marktsegment Umsatzanteil
Gesamt					

Formblatt 11

Datenbasis und Zusammenfassung der Marketingziele Bruttogewinne in Marktsegmenten					
Verkaufswerte	*Vorjahr (t - 1)*	*Laufendes Jahr (t + 0)*	*Nächstes Jahr (t + 1)*	*(t + 2)*	*(t + 3)*
Schlüsselmärkte Segmente (anführen)	Gesamt-unternehmen Marktsegment Umsatzanteil	Gesamt-unternehmen Marktsegment Umsatzanteil	Gesamt-unternehmen Marktsegment Umsatzanteil	Gesamt-unternehmen Marktsegment Umsatzanteil	Gesamt-unternehmen Marktsegment Umsatzanteil
Gesamt					

Formblatt 12

Produktgruppenanalyse

Produktgruppen	*Vorjahr (t - 1)*			*Laufendes Jahr (t + 0)*			*Nächstes Jahr (t + 1)*			*(t + 2)*			*(t + 3)*		
	Umsatz-wert	Brutto-gewinn	Brutto-spanne (%)	Umsatz-wert	Brutto-gewinn	Brutto-spanne (%)	Umsatz-wert	Brutto-gewinn	Brutto-spanne (%)	Umsatz-wert	Brutto-gewinn	Brutto-spanne (%)	Umsatz-wert	Brutto-gewinn	Brutto-spanne (%)
Gesamt															

Formblatt 13

Zusammenfassung der wichtigsten Marketingziele und -strategien (in Worten)

Formblatt 14

Finanzvorschau für drei Jahre

Formblatt 1

Allgemeine Ziele										
Produkt/Markt/ Segment/ Anwendung/ Kunde	*Volumen*			*Wert*			*Bruttospanne*			*Kommentar*
	t - 1	t.0	t + 1	t - 1	t.0	t + 1	t - 1	t.0	t + 1	

Formblatt 2

Gesamtstrategien	
Strategien	Kosten
1	
2	
3	
4	
5	
6	
7	
8	
9	
10	
Kommentare	

Formblatt 3

Sub-Ziele, Strategien, Aktionen, Verantwortungen, Timing, Kosten						
Produkt/Markt/ Segment/ Anwendung/ Kunden	*Ziele*	*Strategien*	*Maßnahmen*	*Verantwortung*	*Timing*	*Kosten*

Gesamt ______

Formblatt 4

	t - 1	*t.0*	*t + 1*	*Kommentare*
Abschreibungen Gehälter Post- und Telefongebühren, Bürobedarf Kosten für Rechts- und sachverständige Berater Schulungen Datenverarbeitung Werbung Absatzförderung Reisen und Unterhaltung Ausstellungen Druck Meetings/Konferenzen Marktforschung Interne Kosten Anderes (bitte angeben)				
Gesamt				

Formblatt 5

Formatvorschlag für eine Verlustrisikofeststellung

Grundannahme	*Grundlage der Annahme*	*Was müßte geschehen, um diese Strategie unattraktiv zu machen?*	*Risiko, daß ein solches Ereignis eintritt (%)* hoch 7-10 P. / mittel 4-6 P. / niedrig 0-3 P.	*Auswirkungen, sollte es tatsächlich eintreten*	*Auslösepunkt für Maßnahmen*	*Vorschlag für tatsächliche Notfall-maßnahmen*

Formblatt 6

	t - 1	*t.0*	*t + 1*
Nettoertrag Bruttospanne Anpassungen Marketingkosten Verwaltungskosten Zinsen			
Betriebsergebnis			
Andere Zinsen- und finanzielle Kosten			
Ergebnis nach finanziellen Kosten			
Nettoergebnis			

Formblatt 7

Planungskalender für die Schlüsselaktivitäten

Datum/Aktivität	Jan				Feb				März				April				Mai				Juni				Juli				Aug				Sept				Okt				Nov				Dez			
	1	2	3	4	1	2	3	4	1	2	3	4	1	2	3	4	1	2	3	4	1	2	3	4	1	2	3	4	1	2	3	4	1	2	3	4	1	2	3	4	1	2	3	4	1	2	3	4

Abschnitt B(3) – Formatbeispiel für einen von der Zentrale konsolidierten strategischen Plan

Statement über die Unternehmensausrichtung

1 *Rolle/Beitrag* – dies sollte ein kurzes Statement über Rolle oder Beitrag des Unternehmens sein. Normalerweise wird es eine Mindestwachstumsrate für Umsätze und Gewinn angeben, aber es könnte auch Aufgaben wie das Auffinden von Chancen, Service und so weiter einschließen.

2 *Definition der Unternehmensaktivitäten* – dieses Statement sollte die Bedürfnisse beschreiben, die das Unternehmen erfüllt, oder die Vorteile, die es für seine Märkte bietet, z. B. »die Bereitstellung von Informationen, um Unternehmen die Entscheidungsfindung über Kredite zu erleichtern«. Normalerweise gibt es auf Unternehmensebene eine Reihe von Definitionen für die strategischen Geschäftseinheiten. Es ist wichtig, daß diese nicht zu allgemein gehalten sind, weil sie sonst ihre Bedeutung verlieren können (z. B. »Kommunikation« könnte Satelliten, aber auch Kugelschreiber bedeuten), aber auch nicht zu spezifisch (d. h. »Bohrer«, die obsolet werden könnten, sobald eine bessere Methode zum Bohren von Löchern gefunden wird).

3 *Distinktive Kompetenz* – alle Unternehmen sollten über distinktive Kompetenz verfügen. Sie muß nicht einzigartig sein, aber zumindest substantiell und dauerhaft. Die distinktive Kompetenz kann in Integrität, speziellen Fähigkeiten, Technologie, Distributionsstärke, internationalem Vertriebsnetz, Reputation und so weiter bestehen.

4 *Angaben der zukünftigen Ausrichtung* – dieser Abschnitt sollte die Richtlinien für zukünftiges Wachstum angeben. Will das Unternehmen beispielsweise international expandieren oder neue Fähigkeiten und Ressourcen anzapfen? Der Zweck dieses Abschnittes ist es, die Grenzen der zukünftigen Geschäftsaktivitäten anzugeben.

Zusammenfassung der wichtigsten Bestandteile des Plans

1 Zeichnen Sie hier eine Portfolio-Matrix, aus der die derzeitige und prognostizierte relative Position jeder der strategischen Geschäftseinheiten hervorgeht. Das kann aber auch zu einem späteren Zeitpunkt des Plans erfolgen (siehe Seite 325).

2 Fassen Sie die Zuwächse bei Umsätzen, Gewinn, Spannen etc. kurz zusammen.

3 Zeichnen Sie eine Graphik, die einfach den gesamten langfristigen Plan darstellt. Es sind zumindest zwei Achsen erforderlich – Umsatz und Gewinn.

Finanzgeschichte (der letzten fünf Jahre)

Fügen Sie hier ein Balkendiagramm ein, aus dem die relevante Finanzgeschichte hervorgeht, aber inkludieren Sie ganz zum Schluß Umsatz und Gewinn der letzten fünf Jahre.

Wichtige Veränderungen und Ereignisse seit dem letzten Plan

Beschreiben Sie hier kurz die wichtigsten Veränderungen und Ereignisse (wie beispielsweise die Abstoßung einer Tochtergesellschaft), die im Vorjahr eingetreten sind.

Wichtige Fragen nach strategischen Geschäftseinheiten

Marktcharakteristika

Hier könnte es sich als nützlich erweisen, eine Tabelle der strategischen Geschäftseinheiten, gemeinsam mit den relevanten Marktcharakteristika, einzufügen. Zum Beispiel:

	SGE 1	SGE 2	SGE 3	SGE 4
Marktgröße				
Marktwachstum				
Wettbewerbsintensität				
Relativer Marktanteil				
etc.				

Wettbewerbscharakteristika

Hier könnte es günstig sein, die entscheidenden Erfolgsfaktoren nach strategischer Geschäftseinheit anzuführen und jeden dieser CSFs mit den wichtigsten Konkurrenten zu vergleichen. Zum Beispiel:

Entscheidende Erfolgsfaktoren/Konkurrenz	Unser Unternehmen	Konkurrent 1	Konkurrent 2
CSF 1 CSF 2 CSF 3 CSF 4 CSF 5			

Strategische Schlüsselfragen

Dies ist ein Abschnitt von besonderer Bedeutung, da sein Zweck darin besteht anzuführen (wenn möglich, nach strategischer Geschäftseinheit), mit welchen Schlüsselfragen das Unternehmen konfrontiert ist. Im wesentlichen geht es hier darum, die wirklich wichtigen Stärken, Schwächen, Chancen und Bedrohungen anzugeben und zu zeigen, wie sie ausgebaut werden können oder wie ihnen begegnet werden kann.

Strategische Ziele nach strategischer Geschäftseinheit und Statistiken von zentraler Bedeutung

Dies ist eine Zusammenfassung der Ziele jeder strategischen Geschäftseinheit. Sie sollte natürlich auf die jeweiligen Umstände jedes Unternehmens zugeschnitten sein. Es folgt jedoch trotzdem ein Beipiel für eine solche Zusammenfassung:

Ziele / Strategische Geschäftseinheit	Marktanteil		Relativer Marktanteil		Reales Wachstum		Schlüsselstatistiken				
							Umsatz pro Mitarbeiter		Beitrag pro Mitarbeiter		etc.
	Derzeit	+ 5 Jahre	Derzeit	+ 5 Jahre	+ 5 Jahre	p.a.	Derzeit	+ 5 Jahre	Derzeit	+ 5 Jahre	
SGE 1											
SGE 2											
SGE 3											
SGE 4											
SGE 5											

Alternativ oder zusätzlich können Sie aber auch eine Portfolio-Matrix einfügen, die die derzeitige und prognostizierte relative Position jeder strategischen Geschäftseinheit angibt.

Finanzielle Ziele (für die nächsten fünf Jahre)

Zeichnen Sie hier ein Balkendiagramm (oder mehrere), aus denen die relevanten finanziellen Ziele hervorgehen. Ganz zum Schluß zeigen Sie Umsatz und Gewinn nach strategischer Geschäftseinheit für die nächsten fünf Jahre.

Anhänge

Fügen Sie noch alle detaillierten Anhänge ein, die unter Umständen relevant sein könnten. Versuchen Sie, den Plan nicht seiner Zielgenauigkeit zu berauben, indem Sie zu viele Details einfügen.

GLOSSAR DER MARKETINGPLANUNGSTERMINOLOGIE

Annahmen Die *wichtigen* Annahmen, auf denen der Marketingplan basiert.

Differenzierender Vorteil Ein Vorteil oder ein Bündel von Vorteilen, die einer nennenswert großen Kundengruppe geboten werden, die diese Vorteile, die sie nirgends anders erhalten können, schätzen (und dafür zu zahlen bereit sind). *Siehe auch* Merkmal und Vorteil.

Distribution Ein Begriff, der im Marketing verwendet wird, um die Art und Weise zu bezeichnen, durch die ein Produkt oder eine Dienstleistung dem Kunden physisch zur Verfügung gestellt wird. Die Distribution umfaßt Aktivitäten wie Lagerhaltung, Transport, Lagerbestandskontrolle, Auftragsverarbeitung etc. Da die Distribution das Mittel zur Steigerung der Verfügbarkeit eines Produktes ist, stellt sie auch ein Instrument dar, das vom Marketingmanagement zur Verbesserung der Abstimmung zwischen den von den Kunden gesuchten und den von der Organisation gebotenen Vorteilen verwendet werden kann.

Erfahrungseffekt Es ist eine bewiesene Tatsache, daß der größte Kostenanteil der Bearbeitung eines Produktes mit der Erfahrung ständig abnimmt und signifikant verringert werden kann, wenn der Geschäftsumfang zunimmt. Diese sinkenden Kosten (und daher Preisvorteile) sind wiederum ein signifikanter Faktor bei der Steigerung des Marktanteils der Firma.

Funktionsbeschreibung (Charter) Ein Statement über die wichtigste Funktion oder Verantwortung einer operativen Einheit innerhalb einer Organisation, die aus verschiedenen operativen Einheiten besteht. *Siehe auch* Mission (Aufgabendefinition).

Gap-Analyse Der Prozeß der Feststellung von Lücken zwischen der derzeitigen oder prognostizierten Leistung eines Produktes und dem angestrebten Leistungsniveau. *Siehe auch* Lücke.

Geschäftsplan Ein Plan, der oft zwischen dem strategischen Plan eines Unternehmens und dessen jährlichem Marketingplan vermittelt. Der Zweck des Geschäftsplans liegt darin, eine breitgefaßte Definition der Ziele und -strategien zu geben, die die Geschäftseinheit oder das Profit Center über einen bestimmten Zeitraum (bis zu fünf Jahren) verfolgen soll. In dieser Hinsicht sind Geschäftspläne den strategischen Plänen ähnlich, die sich auf ebenso lange Zeiträume erstrecken. Auch in einer zweiten Hinsicht ist eine solche Ähnlichkeit festzustellen: Geschäftspläne befassen sich normalerweise mit strategischen Fragen wie der Entwicklung neuer Produkte, Produktaufnahme und der Entwicklung neuer Märkte, um die angestrebten finanziellen Ziele zu erreichen. Für die Formulierung von Geschäftsplänen ist auch ein umfangreicher Marketinginput erforderlich; in dieser Hinsicht haben sie einige Merkmale mit Marketingplänen gemeinsam. Geschäftspläne beinhalten jedoch im allgemeinen keine Aktionsprogramme – ein typisches Merkmal von Marketingplänen –, sondern sie geben einfach die Absichten und die Richtungen an. Wenn beispielsweise die Entwicklung neuer Produkte ein Bestandteil der zu verfolgenden Strategien wäre, würde dies gemeinsam mit den unterstützenden Unterlagen angegeben werden. Jedoch würde dieser Strategieangabe kein Entwicklungsplan für neue Produkte beiliegen.

Kernstrategie Ein Terminus, der im Marketing verwendet wird, um die herausragenden Elemente des Marketing-Mix zu beschreiben, die vom Marketingmanagement ausgewählt wurden, um die Vorteile, die die Kunden suchen, und jene, die das Produkt bietet, optimal zur Geltung zu bringen. Dieser Selektionsprozeß wird manchmal als »Umwandlung des differenzierenden Vorteils in einen operationalen« bezeichnet.

Lücke (Gap) In der Marketingterminologie der Unterschied zwischen der derzeitigen oder prognostizierten Leistung eines Produktes und dem angestrebten Leistungsniveau. Typischerweise sind die Lücken im Marketingmanagement diejenigen, die sich auf den ROI, die Mittelgenerierung oder -verwendung, Umsatzrendite und den Marktanteil beziehen.

Marketing-Audit Eine Situationsanalyse der derzeitigen Marketingfähigkeiten des Unternehmens. *Siehe auch* Situationsanalyse.

Marketing-Mix Die »Instrumente« oder Mittel, die einer Organisation zur Verbesserung der Abstimmung zwischen den von den Kunden gesuchten und den von der Organisation gebotenen Vorteilen zur Verfügung stehen, mit dem Ziel, einen differenzierenden Vorteil zu erlangen. Darunter fallen zum Beispiel Produkt, Preis, Absatzförderung und Distributionsservice. *Siehe auch* Differenzierender Vorteil.

Marketingplan Enthält ein Mission statement, SWOT-Analysen, Annahmen, Marketingziele, Marketingstrategien und Programme. Bitte beachten Sie, daß die Ziele, Strategien und politischen Maßnahmen für jede einzelne Geschäftsebene erstellt werden.

Marketingziele Eine Angabe der Ziele, die innerhalb des vom Marketingplan abgedeckten Zeitraums verfolgt oder erreicht werden sollen. Je nach Umfang und Orientierung des Plans – zum Beispiel, ob der Plan primär darauf abzielt, die kurzfristigen Marketingintentionen auszusprechen oder allgemeine Unternehmensausrichtungen und -bedürfnisse festzustellen – können die angegebenen Ziele so wichtige Meßindikatoren der Unternehmensleistung wie Gewinn, Wachstum und Marktanteil umfassen.
Die Marketingziele werden in bezug auf Gewinn, Marktanteil, Verkaufsvolumen, Marktentwicklung oder Durchdringung oder andere weiter gefaßte Überlegungen manchmal »primäre« Marketingziele genannt. Häufiger jedoch werden sie als »strategische« oder »Unternehmens-«Ziele bezeichnet, da sie Teil der gesamten Unternehmenstransaktionen sind. Andererseits werden Ziele, die für spezifische Marketing-Subfunktionen oder -aktivitäten definiert werden, »programmatische« Ziele genannt, um sie von den breiteren geschäftlichen oder strategischen Zielen zu unterscheiden, denen sie dienen sollen.

Marktanteil Der prozentmäßige Anteil am Gesamtvolumen des Marktes, ausgehend von den Verkäufen eines Unternehmens in Relation zu den gesamten Verkäufen. Einige Marketing-Theoretiker sind der Meinung, daß dieser Begriff irreführend wäre, da dadurch suggeriert wird, daß das Gesamtausmaß des Marktes bekannt sei; es wird einfach davon ausgegangen, daß die Größe des Marktes von der Menge der darin verkauften Produkte definiert wird. Diese Theoretiker weisen richtigerweise darauf hin, daß die einzig bekannte Größe die Menge der am Markt verkauften Produkte sei; tatsächlich könnte der Markt aber beträchtlich größer sein.

Marktsegment Eine Gruppe tatsächlicher oder potentieller Kunden, von denen erwartet werden kann, daß sie auf ein gegebenes Angebot auf genau dieselbe Weise reagieren werden; eine feinere, detailliertere Aufschlüsselung eines Marktes.

Marktsegmentierung Ein entscheidender Aspekt der Marketingplanung, der dazu gedacht ist, Produktunterschiede in Kostenunterschiede umzuwandeln, die über den gesamten Lebenszyklus des Produktes hinweg aufrechterhalten werden können. *Siehe auch* Produktlebenszyklus.

Merkmal Ein Charakteristikum oder eine Eigenschaft eines Produktes oder einer Dienstleistung, wie Zuverlässigkeit, Preis, Komfort, Sicherheit und Qualität. Diese Merkmale können Kundenbedürfnisse befriedigen, müssen es aber nicht. In dem Ausmaß, in dem sie es tun, können sie in Vorteile umgewandelt werden. *Siehe auch* Vorteil und Differenzierender Vorteil.

Mission (Aufgabe) Eine klar definierte Aufgabe, die jemandem anvertraut wird; die Hauptfunktion einer Institution oder Organisation. Im wesentlichen handelt es sich dabei um die Vision dessen, was das Unternehmen ist oder zu werden anstrebt. Die grundlegende Frage lautet: »Worin bestehen unsere Geschäftsaktivitäten, und worin sollten sie bestehen?« In der Marketingplanung ist das Mission Statement der Ausgangspunkt des Planungsprozesses, da es die breiten Parameter angibt, innerhalb derer Marketingziele festgelegt, Strategien entwickelt und Programme implementiert werden. Einige Unternehmen, meist solche, die über mehrere operative Einheiten oder Abteilungen verfügen, unterscheiden zwischen »Mission« und »Charter«. In solchen Fällen wird der Begriff »Mission« zur Bezeichnung des breiteren Zwecks der Organisation, wie er sich in der Unternehmenspolitik widerspiegelt oder wie er durch das leitende Management vorgegeben wird, verwendet; im Vergleich dazu wird der Begriff »Charter« für die Bezeichnung des Zwecks oder des Daseinsgrundes individueller Einheiten verwendet, die die primäre Verantwortung für einen spezifischen funktionalen oder Produkt-Marketingbereich innehaben.

Planung Der Prozeß der Vorbestimmung einer Richtung oder eines Handlungsverlaufs auf der Grundlage von Annahmen über zukünftige Bedingungen oder Trends, die vorstellbar sind, sich aber nicht genau prognostizieren lassen.

Politik Richtlinien, die für die Durchführung der gewählten Strategien angenommen wurden. Im wesentlichen ist die Politik eine zusammenfassende Angabe von Zielen und Strategien.

Positionierung Der Prozeß der Auswahl, Eingrenzung und Abstimmung des Marktsegments, mit dem ein Produkt am besten kompatibel ist.

Produkt Ein Begriff, der im Marketing verwendet wird, um nicht nur das Produkt selbst zu bezeichnen – seine inhärenten Eigenschaften und Merkmale –, sondern auch Service, Verfügbarkeit, Preis und andere Faktoren, die bei der Differenzierung des Produktes von denen der Konkurrenz ebenso wichtig sein können wie die inhärenten Merkmale des Produktes selbst. *Siehe auch* Marketing-Mix.

Produktlebenszyklus Ein Begriff, der im Marketing verwendet wird, um das Muster von Wachstum und Rückläufigkeit der Verkaufserträge eines Produktes über die Zeit zu beschreiben. Dieses Muster ist typischerweise in verschiedene Stadien unterteilt: Einführung, Wachstum, Reife, Sättigung und Rückläufigkeit. Mit der Zeit entsteht die Tendenz, daß der Wettbewerb unter den Firmen alle im Markt befindlichen Produkte auf Waren reduziert – Produkte, die kaum voneinander unterscheidbar sind –, mit dem Ergebnis, daß Pionierfirmen – diejenigen, die zuerst in den Markt eintreten – vor der Wahl stehen, hochpreisige, kostenintensive Spezialprodukte mit begrenztem Volumen oder Standardprodukte mit hohem Volumen und niedrigen Kosten zu produzieren.

Produktportfolio Eine Theorie über die verschiedenen Verwendungen von Kapital durch Geschäftsorganisationen, die erstmals von Bruce Henderson von der Boston Consulting Group, einer führenden Firma im Bereich des Corporate Strategy Consulting, formuliert wurde. Diese Theorie bzw. dieser Ansatz zur Formulierung von Marketingstrategien hat unter Managern diversifizierter Unternehmen, die zuerst von der intuitiv richtigen Annahme angezogen wurden, daß dauerhafte unternehmerische Leistung mehr sein müsse als die Summe der Leistungen der einzelnen Profit Centers oder Produktstrategien, weitreichende Zustimmung gefunden. Weitere Faktoren, die zur Anziehungskraft dieser Theorie beitragen, sind: (1) ihre Nützlichkeit bei der Entwicklung spezifischer Marketingstrategien, die darauf ausgelegt sind, einen ausgewogenen Produkt-Mix zu erzielen, der aus knappen Mittel- und Managerressourcen einen maximalen Ertrag erwirtschaften soll; und (2) die Tatsache, daß die Theorie mit einer einfachen Matrix arbeitet, die dazu beiträgt, die Position eines Produktes auf dem Markt darzustellen und zu kommunizieren. *Siehe auch* Wachstums/Anteils-Matrix.

Programm Ein Begriff, der in der Marketingplanung zur Bezeichnung der Schritte oder Aufgaben verwendet wird, die von Marketing, Außendienst und anderen Funktionen innerhalb einer Organisation wahrgenommen werden, um die gewählten Strategien zu implementieren und die im Marketingplan festgehaltenen Ziele zu erreichen. Typischerweise umfassen Beschreibungen in Programmen ein Statement über die Ziele, aber auch eine Definition der Personen oder Einheiten sowie einen Zeitplan für den Abschluß der einzelnen Schritte oder Aufgaben, für die die Person oder die Einheit verantwortlich ist. *Siehe auch* Strategiestatement *und* Marketingziele.

Relativer Marktanteil Der Anteil einer Firma am Markt im Verhältnis zu ihrem größten Konkurrenten. *Siehe auch* Marktanteil.

Ressourcen Grob gesprochen jeder oder alles, durch den/das irgend etwas produziert oder erreicht wird; in der Marketingplanung ein Begriff, der für die Beschreibung der spezifischen Möglichkeiten oder Fähigkeiten verwendet wird, die eine Organisation in einen Markt, ein Geschäftsproblem oder eine Chance einbringt.

Situationsanalyse Sie ist der zweite Schritt des Marketingplanungsprozesses (der erste ist die Definition der Mission) und analysiert das geschäftliche Umfeld im großen (unter besonderer Beachtung der Wirtschafts-, Markt- und Wettbewerbsaspekte), sowie die internen Transaktionen der Firma selbst. Der Zweck der Situationsanalyse liegt darin, die Marketingprobleme und -chancen zu identifizieren, und zwar sowohl diejenigen, die sich aus den organisationsinternen Stärken und Grenzen ergeben, als auch die, die außerhalb der Organisation liegen und von Veränderungen der wirtschaftlichen Bedingungen und Trends, Wettbewerb, Kundenerwartungen, Sozialpartnerbeziehungen, gesetzlichen Vorschriften und in zunehmendem Maße auch von sozialen Faktoren und Trends verursacht werden. Der Output der vollen Analyse wird in pointierter Form unter dem Titel SWOT-Analyse (Stärken, Schwächen, Bedrohungen und Chancen – strengths, weaknesses, opportunities and threats) zusammengefaßt; diese Zusammenfassung wird dann Teil des Marketingplans. Das Ergebnis der Situationsanalyse inkludiert ein Set von Annahmen über die zukünftigen Bedingungen, aber auch eine Schätzung oder eine Prognose der potentiellen Marktnachfrage während des vom Marketingplan erfaßten Zeitraums. Auf der Grundlage dieser Schätzungen und Annahmen werden die Marketingziele, -strategien und Programme formuliert.

Strategiestatement Eine Beschreibung des breiten Aktionsprogramms, das zur Erreichung eines spezifischen Marketingzieles, wie z. B. Steigerung des Umsatzvolumens oder Verringerung der Stückkosten, eingeschlagen werden soll. Vom Strategiestatement wird oft gesagt, daß es das Verbindungsglied zwischen Marketingzielen und Programmen sei – die tatsächlichen konkreten Schritte, die gesetzt werden sollen, um diese Ziele zu erreichen. *Siehe auch* Programm.

Vorteil Ein wahrgenommenes oder behauptetes Verhältnis zwischen einem Produktmerkmal und dem Bedürfnis, das dieses Produktmerkmal befriedigen soll. *Siehe auch* Differenzierender Vorteil *und* Merkmal.

Wachstums/Anteils-Matrix Ein Begriff, der ein Synonym des Begriffes »Produktportfolio« ist und im wesentlichen dazu dient, die Menge an »Erfahrung« oder den Marktanteil, den ein Produkt hat, graphisch darzustellen und diesen Anteil mit der Wachstumsrate des relevanten Marktsegmentes zu vergleichen. Mit Hilfe der Matrix kann ein Manager beispielsweise entscheiden, ob er oder sie in mehr »Erfahrung« investieren will – das heißt, in den Kampf um einen größeren Marktanteil –, oder ob man sich völlig aus diesem Markt zurückziehen sollte. Das sind nur einige Möglichkeiten aus einer Reihe strategischer Alternativen, die dem Manager zur Verfügung stehen – strategisch in dem Sinne, als sie nicht nur die Marketingstrategie betreffen, sondern auch über den Einsatz von Kapital innerhalb der Organisation bestimmen.

Ziel Ein Statement oder eine Beschreibung eines gewünschten zukünftigen Ergebnisses, das nicht prognostizierbar ist, aber das von den Personen, die es festlegen, innerhalb eines bestimmten Zeitraums durch ihre Bemühungen für erreichbar gehalten wird; ein quantitatives Ziel, das in der Zukunft durch die Bemühungen einer Person erreichbar ist und das auch zur Leistungsmessung verwendet werden kann. Um von Wert zu sein, sollten Ziele unter Berücksichtigung der verfügbaren finanziellen, technischen und menschlichen Ressourcen in Zeitangabe und Umfang spezifisch sein. Gemäß dieser Definition sind allgemeine Erklärungen über Hoffnungen und Wünsche keine echten »Ziele«. *Siehe auch* Marketingziele.

Zielgruppe Etwas, das angestrebt wird; eine Person oder Personengruppe, die zum Ziel einer Handlung oder von Handlungen gemacht werden soll, die normalerweise darauf abzielen, eine Wirkung oder Veränderung in der Person oder der Personengruppe herbeizuführen – z. B. unsere Zielgruppe ist das Marktsegment »Nahrungsmittelkonserven«.

INDEX

80/20-Regel *siehe* Pareto-Effekt
Absatzprognosen 50, 53
ACORN-Haushaltsklassifizierung 81
Anlagen 197
Ansoff-Matrix 121 ff., 135
Ausrichtungs-Statement 323

Bereichsbudget 143, 253
Boston Consulting Group 100 ff., 179, 293
Boston Matrix 102 ff.
  Entwicklungen der 106 ff.
Budgets 253 f.

»Cash cows« 103, 294
»Cash dogs« 126
Cash-flow 102
Critical Success Faktors (CSF) 283

Dienstleistungsmarketing 19 f.
Dienstleistungsprodukte 87
Differenzierender Vorteil 326
Distribution 326
  Distributionskanäle 187 f.
  Management der 206 ff.
  Distributions-Mix 195 f.
Distributions-Audit 207
Distributionsplan 194 f., 205 f.
Diversifikation 29, 134
Diversität der Operationen 243 ff.
»Dogs« 103, 294 f.

Einheit, Mission statement 302
Einheitsladungen 198
Einzelhandels-Audits 215
Entwicklung, Unternehmen 234 ff.
Erfahrungseffekt 100
Experimentieren 214

Finanzielle Geschichte 323
Finanzielle Prognosen 280, 296, 304
  Dokumente der Finanzprognosen 315
Finanzielle Ziele 325
Formblatt für Kundenanalyse 149
Forschung und Entwicklung 18
»Four Ps« 42, 141
Fragebogenstudie 214

Gap-Analyse 133 ff., 305, 326
General Electric Company 107
Geschäftsausrichtungen 286
Geschäftsplan 327
Gewinn 14, 179
Gewinnziele 51 f.
Grenzkostenrechnung 185

Industriemarketing 19 f.
Informationen, Verwendung der 211 ff.
Innovationsdiffusion 96 ff., 154 f.
Interviews, ausführliche 214

Jährliche Planungsroutine 65

Kaufprozeß 145 ff.
Kernstrategie 327
Kommunikation 17 f., 144 f., 197 f.
Kommunikations-Mix 145 ff., 163
Konkurrenzanalyse 284 f.
Konsumenten, Definition 72
Konsumentengruppen/Testgruppen 80, 215
Kosten plus Gewinnzuschlag-Methode 185 f.
Kostendegression 100
Kostenrechnung 185 ff.
Kulturträger 232 ff.
Kunden 72
-verhalten 76 ff.
-wünsche 14 f., 18 f., 80 f.
Kundendienst 17, 201 ff.
Kundenvorteile 87

Lagerbestände 197
Lanchester's Square, Gesetz 133
Lernkurve 100
Linienmanagement, Unterstützung durch das 61 f.
Logistik 195 ff.

Management-Audit 31 ff.
Markenloyalitätsleiter 150
Markennamen 89 f.
Marketing von Konsumgütern 19 f.
Marketing, Definition 16 ff., 198 ff.
Marketingabteilung 20 f.
Marketingbudget 43 f.
Marketingforschung 212 f.
Budget für die 213
Formen der 213 f.
Marketing-Audit 30 ff., 71 ff., 249 f., 276 ff., 327
Marketing-Informationswirtschaftssystem (MIS) 215 ff.
Marketing-Mix 11, 16, 247, 327
Marketingplan 43, 254 f., 327
Annahmen für den 40 f.
Inhalt des Marketingplans 279 ff.
Einjahres- (taktisch) 25, 65, 296 ff.
Dokumente für den Einjahresplan 316 ff.
strategischer 25 ff., 44 ff.
Dokumente für den strategischen Plan 302 ff.

Marketingplanung 22 ff., 55 ff., 211, 239 ff.
Dokumente der 302 ff.
Implementationsprobleme 48 ff., 57 ff., 266
Integration der 67, 248 f.
Organisation für die 221
Stadien 245 ff.
System 69 f., 272 ff.
Umsetzung der 258 ff.
und Unternehmensplanung 37 ff.
Vorteile der 56
Zeitplan 60 f., 65 f., 256 f.
Zusammenfassung 264 ff.
Marketingplanungsmanager 67 ff.
Marketingplanungszyklus 256 f.
Marketingstrategien 41 f., 120 f., 140 ff., 253, 291 ff.
Marketingziele 41 f., 52, 118 ff., 182 f., 252 f., 328
Ansoff-Matrix 121 ff.
Dokumente der 311 ff.
Festlegung der 291 ff
Markt 15
-attraktivität 112 f.
-wachstum 101 ff.
-reife 94 f.
-übersicht 281 f., 306
-durchdringung 133 f.
Marktanteil 72 f., 94, 100 ff., 102 ff.
Marktforschung 212 f.
Marktsegmente 15, 75 f., 83 f., 277 ff., 311 f., 328
Matrix-Organisation 230
McKinsey and Company 107, 143
Mission Statement (Aufgabendefinition) 45 ff., 279, 328

Neue Produkte, Entwicklung 136 ff.
Neue Strategien, Lücke 134

Operationale (kurzfristige) Planung 66 f., 244 f., 262 f.
Organisation, Lebensphasen 222 ff.
Organisation, Strukturen 223 ff.

Pareto-Effekt 73 f.
Persönlicher Verkauf 162 ff.
Pilotumfragen 214
Planung 63, 67 f., 142 f., 257

Planungsabteilung 255 f.
Planungszyklus 299 f.
Politikausrichtungs-Matrix 106 ff., 111 ff.
Porter, Michael 128, 130
Portfolio-Matrix 114 f., 287 ff.
Portfolio-Zusammenfassung, Formblatt 309
Positionierung 329
Preisbildung, Entscheidungspläne 177 ff., 189 ff.
Preissenkungen 180 f.
Produkt 86 ff., 329
Produktivität 15
Produktlebenszyklus 91 ff., 183, 329
Produktmanagement 16 f.
Produktmarktsegment, Dokumentation 308
Produktportfolio, *siehe* Wachstums//Anteils-Matrix
Produktpositionierung 183 f.
Produktumgebung 88 f.
Prognosen 218 f., 253 f.
Programm 330

»Question mark« 103

Rabatte 187
Referenztheorie 96

»Schichtsystem« 64
Sekundärforschung 215
Situationsanalyse 330
Spannenmanagement 188
Standard Industrial Classification (SIC) 81
»Stars« 103, 294
Strategie-Statement 330
Strategische Geschäftseinheiten (Strategic business units – SGE) 136, 231 f., 273 ff.
  Tabelle der wichtigsten Fragen 324 f.
  Mission Statement (Aufgabendefinition) der 279
  Leistungsanalyse der 280, 303
  Portfolio-Matrix 287 ff.
Strategische Ziellücke 134
Strategischer Plan 65 f., 244, 262, 323 ff.
SWOT-Analyse 27, 37, 136 ff., 251 f., 282 ff.
  Dokumente 307

Top-Management, *siehe* Unternehmensleiter
Transport 197

Überplanung 63 f.
Unsicherheit 212
Unternehmen, Fähigkeiten des 12
  Größe des Unternehmens 242 f.
  Matrix des Unternehmensplans 241
Unternehmensleiter, Rolle des 58 f., 67 f., 254 f., 260 f.
Unternehmensplanung/Ziele 37 ff., 120 f., 182

Verkaufsförderung 25 ff.
Verkaufskontaktfrequenz 170
Verkaufspersonal, Management 163 ff.
Verkaufsplan 173
Vollkostenrechnung 185
Vorteil 326
  Vorteilsanalyse 78 f.
  Vorteilssegmentierung 77

Wachstums/Anteils-Matrix 98 f., 114 f., 331
Ware 90
Werbung 3 f., 121, 145, 151 ff.
  Werbeplan 152 ff.
Wettbewerb 184
Wettbewerbsstrategien 128 ff.
»Wild cats« 103, 295

»Zehn S«-Barrieren 266 f.
Zeitplan, Planungsprozeß 299 ff.
Zentrale, Rolle der 227
  konsolidierter Plan der Zentrale 299
Ziele, Festlegung der 51 f., 240 f.
Zweck-Statement (Purpose Statement) *siehe* Mission Statement

Malär, Andrea
Praxishandbuch Führungsinstrumente
262 Seiten in Ringordner

Weber, Ulrich
Der Anstellungsvertrag des Managers
Reihe: manager magazin Edition
193 Seiten, Leinen

Woodcock, Mike/Francis, Dave
Der befreite Manager
224 Seiten, Leinen

MARKETING UND VERKAUF

Artes, Ernst
Der Verkaufsleiter
112 Seiten, Paperback

Barabba, Vincent P./Zaltman, Gerald
Höre auf die Stimme des Marktes
Wettbewerbsvorsprung durch kreative Nutzung von Marktinformationen
Reihe: manager magazin Edition
ca. 350 Seiten, Leinen

Bartos, Rena
Die Rolle der Frau als Konsumentin
Spezielle Marketingtrends
Harvard Business School Press Management Series in der Reihe manager magazin Edition
393 Seiten, Leinen

Eber, A. F.
Erfolgreiche Merchandising-Strategien
Reihe: manager magazin Edition
212 Seiten, Leinen

McDonald, Malcolm H. B.
Der Marketingplan
Die Grundlage für Ihren Erfolg
Reihe: manager magazin Edition
334 Seiten, Leinen

Pfeiffer, Herbert
Der Verkaufsfall
272 Seiten, Paperback

Pfeiffer, Herbert
Neue Kunden gewinnen
200 Seiten, Paperback

FINANZEN/ RECHNUNGSWESEN

Batty, Joseph
Optimale Aufbereitung von Finanzinformationen
304 Seiten, lam. Pappband

Frotzler, Franz Xaver
Cash-Management
Reihe: manager magazin Edition
244 Seiten, Leinen

Nemec, Peter
Börsenstrategien
168 Seiten, Paperback

Röhrenbacher, Hans/Fleischer Werner
Von der Bilanz zur Kapitalflußrechnung
352 Seiten, lam. Pappband

Schwarzecker, Josef
Bilanzanalyse nach den neuen Rechnungslegungsbestimmungen
Bilanzierung für 1992
Österreich, BRD, Großbritannien, Frankreich, Niederlande und Irland
312 Seiten, lam. Pappband

Wiebe, Frank
Was Sie schon immer über Geld wissen wollten
192 Seiten, Paperback

ORGANISATION

Malär, Andrea
Praxishandbuch Organisations-instrumente
365 Seiten in Ringordner

Schwarzböck, Christian (Hrsg.)
Optimaler PC-Einsatz im modernen Büro
496 Seiten, lam. Pappband

PRODUKTION

Röhrenbacher, Hans u. a.
PPS
Produktionsplanung und -steuerung
Reihe: manager magazin Edition
390 Seiten, Leinen

Kaplan, Robert S.
Spitzenleistungen in der Produktion
Harvard Business School Press Management Series in der Reihe manager magazin Edition
428 Seiten, Leinen

PERSONALMANAGEMENT

Kressler, Herwig
Leistungsbeurteilung von Managern
106 Seiten, Paperback

Neges, Richard
Personalentwicklungs- und Weiterbildungserfolg
Reihe: manager magazin Edition
240 Seiten, Leinen

Weber, Achim
Stellenbeschreibungen und Anforderungsprofile für Fach- und Führungskräfte
700 Seiten in Ringordner

WIRTSCHAFTSENGLISCH

Obenaus, Wolfgang
Handbuch der amerikanischen Terminologie des Wechselkursrisikos und der Kurssicherungstechniken
704 Seiten, lam. Pappband

Obenaus Wolfgang/Weidacher, Josef
Handbook of Business English
Keywords in Context
380 Seiten, Paperback

Weidacher, Josef
Dictionary & User's Guide to the Handbook of Business English
Keywords in Context
100 Seiten, Paperback

WIRTSCHAFTSÖKONOMIE UND WIRTSCHAFTSGESCHICHTE

Clutterbuck, David/Crainer, Stuart
Die Macher des Managements
Hintergründe/Schlüsselkonzepte/Auswirkungen
Reihe: manager magazin Edition
367 Seiten, Leinen

Pankov, Vladimir
Die Sowjetunion zwischen Marx und Markt
263 Seiten, Leinen

Matis, Herbert
Das Industriesystem
398 Seiten, Paperback

Matis, Herbert/Stiefel, Dieter
Die Weltwirtschaft
Struktur und Entwicklung im 20. Jahrhundert
276 Seiten, Leinen

Economist (Hrsg.)
Die Welt in Zahlen
Bevölkerung/Wirtschaft/Industrie/Handel/Umwelt/Energie
208 Seiten, Paperback

Lang, Dagmar
Wirtschaftschance Ungarn
296 Seiten, lam. Pappband

WIRTSCHAFTSBERATUNG

Kralicek, Peter
Der Steuerberater als Unternehmensberater
690 Seiten mit 51 Fallbeispielen, 535 Abbildungen, 27 Anwendungsprogrammen, 14 BASIC-Listings, 4 LOTUS-Listings

NEW BUSINESS LINE

Die neue Reihe für alle, die sich schnell, effizient, lustbetont und preiswert den entscheidenden Vorsprung sichern wollen!

Morgan, Rebecca L.
Professionelles Verkaufen
Die Geheimnisse des erfolgreichen Verkaufs
104 Seiten, Paperback

Haynes, Marion E.
Konferenzen erfolgreich gestalten
Wie man Besprechungen und Konferenzen plant und führt
104 Seiten, Paperback

Manning, Marylin/Haddock, Patricia
Führungstechniken für Frauen
Ein Stufenplan für den Management-Erfolg
80 Seiten, Paperback

Pokras Sandy
Systematische Problemlösung und Entscheidungsfindung
Der 6-Stufen-Plan zur sicheren Entscheidung
104 Seiten, Paperback

Mandel, Steve
Präsentationen erfolgreich gestalten
Bewährte Techniken zur Steigerung Ihrer Selbstsicherheit, Motivationsfähigkeit und Überzeugungskraft
80 Seiten, Paperback

Kinsey Goman, Carol
Kreativität im Geschäftsleben
Eine praktische Anleitung für kreatives Denken
88 Seiten, Paperback

Haynes, Marion E.
Persönliches Zeitmanagement
So entkommen Sie der Zeitfalle
88 Seiten, Paperback

Heim, Pat/Chapman, Elwood N.
Führungsgrundlagen
Ein Entwicklungsprogramm für erfolgreiches Management
80 Seiten, Paperback

Nothstine, William L.
Andere überzeugen
Ein Leitfaden der Beeinflussungsstrategien
80 Seiten, Paperback

Kralicek, Peter
Grundlagen der Finanzwirtschaft
Bilanzen/Gewinn- und Verlustrechnung/Cash-flow/Kalkulationsgrundlagen/Finanzplanung/Frühwarnsysteme
112 Seiten, Paperback